中国青少年研究会青年学研究专委会召开第一次会议

▲ 主旨论坛

▲ 与会领导专家为北京青年政治学院青年工作学院揭牌

▼ 黄志坚教授主旨论坛发言

▲ 乔东亮教授主旨论坛发言

▲ 谢维和教授做主旨论坛点评

▲ 金惠敏教授主旨论坛发言

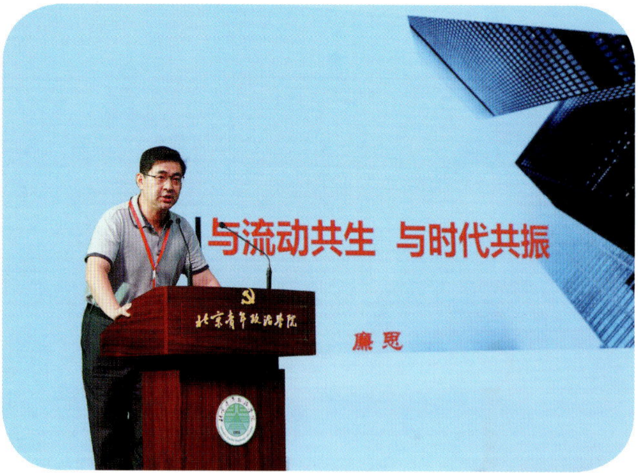

▲ 廉思教授主旨论坛发言

▼ 李春玲教授主旨论坛发言

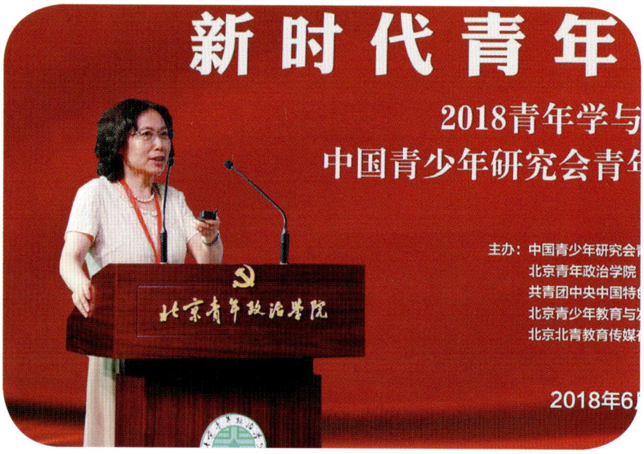

▼ 常红董事长主旨论坛发言

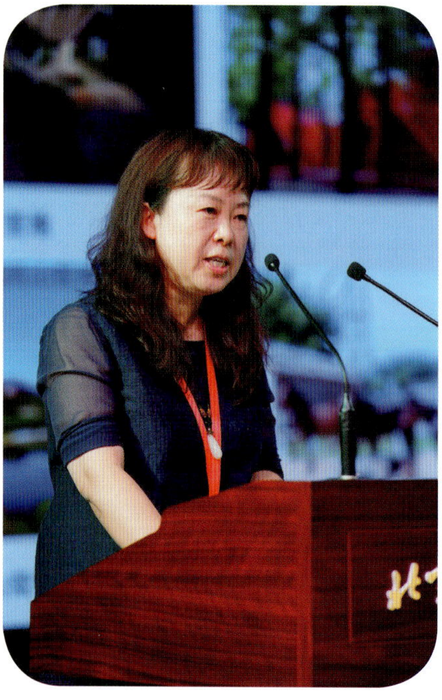

▼ 李育辉教授主旨论坛发言

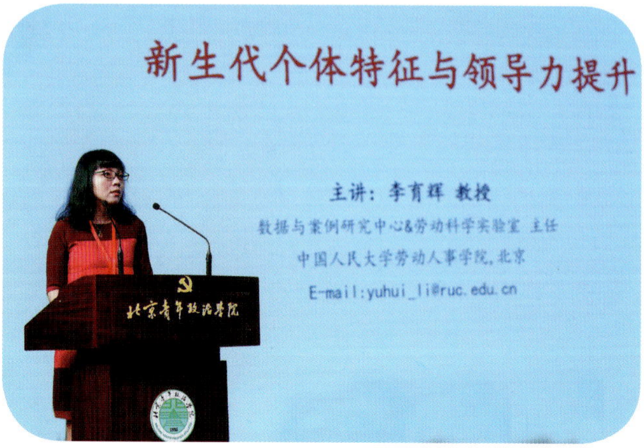

新时代青年学

2018青年学与青年工作论坛文集

乔东亮　易帅东　主　编
景晓娟　田宏杰　副主编

北京理工大学出版社
BEIJING INSTITUTE OF TECHNOLOGY PRESS

版权专有 侵权必究

图书在版编目（CIP）数据

新时代青年学：2018青年学与青年工作论坛文集/乔东亮，易帅东主编. —北京：北京理工大学出版社，2019.5

ISBN 978-7-5682-6466-2

Ⅰ.①新… Ⅱ.①乔… ②易… Ⅲ.①青年学—学术会议—文集 ②青年工作—中国—学术会议—文集 Ⅳ.①C913.5-53 ②D432.6-53

中国版本图书馆CIP数据核字（2018）第247155号

出版发行 / 北京理工大学出版社有限责任公司
社　　址 / 北京市海淀区中关村南大街5号
邮　　编 / 100081
电　　话 / （010）68914775（总编室）
　　　　　（010）82562903（教材售后服务热线）
　　　　　（010）68948351（其他图书服务热线）
网　　址 / http：//www.bitpress.com.cn
经　　销 / 全国各地新华书店
印　　刷 / 保定市中画美凯印刷有限公司
开　　本 / 787毫米×1092毫米　1/16
印　　张 / 20
彩　　插 / 2
字　　数 / 490千字
版　　次 / 2019年5月第1版　2019年5月第1次印刷
定　　价 / 80.00元

责任编辑 / 梁铜华
文案编辑 / 梁铜华
责任校对 / 杜　枝
责任印制 / 施胜娟

图书出现印装质量问题，请拨打售后服务热线，本社负责调换

编委会

主　任： 王义军　程晓君

副主任： 乔东亮　黄志坚　谢维和　李春玲

主　编： 乔东亮　易帅东

副主编： 景晓娟　田宏杰

编委会成员：（按姓氏笔画排序）

王顺安	马凤芝	申晓萍	叶向红	张志坤	张　琳
张雪黎	张雨青	刘建军	刘宏森	李　伟	李育辉
孟登迎	金惠敏	周明洁	周永源	周华珍	高　诚
袁光亮	涂敏霞	常　红	廉　思	程　猛	曾宇宏
鄢一龙	潘建红				

前言

诞生于20世纪80年代的青年学，是一门新学科。该学科基于研究、强调实践，创立伊始即有科学性与应用性的基因双螺旋。青年学学科在建设过程中有激情，也有危机。2015年教育部进行专业目录调整时，北京青年政治学院为保留青少年工作与管理专业之奔走呼号仍历历在目。欣欣然，三十余年薪火相传、探索不止。

新时代、新青年，呼唤青年学的新发展。2017年5月，党中央国务院发布我国历史上第一个《中长期青年发展规划（2016—2025年）》，将青年学研究和学科建设置于空前的历史高度。同年，中国青少年研究会专门成立青年学研究专委会，凝聚力量以推动青年学科学研究创新和理论体系建设，推动青年学规模化发展，推动学术研究与服务青年、促进青年发展的实践相融合。值得注意的是，智能革命带来生产方式的本质变革，生产关系相应变化，青年作为资源性力量的主体地位日益凸显，客观上要求青年学做好继承与发展。

新时代青年学坚持以马克思主义为指导，坚持以习近平新时代中国特色社会主义思想为指导，以青年的历史地位和时代使命为逻辑起点，以社会主义核心价值观引领广大青年建功立业新时代。

新时代青年学要更重视交叉融合性。青年学作为一门学科，不仅是一门整合的、特殊的学科，而且是为充分理解青年发展的复杂性和错综性，超越单一学科范围，围绕青年主题来发展专业化概念和专业知识体系。新时代青年学要继续整合，凡是与青年相关的学科，凡是与服务青年发展相关的事业，都是青年学研究的有机组成；同时，需要着力增加青年学学科的多元化和边缘性，着力与人工智能、生物、心理、社会、教育等学科频繁碰撞、深度交叉融合，青年学必定从这些碰撞交叉中获得成长。

新时代青年学要更重视发展性。与发展机理相比，青年现象更容易吸引关注，以现象解读青年的研究在某种程度上掩盖了对青年发展规律的认识，甚至在一定程度上也妨碍了对青年期发展机理的深度挖掘。新时代青年学需要着力研究青年发展的规律，着力研究如何用发展的视角服务青年工作，着力远望未来并研究社会发展趋势对青年成长的影响。

新时代青年学要更重视生态性。养育一个孩子，需要一个村庄，青年的成长离不开环境。新时代青年学要着力对青年发展的思想土壤、呼吸的社会"空气"、接触的物质媒介和文化符号等进行深入的研究，从微观、中观、宏观等多个层面审视和分析青年发展的生态性因素，并积极寻找青年发展生态中的资源。

新时代青年学要更重视实践性。中国青年学有重视实践的传统，着力于问题解决和工作应用。新时代青年学在专业知识体系建设的过程中，要重视实践与研究的融合，发展基于科学发展的实践。

新时代青年学要更重视世界性。中国与世界的联系是空前的，青年与世界的联系也是空前的。新时代青年学要着力从人类命运共同体的角度解析青年现象和服务青年发展。

基于如上考虑，为进一步开放、进一步交叉融合、进一步凝聚协作，2018年6月8日，由中国青少年研究会青年学研究专委会、北京青年政治学院（北京市团校）、共青团中央中国特色社会主义理论体系研究中心研究基地、北京青少年教育与发展研究基地、北青教育传媒集团等单位联合举办的"新时代青年学与青年研究——2018青年学与青年工作研讨会暨中国青少年研究会青年学研究专委会第一次会议"在北京青年政治学院成功召开。

来自中国青少年研究中心、中国科学院、中国社会科学院、清华大学、北京大学、中国人民大学、北京青年报社、上海青年管理干部学院、江西青年干部管理学院、广州市团校、深圳市团校、青少年教育机构等全国30多所高校、科研院所、共青团组织、青年院校（团校）、中小学、青年组织、青年机构等的400余学者参加了研讨会。

与会专家围绕"新时代青年学"主题激情碰撞、深入研讨，分享对青年思想道德、青年教育、青年健康、青年文化、青年就业创业、青年婚恋、青年社会参与、青少年权益维护与犯罪预防、青少年社会保障等多个领域的思考和认识，可谓百花齐放、百家争鸣。

《新时代青年学——2018青年学与青年工作论坛文集》是编委会对与会专家学者真知灼见的忠实记录。编委会以论坛为单位对研讨会的主旨报告及分论坛所提交论文进行了汇编。这些研究成果是新时代青年学研究的重要历史文献，也是引领我国青年学研究后浪滚滚的弄潮先声，读者可借此了解我国青年学研究与实践的最新动向，重新认识新时代新格局下青年学研究的价值，重新思考如何以更科学的方法和更扎实的研究服务青年发展实践。编委会借此感谢各位专家学者的倾情大作，也祝愿青年学研究根深叶茂、硕果累累。

近十年来，自然科学特别是神经生物学迅猛发展，为青年学突破禁区提供了可能；社会科学的极大繁荣也为青年学突破藩篱创造了条件；哲学发展也为青年学理论框架的建构提供了启发。青年学虽尚幼，但未来可期。

苟日新，日日新，又日新；展望未来，青年学发展永远在路上。中国青少年研究会青年学研究专委会委托编委会将此次新时代青年学论坛的报告和部分文章结集出版，引玉为期！敬请各位专家与读者批评指正。

乔东亮

目录

研究会领导致辞 ··· 1
专委会顾问致辞 ··· 3
专家点评发言 ··· 4

主旨论坛

以习近平青年工作思想指导青年学研究 ··························· 9
加强青年学研究的十点思考 ····································· 13
文化自信与青年文化 ··· 22
青年领导力 ··· 26
与流动共生、与时代共振 ······································· 30
实践教育中的青少年思想引领 ··································· 33
当代青年的国家认同 ··· 35

青年学论坛

加快构建中国特色青年学的时代价值 ····························· 45
试谈当下青年研究方法必要的转向与扩展 ························· 55
青年文化研究的现状与反思 ····································· 62
从农家走进精英大学的年轻人："懂事"及其命运 ··················· 73
"青年"：是概念经济，还是概念泡沫？ ··························· 86

青年工作论坛

北京地区青少年健康行为最新调研报告 ··························· 97
网络环境下大学生社会主义核心价值观培育研究 ··················· 116
高校大学生核心素养的培养路径研究
　　——基于上海大学校训及使命愿景的人才培养模式 ············· 123
新时代青年工作与青年马克思主义者培养研究 ····················· 134

浅析新时代共青团组织强"三性"的路径和方法……………………145
　　高职院校青年学生社团思想政治教育功能实现路径探索
　　　　——以北京青年政治学院为例……………………152
　　十九大精神感召下的青年理想信念教育
　　　　——以首都大学生英才学校理想信念教育实践活动为例……………………159
　　青少年校园欺凌的预防和应对：欧美国家的最佳实践及其启示……………………165
　　青年组织与青年行为的作用机理……………………179
　　青年权利主体资格的历史演进与发展……………………186
　　论恢复性司法理念在未成年人刑事司法中的暗合与分野……………………198
　　青少年法治教育现状调查研究
　　　　——以北京市朝阳区为例……………………205
　　论青年农民工现状与权益保障……………………218

少年工作论坛

　　美育在留守儿童关爱服务中的作用调查及对策建议……………………233
　　少年儿童夏令营活动的现状与思考……………………241
　　浅析北京校外"三个一"视野下的优质项目建设……………………249
　　少先队培养队员认真做事的研究……………………255
　　中国特色社会主义少年先锋队组织发展研究
　　　　——以"集体主义教育"为中心……………………265
　　核心价值观培育的若干策略……………………275
　　发挥少先队育人功能，让星星火炬永放光芒……………………279
　　利用校外资源开展少先队活动课的实践研究
　　　　——以"陈列馆寻'宝'"》少先队活动课为例……………………283
　　"童心奥斯卡，舞台话美育"
　　　　——浅谈少先队戏剧的创编技巧与实践……………………291

附　录

　　附录1：中国青少年研究会青年学研究专业委员会工作规则……………………298
　　附录2：中国青少年研究会青年学研究专委会人员名单……………………300
　　附录3：媒体广泛报道2018青年学研讨会和青年工作学院成立……………………302

后　记……………………308

研究会领导讲话

王义军研究员
中国青少年研究中心主任，中国青少年研究会常务副会长

尊敬的黄老师，各位老师，各位同行，同学们：

今天非常高兴来参加青年学研讨会及中国青少年研究会青年学专委会成立仪式。首先，我代表中国青少年研究中心、中国青少年研究会，向各位专家同人为青年学和青年工作所做的贡献表示崇高的敬意。

其次，我对中国青少年研究会青年学研究专委会的背景做简要介绍。中国青少年研究会是经团中央书记处同意，经国家民政部批准，于1999年1月成立的国家一级学术组织，会址设在北京，由中国青少年研究中心代管。2012年6月中国青少年研究会成为全国性4A等级学会。为了充分发挥学术社团的作用，中国青少年研究会设立了八个专业委员会，其中，今天成立的青年学研究专委会是最先设立的一个，而且也是唯一一个设在中国青少年研究中心之外的专委会，另外七个专委会都设在研究中心之内。北京青年政治学院高度重视也非常热心于青年学建设，而任何一个学科的发展都离不开一群热心人，相信在这样一群热心人的推动下，我们青年学的学科建设会走得越来越好。

2017年，《中长期青年发展规划（2016—2025年）》颁布实施，青年学研究被提升到了一个前所未有的高度，规划中特别指出：要在哲学社会科学研究机构、高等院校等全面加强青年学研究。党和国家对青年学研究和建设高度重视，这与我们面临的形势和任务有密切的关系；我们只有切实联系青年、贴近青年、研究青年，才能够掌握青年所思所想及其真实需求；掌握青年成长发展规律，才可以引领青年坚定永远跟党走的信念和决心，在新时代的伟大征程上砥砺奋进，建功立业。

在现阶段，青年学仍然是一门年轻的学科，青年学是与社会、教育、心理、伦理、政治、经济、文化等学科综合、交叉的新学科。在我看来，至少应该在三个方面的研究需要进一步加强：青年的身心发展规律、青年与社会的互动规律、青年的需求与引导规律等。

从发展的角度来看，青年学的发展历程不长，从第一届专委会至今24年，这对这个学科来说仍然很短。任何一个学科的发展都是经历长期的积累、长期的建设才能够真正地发展起来，所以说对于我们这样一个只有20多年的学科来说，目前的发展确实处在初级阶段，确实存在着从业人员不多、学科的专精化不高、没有形成成熟的理论框架和体系、没有形成青年学研究团体等问题。而这样一些问题，从今天开始就可以得到逐步解决。

中国青少年研究会青年学研究专委会的成立，填补了目前我们在青年学领域没有全国性研究团体的空白，在历史上从无到有，这也是我们设立青年学研究专委会的初衷和初心。从有到优，是专委会面临的机遇；从优到优秀，是专委会发挥作用的价值所在。我们要在以习近平新时代社会主义思想的指引下，按照《中长期青年发展规划（2016—2025年）》的部署和要求，以统筹规划的全面视野努力推进青年学研究向规模化发展，以融会贯通的态度积极构建跨学科、有深度综合性质的青年学研究理论体系，以与时俱进的改革精神着力推动青年学研究和青年研究工作不断增强时代感、创新性和科学性。

同志们，青年学的研究和发展前景广阔，任重道远。我们坚信，通过大家的努力，青年学的繁荣和美好明天一定会到来。最后祝本次大会圆满成功。谢谢大家。

专委会顾问致辞

黄志坚研究员
中国青少年研究中心

各位学友、各位青年朋友：

中国青少年研究会青年学研究专委会与北京青年政治学院等单位，联合举办的这一次青年学和青年工作研讨会，可以说是我们国家青年学研究在新时代进入新的发展阶段的一次盛会，也是我们青年学学术活动的一次重要聚会。青年学在中国兴起的学术活动，最早是1986年在浙江省举办的全国首届青年学研讨会，1988年中国青年政治学院举办的全国青年学讲习班，1996年国家教委在重庆西南师大举办的全国高校青年学研讨会，1997年中国青少年研究会青年学专业委员会和国家教委等单位在深圳举办的全国青年学研讨会，2012年中国青年政治学院举办青年学高级研修班，2013年上海青年干部学院举办青年学学科建设研讨会，2015年中国青年政治学院举办青年学作为马克思主义理论二级学科的研讨会。今天这个会是第八次全国性的青年学学术活动。

我认为这一次研讨会更有两层新的重大意义：第一，这次研讨会是最早贯彻我们国家《中长期青年发展规划（2016—2025年）》提出来的"要加强研究"，这个是贯彻中长期发展规划第一次全国性的青年学学术活动；第二，中国青少年研究会高度重视青年学研究，建立了青年学研究的专业委员会，由乔东亮教授担任副会长兼青年学专业委员会主任。乔院长对青年学十分热心，我非常期望经过这次研讨会在新时代把我们国家青年学研究推向一个新的高峰，在我们青年学发展史上留下一座丰碑，祝研讨会圆满成功。谢谢各位。

专家点评发言

谢维和教授
清华大学

大家好：

对今天在主旨论坛中给我们做出精彩报告的各位发言嘉宾表示感谢，感谢你们贡献了非常高质量的学术报告。因为时间关系，另外也没有很好地消化理解报告精彩的内容，所以我做一个描述性的小结。

首先，今天的主旨论坛，发言虽然时间很短，但可以说是当前中国青年研究非常高水平的论坛，我觉得对今天论坛整体做这样的评价是不过分的，也是实事求是的。论坛发言者的主题、参与者和发言者本身的地位以及他们的报告内容都可以反映出其质量之高。今天，在北京青年政治学院，在这样一个主题论坛当中，能够听到高质量的报告真的是很好的学术享受，这是我想做的第一个描述，这是一个高水平、高质量的学术论坛。

其次，今天学术论坛的主题非常丰富，也很广泛，至少包括了三个方面的内容。第一，充分反映了我们国家对青年工作、青年研究、青年学科建设的重视。比如，乔东亮院长对习近平青年工作和青年教育思想的论述和分析，北青传媒常红董事长对从实践领域当中贯彻当前青年思想政治教育工作的实践，都是从国家对当前青年工作、青年教育的思想和发展规划这个大层面上思考和实践所得的体会，这些认识给我们很好的信心，也给我们一个很好的指导思想。第二，该论坛充分展示了青年研究的多视角、不同学科更大交叉融合的学科领域。比如，金教授从文化自信的角度给我们展示了这样一种空间，增加了青年研究内涵的丰富性。李育辉教授从当前青年个体时代特点和领导力的内涵，也给我们揭示了当前青年在发展过程当中形成的新的表现方式以及新的特征。黄志坚教授则是从历史的角度从十个方面给我们展示了青年研究的领域很宽广和深厚。这些报告使我们感觉到青年研究大有可为，而且空间、角度、方式都是多种多样的，这是我的第二个体会。第三，特别是廉思教授和李春玲研究员的报告，它们从时政的高度、以很多调研为基础给我们呈现了当年青年发展中的一些值得我们关注的、非常重要的课题和现象。廉思教授从社会阶层的发展分析青年某一部分人的特征；李春玲研究员的报告非常有冲击力，很扎实的研究方法为这些报告提供了支撑。我觉得这些报告对于国家政策进一步的调整和进一步的完善都具有非常重要的现实意义。

最后，今天这样一个主旨论坛应该说给了我们两个非常重要的启示：第一个启示，青年研究在新的时代确实面临着或者说迎来了一个新的格局，青年研究一定是在这样一个新的格局当中，才能够去理解在新时代的这样一些进步和它的一些新变化，在新格局当中我们才能够体会到青年工作的价值和重要性。第二个启示，我觉得青年研究可能更需要一些扎扎实实的调研工作和思想政治教育工作。基于这些扎扎实实的工作，我们才可能去帮助青年人去渡过他们人生当中非常重要的阶段，促使其成为中华民族伟大复兴的中坚力量。谢谢大家。

主旨论坛

以习近平青年工作思想指导青年学研究

乔东亮[①]

我发言的题目是：以习近平青年工作思想指导青年学研究，汇报我们学院开展习近平青年工作思想研究的有关情况，分以下四个方面。

一、源起：青年学研究是时代使命

中共中央、国务院印发的《中长期青年发展规划（2016—2025年）》，是中华人民共和国成立以来第一个专门的青年发展规划。该规划明确指出在社会科学研究机构和高等院校当中，应加强青年学研究工作；要求在前人研究青年问题、青年工作理论的基础之上，明确统一到青年学这样一个范畴、这样一个语境下推进青年研究工作。这也是我们学院在中国青少年研究中心提议下为全国青年学研究专家搭建平台的初心。2017年12月在南京召开的青年研究工作会议上，团中央领导指示在中国青少年研究会的统一领导下，成立专委会推进青年学研究工作。换句话说，中国青少年研究会青年学专委会是担负起全国开展青少年研究和青年学研究最重要的一个平台，也是寄予最大希望的一个平台。

专委会邀请黄志坚教授、谢维和教授，还有乔东亮同志等负责这个平台的建设。按照中国青少年研究会赋予我们的使命，2017年以来北京青年政治学院举全院之力，开展习近平青年工作思想和青年工作研究，最突出的是我们选编印发了《习近平谈青年和青年工作》，作为内部资料供大家参考，也欢迎大家批评指正。同时，我们动员学院30多位老师成立研究课题组，分成不同的小组，发表了18篇文章，分别在《中国青少年研究》《北京青年研究》等平台上公开发表，一些文章也在人大复

---

① 乔东亮，北京青年政治学院党委副书记、院长，教授。

印资料转摘。为了做好青年学研究,我们学院党委书记带队,去中国青年政治学院(中央团校)、中国青少年研究中心学习请教。在推进青年学研究过程当中,为了激励大家的研究热情,我们在全国发起了青年学研究论文征集活动,专门邀请黄志坚教授做评审委员会主任。我们搜集了100多篇来自全国的论文,其中有非常新的观点,也有亟待提高的地方。这些文章代表了希望,同时我们感谢广大学者参与青年学研究的热情。

针对本次青年学研讨会,截至昨天我们收到各位专家提交的41篇论文,论文内容涉及青年学总论、青年思想、青年政策、青年文化、青年组织、青年权益等六大领域。这些论文我们将组织一次评审,评审通过的将正式出版,作为这次会议的一个成果。这些是青年学专委会、我们学院一段时间来所做的工作。

二、回溯:青年和青年学研究总体情况

我们用大数据做了一个初步统计,2012年以来,全国青年和青年工作研究文章数量出现了从小众到大众的井喷。排在前几位的,第一个是基础、理论性研究,占37.98%,第二个是政策研究,占19.92%。关于青年学的专业论文比较少。这些文章大多来自大学,排在第一位的是中国青年政治学院,然后是中国青年报社、华东师范大学、北京大学、南京大学等。这股力量一旦聚集到中国青少年研究会,我想那将是值得期待的。

关于青年教育还是有很多文章的。从学科分布来讲,关于高等教育研究领域的占13.10%,关于党的青年工作研究的占12.33%,关于党群工作研究的占9.75%。前三名体现出理论与实践相结合的特点,这个对于我们开展应用型的青年学研究奠定了良好的基础,今后的发展趋势应该是更进一步加强学科性的研究。

这些研究来自哪些机构的经费支撑呢?我们简称基金分布,排在第一位的是国家社科基金,然后是各省的社科基金。2017—2018年北京青年政治学院获得北京社科基金支持的项目有七八个,这说明只要我们重视,就能得到关注和支持。

文献来自哪里呢?《中国青年研究》作为中国青少年研究会的会刊,排在第一位,占10.73%。接下来都不多,比较可惜的是,作为大学的学报能够排出数据出来的只有《中国青年政治学院学报》,这对一个学科建设是一个极大的挑战,我们期待以后各个大学的学报都能或者增加设立关于青年学研究的平台。这些是我们对当前全国包括我们学校在习近平青年工作思想指导下开展青年学研究的情况;还有一些历史回溯,内容很不全面,仅供各位专家来指点。

三、逻辑体系：习近平青年工作思想是青年学研究的指导思想和方法

对于习近平青年工作思想的重要意义，我们概括了三句话。第一，习近平青年工作思想开辟了马克思主义青年理论的新境界；第二，构成了新时代中国特色社会主义思想的重要组成部分；第三，我国青年学和青年工作研究找到了根本遵循。

关于习近平青年工作思想的内涵，我们概括为六个点：①出发点；②基本点；③根本点；④关键点；⑤聚焦点；⑥着重点。这些词不一定准确，但是要试图去学习把握。

（1）出发点。出发点就是一定要研究总书记说的"不忘初心 牢记使命"那个"使命"。研究青年学一定要向着使命出发，为我们青年人指明方向。一个没有使命的人是没有方向和未来的，所以说青年学要从出发点上找理论支撑。

（2）基本点。什么是基本点，总书记讲青年人要有信仰。一个信仰缺失的人是一个太现实的人，用北大清华教授的话说，他就会成为精致的利己主义者。湖南大学的校长说，现在的年轻人如果太现实，他就会太狭隘。所以说如何引领青年学向着树立青年信仰的角度推进，是学习贯彻习近平青年工作思想的重要内容。

（3）根本点。根本点就是习总书记讲的一句话："撸起袖子加油干。"如果青年人树立了奋斗的思想意识，而不是享受的思想意识，那么这个根本点就抓住了。

（4）关键点。关键点就是要贯彻落实习总书记关于社会主义核心价值观的论述。一个人脱离不了社会，也脱离不了国家和组织，更脱离不了自己的家庭，家庭是社会的细胞，如果没有一个正确的价值观，特别是社会主义核心价值观，我们就无法使一个青年在成长过程中是健康的、有希望的、幸福的。社会主义核心价值观要进教室。如何进课堂？要用社会主义核心价值观引领高校，引领青年教育的全过程，帮助青年学生系好人生的第一个扣子。

（5）聚焦点。聚焦在哪里？聚焦在我们的生活过程中。习总书记在指导青年工作、共青团工作的时候，在指导团青改革的时候明确指出，要强"三性"去"四化"。年轻人、共青团干部要形成"谋大事干大事"的思想，别老想着当大官，要树立正确的人生观。

（6）着重点。着重点就是为建设中国特色社会主义培养有理想、有觉悟、有能力，敢于创新、敢于创业的接班人。青年学研究引导青年人敢于创新创业，为中国特色社会主义事业奋斗，永远前进向上，青年学研究就能够服务于国家大局、党的事业、人民的需要。

我们研究小组通过学习讨论发现，习近平青年工作思想的理论和实践意义可以概括为四个方面：第一，指明了青年学研究的方向。我们研究的是马克思主义青年学而不是别的什么青年学。关于青年学的争论由来已久，如果我们老讨论青年学研究的语境，老讨论中西结合各种学术性的空间思维，就可能忘却当前最应该解决的

问题是青年学往哪儿走——要研究马克思主义青年学，大家凝心聚力向着这个方向出发。第二，明确了内涵。青年学研究的内涵是构建中国特色青年学，而不是别的什么青年学；结合中国传统文化、中国 2035 年发展目标、中华复兴之梦、人类命运共同体打造，在这个思路上研究青年学，研究中国特色青年学。第三，提出了新时代青年工作的思想和方法，强"三性"去"四化"，广泛联系服务青年。找不到思想在哪儿，方法就会蹩脚，方法不对，成本就会很高，结果就会很差。第四，特别强调要树立社会主义核心价值观。价值观决定人的各种心理反应和各种行为，要坚持以社会主义核心价值观来武装青年人的头脑，不能够让拜金主义、崇洋媚外、享乐主义等在青年人当中盛行。

四、继往开来：共建青年学研究学习交流平台

成立青年学专委会，开展青年学研究，为专家学者搭建学科交流平台，旨在推动青年学研究工作不断升华。可以期待若干年以后，青年学一定能够为我们青年工作的理论与实践更好地提供指导和服务。所以我呼吁也期待在中国青少年研究会的领导下，在两位顾问的指导下，我们的专委会加强各方面的学术交流，反对形式主义，实实在在干几件事。第一件是共谋，共同谋划我们应该怎么推进学科建设，怎么在各个大学都能够开设青年学课，成立青年学专业乃至青年学系，甚至成立青年学学院。今天，北京青年政治学院青年工作学院正式揭牌成立，我也期待以后有更多的青年工作学院、青年学学院出现。第二件是共享，不是建立学术堡垒，而是提倡大家把自己的研究成果来分享，让我们共享。今天的主旨论坛有六位专家分享他们的研究成果，下午分三个组进行分论坛，这些分论坛都是在分享研究成果。第三件是共赢，最终我们希望共赢，不仅是我们各个大学各位专家教授共赢，也希望我们青年学与其他学科共融共赢，共度美好的明天！

加强青年学研究的十点思考

黄志坚[①]

在中国青少年研究会青年学专业委员会和北京青年政治学院等单位主办的"2018青年学和青年工作研讨会"的推动下，我对近年来关于青年学研究如何加强的问题作了一些深思，归纳为10个问题，这就是我今天发言的题目："加强青年学研究的十点思考"。现在将这十点思考的主要内容，向各位报告，请各位指教。

一、青年学创建的历史必然和时代价值

青年学在中国是什么时候兴起的？20世纪80年代中期。如果以首届全国青年学研讨会的举行为标志，那就是1986年。如果以第一部《青年学》教材的出版为标志，那就是1988年。

科学发展史告诉我们，一门学科的形成和发展，无不出自社会的需要。恩格斯说："社会上一旦有技术上的需要，则这种需要会比十所大学更能把科学推向前进。"钱三强说："科学的突破，往往发生在社会需要和科学内在逻辑的交叉点上。"20世纪80年代青年学在中国的兴起，即源于社会需要。我国社会于20世纪80年代进入改革开放新时期，新时期的建设与改革需要青年的觉悟和奋斗；新时期需要应对的众多社会问题集中表现为青年问题；新时期青年的成长需要有完整认识自己的理论指引；新时期开创青年工作新局面需要有专业理论指导；新时期青年工作者需要有专业的理论武装。正是这些需要，推动我国的青年研究向学科化发展。

新时期高等院校思想政治专业的设置更加速了这一学科化的进程。我国从1984年开始，在高等院校设置思想政治教育专业，思想政治教育的主要对象是青年，因此需要有一门研究青年的专业课。中国青年政治学院1985年成立时首设的就是思想政治教育专业，青年思想政治教育对于青年学的需求更为强烈，可以说有迫切的需要。

[①] 黄志坚，中国青少年研究中心研究员。

中国青年政治学院不但有此需要，而且有推进青年研究学科化的条件：第一，中国青年政治学院的前身中央团校从1955年开始就建立有研究青年和青年工作的专门机构——青年工作教研室，有一支研究青年和青年工作的专业队伍；第二，中国青年政治学院在20世纪80年代已经培养了一批研究青年和青年工作的专业人才，有这一领域的学术带头人，有大量调查研究的学术成果和30多年教学和科研的经验积累；第三，中国青年政治学院设有当时全国唯一的青少年研究资料室，拥有相当丰富的关于青少年研究书籍、报刊等资料。恰是这种需要和可能，把中国青年政治学院推到了创建青年学的前列，并由此带动了共青团界、教育界和社会科学界众多学者的热心参与和共同创建。

当今建设中国特色社会主义新时代，加强青年学研究更有新的重大意义。

其一，2015年7月发布的《中共中央关于加强和改进党的群团工作的意见》提出："加强群团工作学科建设，群团工作研究列入国家哲学社会科学研究规划。"这项学科建设的要求，落实到共青团，首推的自然是青年学。因为共青团工作的对象是青年，做的就是团结青年、引导青年、服务青年和维护青年合法权益的工作。这就使加强青年学研究具有加强党的群团工作学科建设的时代意义。共青团属中央团校（中青院）、中国青少年研究中心以及遍布全国各地的青年院校和科研机构，迎来了发展青年学的新机遇。

其二，中共中央办公厅、国务院办公厅2017年4月发布的《中长期青年发展规划（2016—2025年）》（以下简称《规划》）提出"在社会科学研究机构、高等院校加强青年学研究"。把"加强青年学研究"列入这部国家级《规划》，是党和政府对这门新兴学科的充分肯定，是对全国的社会科学研究机构和高等院校提出的任务和要求，是落实《规划》不能或缺的理论指引，更是对青年学学科建设的有力推进。通过加强青年学研究，为实施《规划》的重点项目和实现《规划》的发展目标提供理论支持，而实施重点项目和实现发展目标的实践经验，又有助于提炼青年发展的新原理，滋养青年学的理论内涵，完善青年学的理论体系。这种互为促进的逻辑关系，为青年学这门新兴学科的丰富与完善，创造了前所未有的际遇与机会。

其三，2017年5月发布的《中共中央关于加快构建中国特色哲学社会科学的意见》提出："加快构建中国特色哲学社会科学体系"的任务，要把"发展具有重要现实意义的新兴学科和交叉学科"作为突破点。青年学正是一门对促进青年一代全面发展和提高青年工作科学性具有重大理论价值和现实意义的新兴学科。在社会科学研究机构和高等院校加强青年学研究，必将为中国特色哲学社会科学的突破点做出理论贡献，同时又能推动青年学学科建设进入一个新的发展阶段。加强青年学研究，已具有构建中国特色哲学社会科学的重大时代意义。

二、青年学与青年研究

青年学与青年研究二者是什么关系？有人不了解二者之间的关联，往往将二者割裂开来，重此轻彼或重彼轻此，甚至会有不恰当的贬损。其实，二者同属一个学术领域，是一个互相关联不可分割的学术共同体，不宜割裂，更不应对立。青年研究是青年学赖以发展的理论之源和学科创建之基，青年学为深化青年研究提供了理论指导和规律性的方向指引。作个比喻，青年研究与青年学之间的关系就好比心理学和心理研究的关系，前者是侧重学理学说的提升，发展规律的揭示和理论体系的构建，后者更侧重于对社会发展中种种现实问题的研究。前者为后者提供理论的指导和深化的指引，后者则为前者的进一步丰富和发展提供来自实践的鲜活原料。

止步于青年研究而不向学科化发展，青年研究没有自己的学科地位，永远只能徘徊于社会科学门槛之外，难以独立学科之姿进入社会科学之林。

三、青年学研究的逻辑起点和学术范畴

有人对青年学这门学科未作深究，就断言青年学研究没有明确的逻辑起点，没有明确的研究范畴。其实，只要略为仔细地看过若干已有的《青年学》著述，就应该不难了解，青年学研究的逻辑起点是青年与青年本质，青年学研究的学术范畴是以青年的本质及其发生发展过程为研究对象，揭示青年身心发展的规律、青年与社会互动的规律和青年特殊需求发生引导的规律。

我们知道，任何一门学科都有自己的定义。为什么要有一个定义呢？当然不是概念游戏，而是为了规范本学科特定的研究对象和需要揭示的特殊规律，从而准确地确定本门学科特有的学术地位和任务。

随着科学的发展，学科门类的划分是越来越细，数量也越来越多。众多的学科是如何区分的呢？都是根据它所要研究的特殊对象和它所需揭示的特殊规律来区分的。例如：哲学，是关于世界观的科学，它的特定对象是研究思维对存在、精神对物质的关系。政治经济学，是关于生产关系和经济关系的发展的科学，其特定的对象是研究人类社会发展各个阶段上支配物质资料生产和分配的规律。心理学，是关于人的心理活动的科学，其特定的研究对象是人的心理活动及其规律。

各门学科都有自己特定的研究对象和特殊的规律，并且通过定义把本门学科研究的逻辑起点和学术范畴确定下来。青年学的定义是什么呢？青年学是在马克思主义思想指导下，运用多学科知识，对青年做整体研究的科学。它以青年的本质及其发生发展过程为研究对象。它的任务是，揭示青年身心发展的规律；青年与社会相互作用的规律；青年特殊需求的发生与引导的规律，从而为培养教育青年和发掘青年的潜能提供理论指导。青年学研究有自己鲜明的、特定的逻辑起点和学术范畴。

四、青年学的学理根基

青年学学科的成长，离不开本学科的学理根基。自20世纪50年代以来，我国

的青年研究经过长久的调查研究和理论思维,已经积累有丰厚的学理根基。有人说,青年学就是没有自己独立的学理根基。洪谦先生有句名言:"你要批判休谟,首先要认真读休谟的书,这是学术研究最起码的要求。"只要读过1983年出版的《青年特点与共青团工作》,1985年出版的《共青团工作理论》,以及20世纪80年代后期和90年代出版的《青年概论》《青年学》等诸多版本,就应该不难发现,我国的青年和青年工作研究,已经在青年发生、青年概念、青年本质、青年特点、青年观、青年世代、青年文化、青年需求、青年社会地位与作用、青年社会化与社会青年化、青年生活方式、青年异常行为等学术领域,有了自己长久积累的学理根基。青年学学科建设正是建立在这些学理学说之上的。

还有人说,青年学没有自己的元理论。什么是元理论?元理论之说始于西方,元的原文为 meta。它与某一学科名相连所构成的名词,意味着一种更高级的逻辑形式。元理论即学科的基础理论。上述青年研究的学理学说以及据此构建的逻辑形式,不正是青年学的基础理论或称元理论吗!

青年学既然是一门诞生不久的年轻学科,学理学说肯定会有稚嫩与浅薄之处,仍需继续丰富和完善。如今加强青年学研究,我们非常期望同热心于青年学发展的各界学者一道,在构建中国特色哲学社会科学的努力中,运用各自的学科理论来深化青年发生发展的研究,探究新问题,推出新成果,进一步提升青年学学理学说的科学性,厚植青年学发展的学理根基。

五、青年学的研究方法

科学史表明,科学与方法同生共长,任何科研成果的取得,都是运用正确的研究方法的结果。俄国生理学家巴甫洛夫说:"科学是随着研究方法所获得的成就而进步的。"印度学者拉姆·纳斯沙玛说:"一个学科之所以称为科学,是由于应用了科学方法,科学的成功是由于科学方法的成功。"在青年学的发展过程中,人们必然十分关心研究方法的正确运用。

什么是青年学的研究方法?这是我在青年学研究中,曾经长时期萦绕心头并苦苦求索的一个问题。有人说,青年学运用的都是心理学、教育学、社会学等其他学科的研究方法,没有自己独特的研究方法。为此,我考察了哲学、经济学、政治学、管理学、市场学、社会学、教育学以及许多交叉学科的研究方法,搜寻阅读了国内外八种版本的社会科学方法论著作,悟出一个结论:各门学科的研究方法不能绝对化、凝固化,尤其是在交叉学科蜂起的当今时代,更不能拘泥于单一的方法,需要根据本学科的研究对象运用多种方法,在综合中形成自己的方法论。"社会研究法,寻源不拘格。宏观跨时地,微观暗参察",这是美国波士顿大学钟伦纳博士在《应用社会科学研究法》中的观点。他不赞同某门学科垄断某些方法和主张,认为某门学科可以从"其他社会科学现成的知识中引申,也可以而且应该运用各种适当的研究方法"。

交叉和渗透，是现代科学发展的一大特点。这既表现在理论知识上，又贯穿于研究方法中。研究方法的交叉和渗透，不仅存在于社会科学各学科之间，而且在社会科学和自然科学之间也日趋广泛。正如吴岱明教授在《科学研究方法学》中所说："现代科学的生长点，就恰恰是在这种交叉渗透的地带。"因此，在青年学的研究方法中，不能拘于一格而排斥多种方法的运用，更不应去刻意臆造一种所谓独特的研究方法。多年来，我们正是在吸收运用各种科学研究方法的过程中，逐渐确立了青年学研究的一些基本方法。我在1988年出版的《青年学》的"绪论"中，就对青年学研究方法论单列一节作了归纳阐述。现在看来，这些归纳和阐述是立得住的。推进青年学学科发展，自然包含研究方法还要继续在综合上下功夫，坚持在辩证唯物主义和历史唯物主义思想的指导下，广泛吸收和运用社会科学各种有助于揭示青年的本质和发生发展规律的方法，努力借鉴自然科学的一些方法和现代化的新技术手段，在多种方法的交叉渗透中，完善青年学研究科学的方法论。

六、青年学的理论体系

一门学科的理论体系，反映的是该门学科的学理学说与揭示的规律的内在逻辑联系。《青年学》的理论体系，在我主编的、1988年出版的《青年学》教材中，内容构建如图1所示。

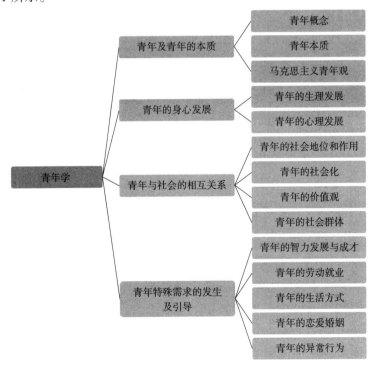

图1 《青年学》教材的理论构建

青年学的这个理论体系的构成，有四个板块：青年及青年的本质；青年的身心发展；青年与社会的相互关系；青年特殊需求的发生及引导。在第一板块里面，包含青年概念、青年本质、马克思主义青年观。在第二个板块里面，包含青年生理发展、青年心理发展。在第三个板块里面，包含青年社会地位的作用、青年社会化、青年价值观、青年社会群体。在第四个板块里面，包含青年智力发展与成才、青年劳动就业、青年恋爱婚姻、青年生活方式、青年异常行为。这样的构建，虽然具有一定的拓荒意义，但从20世纪80年代以后青年研究与学科建设取得的新成果来反思，尚不尽完善。有人说，现有各种版本的《青年学》，虽然各有所长，内容结构也不尽相同，但尚缺实质性的体系突破。这样的学术批评是具有建设性的。一门新兴学科研究的加强，无论是学理学说或学科理论体系，都不能把功夫只用在章节的排列组合上。要极力倡导学术创新，在体系结构的逻辑关系上，学习借鉴人才学、传播学等一些新学科的发展经验，归纳青年学研究的新见解、新成果，以求青年学学科体系的新突破。

七、青年学的学科地位

青年学这门对青年做整体研究的新兴学科，在社会科学体系中居于什么样的地位？应当作何学科归类？这关系到青年学学科学术地位的确立，需要形成社会的共识。

有人认为青年学应是社会学的一个分支，有人认为青年学应该归入教育学或思想教育学，有人认为青年学应该属于人学的分支，有人认为青年学应该属于马克思主义理论的分支，也有人主张青年学成为一个独立的学科门类。青年学究竟作何学科归类？近年来的研究还在不断深化。可喜的是，2015年第十一届全国政协会议共青团界的倪邦文委员提了一个提案，要求把青年学列入教育部的学科名录。教育部很快对此提案作出回复，赞同把青年学列入学科名录。为此，中国青年政治学院在2016年专门举办了一个专家论证会，确定将"青年学"作为"马克思主义理论"一级学科下的二级学科，并向教育部申报。2018年此项申报成功，中国青年政治学院通过教育部二级学科自主设置信息平台，完成"青年学"新增目录外二级学科的全部公示及备案工作。中国青年政治学院新增设的青年学硕士点，计划于2020年正式招生。还有一个可喜的是，2017年中国青年研究会专门设立了青年学专业委员会，并推举乔东亮教授担任主任。乔东亮这位北京青年政治学院院长，对青年学的发展非常热心，有决心、有信心通过青年学专业委员会的集体努力，在教育部和中国科技监督局的学科名录确立"青年学"的学科地位。他还有志把青年工作学院有朝一日发展为青年学学院。可以预见，青年学的发展必将在这些举措的实施中取得新的、更大的进步。

八、推进青年学学科建设的方针

青年学学科建设应遵循何种方针？通过30年之经验积累，我将其概括为16个字，即"以我为主，博采众长，融为一体，自成一家"。

"我"，即研究青年的学科建设要立足于青年，立足于对中国青年的研究。这是构建中国特色哲学社会科学的必然要求，更是当今加强青年研究的重点所在。研究青年学，要研究的就是青年人。要善于到青年人中去调查研究，追随青年现实生活过程，了解青年物质生活与精神生活的需求与变化，发现青年成长的新问题，总结青年发展的新经验，从广大青年为中华民族伟大复兴的奋斗实践中，从中国特色社会主义建设者和接班人的培育实践中，提炼出有学理性的新理论，揭示出目前尚知之不深或不为人知的规律。由此拓展研究领域，补充短板，丰富内涵；克服同青年实际生活相脱节的学究气，切忌远离青年发展的现实冥思苦想，也不能只靠名词概念的推论和演绎。

"博"，即广泛吸收、综合运用多学科知识。这是新时期众多新兴学科发展的必需。青年学学科建设要有多维的视野，吸纳一切与青年有关联的学科理论和研究方法。对一些传统的学科理论，如生理学、心理学、社会学、教育学、伦理学等学科，要继续坚持，努力提高吸纳的深度。对一些新兴学科理论，如人才学、管理学、传播学、世代理论、互联网技术、统计学等学科，要解放思想，跟上社会科学发展的步伐，更广泛地去学习、吸纳和运用。在广纳古今中外与青年搭界的理论知识中，充分体现青年学的时代特色和综合特色，进一步增强青年学在青年发展和青年工作中的理论支撑作用。同时，在吸纳中，又要有分析和鉴别，立足中国的国情和青年群体情况，善于取众之长为我所用，避免囫囵吞枣的消化不良，避免良莠不分的全盘照搬。

"融"，即引进的多学科理论，还要善于融会贯通。青年学的"融"，就是要在"以我为主"中，对各相关学科中对"我"有益的理论知识，通过综合运用，形成具有内在逻辑关系的青年学学科体系。现代科学技术的发展趋势，是从以往的高度分化走向高度综合。青年学的丰富与完善，在"博"的基础上，还必须提高对多学科的综合能力。要努力在交叉相融的综合中，探索青年发展的基本理论和基本规律，构建拥有青年学特色的学科体系，注意避免生搬硬套的杂拌和无内在联系的移植。

"家"，即以青年为特定研究对象，运用一切与青年健康成长和全面发展相关的学科理论，通过融会贯通的综合研究，在社会科学之林建立起一门新兴的青年学。据1987年上海人民出版社出版的《当代新学科手册》（杨国璋等主编）的统计，自第二次世界大战以来国内外社会科学的新学科，已达140余门。这些新兴学科的特点，都是建立在多学科的地基上，具有综合渗透性、远邻杂交性和前沿交叉性。青年学就是要成为这样的一门新兴学科。现在我们要做的是坚定学科自信，不受干扰，继续努力，通过更进一步地丰富完善，为青年学学科建设强基固本，促青年学枝繁叶茂地屹立于社会科学之林。

九、青年学丰富完善的路径

屹立于社会科学之林的任何一门学科，其生命力既体现于科学的学理学说和严谨的学术体系，又表现在有应用于实践的功力。社会科学的学科建设，从来都应当是学术与应用并重。这也是习近平总书记在哲学社会科学工作座谈会上的讲话所倡导的："基础研究与应用研究相辅相成，学术研究与成果应用相互促进。"因此，在加强青年学研究中，我们既要重视学术思想和学科体系的丰富和完善，还要重视理论与实践相结合的应用，二者不可或缺：没有理论上的丰富与完善，就难有该学科的学术价值和科学性的提升；没有理论的普及和应用，该门学科又容易流于空泛的清谈，于事无补，失去存在的价值。回顾青年学30年的发展历程，正是沿此双轨前行，才奠定了青年学的学科地位，扩展了青年学的社会知名度，放大了青年学的理论价值。

然而，我们又不能不遗憾地看到，目前在学术研究与成果应用的天平上，成果应用这一端明显偏轻。不少人对成果应用在青年学学科建设中的作用认识不足，缺乏应有的关心和重视，甚至有人鄙视应用，鼓吹"青年学只有与青年工作脱钩，才能成为一门科学"，将实践与应用贬斥于学科建设之外。显然，这是不利于青年学发展的一种偏误。

科学理论的力量在于应用。任何一门学科的发展，都需要在研究成果的实践应用中展现活力，展示存在价值；研究成果的正确性，需要在实践应用中接受检验；学科的丰富完善，也需要在实践应用中获取新知，求得创新。不能付诸实践应用的理论，是空洞的理论，不但不能产生实际的功效，而且容易使研究者沦为"坐而论道"的清谈客或书呆子。

对于实践应用在青年学发展中的功效，宋德福早在1987年为《青年学》作的序中就有建言。现在加强青年学研究，必须避免单轨跛行，坚决摒弃任何形式对实践应用的忽视或轻视，必须充分认识实践应用的必要性和重要性，真正达到双轨并进。青年学实践应用的范围很广，涉及青年成长、青年教育、青年发展、青年组织、青年群众工作、青年法规与政策等诸多领域。从当今的实际考察可知，青年研究成果的普及和应用，至少要在下述五大领域发力：①为青年成长提供理论引导；②为青年发展提供智力支持；③为青年教育提供理论教材；④为青年工作科学化提供理论支撑；⑤制定青年政策法规提供理论依据。

十、青年学的未来发展

科学技术发展史告诉我们，任何一门学科的形成都有一个发展过程，都是经由一代又一代人的持续努力，一步步地走向丰富与完善。青年学的发展与其他学科一样，都要有一代又一代人承前启后的持续努力。马克思和恩格斯说："历史不外是各个世代的依次交替。每一代都利用以前各代遗留下的材料、资金和生产力；由于这个缘故。每一代一方面在完全改变了的条件下继续从事先辈的活动，另一方面又通过完全改变了的活动来改变旧的条件。"社会发展的过程如此，科学发展的过程也不例外。当今加强青年学研究，多么需要有序的"世代的依次交替"！

一代人有一代人的责任，我们这一代人，在从青年研究向青年学发展的道路上耕耘了半个多世纪，推进了青年学的孕育和诞生，但在如今加强青年学研究的新征途上，已是余勇无几，要靠后续的一代。

我在2004年出版的《青年学新论》里，特意用"殷殷寄情后来者"作为"前言"的标题，无限钟情地把青年学发展的希望寄托于后来者。进入21世纪以后，我把更多的余力用在鼓励、支持年轻的一代，竭力为"后来居上"者鼓舞与欢呼。在今天这个研讨会上，我的这种心情和期盼更为浓烈。衷心祝愿在座各位年轻学友在进一步丰富完善青年学的道路上，坚定学术自信，承前启后，勇于创新，做出新贡献！我坚信，青年学学科建设这项事业一定是一代超过一代，一定会在一代又一代的持续奋斗中茁壮成长，成长为傲立于社会科学之林的一株参天大树。

唐代诗人李商隐有诗云："桐花万里丹山路，雏凤清于老凤声。"我模拟两句来表达对青年学未来发展的期望："青年学科发展路，雏凤清于老凤声。"

文化自信与青年文化

金惠敏①

我这两三年一直在研究文化自信问题,今天讲的是我文化自信研究系列的一个部分。

一、自信是文化得以形成和凝聚的保证

我们研究文化自信一般都在讨论自信的对象,但是我发现提出文化自信不是说我们要相信一个什么对象,而是自信本身就构成了文化,没有自信就没有文化。我们看一种文化的形成,每一种文化的形成都必须源自认同,都是我们要认同一个东西,文化因为认同而形成。我举一个简单的例子,比如说前现代社会有一种图腾崇拜形成了文化,形成了最初的文化,这种文化一定是要认同某一个东西才能够形成,这是前现代社会。那现代社会我们也经常发现所谓现代文化,也就是认同现代生产生活方式然后形成一种现代文化,也就是说特别强调个人的自由,就是自由的价值和个体的价值,这个是现代文化。还有就是我们特别重视一种传统、一种历史,如果没有一种完整的历史,我们会去补充它,让它形成。

有一位外国学者说认同政治有两个特征:一是强调差异而非共性;二是强调地方性,如特殊的身份共同体,而非共性。我们一谈到文化,就会想到文化的特殊性,想到文化的差异性。英国文化研究的领袖有一个说法,说每一种身份都有它的边缘或者是更多其他的东西,就是说这个身份包括它自身的凝聚,凝聚以后有一个边缘,它要排除这个边缘,边缘化不在它本身。所以说像巴黎的文化,除了巴黎,其他的

---

① 金惠敏,中国社会科学院教授、博导、长江学者。

地方就是外省，只有自我和其他，所有的都是其他，这样会形成文化本身，就是有一种凝聚排除，凝聚自身然后排除。那认同另外一个方面特别明显的就是排他、排异。排斥有两种：一种是内部的排斥，内部的排斥就比如说我们过去讲的羞耻感，古人叫作仁义礼智信，今天我们谈八荣八耻，这个是文化内部要排斥的一个东西。英国19世纪有一位理论家讲的文化和我们现代的文化不一样，阿诺德的文化概念是一个社会最核心的价值，他没有用核心价值观，当然他说的也就是我们今天说的文化就是一个社会的核心价值观，他用的术语是文化是一个社会当中最甜蜜的那一部分、最光荣的那一部分，是人类所思所研最精华的那一部分。他这种文化观，虽然没有讲差异，但是这种在一个文化内部进行分类编号等级化、边缘化这样一个过程就是一个文化本身的凝聚，凝聚一种文化。

我们的阶级意识也是一种区分性的意识；还有现在讲弱势群体的文化、工人阶级的文化，都是把自己统治和被统治、剥削和被剥削压迫区分出来，这样一个区分过程是一种身份建构的过程，也是一种身份认同的过程。如果我们对语言学有所了解的话，语言学就是说要讲符号，符号有两个概念：一个是能指，另一个是所指。符号这个意义的建构是通过和另外一个符号的区别差异所建构起来的。当你说黑的时候你无法去界定黑，你一定说有一种白，这个白的概念就和这个黑区别开来。那这个语言表达过程，用语言学的观点看待我们的过程，只有在差异化过程当中才能够建构我们自己所追求的那种意义，就是人生也是一种差异化的意义的建构过程，所有的意义过程都是一个差异化过程。

二、文化意识和文化无意识

习近平同志多次讲到我们要重视文化自信的问题。因为文化自信是一个社会最深层的力量。关于文化自信，文化界定义为一个社会最深层的力量，这一点是界定了文化研究和文化理论的一个基本的成果，这就是说文化不再是刚才说的所思所言的精华，而是落实到我们的日常生活，受人类学推动的内容。有一个学者提出文化是精神本名的发展，不是一种自觉的内容。这种观点是文化研究的一个基本成果。但是他的观点不一定完全正确，还有一些漏洞。就是说我认为这个是文化在表现形态上，具有无意识的特点，具有沉浸到你的内心、沉浸到社会最基本的层面，这个是文化的特点。但是这并不意味着在文化的形成过程当中没有意识、没有理论、没有认识的清醒指导，文化在表现形态上是无意识的，可能是深入日常生活层面、具有无意识的特征，但是文化确实需要引导。这一点在先秦时李斯就曾提出过，他提出移风易俗，移风易俗是为了国富民强，是有意地改变社会风尚。在李斯这个时期，人们就知道文化是需要提倡的，是需要有意的提倡的。为什么在汉代就出现《礼记》，《礼记》也是提倡礼仪文化的，如父母在不远游，它的目的是让大家来学习这些东西，从而在行动上来践行。所以说文化本身在表现形态上可能是无意识的。我们生活在一定的文化环境之中，可能不自觉地践行其中的某些文化，我们可以脱口而出，随心所欲。我们生活在文化之中，我们讲出来的都是合乎社会规范的，但是这并不意味着我们对于文化的构成和形成要放弃自己的责任。

老子提倡无为而治，他讲的是一种小国寡民的文化，他说要安其居乐其所，就是说我们要感觉到自己食物的香甜，我们要感觉到自己服装很美丽，然后我们很安然地起居，我们要沉浸在我们自己的文化风俗习惯当中，喜欢我们这样的生活方式。但是这个跟道家可能有一些不同，因为道家是没有人的学问。为什么说没有人呢？因为老子提出"人法定，定法天，道法自然"，我们不要有意为之，这个是我们对老子道家一贯的理解。但是有没有人提出这么一个问题，就是人法自然，但是自然还要法什么呢？我认为自然也要法人。为什么说自然要法人呢？我们这样理解，莎士比亚的《哈姆雷特》里面有一句台词，即"人是宇宙的净化万物的灵长"。人是自然发展的最高阶段，自然的特点就是生长，他生长的最高阶段就是人的理性，那这个理性又不能过分地膨胀，所以说还要人法自然，这样人法自然与自然法人就形成了生态的循环。我是不接受文化研究那种文化无意识和海德格尔的观点，他要取消认识论而回到人的本体存在这样一种观点，我认为两者既有人法自然的一个方面，还有自然法人的一个方面，两个方面要互动形成一种生态学的循环。

三、关于青年文化

青年文化不能从社会主体中独立出来，青年文化是整体文化的一个构成部分，是其中最活跃的那个部分，是整体文化当中最活跃的部分。我们不能因为青年文化具有先锋性、不断的变动性，而认为青年文化是一种不成熟的文化。为什么呢？因为任何文化相对于它的下一个发展阶段来说，都是不成熟的。文化有基因，但是文化基因是相对于文化的稳定性、文化的传统性，甚至现在有一个词叫作"文化莫引论"。一个社会有自己的文化原型，但是这个文化原型要不断地接受一些现实需要的一种考量、一种考验、一种挑战。青年文化常常担负着对既有整体文化改造的功能。

青年与社会有一种互动的关系。青年文化与社会整体文化也是一种互动的关系。青年文化肩负着对社会文化予以牵引的作用，不说引领，是一种牵引，是一种改造的职能。所以我感觉这个牵引文化研究是大有可为的，是这个社会发展的一个发动机，是一种推动整个社会文化变化的积极的力量。当然这种积极的力量，这种变革——青年文化的变革能否成功，我还是持唯物主义的文化观念，那是因为成功与否，一种文化形成与否，根本上取决于人们当代生活的需要，这是一种唯物主义的观点。

为什么青年文化研究应该考虑文化自信问题呢？因为青年文化是整体文化的一部分，是向前的，对新生事物、新的东西、时尚的东西特别敏感，这种敏感如果过分会沉溺，这样就需要青年与社会之间互动，需要主导性的文化和引领性的文化、青年文化之间进行互动。我特别相信这个互动。所以说青年文化的研究，要吸取整体大的文化理论的研究成果，要不断地创新。我希望青年学研究不断地吸取各门学科的成果，特别是近年来所说的要汲取文化理论研究的成果，从而实现不断更新发展。

青年领导力

李育辉①

  我们研究的第一个出发点是群体有没有发生变化？我们的研究无非是三个层面：第一个层面是社会发生了什么样的变化？第二个层面是我们组成社会的每一个载体，比如说人，外部发生了什么变化？第三个层面是由不同人构成的群体组织又发生了什么变化？现在很流行的一个词叫作"我们不一样"，说"90后""80后""70后"，他们工作生活的行为态度是不一样的，比如说"70后"最喜欢工作，"80后"最讨厌加班，而"90后"问工作是什么、我是谁、我为什么会在这里。你们还没有看到"00后"，"00后"已经进入大学，更不一样。那我们会发现代际是有差异的，我们希望去研究不同的代际的群体，他们真的不一样吗？如果我们每一代都不一样，我们中国这几千年发展下来，中国人是不是已经变异了呢？事实上并没有，我们的文化传统的核心还在那里，这个是我们想要做的后面几个研究的第一个出发点，代际变化了，人真的不一样了吗？这种不一样体现在我们的态度、行为、言谈举止里面会不会有差异？

  我们研究的第二个出发点是时代有没有发生变化？这种外部宏观的因素有没有变化？我们确认是在变化，而且变化的加速度越来越快。很多人说我们现在衰老的速度比我们的上一代人更快，而"90后"我的学生告诉我："老师，您别担心，我比您衰老得更快。"因为我的"90后"学生在"双十二"的时候大量采购防脱发的洗发水。"70后"和"80后"头发还很茂盛。在体现旺盛生命力的时候，"90后"说已经开始脱发了。那时代变化非常快，体现在哪儿？大家有兴趣可以去看看，知春路新开的一家咖啡馆，号称里面所有的服务都是人工智能服务，没有工作人员，

---

① 李育辉，中国人民大学教授、博导。

他们的工作人员在地下一层都是程序员。咖啡馆有提供冰激凌的机器人，但是仍然没有智能到说可以亲自给你送过来，你还要自己去取，当然技术的发展是不可遏止的。我们学院其实这几年一直在跟共享经济的平台合作一个项目，就是在共享经济时代下我们的人和人之间的关系会发生什么样的改变。大家都知道前一段时间脸书面临着一个重要的指控，因为上网者在网络上的轨迹被泄露出去。有一个心理学界的学者做了一个研究，说只要知道使用者75个点赞的数据，就能够达到60%的准确率，判断上网者是什么性别、是什么种族、有没有结婚、喜欢男的还是喜欢女的、支持什么样的政府，以及父母有没有离婚。75个赞而已，我们每个人现在留在朋友圈里的赞应该不止75个，这个就是大数据的魅力，这个就是共享平台带来的技术变化，以及机会和威胁并存的这么一个时代。

基于这样的背景我们做了一些研究，这些研究想回答这样的问题：新生代有什么样的特点？新生代具备什么样的领导力？我们问了不同的人，问了"90后"的员工，80后的员工，调查他们认为在这个时代什么样的领导力是能够适应时代特点的。还有一个研究，即纵向地思考一下到底什么因素可以提升我们的领导力。

一、新生代应具备什么样的领导力

第一个研究，我们在管理学里其实有一个永恒的命题就是工作的满不满意，以及什么因素让你满意和不满意。我们知道，一个满意的员工会有更好的工作绩效。在我们的调查里面发现一个比较有意思的现象。在我们以往的调查里面，薪酬一直作为一个最重要的影响因素去干扰我们的满意程度。薪酬在我们的"70后""80后"里面是排在第一位的。影响"70后"和"80后"员工工作满意度的依次是薪酬、工作晋升、工作环境，这个工作环境包含了他在哪里上班，地域的特点、气候的特点，都被囊括到工作环境里面去。接下来还有同事关系、领导关系和福利。有两项影响因素是我们在"90后"包括一小部分"00后"的员工里面选择靠前的：第一个是这个企业在组织当中、在行业当中是不是靠前？就像我们高考选报大学一样，大家想选的是特别有名的大学。我们发现员工在挑选组织的时候，也出现了类似的一个选择。第二个是职业发展。新生代员工更多地思考在这样的企业里、在这样的单位里能不能在未来有更强的竞争力？会不会被社会淘汰？我们通过对2 000~3 000人的调查，得到了一个让自己比较焦虑的结论，发现"90后"比我们预期的更焦虑。网上的段子把"90后"塑造成一个爱玩的、强调自我自由的群体，我们的调查却发现他们不是这样的，他们对于未来的焦虑感是非常严重的，这是第一个研究，新生代他确实具有不太一样的特点。

第二个研究，在外部社会环境发生变化了以后，对于什么是一个优秀的人、什么是一个具有优秀卓越的领导力的人，这样概念的素质模型有发生变化吗？答案是有。我们发现大家认为一个新时代的领导力应该具备的八个特征，其实我们也归纳了一下这八个特征意味着什么，意味着你要有不断学习的能力。没有任何一个时代像我们现在这样子，我身边的"50后""60后""70后"，当然"80后"和"90后"也不例外，都在不断地学习。有很多的50多岁的仍然在学习，你可以说学习是为了对抗焦虑，那我认为学习也是为了更快地提高他们的适应能力，以及创新能力。我们可以看到创新在领导力的模型里面也出现了。还有比较有意思的一点，大家认为在新的时代领导要有自知之明。为什么会提出这样的能力维度？这可能跟我们互联网传播渠道越来越快、越来越透明是有关系的。一个领导的形象随时可能被全世界看到，比如说一个领导今天突然戴了一个几十万元的表，可能马上就会被网友发现；一个领导发表的对工作不了解的言论可能会被下属在互联网上质疑。所以说自知之明这一条出现了。还有一条在我们以往的研究里面根本没有，就是身体好。有一句老话说身体是革命的本钱，在以前近30年领导力的研究里，身体好根本没有被放到能力模型里面。在我们这一次的调查中它出现了。身体好是一个重要的竞争力，希望每一个人都保持一个健康的体魄。

二、影响新生代领导力的因素

通过以上两个研究我们在思考，到底什么因素可以让一些新生代或者说年轻人更快地适应时代的要求，具备卓越的领导力呢？我们又做了一些偏学术的研究设计。首先我们做了一个元分析，对发表的71篇时政文章进行研究发现，有两个个人特质会严重或者是非常间接地影响一个年轻人对于新生事物的适应能力。第一个特质是情绪的稳定性，第二个特质是人的野心。野心这个词，有时候会被翻译为对卓越的追求。这两个个人特质会影响人在不同的外部环境变化的时候领导力的产生。

接下来我们做了几个定量研究，做了小的实验设计、小的问卷追踪调查，来论证这两个特质到底谁的作用比较大。研究调查说明了一个问题，就是个人在组织里面的成功不仅受个性的影响，还受环境的影响。这个环境尤其是来自同事和上级的人际交互的环境。领导力的产生受到两个重要因素，即情绪的稳定性和野心的影响。我们的研究想要论证一下谁的作用更大，就像我们说人定胜天还是环境改变个人。

我们的研究结论特别简单，就是不管环境变化如何快，人的个性、人格、人本质的东西影响更大。我们这个研究是聚焦在刚进入企业的新生代员工身上去做的，而且更多的是聚焦在知识型的员工中。我不知道这个结论是不是所有人都适用，但是这个结论很有意思，也符合我自己随着年龄增长而带来的一些个人认知的变化。

三、研究结论及建议

通过快速的分享我们的研究，我想总结以下几句话。第一，在新生代员工的研究里，代际的差异初步显露出来了。第二，现代时代变化的加速度比以往更快，未来应该不会慢下来。所以说年轻人、新生代会面临更多的变化。这种变化必然会对个体的成长提出更高的要求。第三，要做一个成功的人，为时代创新和民族发展做出贡献，首先应该强调个人成功，个人成功必须具备卓越领导力，这是一项核心技能。第四，领导力的发生发展变化、固化，其实是受到了人格个性和环境的共同作用，目前来看人格的作用更为显著。

希望年轻人能够合理地管理自我，做一个自我领导者，做好对周围人的领导，最重要的是做好对自己未来的引导。

与流动共生、与时代共振

廉 思[①]

从 2007 年做蚁族研究开始迄今，我和我的团队从事青年研究已有十余年的时间。期间，我们生活在青年的圈层中，呼吸在青年的文化中，总共完成了 32 个青年群体的研究，其中动物系列中，既有六次"蚁族群体"的纵向连续调查，也有"工蜂""洄游"等群体的横向截面调查；既有新生代产业工人、青年白领等大家熟知的群体调查，也有创业青年、自由职业者等新兴青年群体的研究。今天我发言的题目是"与流动共生、与时代共振"。其实我讲的就是这样一批体制外的年轻人：新的社会阶层。也可称之为新兴青年群体。

在知识快速迭代的今天，伴随着传统职业、高学历等旧有阶层跃迁路径的逐渐弱化，以技能多元化、个人化、流动化为核心的"新专业主义"和以个体跨界协作为主张的"新人脉主义"，正在重塑"文化资本"内涵。对今后的青年人来说，将自己卖身给大型公司或单位机构、依靠组织资源勤恳攀升的从业者形象已经不具有吸引力，而以个人能力为核心，自主、灵活、多元的职业规划将成为实现个体价值、提升阶层身份的新通道。这种新的社会阶层的出现，让我们重新审视已有的社会分层方法和社会组织形态。一般认为，一个人的权威需要来自人物或者组织的赋权，其晋升需要依托体制颁发的荣誉和认可作为背书等。如官员必须依靠组织提拔、教授必须有学校聘任，演员和导演也需要某个大奖作为背书。所有人物似乎都需要来自其他权威的赋权。而新的社会阶层的出现让我们认识到，在某一领域有了权威，但是背后却没有赋权，他们是自我赋权的阶层！

2017 年，我们完成了中国第一部《新的社会阶层研究报告》，得到中央领导同志的高度重视，以新的社会阶层中的一个群体网络主播为例，截至 2017 年 2 月，各大直播平台上有影响力的主播超过 40 万人。根据北京市的统计数据计算，北京地区

[①] 廉思，对外经济贸易大学教授、博导。

的全职主播人数为7.6万人，其中2014年开始从业的人数占7.9%，2015年开始从业的占18.7%，2016年开始从业的占62.1%，从业人数增速逐年呈快速增加趋势。该从业群体中多为"90后"，60%以上的观众也是"90后"，网络直播成了当代"90后"群体的集体记忆和时代标签，也成了该同龄群体之间沟通交流和学习成长的互动方式。我们的调查显示，来自省会城区和直辖市区的占比均为14.2%，地级市区占比17.4%，来自县、乡、村合计占比55.0%。从这个维度看，网络直播在某种程度上起到了底层青年群体上升通道的作用，为出身底层的文化领域新兴青年群体提供了新的上升空间，给了他们实现自己梦想的机会。网络主播的收入来源主要包括与平台的打赏分成收入、电商收入、广告收入和线下活动收入等，其中，观众送虚拟礼物所形成的打赏收入为该群体最主要的经济来源。对于全职主播的分析数据显示，该群体平均月收入为11 622.9元，高于2016年北京市城镇职工平均月收入7 806元，也高于北京青年流动大学毕业生平均月收入6 110.7元。但高收入与低收入者差距极大，月收入最高的达到100万元，而最低的仅为500元。网络主播群体的出现，具有结构分化和价值选择的合理性，它以弹性的方式及时地弥补了现代职业结构中的空缺，为新兴青年群体提供了新的就业形式和职业形态，有力地拓展了就业渠道，扩大了就业市场，缓解了就业压力。

无论社会上对于网络主播有着怎样的评价，网络主播是历史上第一次真正的底层青年群体有了向社会广播的能力。原来底层群体的闲暇时间，可能被网友、地摊文学、聊天室消磨，现在转向了直播室。所以，网络主播的真正意义在于，又一批草根有了群体影响力，以前的网游之类，终归是精英提供的内容。这意味着，上层对底层的影响力在被削弱，底层在通过网络主播得以自我强化。

相比其他领域，新的社会阶层人士的从业出发点绝大多数来自兴趣，甚至很多人将兴趣作为一种"梦想"，这与青年个体意识的觉醒和萌发不谋而合，探索以兴趣为导向的精神世界也是新社会阶层自我实现的路径，他们从自己的兴趣中汲取养分，崇拜并且渴望成为某一兴趣领域的"大神"。当前，兴趣圈层已经高度细分，生活、音乐、游戏、动漫、时尚、舞蹈等仅能代表传统的大门类，现在的分类高度精准化和时尚化，如生活门类下的宅舞、美妆、萌宠等成为细分领域，新的社会阶层人士善于洞察青年气息，构建"由兴趣聚合的文化社群"，培养一批"黏性高"的特定受众，反过来用自己的作品引领新的趋势，让每一部新作品出来都成为讨论热潮，建立兴趣圈层内的共同语言，营造强烈的圈子氛围。基于"格调"而聚拢的阶层和圈层逐渐成熟，而伴随着文娱产业的爆发式发展，"品位"的内涵也在日渐多元。正是越来越多的新的社会阶层人士都致力于开发细分领域，引发了从业者数量的激增，形成"长尾"，对"文化多样性"的坚持也显得尤为明显。新兴青年群体的出现，对我们的改革要求更高，要求政策更加公开、透明，政治的底线更加明确，并给予他们参与平等竞争的机会。

新兴青年群体也对我们的青年工作提出了一系列新的挑战。在移动互联网出现之前，我国一直存在两个舆论场，一个是官方舆论场，一个是民间舆论场。此前，民间舆论场的早期主体是都市类报纸。随着移动互联网对传统媒体行业的颠覆，民间舆论场正在呈现出新的特征。传统媒体式微造成的结果使得新兴青年群体的话语权在逐渐提升。传统媒体对底层的关怀不再是所谓的民间舆论场中议程设置的核心命题。远离了农村，居住于一、二线城市的新兴青年群体，成为网络舆论的主要发起者和参与者。由此，这些新兴青年群体的局部问题被放大，在舆论上，具体体现为一线城市的白领对于清洁空气的需求大于三、四线城市的蓝领对于工作岗位的需求。而在城镇化过程中，人口流动管理、户籍改革、公共服务均等化等存在相对滞后问题，导致新兴青年群体产生了较强的相对剥夺感。而这些青年大多处于竞争性较强的行业，工作和生活压力又增加了其焦虑感，这成了网络舆论场负能量的重要来源。

如何应对新兴青年群体对既有体制的冲击，美国的经验可以给我们以启示。我们称美国20世纪五六十年代的青年是"垮掉的一代"，对当时的美国社会来讲，他们是新的社会阶层。但是资本主义制度并没有被新的社会阶层颠覆掉，反而很好地吸纳了这些新兴青年群体。"垮掉的一代"推动了一波对抗主流价值的文化浪潮。"垮掉"的叛逆弄潮儿对现实深恶痛绝，他们挑战传统社会规范，寻找新的生存价值，他们尝试毒品，追求无拘无束的性爱，着装打扮标新立异，行事一味地自我张扬、无视常规；他们热衷于爵士乐、佛教禅宗等另类精神生活，乐于体验新奇事物，通过徒步旅行开阔眼界。到了20世纪60年代，嬉皮士们接过叛逆的旗帜。他们同样反对传统体制和现有体制，主张改变和实验，质疑所谓的"美国梦"和泛滥的消费主义；他们关注种族、女权、越战等议题；他们使用迷幻药、大麻，借此拓展意识的极限；他们崇尚自发的冲动、自由的性爱和真实的自我表达；他们身着奇装异服、留着长发；他们热衷音乐新潮——布鲁斯、摇滚、披头士、滚石乐队都是他们追捧的对象。然而，嬉皮士后来变成了雅皮士，叛逆变成了主流。资本主义体制试图吸纳抵抗，盗用其象征符号，清除其"革命"内容，然后将其作为商品销售给大众，这样，反文化运动被消解了。资本主义制度特有的开放性、包容性颠覆了一切，但唯独保留了资本主义制度本身。

随着全球化、网络化、市场化、城镇化的展开，我们执政党依托的青年群众基础发生了巨大的位移。面对这一前所未有的社会变局，如何寻找自身代表的阶级，再一次历史性地摆到了共产党面前。成功的革命党，并不必然是成功的执政党。苏共的失败表明，如果不能及时根据新的阶级演变重新配置各种利益，就有可能再次失去政权。2015年2月，中共中央印发了《关于加强和改进党的群团工作的意见》（以下简称《意见》）。《意见》深刻阐述了新形势下加强和改进党的群团工作的重要性和紧迫性。2017年，中共中央、国务院印发了《中长期青年发展规划（2016—2025年）》（以下简称《规划》）。《规划》是中华人民共和国历史上第一个青年发展规划。这两份重要文件的出台，充分体现了以习近平同志为核心的党中央对青年一代的亲切关心、对青年工作的高度重视，因此是我国青年发展事业的重要顶层设计。唯有正确的阶级分析，才能有精准的利益分配。寻找出自己新的阶级基础并扩大这个基础，这也是共产党人在国家发展进程中的必修课。

实践教育中的青少年思想引领

常 红[①]

在党的十九大和市十二次党代会精神的指引下,北京青年报社以北青教育传媒为主要的阵地和平台,深入贯彻习近平新时代中国特色社会主义思想,坚定四个意识,坚守团媒的本色,紧紧抓住实践育人这一时代课题,打造北京国际青年营这一品牌,构建了营地育人、活动育人、课程育人、赛事育人、文化育人等实践育人五大体系。

一是依托北京国际青年营进行的营地育人体系。北京国际青年营围绕实践育人这一主题,探索出了"共青团品牌 + 青年工作加社会企业"的运营模式,已经成为北京共青团推动营地教育发展、服务青少年全面发展的重要平台。从第一个密云营地开展至今我们已经建立了六块自建的营地,签约1 200余亩[②]的土地和营地,可使用的面积是9 700亩。在同一天里我们可以同时展开5 000人的培训,可以满足1 500人的露营、1 500人的住宿。截至2017年年底,我们共服务青少年100万人。

二是以"防艾夏令营"等公益活动为代表的活动育人体系。在青年健康方面我们连续三年与国家卫生健康部门合作,举办"防艾夏令营"公益活动,补充教育社会实践,纳入育人的体系。

三是以团课队课为代表的课程育人体系。我们以思想政治引领为主题,涵盖户外运动、自然观察、文化体验、安全自护、团队拓展等多个类型的活动课程。我们还开发了红领巾大家庭、红领巾小创课、红领巾小战士、六大队课课程、一带一路课程等,这些课程得到北京广大青少年的喜爱。

四是以首都大学生为代表的赛事育人体系。自2015年以来承办了由团市委主办的大学生户外挑战赛,引导高校学生走下网络、走出宿舍,这项赛事已被列为2018年北京十大群众国际品牌赛事之一,目前的赛事育人体系已经由最初北京高校参与,

---

[①] 常红,北青教育传媒董事长兼总经理。

[②] 1亩 =666.67平方米。

发展为京津冀港以及外国高校在京留学生共同参与的国际化赛事。

五是构建以北京阅读季为代表的文化育人体系。我们在全民阅读与实践育人之间架起畅通渠道，我们与青年汇、社区街道、大中小学校联动，设立了100个领读者实践基地，建立领读者培训体系，分别组织对大学生、大学辅导员以及中小学教师家长等群体共同开展培训工作。邀请阅读推广人、教育专家在全市内进行校际培训，培养了5 000余名的人才队伍，建设了北京市中小学校阅读联盟和大学生阅读联盟，使文化育人发挥着越来越重要的作用。

这五个育人体系是我们推动青年工作和实践育人过程当中逐渐摸索和总结出来的。我们希望活动发挥品牌作用，课程发挥实践作用，赛事发挥引导作用，文化发挥承载作用，使五个体系互为支撑、相互促进，为青年工作的开展探索出更加成熟的方式与方法。在取得成绩的同时，面对问题我们也产生了一些思考。以下是我们在下一阶段青年工作当中要始终坚持和遵循的原则。

第一个是要突出一个引领。新时代的立德工作贯穿于我们从事的青年工作当中。在社会教育和实践育人中应旗帜鲜明地担负起青少年思想政治引领的重任，针对青年社会教育和实践教育急需加强的紧迫任务，更是要高举青少年思想的旗帜，对青少年进行思想教育与引导。

第二个是要紧抓双核驱动。这是实践育人的前提和基础，也是我们发展的强大动力，坚持整合资源发挥实践教育在思想引领、意志锻造、文化传承、国际交往等方面的优势，通过开展团课、队课、社会实践、挑战赛、生涯教育等活动，将青少年接到营地，将营地课程送到学校。

第三个是要搭建实践平台。我们希望依托北京高校的优势打造好青年工作平台，使不断涌现的优秀青年学成果在实践中得到运用，在实践中开花结果。我们在2018年的两会上提交了关于加强北京市青少年营地教育管理的提案，现在市属有关部门正在制订方案加以推动，各级政府对青年工作的愈加重视使我们更加坚定了做好青年工作的信心。

新时代赋予青年工作新的时代特点、新的品牌内涵，实践育人任重而道远，青年工作更是要牢牢把握时代脉络，不断增强青年工作的影响力，与当代青年同营共振，引导当代青年走在时代的前列。

当代青年的国家认同

李春玲[①]

  青年一代代表国家的未来,具有较强的国家意识和爱国情感的青年是实现中华民族强国梦想的重要力量,特别是青年大学生群体,他们的国家认同感对国家未来发展的影响更大。但同时,青年一代也是面临全球化冲击最强烈的群体,融入全球化的渴望,对西方发达社会物质文明的仰慕,与保持民族自豪感和爱国热情之间的矛盾心态,有可能影响青年人的国家认同感。近年来,台湾和香港地区许多大学生对我国的国家认同感下降,西部地区一些少数民族青年分离主义情绪上升,都显示出青年群体最易于受到认同感危机的冲击。

  我国"90后"青年是在浓厚的爱国主义教育氛围中成长的,但同时,他们也受到全球化和多元文化浪潮的冲击。西方文化及其所谓的"普世价值"不可避免地对青年人的国家认同感产生冲击,尤其是接触较多多元文化信息的大学生群体。已有实证研究显示,我国民众的国家认同感存在明显的代际差异,年青一代的国家认同感弱于老一代人,而青年一代中接受高等教育者的国家认同感又弱于较低文化水平者。相对于其他群体,"90后"大学生的国家认同感显现出弱化趋势,虽不至于出现某些学者声称的"国家认同危机",但在某些群体和某些方面的确存在爱国主义教育的盲区。

  这一现象引发了越来越多学者的关注,对青年大学生国家认同感的研究成为目前国内学者研究国家认同感的一个热点;而与此同时,针对青少年人群的爱国主义教育,是我国政府提升民众国家认同感的一个工作重点。最近发生的某些高校学生与校方管理者之间的误解矛盾引发网络公共事件,引起人们对"90后"大学生的思想动态的关注,以及对大学思想政治教育工作方式和效果的反思。爱国主义教育是

[①] 李春玲,中国社会科学院青年研究室主任,研究员。

学校思想政治教育的一个重要内容,各级教育部门和舆论宣传部门都对其给予极高重视,然而,"90后"大学生的国家认同意识仍存在某些问题,需要引起相关部门的关注,进一步改进学校思想政治教育工作。本文基于中国社会科学院社会学研究所青少年与社会问题研究室"中国大学生就业、生活和价值观追踪调查"项目2017年度调查数据,对当前"90后"大学在校生的国家认同感现状及突出问题进行了探讨。

一、越年轻的代际群体,国家认同感越弱,接受高等教育的"90后"青年国家认同得分最低

中国社会科学院社会学研究所实施的2013年度全国抽样调查数据("中国社会状况调查"),采用国家认同感量表测量了10 268户中国大陆居民的国家认同水平。该量表包括一组涉及个人国家身份认同和国家荣誉感及责任感的态度测量,由5个提问组成,每个提问有5个选择答案,每一种答案赋以确定的分值,根据得分的高低(最高10分、最低-10分)判断其国家认同感的强弱。

上述调查发现,越年轻的代际群体国家认同感越弱。各代际群体比较,"40后"对于国家的认同感程度最高,随着出生年龄的推后,一直到"90后",整体呈现为下降的趋势。特别是"80后"和"90后"青年的国家认同感下降最为明显,远低于平均水平,全国成年人口国家认同感平均得分为5.27分,而"80后"和"90后"则为4.66分和4.36分(图1)。

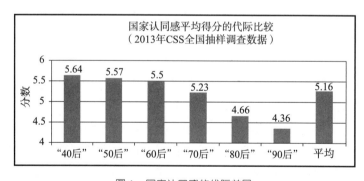

图1 国家认同感的代际差异

在"80后"和"90后"青年中,接受了高等教育的青年的国家认同感又明显低于较低文化水平的青年,并且研究生(3.6分)低于本科生(4.1分),本科生低于大专生(4.22分),小学、初中和高中文化水平的青年国家认同感得分普遍高于大学文化水平的青年,分别为4.99分、4.92分、4.77分(图2)。

这一发现有些出乎我们的预料,过去几十年我国政府采取多种方式强化爱国主义和传统文化教育,特别针对"80后"和"90后"群体,自小学阶段开始就进行了持续的爱国主义教育,大学阶段的思想政治教育也突出爱国主义教育内容。但尽管如此,"80后"和"90后"大学生的国家认同感还是出现下降现象,"90后"大

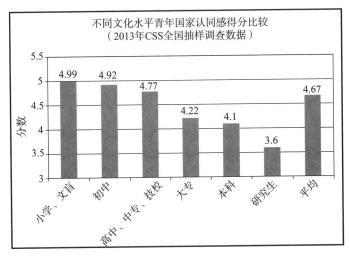

图 2　不同文化水平青年国家认同感得分比较

学生的国家认同水平最低。进一步的研究发现，"90后"大学生大多成长于生活舒适富裕的环境，没有经历过父辈们所经历的生活艰辛和物质匮乏，对于国家发展、社会改善、生活水平提高的感受体验也不如父辈深切。他们所接受的教育和信息包含更多的多元文化内容，也有更多的机会参与到全球化进程中，所以自然而然地就弱化了国家认同感。

二、越好的学校、越高的年级，国家认同感得分越低；应届毕业生的国家认同感下降问题需要予以关注

针对大学生国家认同感出现的问题，中国社会科学院社会学研究所青少年与社会问题研究室"中国大学生就业、生活和价值观追踪调查"项目对大学生国家认同感现状和存在问题进行了深入调查。"中国大学生就业、生活和价值观追踪调查"项目在全国范围内按地区分布和学校类型分布选取十多所高校，通过多阶段随机抽样（专业—年级—班级—学生），抽取上万名大学在校生，自2013年以来每个年度实施追踪问卷调查。2017年度调查涵盖17所高校（包括8所高职院校和9所本科院校）14 414名学生。2017年度调查问卷借鉴中国社会科学院社会学研究所2013年"中国社会状况调查"设计的国家认同感态度量表，对大学生的国家认同感进行了测量。

调查结果显示，越好的学校、越高的年级，国家认同感得分越低。"985"高校学生（3.95分）低于普通本科高校学生（4.03分），普通本科高校学生低于高职院校学生（4.37分）（图3）。

同时，高年级学生低于低年级学生，高职院校学生从一年级4.72分下降到三年级的3.88分；本科院校学生从一年级的4.25分下降到四年级的3.81分；"985"高校学生从一年级的4.11分下降到三年级的3.73分，不过，到四年级有略微回升（图4）。

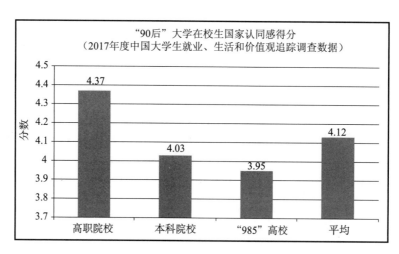

图3 不同类型高校大学生国家认同感比较

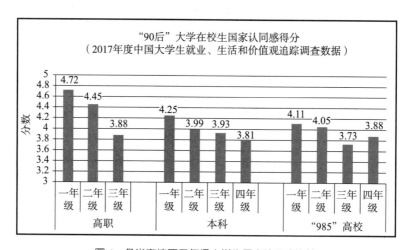

图4 各类高校不同年级大学生国家认同感比较

本科高校学生，特别是"985"高校学生的家庭出身背景普遍优于高职院校学生，来自城市家庭的比例也远高于高职学生，同时，多数本科高校处于大城市，尤其是"985"高校基本都处于北上广或省会城市。如此的出身背景和生活环境，使本科高校学生和"985"高校学生更易于受到外来文化冲击而弱化国家认同。从"985"高校学生中的"出国热"现象中可见一斑，层次越高的高校，学生越呈现出"个性化、多元化和国际化"的特点。

高年级学生的国家认同感弱化，有更复杂的原因，也更值得思想政治教育工作者关注。一方面，刚入学的大学生思想较为单纯，信息来源也较为简单，一年级又是思想政治课程教育的重点时期，并且取得的效果也最好，从而一年级大学生国家认同感较高。但是，随着年级增高，信息的接收面不断扩大，各种繁杂信息干扰极易对学生思想认知产生影响。而与此同时，思想政治课程教育减少，即使还有思想政治课程教育，死板教条的教育内容和简单灌输的教育方式对高年级学生的效果也越来越差。另一方面，高年级学生，特别是应届毕业生，面临的就业压力越来越大，求职过程遭遇的多种挫折，对其心态产生负面影响，从而也弱化了国家认同感。这一点在高职院校学生身上表现得最为明显。一年级高职院校学生的国家认同感是大学生群体中最高的，但到毕业年级（三年级），国家认同感大幅下降，与本科高校和"985"高校的毕业生保持同样的低水平。相反，"985"高校毕业生就业前景较好，往往就职的机构是大企业、高校和政府部门，对于国家快速发展和国际地位提高有了实际感受。此外，"985"高校毕业生能够享受到更多政策性优惠，比如：保送研究生、央企国企专场招聘、一些省份定向招录选调生（无须笔试）、国家公派出国等资源和机会。相对于高职院校毕业生和普通本科学校毕业生，他们的就业压力和考研压力较小、就业渠道更广、就业机会更多、选择面更宽广。因此，"985"高校毕业生相对于三年级学生，国家认同感不仅没有下降，反而有所回升。

三、党员和学生干部的国家认同感较强，但不同类型学生干部的国家认同感存在差异，学生会干部的国家认同感较低

在当今校园，担任学生干部成为"学生成才"的一种途径。从学生方面来讲，担任学生干部既可以提高自己的综合素质和工作能力，也是寻求个人发展机会的一种途径；从学校方面来讲，学生干部既可以协助校方和老师管理学生、开展工作，也是发现和培养优秀人才的一种途径。调查数据显示出，学生干部的国家认同感普遍高于未担任过学生干部的学生。但是，不同类型的学生干部，国家认同感不同，班干部国家认同感最高（4.44分），学生社团干部次之（4.36分），团干部和党支部干部第三（4.26分），学生会干部（4.02分）明显低于其他类型学生干部，仅略微高于普通学生（图5）。

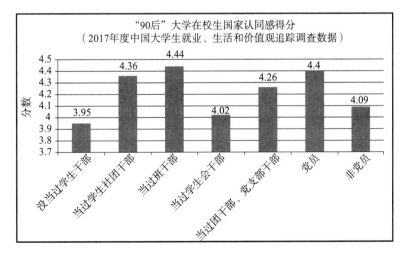

图5　学生干部及党员的国家认同感比较

学生会是大学校园中最重要的学生组织，学生会干部也常常被认为是大学生中的优秀人才和先进分子，但在国家认同方面并未表现出"先进性"。相反，许多大学生对于学生会等级森严的架构和某些学生会干部的官僚作风及谋取私利行为颇有微词。如何选拔真正的优秀人才和先进分子担任学生会干部，是落实《学联学生会组织改革方案》中需要注意的一个方面。

相对于学生会组织和干部，班干部和学生社团干部需要更多的公益心、责任感、主动精神和民主决策，而团干部和党支部干部需要更高的政治觉悟，这些品格特征与国家认同感有所联系。

调查数据显示，党员的国家认同感明显高于非党员，说明党员选拔的确选择了先进分子，但是，入党之后，党员的国家认同感没有继续提高。因此在入党严格把关的同时，如何增强入党之后的思想教育也是需要考虑的问题。

四、接受国家政策扶植项目的学生国家认同感极低，尤其需要关注鼓励在校生服义务兵役政策的实际效果，应该考虑相关政策的调整，避免产生负面效应

当前我国政府采取多种方式对优异大学生、经济困难大学生和一些有特殊需要的大学生提供经济资助或奖励。按照通常的思维逻辑，享受政府和学校经济资助的学生应该表现出更多的感恩心理，具有更强的国家认同感。然而，调查数据显示出情况并非如此，某些国家政策扶植项目甚至起到相反作用（图6）。

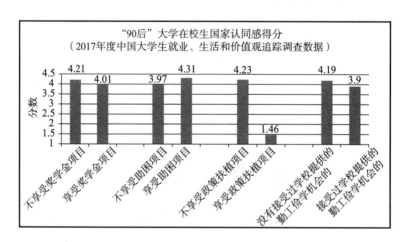

图6 接受国家政策扶植的学生的国家认同感比较

在享受各类资助的大学生中，仅有享受助困项目的大学生的国家认同感较高，特别是享受国家助学金、学校助学金、新生入学路费、绿色通道等资助的学生国家认同感明显高于没有享受这些资助的学生。但是，享受奖学金项目和接受学校提供的勤工俭学机会的学生国家认同感都略低于不享受这些资助的学生。

特别需要注意的是，享受国家政策扶植项目的学生国家认同感极低（1.46分），其中，享受免费师范生资助的学生国家认同感得分最低（0.69分）；享受在校生服义务兵役退役复学学费资助的学生为1.21分；享受退役士兵学费资助的学生2.15分；享受高校学生基层就业学费补偿贷款代偿的学生1.92分。这批学生中有少量的少数民族学生，国家认同感非常低。而非少数民族的学生国家认同感低是这类政策的特别条件设定所导致的，比如，享受免费师范生资助的学生要求回生源所在省份（通常是边远农村地区）中小学任教十年以上；享受高校学生基层就业学费补偿贷款代偿的学生要去中西部地区和艰苦边远地区基层单位就业；等等。接受这类资助的学生多是由于家庭经济困难而不得以做出选择，他们不会因为获得政府资助而产生感恩心理；相反，他们会因为自身未来发展受到限制而加剧原来的不公平感。

尤其需要关注的是享受在校生服义务兵役退役复学学费资助和退役士兵学费资助的学生，实施这一政策的目的是"为鼓励高等学校在校学生积极应征入伍服义务兵役，提高兵员征集质量，推进国防和军队现代化建设"，但政策实施的实际结果是这些应征入伍服义务兵役的学生国家认同感大幅下降，真要发生战争，他们为国家服务的意愿令人担心。

五、改进思想政治教育方式，针对重点人群实施有针对性、多元化的爱国主义教育，某些特殊人群资助政策需要进行调整

我国政府实施的爱国主义教育总体上取得较好效果，但仍需加强对"90后"大学生的爱国教育，进一步提升他们的国家认同感，特别是对于高层次高校学生、高年级学生、应届毕业生，还需探寻适合其知识背景、个性特征、实际需求的教育方式，以达到更好的教育效果。美国和欧洲一些国家公民教育中采取的某些实践课程、讨论互动课程等隐性教育方式可以借鉴；能够调动学生积极性、发挥主动性、提供社会和政治参与的学生组织、学生社团活动也有利于提升大学生的国家认同感。

针对特殊人群资助政策，比如免费师范生资助、基层就业学费补偿贷款代偿、在校生服义务兵役资助等，要从政策设计角度重新考虑，避免受资助人群产生不公平、受歧视、被排斥等心理而导致对政府不满、对社会敌视的情绪。目前，这些国家政策扶植项目主要采取经济激励手段招募学生参与，而招募到的学生常常是为社会、为国家服务意愿并不强烈，出于经济压力或争取大学录取机会而被迫做出选择。应该调整政策思路，除了经济激励手段之外，增加社会荣誉、提供未来发展机会等非物质激励方式，吸引具有志愿服务精神、社会责任感和国家认同感较强的优秀大学生加入。

青年学论坛

加快构建中国特色青年学的时代价值[1]

易帅东[2]

> **摘　要**：改革开放以来，青年学教学和研究取得了丰硕的成果，但青年学学科独立性一直处于探讨和争论阶段，没有取得重大突破。党的十八大以来，以习近平同志为核心的党中央召开系列会议，制定下发文件，对构建青年学提出了明确要求。构建中国特色青年学，面临着重要的历史机遇，是促进青年发展的战略要求、构建中国特色哲学社会科学的客观要求、加强新时代青年工作的现实要求。加快构建中国特色青年学，越来越彰显出紧迫性和时代价值。
>
> **关键词**：中国特色　青年学　时代价值

党的十八大以来，以习近平同志为核心的党中央高度重视青年工作、青年发展，对青年工作提出一系列新思想、新论断。近几年来，中央制定下发系列文件，对青年工作、青年发展做出重要指示，对加强青年学研究提出了明确要求。促进新时期青年工作、青年发展，一项紧迫而又重要的任务是深入学习贯彻习近平新时代中国特色社会主义思想和党的十九大精神，加强青年学科建设，深化青年工作和青年发展研究，加快构建中国特色青年学。

一、构建中国特色青年学是促进中国青年发展的战略要求

2017年4月，党中央、国务院印发的《中长期青年发展规划（2016—2025年）》（以下简称《青年发展规划》）特别强调指出：要"在社会科学研究机构、高等学

---

[1] 本文为北京青年政治学院2017年院内重点课题"青年学研究"的研究成果之一。
[2] 易帅东，北京青年政治学院纪委书记，博士。

校加强青年学研究"①,这为加快构建中国特色青年学提出了战略要求,带来了重要的战略机遇。

(一)《青年发展规划》为构建中国特色青年学提供了政策依据

加强青年学研究是促进青年发展的政策要求。作为前瞻性、综合性和战略性的公共政策工具,《青年发展规划》是国家加强和改善宏观调控的重要手段,也是党和政府履行经济调节、社会治理和公共服务职责的重要依据。这次专门面向青年群体制定和出台规划,且由党中央、国务院印发,在中华人民共和国历史上是第一次。《青年发展规划》充分体现了党和政府对青年的关心、对青年工作的重视,是党和政府在青年工作领域从理念到实践的一次深化与创新,是围绕促进青年发展所做的重大制度设计和安排,是未来一段时间指导中国青年发展的纲领性政策文件。《青年发展规划》明确指出要把"在社会科学研究机构、高等学校加强青年学研究"作为实施青年教育、提升育人质量的重要措施,这既是促进青年发展的目标要求,也是落实青年发展的有力举措。《青年发展规划》将加强青年学研究纳入国家政策要求,为构建青年学提供了政策依据。构建青年学,已然成为深化青年教育、促进青年发展的必然选项。

构建中国特色青年学是社会科学研究机构和高等学校的重要使命。《青年发展规划》已经明确把加强青年学研究的任务交给了社会科学研究机构和高等学校,这无疑是相关研究机构、高等学校的一项光荣任务,是创新青年研究和青年教育的重要机遇。近些年来,围绕青年学是不是一门学科、青年学研究是不是师出有名一直颇有争议,也一度成为青年研究工作者、青年教育工作者的困惑,这在一定程度上影响了青年学科的建设。在习近平总书记治国理政新思想、新理念、新战略的指导下,《青年发展规划》提出要加强青年学研究,不仅仅明确了青年学是一门学科,也明确了构建青年学是社会科学研究机构和高等学校的重要使命。这一重要使命是当前中国青年教育、青年发展的形势任务所要求的。与以往任何时候、与其他国家的青年学研究明显不同,《青年发展规划》明确提出青年学研究必须建立在具有中国特色的青年发展政策体系框架之下,必须植根于实现"两个一百年"奋斗目标、实现中华民族伟大复兴的中国梦的历史背景之中。这必然是立足中国国情、为中国特色社会主义建设事业服务、促进中国青年成长发展的中国特色青年学。社会科学研究机构和高等学校肩负着构建中国特色青年学的光荣使命,这既是重要挑战,也是历史机遇。

(二)《青年发展规划》为构建中国特色青年学提供了科学指导

《青年发展规划》指出了构建中国特色青年学的指导思想。促进青年发展的指导

---

① 中共中央、国务院.中长期青年发展规划(2016—2025年)[N].人民日报,2017-4-14.

思想同样是构建中国特色青年学的指导思想,其根本是坚持以马克思主义为指导。构建中国特色青年学,必须始终坚持全面、辩证、发展的马克思主义青年观,紧紧围绕为实现中华民族伟大复兴的中国梦而奋斗的青年运动时代主题,深入学习贯彻习近平总书记系列重要讲话和治国理政新理念、新思想、新战略,特别是关于青年工作的一系列重要指示精神。必须发挥好党的青年工作的参谋和助手作用,立足中国青年和青年工作实际,注重和突出发展导向、问题导向、目标导向,深入研究新时期青年和青年工作特征,回应党和政府以及社会对青年、青年发展的关切,提出更多有效的青年工作思想和方法,更好地服务青年成长发展。必须深化青年教育培训,强化思想引领,帮助青年坚定理想信念,引导青年增强中国特色社会主义道路自信、理论自信、制度自信、文化自信,培养更多中国特色社会主义事业的合格建设者和可靠接班人。

《青年发展规划》指出了构建中国特色青年学的根本遵循。这就是要坚持马克思主义青年观和中国特色社会主义青年运动方向,全面贯彻落实以习近平同志为核心的党中央关于青年工作的决策部署,引导广大青年坚定不移地听党话、跟党走。要坚持以青年为本,尊重青年主体地位,把服务青年全面发展和促进青年成长成才紧密结合,把引导青年实现个人理想与实现共同理想相结合,引导青年在投身实现中华民族伟大复兴中国梦的实践中放飞青春梦想,实现全面发展。要坚持全局视野,从战略高度构建青年学,坚持党管青年原则,贯彻"党和国家事业要发展,青年首先要发展"等的理念,站在党和国家事业后继有人、兴旺发达的高度,把构建中国特色青年学摆在教育培养中国特色社会主义事业的合格建设者和可靠接班人战略位置,为促进青年发展提供理论支持和指导。

(三)《青年发展规划》为构建中国特色青年学提出了目标要求

青年发展为中国特色青年学提供了研究内容。《青年发展规划》是未来一段时期指导青年发展的纲领性政策文件。中国特色青年学以中国青年和青年发展为研究对象,《青年发展规划》所包含的青年发展的重点领域和目标,理所当然也是中国特色青年学的重点研究内容。《青年发展规划》聚焦当前我国青年成长发展迫切需要关注的核心权益,从思想道德、教育、健康、婚恋、就业创业、文化、社会融入与社会参与、权益保护、预防犯罪、社会保障等10个领域,分别提出了每个领域的具体发展目标和发展措施。未来十年青年发展领域和发展目标立足青年和青年工作实际,注重突出问题导向、目标导向,充分照顾青年的时代特点和利益关切,覆盖青年成长发展的方方面面,具有强烈的科学性和系统性。《青年发展规划》提出的10个重点领域及发展目标,已经涵盖了中国特色青年学的内容体系和研究范畴,实质上对构建中国特色青年学提出了目标要求,对于构建中国特色青年学有着强烈的现实指导意义。构建中国特色青年学,应当聚集青年发展的10个重点领域,完善学科理论体系,建立学科边界,充实研究内容。

青年发展急需中国特色青年学提供理论指导和支持。《青年发展规划》总体目标中指出,到2025年,"具有中国特色的青年发展政策体系和工作机制更加完善"。①《青年发展规划》还制定了10个领域的青年发展目标,包括44条发展措施,同时制订了10项重点项目计划。无论是制定完善的青年发展政策还是制定实施青年发展措施,都离不开青年工作理论的指导与支持。加强青年和青年工作研究,制定出台更多更好的青年发展政策,为实施青年发展措施提供科学的理论支撑与保障,积极营造有利于青年发展的良好环境,是构建中国特色青年学的重要任务。相关社会科学研究机构、高等学校应当聚集青年发展,加快构建中国特色青年学,加强青年工作理论研究。要善于发现、总结青年发展规律,从青年发展的实践中汲取智慧,并将其转化为加强青年研究的营养和动力,进而促进青年理论不断发展。

二、构建中国特色青年学是构建中国特色哲学社会科学的客观要求

2016年5月,习近平总书记在哲学社会科学工作座谈会上发表重要讲话,2017年5月,党中央印发的《关于加快构建中国特色哲学社会科学的意见》(以下简称《哲学社会科学意见》),都明确指出"要加快发展具有现实意义的新兴学科和交叉学科,使这些学科研究成为我国哲学社会科学的重要突破点"②,这对加快构建中国特色青年学提出了客观要求,对青年学建设具有重要的指导意义。

(一)构建中国特色青年学是中国特色哲学社会科学的重要突破

中国特色青年学是中国特色哲学社会科学的重要内容。近些年来,我国哲学社会科学学科体系不断健全,深入研究和回答了我国发展和我们党执政面临的重大理论和实践问题,为坚持和发展中国特色社会主义做出了重大贡献。在新形势下,坚持和发展中国特色社会主义,实现"两个一百年"奋斗目标、实现中华民族伟大复兴的中国梦,要求加快构建中国特色哲学社会科学,为中国特色社会主义建设提供强大精神动力和智力支持。习近平总书记指出:"构建中国特色哲学社会科学,应该涵盖历史、经济、政治、文化、生态、军事、党建等各领域……不断推进全方位、全领域、全要素的哲学社会科学体系。"③青年是国家的未来、民族的希望。青年是推进我国经济社会发展的生力军和中坚力量,是实现中华民族伟大复兴中国梦历史重任的有生力量。青年事业是党的事业的重要组成部分,青年工作是党治国理政的一项经常性、基础性工作。系统研究新时期青年和青年工作规律,全面加强

---

① 中共中央、国务院.中长期青年发展规划(2016—2025年)[N].人民日报,2017-4-14.
② 习近平.在哲学社会科学工作座谈会上的讲话,2016-5-20.
③ 习近平.在哲学社会科学工作座谈会上的讲话,2016-5-20.

对青年的思想政治引领和成长成才服务，为中国特色青年工作发展道路提供理论支撑和指导，是中国特色哲学社会科学的重要使命。构建中国特色哲学社会科学，完善中国特色哲学社会科学学科体系，需要加快构建中国特色青年学，在马克思主义指导下，加强青年研究，深化青年教育，推动出台更多促进青年工作和青年发展的政策制度，为促进党的青年事业、服务青年成长服好务，充分发挥中国特色青年学在促进党的青年事业方面的重要作用。

中国特色青年学是中国特色哲学社会科学的重要突破。习近平总书记指出："要加快发展具有重要现实意义的新兴学科和交叉学科，使这些学科研究成为我国哲学社会科学的重要突破点。"① 能成为哲学社会科学的重要突破点，至少包含三个要素：一是具有重要现实意义；二是新兴学科和交叉学科；三是能够取得突破。中国特色青年学完全具备这三个特征。首先，构建中国特色青年学具有重要现实意义。任何一门学科，如果只是停留在实验室和教室，闭门开展教学研究，必然缺乏生命力，不能走得长远。青年学以青年群体为研究对象，以青年和青年群体的本质、特征为主要内容，研究促进青年成长发展、创造青年发展外部环境、引导青年服务社会的方法和主张。在当前党和国家高度重视青年和青年工作，青年工作和青年发展还存在不少亟待解决的突出问题的新形势下，中国特色青年学将坚持问题导向，全面体现创新、协调、绿色、开放、共享的新发展理念，充分聚焦青年的时代特征和利益关切。因此，构建中国特色青年学具有重要的现实意义。其次，中国特色青年学是具有鲜明中国特色、青年特征、时代特点的领域性、交叉性应用学科。中国特色青年学的领域性表现在以马克思主义人性论为基础，以马克思主义青年观为指导，重点研究青年的自然属性、社会属性，以指导和促进青年自身的成长发展，引导青年更好地服务社会。中国特色青年学的交叉性体现在它充分吸收和借鉴生理学、心理学、社会学、文化学、组织学等多学科对青年研究的成果和方法，通过建设青年学科领域、学科群的方式，创新发展马克思主义青年观，运用多学科的方法对青年进行整体的、系统的研究。因此，中国特色青年学不是简单的生理学、心理学、社会学、文化学、组织学中的青年部分，而是一门发展的、包容的、交叉型的新型学科。最后，中国特色青年学具备学科建设的基础条件。经过几十年的探索和发展，中国特色青年学已经积累了坚实的基础。一批社会科学研究机构、高校的青年学研究已经取得突破，《青年研究》《中国青年研究》《中国青年社会科学》等一批学术刊物社会影响力日渐扩大；社会科学研究机构、高校特别是青年院校已经培育了一支优秀的青年学科人才队伍和青年研究工作者，他们致力于青年研究，并取得了丰硕的研究成果；各种版本的《青年学》《青年学导论》《青年伦理学》《青年心理学》《青年社会学》《青年文化学》等教材和专著陆续推出，等等，这些工作和成绩都为构建中国特色青年学奠定了厚实的基础。

---

① 习近平.在哲学社会科学工作座谈会上的讲话，2016-5-20.

（二）构建中国特色青年学必须坚持以马克思主义为指导

构建中国特色青年学必须坚持和巩固马克思主义。习近平总书记强调指出："坚持以马克思主义为指导，是当代中国哲学社会科学区别于其他哲学社会科学的根本标志，必须旗帜鲜明加以坚持。"①中国特色青年学是中国哲学社会科学的重要内容，加快构建中国特色青年学，必须坚持以马克思主义为指导。青年学属于哲学社会科学，不同于自然科学，具有鲜明的意识形态属性。马克思主义是代表无产阶级和广大人民群众利益的科学理论，它始终以维护人民利益、实现人民解放为自己的根本立场，以实现人的自由而全面的发展和全人类解放为己任，通过揭示事物的内在本质和发展规律，为人们认识世界和改造世界提供科学的思想武器。马克思主义作为被实践反复证明了的科学理论，为青年学更好、更充分地发挥作用提供了世界观和方法论指导，成为引领和促进青年学发展的有力思想武器和精神动力。构建中国特色青年学，应以坚持和巩固马克思主义在意识形态领域的指导地位作为重大战略任务，用马克思主义主旋律引领和推进构建中国特色青年学学科体系、学术体系和话语体系。

必须坚持马克思主义青年观和中国特色社会主义青年运动方向。中国青年运动和中国青年在近百年的发展历程中，始终坚持把马克思主义基本原理同中国青年运动实际相结合，始终坚持中国共产党的领导，运用马克思主义青年观研究解决各种问题，引导中国青年沿着正确的方向奋勇前进。构建中国特色青年学，必须坚持马克思主义青年观和中国特色社会主义青年运动方向，坚持以马克思主义、毛泽东思想、邓小平理论、"三个代表"重要思想、科学发展观、习近平新时代中国特色社会主义思想为指导，深入学习贯彻党的十九大精神，全面贯彻落实以习近平同志为核心的党中央关于青年工作的决策部署。坚持把马克思主义青年观和中国特色社会主义青年运动方向作为构建中国特色青年学的"主旋律"和"主心骨"，牢牢把握为实现中华民族伟大复兴中国梦而奋斗的时代主题，始终做到构建中国特色青年学为党的青年事业服务，为中国青年全面发展服务。

（三）构建中国特色青年学必须充分体现学科特色

构建中国特色青年学必须体现中国特色。习近平总书记在哲学社会科学工作座谈会上的讲话指出："要按照立足中国、借鉴国外，挖掘历史、把握当代，关怀人类、面向未来的思路，着力构建中国特色哲学社会科学，在指导思想、学科体系、学术体系、话语体系等方面充分体现中国特色、中国风格、中国气派。"②这一思想对构建中国特色青年学同样具有重要指导意义。中国特色青年学体现中国特色，一是要充分吸收马克思主义中国化指导下其他成熟学科的建设思想和成果，要借鉴吸收包括历史、经济、政治、社会、党建等领域形成的哲学社会科学思想和成果，这些学科涉及的

---
① 习近平.在哲学社会科学工作座谈会上的讲话，2016-5-20
② 习近平.在哲学社会科学工作座谈会上的讲话，2016-5-20.

青年和青年工作理论，往往在实践中经受过检验，是构建中国特色青年学的很好借鉴。二是要充分吸收中国优秀文化资源。绵延几千年的中华文化，包含了一代代中华儿女创造和积累的知识智慧和理性思辨，蕴藏着激励青年成长发展的精神动力和价值指导，吸收用好中国优秀文化资源，是构建中国特色青年学的智慧宝库。三是要充分学习借鉴中国青年运动和中国青年发展历史。中国青年运动史和青年发展史，是在中国共产党领导下的一幅波澜壮阔的历史。学习借鉴青年发展历史，有助于更清晰地认识和把握中国青年发展规律，帮助中国特色青年学找准历史定位和发展方向，为构建中国特色青年学提供智慧和自信。

构建中国特色青年学必须体现时代特点。习近平总书记指出："哲学社会科学有没有中国特色，归根到底要看其有没有主体性、原创性。"[①] 中国特色青年学要体现中国特色，关键是要适应时代发展，提出主体性、原创性的理论观点。一是要坚持理论创新。创新是青年工作的永恒主题，也是构建中国特色青年学的永恒主题，是社会发展、青年发展对青年学的必然要求。时代在变化，青年在发展，青年问题层出不穷。青年学必须紧跟时代变化，适应青年发展，及时研究、提出和运用新思想、新理念、新办法，实现青年理论推陈出新，为更好地制定青年工作政策、推进青年发展提供科学指导。二是要有效联系指导青年实际。青年学作为哲学社会科学的重要组成部分，不能封闭在研究室里研究理论、发挥想象、建立模型。青年问题会随着时代的发展而变化，解决青年问题是青年学生命力之所在。构建青年学必须紧密联系社会实际，研究青年问题，回应青年关切；必须正视当代青年在思想道德、价值观塑造、身心健康、学习成长、婚恋交友、就业创业、适应社会等方面存在的突出问题，坚持问题导向，提炼新理论，指导新实践，切实服务党的青年事业，服务青年发展。

构建中国特色青年学必须体现青年特征。构建中国特色青年学需要回答三个问题：为什么研究青年？研究青年什么？如何研究青年？研究青年、服务青年始终是构建中国特色青年学的使命。因此，中国特色青年学应当坚持以青年为本，充分尊重青年的主体地位。一是要充分尊重青年历史。要研究总结中国青年在党团组织领导下，坚持中国青年运动发展方向，为国家和社会发展做贡献，实现青年自身全面发展的特征和规律，以更好地指导青年成长发展。二是要充分尊重青年特点。青年群体在生理和心理上的特殊性，决定着青年时期是一个敏感、多变、独特又充满可塑性的重要人生阶段。在这个阶段，青年的疑惑和矛盾将敦促青年不断提升思辨能力，从而获得独立的思维和完整的辨别能力，最终实现人生的社会化转变。构建中国特色青年学，应当充分照顾青年的特点，研究青年的生理心理、学习成长、就业创业等特征和规律，以更好地引导青年全面健康发展。三是要充分尊重青年参与。青年是自然属性和社会属性的有机结合。无论从生理贡献或者是智慧贡献方面，青年都

---

① 习近平. 在哲学社会科学工作座谈会上的讲话, 2016-5-20.

是推动社会发展进步的重要力量。青年通过社会参与，促进自身发展，实现自身价值和社会价值。构建中国特色青年学，应当引导青年积极参与社会，促进青年在投身实现中华民族伟大复兴中国梦的实践中放飞梦想、收获成长。

三、构建中国特色青年学是加强新时代青年工作的现实要求

2015年，党中央印发了《关于加强和改进党的群团工作的意见》（以下简称《群团工作意见》），召开了首次中央党的群团工作会议，明确指出要"加强群团工作学科建设，将群团工作研究列入国家哲学社会科学研究规划"。[①] 构建中国特色青年学，建设青年智库，加强青年研究，发挥育人功能，这既是新时代做好青年群众工作的现实要求，也是推进共青团改革的重要内容。

（一）中国特色青年学必须为加强青年工作提供支持指导

中国特色青年学为青年工作决策提供了理论支持。《群团工作意见》指出："这些年，党的群团工作在继承创新中不断加强，但与新形势、新任务的要求相比仍存在许多不适应的问题。有的地方和部门党组织对群团工作重视不够，对群团工作的特点和规律缺乏深入研究，对发挥群团组织作用缺乏有力指导和支持。"[②] "领导干部要加强对群团工作理论政策的学习研究。党校、行政学院、干部学院、社会主义学院应该开设党的群团工作理论政策课程。党委理论学习中心组应该把群团工作作为专题学习的重要内容。"[③] 新时代，青年工作外部环境、青年群体自身都已经或正在发生深刻变化，各类青年问题层出不穷，青年工作挑战前所未有。以习近平同志为核心的党中央提出坚定不移地走中国特色社会主义群团发展道路，是群团组织与时俱进、发展壮大的必由之路，为做好新时代青年工作指明了方向。青年工作是党的群众工作的重要组成部分，加强对青年工作的领导，更好地发挥青年生力军作用，要求深入学习贯彻习近平总书记对青少年和共青团工作提出的一系列新理念、新思想、新战略，加快构建中国特色青年学，加强青年工作研究，为党组织和领导干部把握和决策青年工作提供更多科学依据和参考。

中国特色青年学为推进团青改革提供了理论支持。《群团工作意见》、党中央的群团工作会议精神都指出了当前青年工作存在的一些突出问题，对坚定不移地走中国特色社会主义群团发展道路，切实做好新形势下青年群众工作进行了部署。当前，各级共青团组织正深入贯彻中央精神，紧紧抓住全面深化改革这一重要历史机遇，以强烈的责任担当全面推进团青改革。作为加强团青工作的一项基础性、保障性工程，中国特色青年学在推进团青改革中必须承担重要的使命。构建中国特色青年学，加强青年运动史、青年发展史、中外青年比较研究，能够帮助团青组织更好地获得历

---

①②③ 中共中央关于加强和改进党的群团工作的意见，2015-7-10.

史经验和国外青年工作的优秀做法，从中吸收更多智慧；加强党对新时代青年工作要求、青年和青年工作环境、青年参与社会研究，能够帮助团青工作进一步明确形势、找准定位，始终与党和国家事业同步前进；加强对新时代青年工作方式方法研究，能够推进团青工作和青年组织理论创新、实践创新、制度创新，为团青组织更好地团结引领青年为实现中国梦做贡献提供更强大的理论和精神支撑。

（二）中国特色青年学必须为培养青年人才提供支持指导

中国特色青年学应促进团青工作者素质提升。广大共青团干部、青年工作者是团青工作的推动者，是共青团改革的实践者。坚定不移地走中国特色社会主义群团发展道路，加强和改进新时期党的青年群众工作，需要按照坚定理想信念、心系广大青年、提高工作能力、锤炼优良作风的重要要求，培养一大批优秀的共青团干部、青年工作者，需要用科学的理论和方法武装工作队伍。构建中国特色青年学，将承担起促进团青工作者素质提升、培养青年群众工作人才队伍的使命。各级团校、青院应当充分用好中国特色青年学建设成果，对广大共青团干部、青年工作者进行分层分类培训。定期举办团干部培训班、青少年事务社工培训班、青年社团领袖培训班、志愿者骨干培训班，对他们进行中国特色青年学系统培训，用科学的青年工作理论武装队伍，增强大家做好青年群众工作的理论自信、方法自信。建设青年智库，组织开展青年和青年工作调查研究，开展前瞻性青年工作理论、青年工作方法、青年工作项目研究，为共青团干部、青年工作者开展工作提供理论支持和指导。

中国特色青年学应促进青年学生全面健康成长。高校肩负着重要的育人功能，要把中国特色青年学研究成果运用到高校教书育人工作中去，帮助青年学生树立正确的青年观，学习和掌握青年成长发展规律和特征，提升自我认知、自我设计、自我规划、自我管理的能力。丰富青年学课程体系，根据青年和青年群体的成长发展特征，建设青年思想道德、青年心理、青年组织、青年文化、青年传播、青年参与、青年权益等课程，打造科学完整的青年学课程体系。组织力量开发青年学教材，适应中国青年成长发展的实际要求，充分学习借鉴国际学术经验，编写理论和实操相结合的青年学教材体系。加强中国特色青年学教师队伍培养，鼓励高校教师深入社会、深入青年群体调查研究，到青年工作机关、青年团体中挂职学习，促进理论知识与实际工作相结合，进一步丰富青年学教学研究内容，提升中国特色青年学教师队伍水平。促进高校青年学专职教师队伍和兼职教师队伍建设相结合，聘请青年工作机关、青年社会团体中实践经验丰富的青年工作者到高校任教，进一步充实青年学教师队伍，丰富中国特色青年学教学内容，提升青年学教育水平。

（三）中国特色青年学必须回应社会对青年的关切

中国特色青年学应当始终关注青年热点、青年问题、青年现象。青年和青年工作发展始终得到全社会的关切。特别是新时期，青年成长发展的环境正在发生显著变化，青年的价值观念、生活方式、聚集形式等都呈现出多元化特征。青年求学、身心健康、生活、流动、就业、交友、婚恋甚至网络游戏成瘾等问题都成为社会热点，青年就业困难、找对象困难、购房困难等，牵动了全社会的关注。增强问题意识，坚持问题导向，是构建中国特色青年学的必然要求。构建中国特色青年学，应做到始终接地气，增强发现青年问题的敏锐性、正视青年问题的清醒性、解决青年问题的自觉性。始终回应社会对青年和青年工作的关切，把青年热点、青年问题、青年现象作为青年学重点研究和关注的对象。建立和完善青年问题和青年诉求动态搜集、调查机制，及时了解青年和青年工作动态。探索建立与青年有关的统计指标体系，收集、整理、分析青年和青年工作相关数据、信息，对青年和青年工作进行动态监测。组织青年研究工作者和社会力量开展青年相关课题研究，聚集社会对青年和青年工作的关切。

中国特色青年学应当积极回应社会对青年的关切。要充分运用中国特色青年学的研究成果，积极回应社会对青年的关切，深入研究分析青年问题、青年现象，提出应对、解决青年问题的思考和对策，引导青年工作舆论方向，创造青年发展的健康环境。一是要建立和完善中国特色青年学话语体系，科学解读青年政策、青年工作理论、青年研究成果，优化青年工作舆论环境。二是要通过青年研究期刊、青年工作研讨会等形式，及时交流分享青年研究成果，推动青年学研究工作的不断深入。三是要面向社会及时发布青年发展报告、青年发展数据、青年专项问题调查结果等，助力青年和青年工作发展。四是要在发生青年突发事件时，青年学专家应当敢于承担社会责任，敢于发声，对热点事件、突发事件进行剖析解读，引导社会舆论，回应社会关切。

由此可以看出，加快构建中国特色青年学是实施中长期青年发展规划、加快构建中国特色哲学社会科学、加强和改进新时期青年工作的战略要求和紧迫任务。加快构建中国特色青年，对推进青年发展、丰富中国特色哲学社会科学体系、深化推进团青改革都具有十分重要的理论价值、现实意义。全体青年工作者特别是青年研究工作者应当抢抓历史机遇，强化责任担当，为加快构建中国特色青年学做出应有的贡献。

参考文献：

[1] 黄志坚.落实青年发展规划 加强青年学研究[N].中国青年报，2017-7-17.
[2] 韩振峰.构建中国特色哲学社会科学的时代价值[N].光明日报，2017-6-12.
[3] 筑牢青年发展之基础[N].中国青年报，2017-4-24.
[4] 赵文.青年学学科建设的实践探索与思考[J].青年学报，2014（4）.

试谈当下青年研究方法必要的转向与扩展

景晓娟[①]

> **摘　要**：研究方法是关系青年学科知识生产和知识创新的关键环节。文章在回顾和比较我国专业青年研究和泛青年研究方法的基础上，探索适宜当下的研究方法变革及其趋向。作者强调释放青年研究方法的尝试空间，鼓励多样性、价值兼容性和理论思维，建议青年研究在原有基础上着力朝大数据研究、民族志研究、追踪研究和瞬时动态评估研究转向与扩展。
>
> **关键词**：青年　研究方法　转向　大数据　民族志　追踪　瞬时动态评估

青年研究服务青年发展和青年工作；无论青年学学科发展，还是青年工作应用推进，不断改善青年研究方法都是必要的，梳理并选择适宜青年现象的研究方法对促进青年研究具有实质意义。本文以研究方法为主题，以时间为线索，在回顾研究方法历史的基础上，结合当前青年的特征，尝试探索适宜当下青年研究的方法变革及其趋向。

一、青年研究方法回顾——基于专业青年研究和泛青年研究的比较分析

学术期刊是青年研究成果的主要载体；我国青年研究成果较集中的学术期刊，从内容聚焦青年的程度上看可大致分为两类：一类是专注青年的青年专业期刊，如《青

[①] 景晓娟，北京青年政治学院，副教授。

年研究》《中国青年研究》等；另一类是与青年有交叉的相关专业期刊，涉及泛的青年研究，如《社会学》《教育研究》等。以往方法回顾主要以青年学专业期刊为主（佘双好等，2013），本文则关注整个学术领域中涉及青年的研究所用的方法，企图了解青年研究宽泛的学术背景和可能的交叉方向。

本文采用艾尔·巴比（2009）的社会学研究方法体系对青年研究方法进行归类，该方法体系包括非介入性研究法、实地研究法、实验研究法、调查研究法和评估研究法五种研究方式。其中，非介入性研究法涵盖了内容分析法、既有统计资料分析法和历史/比较分析法三种具体的研究方法；实地研究法涵盖了自然研究法、常人法、扎根法、个案法、民族志法和行动研究法六种具体研究方法；调查研究法涵盖了问卷调查法、访谈调查法和在线调查法。另外，由于我国青年研究领域较少用到实验研究法和评估研究法，文献回顾分析就不再细分其具体的研究方法了。

（一）对近三十年专业青年研究方法的回顾性描述（以青年专业学术期刊为主）

我国现有公开发行的青年专业学术期刊有九种，本文选择其中三种进行典型分析[①]：一是代表我国青年研究经典学术积累的《青年研究》（由中国社会科学院主办）；二是有明确的政策导向性且涵盖全国青年研究和青年工作研究的《中国青年研究》（由团中央主管，由中国青年研究中心主办）；三是重视当下青年热点现象分析的《当代青年研究》（由上海社会科学院青年研究所主办）。作者在三种期刊中进行整群抽样，抽取1986年、1996年、2006年和2016年这四个年度的第7期（月刊）或第4期（双月刊的7—8月期）所发表的176篇文章为样本群进行分析。

从表1中可见，我国青年专业领域的研究方法以非介入性研究法和调查研究法为主，有少量实地研究法，实验研究法和评估研究法。从发展趋势看，近三十年，实地研究法开始萌芽，调查研究法逐渐增加，非介入性研究法虽有减少趋势但仍占总量的近70%。

表1 专业青年研究方法的回顾

年份	非介入性研究法		实地研究法		调查研究法		实验研究法		评估研究法	
	篇数	占比/%	篇数	占比/%	篇数	占比/%	篇数	占比/%	篇数	占比/%
1980s	29	81	0	0	7	19	0	0	0	0
1996	34	77	0	0	10	23	0	0	0	0
2006	32	71	1	2	12	27	0	0	0	0
2016	33	66	4	8	13	26	0	0	0	0

注：1980s采用了《青年研究》1986年、《当代青年研究》1988年（创刊），《中国青年研究》1989年（创刊）的数据。

[①]《中国青年社会科学》的前身是《中国青年政治学院学报》，学报涉及多个专业领域，暂不纳入此次分析。

（二）对泛青年研究方法的回顾性描述（以 CNKI 数据库为基础）

作者在中文知识平台 CNKI 数据库以"青年"为关键词搜索到 554 420 条文献。其中，1949 年以前的文献因仅占总量万分之 2.9 而不纳入分析总体，中华人民共和国成立后的文献数据将作为本研究分析的抽样总体，文献数量为 554259 条。作者在抽样总体内以十年为单位进行等距随机抽样（1950 年，1960 年，1970 年，1980 年，1990 年，2000 年，2010 年），每单位随机抽取 5% 文献，记录其所用到的研究方法。

中华人民共和国成立至今泛青年研究方法的基本分布情况如表 2 所示，从表中可见，在宽泛的学术系统中，青年研究仍然以非介入性研究法为主、调查研究法为辅，含少量实地研究法，有个别评估研究法，无实验研究法。从发展趋势看，调查研究法略有增加，但不到总量的两成；非介入性研究法稍有弱化趋势但仍占到总量的八成以上。

表 2 泛青年研究方法的回顾

项目	文献量/条	5%样本量/条	非介入性研究法		实地研究法		调查研究法		实验研究法		评估研究法	
			条数	占比%	条数	占比%	条数	占比%	条数	占比%	条数	占比%
1950 年	79	4	4	100	0	0	0	0	0	0	0	0
1960 年	624	31	31	100	0	0	0	0	0	0	0	0
1970 年	13	1	1	100	0	0	0	0	0	0	0	0
1980 年	1 510	76	74	98	1	1	1	1	0	0	0	0
1990 年	5 448	272	253	93	3	1	19	7	0	0	0	0
2000 年	12 926	646	576	89	12	2	58	9	0	0	0	0
2010 年	28 904	1 445	1 156	80	87	6	202	14	0	0	0	0
2017 年	16 868	843	711	84	33	4	50	6	0	0	33	4
总计	66 372	3 319	–	–	–	–	–	–	–	–	–	–

注：2017 年采用了 1—7 月的数据。

如上所述，首先，我国学界在青年研究中所使用到的方法，无论是专业青年研究体系还是泛青年研究体系，其共性在于都以非介入性研究法为主，特别是内容分析法，多数是定性的经验总结、理性思辨和文献分析。其共性还表现在两个体系共同的缺失上，如二者用到调查法的研究占总量的不到三成，且以描述单变量现象的问卷调查法为主，多变量相关研究或者关系建模的调查研究法缺失。其次，在互联网已经融入青年灵魂的时代，有关青年的在线调查研究法缺失，研究不能及时跟上当前青年现象的关键要素实属遗憾；另外，虽然实地研究法有助于理论建构，但在我国青年研究中比例低到近乎缺失。最后，二者中对青年工作具体项目操作的评估研究法罕见，表现为研究在青年工作实践指引、监控、总结和反思上的缺失。

该结果反映了我国青年研究的两个特点：一是整体上还停留在观察、感受、经验和思辨的层面，方式相对传统，方法比较单一，"青年科学研究"似乎尚在起步阶段，这在一定程度上妨碍了青年研究的信度和效度，削弱了对青年的认识和对青年工作的理解；二是专业青年研究与泛青年研究的方法没有差异，即青年研究还没有形成适宜青年学科的专门研究方法体系，在一定程度上制约了青年学科知识生产和知识创新，同时因方法之不足而影响青年学学科内容和主题的独立性。

比较专业青年研究和泛青年研究的方法可见，专业青年研究在方法规范性上更突出，但在方法多样性和科学性上与个别成熟学科差距明显，尚未广泛深入吸取其他专业研究方法的好处，从而反映出专业青年研究在整个泛青年研究学术系统中力量薄弱，对青年学的引领不足；而多数泛青年研究似乎只分享了青年研究的热度，而没有贡献深度，这可能与我国泛青年研究者的学术背景和现实需要有关。

总之，我国青年研究尚在发展初期，在研究方法上具有一定的规范性，但在很多方面，如科学性和多样性上，都有待加强。

二、基于当下青年特征的研究方法转向与扩展

为促进有关青年的知识生产和知识创新，为青年学学科建设奠定一个良好的基础，需要拓展和改善研究方法，梳理出适宜当前青年现象的研究方法。探讨青年研究方法的转向与改革，需要以把握当下青年的特征为前提而量体裁衣，因此方法的"适宜"性，需以科学青年学的基本"共识"为基础，以"青年"为核心，以"当下"为原则。在这里，适宜当下不是隔离当下，不是割断历史或不问未来，而是强调青年研究基于历史且面向未来的当前选择。

对当下青年有三点共识越来越清晰：一是"青年复杂且多样"（陆玉林，2009；Stephen 和 Mary，2009）；二是"青年是环境中的青年"（Bronfenbrenner，1988；黄志坚，1989）；三是"青年期是一个发展过程"。青年的这三个本质特征决定了研究方法的改革和发展的方向。

（一）青年研究方法论的转向

1. 充分认可青年研究方法的多样性，充分释放青年研究方法发展的探索空间

青年是一个历史范畴的概念，青年期是特定社会发展阶段中的现象，青年研究所讨论的是在一定社会发展阶段中青年的本质特征，具有在特定历史社会范畴内的一般性和大概率趋势，但这并不意味着此时此地的青年研究方法具有唯一性。

青年期是个体发展过程中从儿童到成人过渡的阶段，具有复杂性、情境性和发展性。处在青年期的个体探索环境范围之广，与环境互动程度之频繁，互动对彼此所产生的影响之深刻以及与社会互动的不可控性，相比之下，远远超越了儿童和成

年人。儿童受到成年人的庇护,成年人已经习得社会规则并拥有社会资源,唯有青年赤手空拳(自我尚不稳定,处在社会化过程中,不熟悉社会规则,社会资源相对贫乏)在与社会、文化、环境赤裸裸的碰撞中发展,而现代性又进一步加剧了这种社会裹挟的程度。现象的独特性决定了研究方法必须适宜这种独特,虽然目前还没有特别针对性的研究方法,但随着科技进步、青年研究的发展和青年学科的成熟,这种独特性一定能找到适宜的独特研究方法。

在青年学界有一种声音,方法体系不独立的青年研究都不是青年研究,不过是某个学科的附庸而已。那么青年研究是不是因为方法独立才成立呢?独特不等于独立,更不是绝对的孤立。青年学是一门以人群为核心研究对象的学科,凡是涉及青年人和青年人群的所有学科都是青年学的有机组成,也就是说,青年学本身就是一门边缘交叉学科,没有绝对的学科壁垒。强调绝对的方法独立性,会使青年学在建设之初就陷于学术孤岛的风险中。由于青年本身的复杂性,整合相关学科研究方法为青年所用也是必然。特别是当前,青年研究尚处在起步阶段,需要充分尝试和充分借鉴,需要尊重乃至鼓励研究方法的多样性,也只有充分释放探索空间和发展空间,青年研究方法才能在尝试中走向成熟和独特。

2. 充分鼓励青年研究方法在价值上的兼容性

基础研究求真,应用研究求善,这两种价值本身相辅相成并不冲突,真是善的基础,善是真的延伸;但在青年研究领域"学术研究不具有应用性,应用研究不具有学术性",两者间可见"鸿沟",而且长期徘徊在应用和基础的争议上,解决这个症结的根基在研究方法的价值兼容。对基础研究来说,一要从服务青年的现实需求出发选择和设计方法,只有夯实研究的现实观照,青年基础研究才有生命力和活力;二要在服务青年的现实需求中展开青年研究,增加实地研究、行动研究,改善调查和实验的稳健程度,提升青年研究的生态效度和可重复性。对应用研究来说,要立足基础研究的框架,增加评估研究以促进对应用的指引、监控和总结反思。这种兼容要在评价体系上有所体现,基础和应用一体且重要性等同。

3. 充分重视青年研究方法上的理论思维性

青年研究在服务现实需求的同时,也应观照原创理论建设,特别是中国特色的青年理论建设。青年研究在方法设计上需要充分考虑青年本身的时间属性(发展及发展的连续性/过程)和空间属性(基于环境、社会、文化等的类型、层次、结构或关系)。值得注意的是,理论与解决问题并不对立,"没有什么比一个好理论更实用"(勒温)。

(二)适宜当下的青年研究方法的扩展

基于当前青年的复杂多样性、情境性和发展性的三个基本特征,在鼓励多样性、价值兼容和理论建构的方法论指导下,借鉴相关学科方法和当前计算机技术,当下的青年研究方法应重点向如下四个方面扩展。

1. 大数据方法

相比传统研究方法，着眼于整体性、强调复杂性和系统性的大数据方法为青年研究提供了突破性的途径。大体量、大变异、大速度和大价值的信息记录和运算规模是把握青年复杂多样性、环境性和发展性的最好手段。青年是数字时代的原住民，数字化是当前青年存在的基本方式，诸如物联网、社交媒体、网络支付可以详尽地、客观地、"在场"地记录下海量青年信息，云存储和云计算等大数据分析方法可以展开青年微观层面、人际互动、群集互动，青年与社会系统结构，青年与文化的互动乃至更宏观层面的研究。大数据方法通过"社会计算"也能充分实现质性青年研究和量性青年研究的融合，为认识青年、服务青年、解决青年相关的复杂性社会问题提供一种理论和方法体系。

2. 纵向研究法

就理解青年基于情境的发展来说，迫切需要开展纵向研究，纵向研究也是当前最缺乏的研究。追踪研究方法比横断研究更能对现象水平（平均数）与过程（关系）的发展变化做出更为有效的推论，对当前青年研究中容易混淆的代际效应和发展效应有较好的鉴别及分离能力，对青年发展中复杂的多变量（而非单一变量）间跨时间关系进行推论，可以兼容青年个体差异关系的稳定性、静态性和平衡性，可以对青年成长的影响因素进行结构间的因果关系整合推论，特别是能够对影响随青少年发展时间的表达过程进行建模。

3. 民族志法

利用民族志法能进行深入观察和解释，了解青年在特定情境下的行为及互动的意义，甚至我国青年研究的深度发展势必要把民族志作为一种核心的研究方法。民族志可以帮助研究者更好地接近青年的生活世界，揭示青年所使用的各种文化逻辑，观察和界定他们眼中的世界。另外，可以利用青少年成长中从社会环境（如家庭、社区、阶层、种族、性别、意识形态、文化或社会资本等）获得的资料分析他们是如何创造和组织自己的社会世界，以及如何影响成人的社会世界。

4. 瞬时动态评估法

瞬时动态评估法是在数据不可及时采用的一种可广泛适用于青年社会学和青年行为学领域的研究方法，例如对青年应对方式、饮食习惯或问题行为等的研究。这种方法有五个显著的特点：评定即时，取样时间有设计，重复测量，信息源于自然情景，特别适用于研究过程性的现象；用这种方法研究青年行为和青年社会学的效度很好。

总之，对于青年学的发展来说，研究方法的转向与改革是重点也是难点。对青年学研究者来说应不迷信研究方法，但不能被低效方法捆住手脚，要加强大数据研究、追踪研究、民族志研究和瞬时动态研究以更准确地理解青年的复杂性和多样性、青年的发展性和青年发展的情境性，从而为青年学学科建设和青年工作实务提供有效的知识框架和理论基础。

参考文献：

[1] 陆玉林.青年文化研究方法的谱系分析[J].中国青年政治学院学报,2014,33（6）：1-7.

[2] 陆春.论青年研究方法与系统科学方法的结合[J].青年探索,1990,（3）：23-26.

[3] 邹绍清.论大数据时代青年社会主义核心价值观研究方法的创新[J].西南大学学报（社会科学版）,2016,42（1）：41-46.

[4] 余双好,冯茜,黄贞,刘正洁,刘琰,邬倩倩.改革开放以来青年研究方法的发展——基于对3 290篇文献的计量分析[J].青年研究,2014（4）：76-83,96.

[5] 何绍辉.在田野中书写：以青年研究方法突围为中心[J].青年学报,2014(1)：13-15.

[6] Stephen F. H, Mary A. H. Transition to Adulthood：Challenges of Poverty and Structural Lag[M]. Hoboken：John Wiley & Sons，Inc，2009.

青年文化研究的现状与反思①

杨 晶②

> **摘 要:** 随着社会历史及文化的变迁,青年研究的文化阐释视角应运而生。通过追索青年研究的历史脉络和现状分析,勘察出青年文化主体性研究处于边缘位置,青年研究的文化阐释多处于西方理论的套嵌研究中,国内的青年亚文化研究成为介入青年研究的主要方式,真正的青年文化研究在整体青年研究中存在严重比例失调。随着研究的不断深入,对于青年文化研究元问题的追问愈加迫切。剖析整体现状背后的缘由,将为青年文化研究提供一条学理性反思的路径,期待引起学界和研究者的重视。
>
> **关键词:** 青年文化 亚文化 农民工 范式

随着历史及社会文化的变迁,在研究领域,"青年文化研究"的理论和实践也随之聚合、发展、转型,成果蔚为壮观,成为时下社会主要的文化现象之一。目前,学界普遍认为,青年文化研究既包括对青年群体采用文化研究方式进行的研究,强调文化研究作为方法论,其最终指向为文化研究,也包括对于青年文化这一对象的整体研究,强调青年文化作为研究对象,其最终指向为青年研究。应该说,青年文化研究的定义域是文化研究和青年研究的交集,又因青年与文化的天然联系而形成了复杂的关联。青年亚文化研究是青年文化研究的重要组成部分,青年亚文化以"抵抗性""风格化""边缘性"为主要特征,却又时刻因主导文化的"整合"与"收编"

---

① 本文发表于《中国青年研究》2018年第3期。
② 杨晶,北京青年政治学院,教授。

而处于"飘浮状态",因其与主流文化大相径庭的风格,给主流文化带来强烈的冲击和活力。伯明翰学派的青年亚文化理论,因关注边缘话语和权力之间的复杂关系,而成为亚文化理论的里程碑。综观近年来的青年文化研究整体风貌可以看出,研究成果中的现象罗列繁多、概念套用层出不穷,青年文化研究自说自话;青年文化研究的社会功能渐趋衰微,现实中的真问题层出不穷,但没有拿出切实的解决办法。青年亚文化研究虽然备受欢迎,但对现实的关照和回应却处于弱化状态。凡此种种现象,皆因以青年为主体的文化研究被边缘化,并在对青年现实世界的关照中缺席。从学术研究的本质及逻辑体系来看,廓清"青年文化研究"的范畴、析出意义,积极地回应青年发展的现实诉求,是我们所面临的主要问题和当务之急。

一、青年研究的文化阐释

(一)青年研究的历时态流变

在西方理论界,青年文化的理论来源大致分为功能主义、冲突理论、符号互动主义理论等。代际理论是功能主义理论的一部分,阶层理论是冲突理论的一部分,符号互动理论以贝克尔的标签理论、戈尔曼的编剧理论为主等。学界多以代际理论和阶层理论阐释青年问题。经过学术界的研究实践发现,"代际理论作为分析青年文化的理论立场和分析路径,存在着'可能夸大世代现象''可能夸大代际差异和冲突'、忽视青年群体的内部差异性等问题"。代际理论的主要代表人物是卡尔·曼海姆,以及功能主义学派的帕森斯·艾森斯塔德和科尔曼。

阶层理论则重视社会的结构和阶层对青年文化的影响,这种理论多取自葛兰西文化结构理论和布迪厄的场域理论,该理论注重阶级或阶层背景、教育背景、地域、性别、种族等方面的差异。以此为依据把青年文化分为亚文化、认同文化、负文化等。

在中国,青年文化概念的提出和研究,是随着青年研究的深入和中国知识界文化研究热的兴起而提出的一个新课题。20世纪80年代初期,部分学者从社会文化学、文化哲学角度提出问题,并从阶层身份考察青年文化,引起了广泛关注,青年文化也因其与青年的天然内在联系,而被视作了解青年的最佳途径,得到了重视。90年代,众多的社会问题取代青年问题而成为当时焦点,但青年文化研究却在青年群体研究中沉淀累积。通过以"青年研究"为关键词检索中国知网发现,以《青年研究》为代表的国内青年研究领域权威刊物中,青年群体的文化研究或青年群体文化阐释方面的论文甚众,而社会学阐释和文化研究则成为青年研究的主要范式。青年文化研究成果的不断涌现,也引申出了这样的追问:青年文化研究与社会历史文化达成一致的沟通点在哪里?方法论与学科本源问题的一致性体现在哪里?这将成为探究青年群体文化阐释的一种可能性路径。

（二）青年文化研究的可能性

青年文化呈现为主流文化之间的对话与差异的逻辑统一，并在日常生活领域中生成，青年文化与主流文化在差异中保持活力并实现对话，完成了青年文化的二次建构。青年文化集中表现了青年群体，特别是青年学生的生活态度、理想追求、价值观念、行为方式等方面的现状，是对社会文化本质的敏锐反映，推动着社会主流文化的发展和变迁。加强青年文化的研究，不但有利于深化对政治、经济、社会及文化等各方面社会存在的认识和理解，也有利于把握青年群体在社会文化结构中的特殊位置，进而调整各种社会关系。

青年文化的社会性表征，使青年在表达自己的同时，也完成了被社会认识的过程。在高度市场化的社会里，以消遣与娱乐为主导的青年文化问题更是社会问题，青年研究以文化研究视角介入加深了阐释的力度，并且让青年研究的理论与现实问题充满复杂化的张力，并通过这种张力去介入和再造青年群体的文化问题。因此，文化研究往往最后要渗入一些介入性的社会运动研究中去，这种与社会实践相生相随的研究特征，也是文化研究介入青年研究的一大优势。

青年群体中有一类是城市青年群体，他们是消费符号的群体，研究呈现为以下多元化形式：青少年日常文化；媒介与青少年文化；阶级、性别、民族的交叉性研究；青年亚文化研究；消费主义与当代青年文化；文化与新阶级（阶层）的形成等。

青年群体中还有一类群体就是打工青年，外出打工造成一些新问题，如存在一些婚恋失序状态，城市物欲消费影响渗透农村问题。在农村中青年人需要关注自己的责任，并在社会关注中超越狭隘的自我关注以达到升华。这一青年群体需要一种更具文化意味和精神追求色彩的文化生存方式。加强草根生活实践与文化研究互动，从而在现实层面推动青年群体的发展。

我们期待解读一种青年群体的新的方式。可以开展一些当今主流生活方式青年群体的消费和实践活动。文化研究的核心是对一种符号呈现形态的文化的内在矛盾性进行分析，尤其关注那些被主流文化形态战线所掩盖、遮蔽或欺骗的一些群体的文化诉求和符号创造力。青年文化和青年亚文化正是被掩盖、遮蔽的一部分，要促成这些被遮蔽群体的文化创造形式的解放和释放，让青年文化和青年亚文化获得与压迫性文化形式进行博弈的更多力量。

文化研究以提问和介入的独特方式和青年文化实践产生互动，文化研究如何向青年群体提问题，如何与现实矛盾互动等事件指向就有了直接相关性。这种问题性一般指理论实践与现实境遇的直接碰撞，以及这种碰撞所造成的新问题的提问处境和提问方式。青年研究以文化研究的方式解读，是一种独特的问题架构。

二、青年文化研究的现状

（一）青年亚文化研究成为青年文化研究的主要方式

在国内的青年文化研究成果中，对青年亚文化理论来源、文化研究与伯明翰学派之间关系阐释方面的论文，在文化研究论文中的比重极大。以2010—2016年中国知网（CNKI）7大资源库（期刊、学术辑刊、报纸、国内外会议、硕博士学位论文）为范围进行检索，发现以"青年亚文化"或"青年亚文化研究"为主题词的记录共339条，如当前热门的"亚文化与审美、影视与亚文化、当代流行电影、流行音乐、伯明翰学派文化"等相关的文献正与日俱增，学界尤其热衷于对亚文化本土化问题的探讨。

当代研究者对于青年文化理论性研究多以亚文化研究为主，青年文化研究者大多从亚文化理论入手，对于伯明翰学派理论译介，对细化的青年亚文化现象研究进行分析和探究。但对于亚文化现象的研究也多是以国外的青年亚文化理论推移嫁接，使亚文化理论先行，造成青年文化实践研究滞后于亚文化理论的情形。这样就使青年亚文化的研究更多地带有理论硬套实践的情形。

中国的青年文化在新媒介语境中已经渐成气候，中国青年文化研究也随着互联网的盛行而形成了分水岭。20世纪70—90年代，还没有形成互联网时代，这一时期的中国本土青年文化研究主要倾向于青年伯明翰学派亚文化理论的引入、青年文化现象的具体阐释和本土化应用。但在20世纪80年代青年亚文化理论的具体应用上，存在着缺少"从青年亚文化自身组织结构与社会结构的关系，从青年亚文化内部的互动，从青年亚文化实践主体的身份认同等方面的剖析中揭示其意义或价值"，致使青年文化现象研究呈现为大背景下的小叙事，部分研究流于浅表。

随着全球传播网络的激增和媒介信息流动的加剧，文化趋势融合更加明显，青年亚文化发展进程逐步加快，亚文化逐渐成为当代青年的生活方式之一。学界对互联网时代的青年亚文化有不同的阐释，有的研究者认为，"研究采用的理论话语局限于英国伯明翰学派的青年亚文化理论，表现出单一、僵化、整体上明显滞后于网络青年亚文化个体和群体实践的窘境"。事实上，学界的研究多普遍注重宏大的社会和文化现象，但未能真正地以青年亚文化与社会结构的互动、青年亚文化对主导文化的冲击为切入点剖析青年亚文化的实践意义，从而造成当下青年亚文化研究在国内"水土不服"。

面对网络化时代大潮的来临，青年亚文化呈现蓬勃发展和恣意生长之势。自2009年以来，随着研究者的学术性和学理性的增强，青年亚文化的研究风生水起，逐渐引起青年研究学界的注意和重视。由于青年学者自身的学养不足和伯明翰学派的中国本土化的问题，青年亚文化研究虽呈现较为强劲的发展势头，但元问题的界定模糊和研究者的理论视阈局限、对青年文化问题短视，造成青年文化研究和青年亚文化研究混淆不清的问题。

（二）以文化视角介入城市务工和农民工群体研究严重缺席

中国特色的农民工文化，使马克思主义理论在中国面临着前所未有的阐释困境。青年文化研究对象中城市务工人口和农民工人口是一个庞大的群体，也是中国特色青年文化研究所在。面对生活实践中的庞大农民工群体，青年文化研究理论方面出现阐释的困境和失语。青年文化研究对城市青少年文化和流行文化重视有余，对城市务工人口与农民工人口关注不足，造成探究青年文化研究就是青年流行文化和城市青少年文化的研究，使真正反映整体青年文化现象的研究得不到重视，从而使当下青年文化研究只是流于表面的泛泛而谈，甚至以点带面，以局部代替整体，以时尚流行代替根本的学术研究，使真正的中国特色的青年文化研究处于边缘缺席的位置。

据社会调查显示，在近14亿中国人口中，有9亿农村户籍人口，这一庞大的社会群体是社会稳定持续发展的主要力量，对这一社会群体的文化层面的研究关乎社会、文化、经济、国计民生等，同时对这一社会群体的文化层面的关注和研究是社会持久、稳定、有效的强心剂。当下的农民工文化研究也是当代青年研究所面临的一个困境和无法回避的重要问题。但即使有研究者对此进行了社会调查和实证的研究，这些研究多为针对国家政策的出台的研究，采用的均为政策性文件的辅助性参考资料。而政策性研究与人文性的社会科学研究的社会实效性有着很大的差别，致使这一群体的文化现象的整体学术研究出现长期空白点。

根据中国知网检索分析，输入关键词"农民工""青年文化"，得到共210条信息。输入主题："农民工，文化"，得到共6 730条信息，发现以社会学的视角介入青年研究，多以公共服务、权益保障、社会融合、村落文化结构与重构。以文化视角、文化驱动、精神视角、文化需求和文化视角介入的不多。其中，有关青年、文化与阶级、新生代农民工等在文化维度的研究，多为评述青年新生代农民工在文化生产研究方面的不足。目前，中国学术界的当代中国新生代农民工研究，主要有两种范式，其中，"阶级形成"范式强调这一群体的苦难、集体抗争与阶级的形成；"市民化"范式强调在城乡二元文化对立中，新生代农民工群体对城市文化的融入。"市民化"范式的研究主要应用西方"文化适应"理论。1936年，人类学者罗伯特·雷德菲尔德、拉夫尔·林顿和梅尔维尔·郝斯科维茨给出了文化适应的定义，即"由个体所组成，且具有不同文化的群体之间发生持续的、直接的文化接触，导致一方或双方原有的文化模式发生改变的现象"。在中国，随着改革开放以来经济的持续增长，农民工这一特殊群体的自身结构也发生了变化，"80后"由于自身的特殊性，作为主体的农民工群体，他们身上有很深的城市文化烙印，返乡的过程中时常会伴随乡村文化和城市文化相互碰撞、交融，需要一个文化适应的周期。如有论者曾考察"农民工如何转换不适应城市和社会现代化与后现代化的农村文化心理和行为特征，如何消除由于城乡生产或生活方式及适应它们的文化心理差异，消除原有的不适应城市和社会变化的文化心理和行为，消除城市适应的文化心理障碍等"。

一些较有代表性的研究，对新生代农民工在精神文化生活方面的现状、需求和问题进行了分析研究，对维护文化权益、建设公共文化、促进社会融入和人力资源发展等方面提出了对策，就现实具体问题进行了分析。但是这些研究是延承社会学的研究范式，关注精神文化内质的文化研究寥寥可数，不能解决精神文化生活贫乏困顿所带来的社会问题。而农民工的精神文化问题是解决农民工其他问题的稳定持久的关键点。只注重农民工问题的社会学考察和实效性政策的出台，造成农民工问题人文性学术研究缺失，真正的农民工青年文化问题得不到解决，造成现实性的遮蔽和短视。网络社会时代的到来，使我们期待能有更好的契合点，带动农民工社会学研究和农民工文化研究融合发展。

（三）青年文化研究在整体青年研究中所占比重不足

风笑天对1982—2011年国内最具代表性的四种青年刊物中的2 408篇论文进行了统计分析，结果显示："在研究对象上，大学生和青少年所占比重最大，而各类在职青年所占的比例都比较小；在研究主题上，就业与职业、思想观念、教育与成才、失范行为、婚恋与家庭这五个方面的研究最为集中，其比例达到全部研究的60%。"可以说，2011年以前，青年文化研究在对象覆盖面、方法多元化及研究的深度与广度上，远未达到青年文化研究的时代要求，青年文化研究处于青年研究的边缘。

2011年之后，青年文化研究在整体青年研究中的比重开始逐步上升。2010—2016年，通过中国知网搜索主题词"青年文化研究"，发现2011—2015年的青年文化研究文章数量分别为233篇、306篇、302篇、326篇、329篇，出现了同步上升趋势。青年亚文化的本土研究及新媒介与青年亚文化研究的文章频繁出现，小时代、网络流行语、新都市电影、青年文化与消费主义等关键词频频出现。

随着社会分工逐渐细化和复杂化，消费和人文成为社会的重要主题，青年文化研究成为社会历史文化变迁的主要问题，青年文化现象蜂拥而至，青年文化研究逐步成长，但真问题的缺乏，造成诸多现象堆叠，研究成果无效，真正的社会问题不能得到解决，青年文化研究在整体青年研究中比例失调，在社会文化边缘渐行渐远，与社会现状严重不符。

三、青年文化研究的反思

（一）青年文化研究者的学术素养和责任感需与当前社会文化语境相适应

研究者对研究对象的客观、科学的设定是研究者必备的素质和基础，也是研究者应具有的社会责任感的社会道德情怀。青年文化学科的无界定导致研究的泛化和流于肤浅，凡是与青年文化二字有关的研究都被认定为青年文化研究，造成研究对象和研究本身的混淆性。而这种问题意味着研究者本身和研究对象的随意性，这样的恶性循环只会带来青年文化研究的日渐消弭。对于青年文化研究定位不够，造成局部代替整体研究的现象增多。以青年问题、青年现象代替青年文化专业性的研究。例如，用青春文化的现象来代替青年文化研究。对于青年主体性本身关注较少，对于青春文化现象认识较多。研究对象的层出不穷，造成青年文化研究真问题普遍失语。还有，当下的青年流行文化研究占据了青年文化研究的一部分，青年流行文化研究多以个案、点片段形式出现，造成研究的碎片化趋势，缺乏整体性。检索青年流行文化的信息，在中国知网（CNKI），学术辑刊、报纸、国内外会议、硕博士学位论文4大资源库中，以2011—2016年为时间域，以"青年流行文化"为主题，获得了76条相关消息，其中主要探讨青年流行文化的发展、现象、反思及与之相关的网络流行文化研究等。检索表明，这一研究多套用西方理论，简单西方理论加例子论证的方法，出现研究方式僵化和水土不服的现象。

任何一种研究都与社会历史变迁息息相关，青年文化研究也不例外。社会发展使文化的社会重要性凸显，青年文化研究浮出历史地表。中国特色当代农民工文化、青年亚文化、流行文化成为青年文化研究不可分割的一部分。中国农民工文化研究的缺失，一方面是研究者多操持社会学的范式，另一方面研究多为干预性研究，属于政策性研究，致使文化性的研究被搁浅和忽视。在当代消费社会和新媒介社会下，在文化形态多样化的现实语境下，我们要重新审视青年文化这一研究对象的范畴、定义和内部的规律。这就更需要研究者高度的责任感和雄厚的学术素质。

（二）青年文化研究亟须完善深层理论架构

当一个学科发展到体系多样、方法混杂、分支学科不断涌现，并需要进行自身建设的反省阶段时，元研究的问题就浮出水面。"青年文化研究所存在的一个比较弱势的地方，就是它没有自己根据学科对象而建构出来的独特的理论及其方法。"从元问题角度来看，青年研究在实践中确实存在着学科缺席和问题意识弱化的问题。

正如研究者所言："一方面是青年文化研究的成果层出不穷；另一方面却是作为学科与问题研究对象的青年群体对研究不闻不问。青年文化研究或者在各个理论领域进行思辨，或者为政策性出台演绎决策措施，作为研究对象的真青年却是一种集体失语的状态。"青年研究真问题在自说自话中消弭，作为真学问的青年研究社会化功能不断地弱化。但真问题依然存在，急需给予回应。

研究对象混淆不清，造成青年文化的研究更多呈现边缘化的问题，青年文化研究与青年研究难以分清，亚文化研究与青年研究两者关系不能正确地区分与对待。研究方法多为干预性，少了预测性、解释性、描述性。干预性的范式是主要研究方式，这种方式多是急功近利和社会急躁所造成。研究方法上多采用社会学的方法，但是因研究理论的专业指导深度不足，造成研究结果的重复性特征。

在学界，多数人认为青年文化研究的方法和范式是首先需要调整的问题，但又以范式来代替研究的后果。多数青年研究类的文章就围绕着研究方法进行理论阐述，未见产出真正成果和实效性的结果。一种问题的研究，任何的研究对象，在概念界定清晰后，进行研究是有的放矢的，正如讨论问题的源和流是一个道理。源是其根本，青年文化研究在国内是有一定历史文化的变迁的。只是社会文化环境间断了青年文化的发展而已。那么，何为青年？何为青年群体的文化研究？青年研究的文化阐释在学理和学科范式上是否可能存在？这些问题需要——勘察探讨。

（三）青年研究的社会学研究范式后力不足，文化研究范式尚待成长

对于青年群体的研究，还停留在社会学研究上，文化研究刚刚出现，但起步较晚、运用不足，文化研究的重要作用凸现。青年文化在新媒介语境中应运而生，有着众多新鲜新生意味，研究者蜂拥而至，但研究方法的粗糙和理论视角的僵化，致使文化研究范式的重要作用尤为明显。

一直以来，客观实证和主观阐释是青年文化研究的两种主要方法。客观实证主要探寻的是青年文化的基础性结构，既注重青年文化的社会结构、社会权力的关系，也注重青年文化的规律性探索。主观阐释主要关注青年文化的主体和意义问题。注重研究青年文化内部的个人经验与感受。这两种研究路径，都各有其优点和弊端。客观实证更多强调研究对象结构化，而忽视了其内在的差异性和复杂性。主观阐释过度依赖理论指导和推演，会造成过度阐释而缺少实证。传统的青少年研究方法多是以单一的社会学研究方法为主，这种研究方法已不能满足于多元化社会背景下的青少年文化研究。从研究方法上看，以社会调查研究方法为主，研究方法单一狭隘，凸显了文化研究的重要性。

进入后现代社会，青年文化价值观呈现出多元化的趋势，青年文化在面临全球化大潮的裹挟下，信息化社会青年文化的分化与整合、冲突与协调、传统与创新等问题日趋明显，而青年文化的价值和道德判断研究尤为重要。进入后工业的消费社会，人们注重象征秩序，追求意义或价值。所以强调价值或道德判断正是强调青年文化的核心所在。有研究者指出："文化问题一定是社会问题，只有把文化问题放到社会关系中才能有更明确、更真实的理解和把握。并且，社会学也不应当淡化文化研究，只有把社会学各种层面的研究同文化研究紧密联系起来，社会学才能深入各种社会问题的深层，才能做出不流于表层的深度解释。"

不可否认，客观观察和量化分析在青年学研究中有一定的适用性，但我们还应注意到，文化想象的复杂性和厚重性是量化分析所不能达到的，包括文化认同，理想价值观重建的问题仅仅靠单一定量研究是不够的。目前，青年文化研究以文化视角介入青年研究，使青年文化实践和理论相结合，进一步提升了青年研究阐释力，打破了以往青年文化研究多注重浅表化观察和单纯经验描述的研究方式。

四、青年文化研究应对的理路

(一)青年文化社会学研究的文化研究转向

中国社会生活快速网络化。"截至2017年6月,中国网络视频用户规模达5.65亿个,较2016年年底增加2 026万个,增长率为3.7%;网络视频用户使用率为75.2%,较2016年年底提升0.7个百分点。"随着中国企业信息化基础的进一步巩固,手机应用体验的不断优化,网民利用手机上网所占比例日益提升,生活中的网络行为更加多元,其拓展的空间也不断扩大。

网络化更注重思想的沟通和文化的表达。因此,不断加快的网络化进程导致文化与价值观认同的问题越来越重要,社会生活网络化使工作方式个体化和价值观念发生重大变化。随着信息化、网络化、多媒体时代的到来,工作方式由原来的组织化和集中化,越来越趋向个体化和独立空间,这种工作方式的变更使社会成员价值体系产生变异甚至撕裂。

我们关注精神文化,尤其是社会结构、社会秩序变迁与精神文化,价值信念或思想观念变迁之间的重要联系。"如卡斯特所论,网络社会的崛起突显了一种崭新的社会权力,即社会认同。""网络社会中的认同,已不仅仅是传统社会学论述的个体身份认同,而是群体通过网络交往形成的价值认同。"而这种包含明确价值原则的社会认同,正是文化研究的核心问题。

新媒体时代中国青年文化研究呈现复杂多元化趋势。新媒体的强大播撒能力,使网络文学实现了传播主体的多元化和开放化。微时代是全新的生活方式,强调信息传递的碎片化特征。青年网络流行文化包罗万象,如青年网络流行文化传播和文化事件,以及实践主体的身份认同、社会认同等问题。同时,青年的研究方法也复杂多样。而文化研究是一种多元、开放、跨学科的学术生态,文化研究兼容多种主张和立场,是各种学术思想和方法的生产场域。它对社会问题进行批评,也在批评实践中提出有效的方法论指导。网络文化是对主流文化的挑战,象征着一套新的社会秩序,网络文化是一个富含冲突的场所,是最能够体现复杂性的文化类型。随着文化研究在中国的发展壮大,及其对现实问题的积极介入和批评力度不断增强,文化研究与现实语境直接碰撞,并产生介入社会深层结构的提问方式。

(二)青年文化研究需要从干预性到阐释性研究

有学者指出:"就学术研究成果而言,它至少可以有四种基本功能,即描述性功能、解释性功能、预测性功能和干预性功能。"部分研究注重干预性功能,在乎其时效性与实效性。但是认真检视众多的研究成果会发现,青年研究已处于停滞状态,学理边际效益日渐减少。

西方学者保罗·威利斯于1977年出版的《学做工——工人阶级子弟为何继承父业》是一部很好的青年群体文化研究的范例。《学做工——工人阶级子弟为何继承父业》

在第一部分用民族志的方法描述了"家伙们"的生活和反学校文化的姿态。威利斯不是依靠经典理论而是通过田野调查方式探究解决问题的途径。通过田野调查获得真实信息和数据，或许真能帮助我们找到理解和阐释现实的路径。这种研究方法对于复杂的当代中国青年文化研究，具有重要的启示意义。

以田野调查研究为突出特色的文化人类学研究方法，为青年研究提供了一种可行性模式和开放性视角。"青年研究回到田野中，也就是回到经验中，更是回到问题本身当中。""提倡以'他者'的身份深入青年群体进行田野调查，力图阐述个人的生活方式、心理特征、行为模式与文化背景。"对于青年研究来说，文化人类学的研究方法恰如其分，在当下青年文化研究中起到了某种重要作用。

在更多向"专业化"范式转变的过程中，诸多研究者用更多时间对待范式问题。实证主义和人文主义是当前青年研究中的两种主要方法论，其中，流浪儿童、留守儿童实证研究已颇有影响并具上升发展趋势。但研究界已对此产生警惕，即"青年研究不可以量化数据遮蔽文化精神，以价值无涉和价值中立来忽视对生命质量和生活意义的追问"。也正是在这个意义上，部分研究者正在践行着以文化人类学视角探究青年研究的通达之境。以人类学作为开启学术研究的自觉途径，从"二战"时期就开始了，由鲁思·本尼迪克特的著作《菊与刀》运用文化人类学的研究方法对日本文化进行考察，成为学界研究日本文化的鼻祖，被称为"文化人类学的经典之作"。

注重青年文化与时代的互动，从青年文化实践中研究青年，是青年文化研究的实践经验和理论要求。由此，我们在研究范式、研究视阈等方面要明晰严谨，注重多元化视角、多学科融合的方法，保持开放性的方法范式态度，汲取其他理论模式和研究路径的长处，多角度和多视阈地研究青年文化，才能研究得更为详尽和深入。青年文化的发生、发展以及变化，都与社会文化变迁密不可分，故此，研究青年问题要深入研究社会、文化、经济对青年的影响及青年所做出的回应。以真正的青年视角研究青年问题，才能对当代社会文化问题有所回应和思考，才能真正认识全媒体时代社会历史文化变迁对青年文化的影响。

参考文献：

[1] 陈映芳.角色与非角色之间[M].南京：江苏人民出版社，2002：36，42.

[2] 陈霖.互联网时代青年亚文化的理论译介与本土研究[J].青年探索，2011(4)：12-17.

[3] 马中红.国内网络青年亚文化研究现状及反思[J].青年探索，2011(4)：6-10.

[4] 范莉娜，李秋成，周玲强.民族旅游地居民分类与支持行为——基于文化适应理论的视角[J].浙江大学学报，2016（10）：27-30.

[5] 李炳全，张旭东. 农民工城市适应的文化心理障碍探析——兼论城乡文化心理的差异及其根源 [J]. 当代青年研究，2016（1）：153-158.

[6] 风笑天. 三十年来我国青年研究的对象、主题与方法——对四种青年期刊2 408篇论文的内容分析 [J]. 青年研究，2012（5）：54-63.

[7][14] 沈杰. 青年研究何去何从 [J]. 中国青年研究，2002（1）：43-45.

[8] 黄海. 田野、叙事和结构：青年研究的人类学进路 [J]. 当代青年研究，2007（2）.

[9][10][12][13] 刘少杰. 重新认识文化研究在中国社会学中的地位——兼论孙本文对文化社会学研究的贡献与局限 [J]. 社会科学研究，2012（5）.

[11] 中国网信网. 中国互联网络发展状况统计报告 [EB/OL]. http://www.cac.gov.cn/2017-08-04/c_1121427672.htm，2017-08-04.

[15][16] 黄海. 从青年研究到青年学——一种真问题与真学问相结合的文化人类学反思 [J]. 湘潭大学学报，2005（6）：64-70.

[17] 谢昌逵. 对中国青年研究的反思 [J]. 当代青年研究，2007（2）.

从农家走进精英大学的年轻人："懂事"及其命运[1]

程 猛[2] 康永久[3]

> **摘 要**："懂事"是社会底层家庭常见的教育期待，也是孩子们的一种自然应对。通过对一群在改革开放之后出生、取得高学业成就的农家子弟成长叙事的分析，发现他们的"懂事"具有多重意涵，包括爱、理解、疼惜、自立和回馈。"懂事"虽然让他们融入了家庭共同体，但也框定了他们的家庭角色，限制了他们的情感表达，衍生出与家人爱怨交织的关系结构。但高学业成就的农家子弟和家庭的疏离并非不可逾越，通过创造性地探索新的沟通方式，情感的障碍可能形成于一瞬，也可能消散于一瞬。
>
> **关键词**：农家子弟 高学业成就 懂事 自传社会学 关系结构

在《不平等的童年》一书中，针对中产阶级和贫困工人阶级家庭子弟与钱有关的不同体验，安妮特·拉鲁曾进行过有趣的论述："（对于中产阶级子弟而言）钱，永远存在却绝不提及……在工人阶级和贫困的白人和黑人家庭中，事情正好相反。对经济问题的讨论不仅很公开化而且还经常出现，孩子们都很清楚家长能付得起什么，不能付得起什么。"安妮特的这一发现非常富有洞察力。在社会底层，生产和

---

[1] 本文发表于《中国青年研究》2018年第5期。
[2] 程猛，安徽淮南人，清华大学公共管理学院博士后、教育学博士，研究方向为教育社会学、教育人类学、教育管理与教育政策。
[3] 康永久，男，湖南邵阳人，北京师范大学教育学部教授、教育学博士，主要研究方向为教育基本理论、教育社会学和中小学教育教学改革，个人研究领域是新制度教育学。

生活高度统合。孩子们不仅清楚生计的重要性与父母的辛劳，也很早感受到自身在此所应肩负的道德责任。正如俗语所言，"穷人的孩子早当家"。[①]而对于这样一些"早当家"的孩子，人们就常常用"懂事"来褒奖。可以说，"懂事"是社会底层家庭常见的一种教育期待，也是孩子们的一种自然应对。

在《现代汉语词典》中，"懂事"被解释为"了解别人的意图或一般事理"。人们往往注意到了"懂事"这一日常观念内隐的积极意象，却很少关注"懂事"背后多重的意义领域与互动实践。说到底，"懂事"这一话语实践诞生于特定的社会土壤和关系结构，其背后有一个隐匿着的、不断发展和衍变的意义世界。本文试图以一组在改革开放之后出生、取得高学业成就（进入精英大学）[②]的农家子弟的成长叙事为分析文本，寻找蛛丝马迹，探寻"懂事"这一看似寻常的观念所隐含的复杂性。

一、研究方法与资料来源

在研究过程中，我们对这群农家子弟成长叙事的收集主要采取了两种方法：自传社会学与深度访谈。

（一）自传社会学

在后现代思想的浪潮中，社会学领域出现了诸多"转向"，其中传记取向就是其中一种。托马斯与兹纳涅茨基在1918—1920年出版的经典名著《身处欧美的波兰农民》，被公认为最早也是最重要的传记研究著作。书中收集了数百封波兰移民的书信以及大量的移民日记和回忆录。托马斯与兹纳涅茨基认为"个人生活记录（越完整越好），是社会学完美的研究材料"。此后，传记因其对研究对象主体性的彰显，文本的生动、多元和丰富，而受到诸多研究者的推崇。当然，书写主体的差异决定了传记的性质。在尚茨看来，传记社会学意味着"多种多样的研究和写作路径的开放性，包括传记、自传、自我民族志[③]等"。

美国社会学家默顿率先提出了社会学自传的概念，认为"自传作者能够以他人所不能的方式反省和回顾自我"。自传社会学的研究方法已经被用于研究通过教育向上流动的社会中下层子弟。杰克·赖安和查尔斯·夏克瑞在《天堂的陌生人》的写作过程中，采取了发起邀请信的方式，从已经成为学术圈成员、有工人阶级背景的学者中，最终挑选了24个中产阶级白人的自传进行研究。在这类研究里，自传社会学既是一种收集材料的方法，也是一种分析材料的方法。

[①] 民间俗语，也为京剧《红灯记》唱词。
[②] 在本文中进入精英大学即意味着取得高学业成就，这里的精英大学包括"985工程"高校、"211工程"高校以及海外知名大学。
[③] 关于自我民族志的介绍参见：蒋逸民. 自我民族志：质性研究方法的新探索 [J]. 浙江社会科学. 2011（4）.

在本研究中，我们通过课程作业①的方式收集了11篇取得高学业成就的农家子弟的自传。同时，我们用邀请信的方式邀请身处精英大学的农家子弟用"自传"的方式进行自我书写。在此种努力之下，最终成功地收集了9篇农家子弟的自传。②此外，我们还通过邀请部分访谈对象，前后共收集3篇自传。这样，共收集取得高学业成就的农家子弟所撰写的自传23篇。自传的来源及编码方式如表1所示：

表1 自传来源及编码③

自传获取方式	数量/篇	传主家庭背景	编码方式
课程作业	11	农村家庭	D+M/F+1-11
发邀请信	9	农村家庭	D+M/F+12-20
邀请访谈对象	3	农村家庭	D+M/F+21-23

撰写自传的传主虽然算是我们的研究对象，但某种意义上他们也是在撰写带有反思性质的"自我民族志"。因此，这些农家子弟是自我的研究者，也是我们的合作者和研究伙伴。

（二）深度访谈

自传帮助我们窥见行动者的主观世界，道出那些真实而隐秘的故事。但自传中的世界是按照行动者的逻辑搭建的，从研究的角度来看往往并不聚焦。同时，23篇农家子弟自传中有近一半是他们刚刚进入重点大学时撰写的，自传内容偏重大学之前的教育经历和家庭经验，对大学之后的较少涉及。为了弥补自传在这些方面的缺憾，研究还采用了深度访谈的方法。

深度访谈在学界也被称为"半结构式访谈"，其最重要的两个特征是"你和你的被访者的共同产物"以及"深入事实内部"。这种方法的优势在于访谈问题的开放性，可以随时调整问题和回应，不断地逼近被访者对自己行动的意义理解，帮助研究者解释性理解社会行动者的意义世界。自2015年10月至2016年12月，笔者陆续对8位农家子弟进行了深度访谈，每人至少访谈一次，最多的有4次，每次访谈时长为1~2小时。同时，我们通过两项课题对身处精英大学的12位农家子弟进行了访谈。④20位访谈对象的简介如表2所示。

---

① 自2011年起，康永久教授基于对学生的好奇、自己的教学及研究需要在自己教授的课程之初为本科一年级学生布置了一项"作业"，要求他们写自己的教育自传，而后整理为包含46篇教育自传的书稿《成长的密码："90后"大学生教育自传》。这11篇农家子弟自传均来自此。

② 2016年12月，在一个学生社团组织的寒假返乡调研的培训会上，我们向在场约40名在校的本科生（也有少量研究生）发出邀请信，前后共有14名农村背景的同学表示有兴趣用自传的方式书写自己的成长经历。最终共收集10篇自传，其中9篇自传被纳入分析，有一篇只有1 000字左右，对成长经历的叙述过于粗略，故没有纳入分析。

③ 自传的编码方式为：家庭所处阶层+性别+序号。其中来自底层家庭的子女自传编码为D，来自中上阶层家庭的子女自传编码为Z；男性编码为M，女性编码为F。

④ 感谢当时的课题组成员吕雨欣、杨瑶、杨扬、许金星、史薇、黄慧真、沈子仪、汪子津、李婷婷、王智颖、张耀文等同学的付出。

表 2　访谈对象简介①

编码	年龄/岁	性别	籍贯	所在高校	学业层级	家庭经济来源
A–F–1	29	女	福建	南方某重点大学	博士	种琵琶、龙眼，父亲有时做零工，母亲在村里超市上班
A–M–2	29	男	贵州	国外某知名大学	博士	父亲外出务工，母亲务农
A–M–3	30	男	河北	北京某重点大学	已硕士毕业	父母均以种菜、卖菜为生
A–F–4	28	女	广西	北京某重点大学	已硕士毕业	务农
A–M–5	29	男	江苏	北京某重点大学	博士	父亲务农，偶尔外出打零工，母亲务农
A–M–6	28	男	河南	北京某重点大学	博士	父亲是村小教师、母亲务农
A–F–7	21	女	辽宁	北京某重点大学	本科	父亲在煤矿上班，母亲务农
A–F–8	25	女	山东	北京某重点大学	硕士	务农
A–F–9	25	女	河北	北京某重点大学	硕士	务农、承包林地
A–M–10	26	男	河北	北京某重点大学	硕士	种玉米、棉花等
A–F–11	21	女	重庆	北京某重点大学	本科	父亲是建筑工人，母亲务农
A–M–12	22	男	安徽	北京某重点大学	本科	母亲务农，父亲做过小本生意
A–F–13	22	女	辽宁	北京某重点大学	本科	种地、打工
A–M–14	23	男	辽宁	西南某重点大学	本科	父亲早逝，母亲种地
A–F–15	23	女	甘肃	北京某重点大学	硕士	母亲务农，后进入城市打工，父亲在建筑工地打工
A–M–16	31	男	山东	北京某重点大学	博士	父亲在煤矿工作，母亲务农
A–M–17	37	男	广西	北京某重点大学	已博士毕业	务农
A–M–18	28	男	甘肃	北京某重点大学	博士	种果树
A–M–19	28	男	山东	北京某重点大学	博士	外出打工、务农、养殖
A–M–20	36	男	山东	北京某重点大学	已博士毕业	务农

二、"懂事"的多重意涵

对于农家子弟而言，他们是在与父母共同的生活实践而非说教中明晰"懂事"和"不懂事"的分野的。在这些叙述中，我们总能看到情感。"道生于情""礼生于情"，在不需要言语的沉默中，他们看见了父母的辛苦，理解了父母沉甸甸的爱。

在读中学的时候，父母基本都是在邯郸市摆摊卖菜，一年到头很少回家。爷爷奶奶搬到我家，周末都是跟我们在一起。仔细想想，我也算是名副其实的留守儿童了。父母之前一直是在家务农，并没有做生意的经验，也没

---

① 访谈编码方式为：A+性别+序号。为与自传相区分，访谈编码以 A 开头，男性编码为 M，女性编码为 F。为充分保护被访者隐私，对年龄、籍贯、所在高校进行了部分改动和模糊处理。

有做生意的能力。所以，他们在外卖菜很辛苦，但是并没有挣太多钱。我放暑假和寒假的时候，会到他们卖菜的地方住。早上天还未亮时，他们就骑着电动三轮去比较远的地方批发菜，夜幕降临时才回到家。哥哥嫂子也在卖菜，并且跟着父母一起住。所以，父母挣得微薄收入还要顾着一家子的吃喝，很难再给我拿出生活费了。姐姐在一个饭店打工，每个月有200元的工资，她会拿出100元寄给我当生活费。在读高中的时候，有一次放寒假我去了父母那里。一天母亲拉着三轮走街串巷地去卖菜，晚上回来后对我和姐姐发了很大脾气。当时，我心里还不服气，还跟母亲辩论了几句。后来听姐姐说，那天下午母亲只卖了三元的菜。我心里顿时被击打了一下，既心疼母亲，又后悔自己对她的不理解。现在每每回想起来，我心里都是酸楚的。（D-M-23）

仔细想来，在自传和访谈中，农家子弟经常是在这样一些意义上谈及"懂事"和"不懂事"的界限的。

第一，懂事是对他人的一种关爱与尊重，有时甚至无关对方的对错。因而懂事的人能大度地看待某些分歧，同时又不失自己的主见。

我妈她们都说，我是个乖乖女。哪怕和她们意见不一样，我也会换个说法来说，不会驳她们的面子，脾气也特别好。她们都是急脾气，而我不是，反正我在家里人缘最好。（A-F-9）

我从小就比较懂事，不会吵架，也不会顶嘴什么的。我从小就听到别人这样评价我："啊，这孩子懂事懂事。"我也没觉得我哪懂事，但现在想想可能懂得体谅父母就是最懂事的行为了吧。（A-M-13）

第二，懂事意味着理解，能看到不合理之下的合理，摆脱那种是非分明的概念化思维，但由此也可能会产生深深的无奈。

高中那时候不太懂事，有一次好像在吃饭的时候，那是晚上吃饭，有一个菜可能是昨天剩的，那个时候天气应该还好，不是夏天，但是我就觉得那个菜不能吃了，我爸就说能吃，他说"你不吃，我可以吃"，他就要吃，我就特别生气，我就想把那个菜端走，然后扔掉。当时好像我堂哥也在家，我当时就特别生气，我好像就说我爸，还好像我跟我堂哥说，就算菜有毒他都会吃，就这个意思。当时特别不理解，然后我堂哥好像还批评我了，因为他比我大很多，比我懂事多了。（A-M-5）

第三，懂事意味着疼惜，懂得父母的爱、牺牲和付出，对父母劳作的艰辛感同身受。很多时候，农家子弟并不是受父母之命才去参与家庭劳作，而是真正体恤父母的艰辛。因而在这种关爱与尊重的背后，是对他人生活或处境的一种觉察。

现在看来，开始觉得自己懂事是带着弟弟妹妹以后。就是真正的、不是偶尔一次的、长期性的开始为别人考虑问题了，开始关心别人。最初关心的人肯定是自己的家人。开始关心别人，惦念别人，站在对方的角度去看问题的时候，就开始懂事了。我四五年级还是初一的时候，发现自己懂事了。四年级那一年，我几乎把所有农活全部干了一遍。在我那个年纪的、像我一样干过那么多农活的，我身边几乎没有。手上都是茧，脚上都是泡，下了雨也还去地里干活，我印象非常深刻，现在都能记得那个画面。当时觉得辛苦，但是觉得，好像明白点什么东西。你会，突然有一天，自觉到自己和别人不一样了。（A-M-10）

第四，懂事意味着觉察到自己的处境和责任，因而也意味着自立，不给家里添麻烦，做好自己分内的事情。这一点对底层子弟尤其重要。他们并没有因懂事而完全同化家庭的行为模式，而是明白自己的独特性。结果，学习上的独立、不惹事，就成了他们基本的行事准则，"不懂事"则意味着依然过一种任性的生活。

跟我哥关系好一点，我弟没那么懂事……弟弟毕业后在建筑公司做得不如意，就回家了，打点零工。他以后怎么自立呢？我去过很多次，他做得不满意，社会经验又没有，还觉得不爽，那就不做。（A-F-1）

第五，懂事意味着回馈。说一个人懂事就意味着说他不只想着自己，说话做事能够超越个人利益，考虑到共同体利益。正是在这里，一个展露全新面貌的世界诞生，指引着农家子弟的行动。这时，他们就开始走出狭隘自我，最终走向了一个新的道德世界。

三、底层家庭的关系结构

"懂事"意涵的复杂性提醒我们进一步关注这样一组农家子弟在家庭中的角色以及他们与父母的关系结构。在社会底层家庭中，父辈忙于田间劳作或外出务工，家庭成员往往"不得全聚"，生计方式甚至决定了全家人坐在一起安稳吃顿饭的时间都是难得的。父母和孩子常常在家庭中缺乏足够的语言交流，经常就只能借助于做事来说话。

最让我感动的就是我爸在我回家后给我买肘子这个事情。他好多说不出来，他表达不出来，他就只能这样以做的方式吧……我爸不是年龄大了吗？他会有点驼背，然后还有点缩了，就没有原来那么高了，现在我会比他高。就是你会觉得他就变成一个佝偻的小老头的状态，然后提着一个兜回来。他会叫着我的小名说："猴儿，我又给你买肘子了。"（A-F-15）

费孝通在《乡土中国》中说："从社会关系上说，感情是具有破坏和创造作用的。感情的激动改变了原有的关系，也就是说，如果要维持固定的社会关系，就得避免感情的激动。其实，感情的淡漠是稳定的社会关系的一种表示。"在他看来，乡土社会是亚普罗（阿波罗）式的，害怕社会关系的破坏，因为乡土社会所求的是稳定。而现代社会是浮士德式的，浮士德是感情的象征，是把感情的激动不断地变化，作为生命的主脉。因此，"中国人在感情上，尤其是在两性间的矜持和保留上，不肯像西洋人一般在表面上流露"。不仅是两性之间，乡土社会中父母和子女间的情感也总是持保留态度和向内收缩的。在访谈中，有农家子弟这样谈及他们与父母的亲密关系，特别是对和父母间较为亲密举动的态度：

> 我和我妈妈从来没有拥抱过。和我爸爸就是那次他从中国来美国，在机场的时候拥抱了一下。（A-M-2）

> 我就是做不来（跟我爸抱一下）。我就觉得好像就是有一股力量在阻止我。①

而对于中产阶层家庭来说，亲密、轻松的亲子关系始终是其教养方式的核心要素，包括"随时来个拥抱""常说我爱你""每天与孩子共度一段时光""专注倾听，平等交流""不为爱预设条件""在孩子需要时尽力陪在他身边""寻找和孩子的共同语言"②。很明显，"每天与孩子共度一段时光"，亲密接触、拥抱、陪伴都仰赖父母是有"工作"的。有工作意味着"有固定工资，不是靠天吃饭，没有繁重的体力活"，因而有"下班"的时候和专门的用以陪伴孩子的闲暇时间和心情。而农家父母是要"劳动"的，劳动意味着"不能旱涝保收，必须看收成""靠力气吃饭，有干不完的脏活累活，没有公共保障"。不同的教养方式为"儿童及以后的成人提供了一种感知，让他们感觉到什么对于自己是舒服自然的"。中产阶级式的与孩子之间亲密而轻松的亲子关系在农村家庭不仅难以实现，而且即便实现，对于农家子弟和他们的父母来说也是不自然的。

伯恩斯坦曾区分了两种家庭类型与相应的交流结构：一种是个人中心型家庭，一种是地位型家庭。"在个人中心型家庭中，成员的内心世界通过交流结构而可感知，言语是实行控制的主要媒介。而在地位型家庭中，儿童得到的是强烈的社会身份感"。相较于城市中上阶层家庭，农家子弟显然身处于地位型家庭。他们身处的文化情境和家庭关系结构决定了他们需要独立、自主、懂事。但当一个农家子弟懂事了，他也就内化了一种道德律令，便很难再接受自己不懂事，也会因为自己不懂事，或者事后觉得自己不懂事而感到愧疚。"懂事"框定了他们在家庭中的角色，又压抑了他们在家庭中的情感表达，这些情感往往缺乏出口。

四、难以言明的爱与怨

有研究者认为："命运共同体是劳动阶层取得教育成功的核心力量"。确实，当一个农家子弟懂事时，也就意味着他/她与父母真正在生命上相连接，构筑了一个充盈着爱、牺牲和愧疚的命运共同体。

> 愧疚的事情就是从小到现在一直在校读书，还没有足够的能力回报父

---

① 源自2015年3月一次读书会上一位农村背景的女博士生心莹（化名）的个人分享，此处引用已征得同意。

② 笔者因偶然机会进入一所城市重点高中的家长微信群，这里的引用均来自此微信群中一位妈妈所发的一段"改善亲子关系的方法"。

母。（A-M-8）

有些事情不会去想，比如出国的事情……我现在的这种状况，让我去考一次托福，我都会觉得自己是在浪费钱。我都不敢去做这样的事情。我基本上不会旅游。主动的旅游，就毕业旅行一次吧，从来没有过……我还考虑过要不要读研的事情，就是那个时候想要去工作，为家里分担一点负担吧。（A-M-10）

另一位我最该感谢的人是我的母亲。她是一位没有进过学校校门的农村妇女，却集中了传统中国母亲的几乎所有优点。假如我身上还有一些勤奋、简朴、坚忍的气质的话，无疑都是来自她的影响。如果不是她苦心经营着家庭，恐怕我初中毕业时便离开了学校教育体系，在这世界上的可能就是一个在生产车间劳作或在田间劳动的我了。可惜的是，我总是无心于名利，可能永远也不能在物质上给予她丰厚的回报。此处的几行她永远也不能认识的字，就当作我自己的赎罪与忏悔之举吧。

农家子弟因家庭为自己求学所作的牺牲背负上了沉重的道德债务，这使得他们容易形成对家庭的愧疚感并"自然"形成了一种回报家庭的心理需要。有研究者也认为农村学生形成了一种"自我牺牲"的意识，高度自制，有一种普遍的"报恩"心理。这种愧疚感还会引出一种背叛的感觉。法国小说家安妮·艾诺的描写尤为细腻地传达了这种复杂的情感。在她的父亲死后，她写下了自传体小说《位置》，在第一页上，她引用了尚·惹内的一句话："在我们违逆背叛之时，写作是最后的倚靠。"在文中，她则写下了这样的字句：

星期天，在回程的火车上，我逗我的儿子玩，好让他乖乖的，不吵闹，头等车厢的乘客不爱噪声，不爱小孩动来动去。突然间，我愣了一下，"现在，我还真是个中产阶级""一切都太迟了"的想法猛然上了心头。……他拉拔我长大，就是要我能享受这些他一无所知的优渥生活。……说不定他觉得最骄傲的事，或者说他存在的正当性，正是：我属于鄙夷他的那个世界。

对于农家子弟而言，取得高学业成就虽然契合了父母的愿望，但也同时与自己的原生家庭的文化相疏远，背离了自己父母的生活方式。作为家庭甚至家族的第一代大学生，他们的大学生活是为了"不成为他们的母亲、他们的姑妈、他们的父亲"。在漫长求学旅程中，家庭命运共同体也在累积着裂缝，另外一种感情在悄然生长。随着子女离家，步入大学，农家父母对子女的支持也就越来越力不从心。相比于中上阶层父母对其子女经济、专业知识以及人生决定的全方位支持，农家父母不可能和子女谈专业知识，也不懂得他们的孩子究竟在面对什么样的世界，只能坦承"爸爸也帮不了你了"（A-F-4），让子女自己来拿主意。而子女也清楚知道"父母帮不了自己"（A-M-20）。相比于城市中产阶级家长事无巨细的指导，农家的父母们也容易显得对子女"漠不关心"。这很容易使得农家子弟产生自己的父母不够关爱自己的感受，心生怨念。

这样，农家子弟的怨就处于复杂的矛盾之中。一方面，他们深知父母的难处，自己不该怨；另一方面，他们又不断体尝因父母能力和家庭资源匮乏所带来的失落，总会生出怨。最终，这种怨就成了不能言说的"怨"，深藏于心的"怨"。

> 初二期末成绩不错，于是，就有县城一中的老师想让我转去县城，我父母让我自己选择。我很犹豫，最后，我没去，我给自己的理由是我舍不得我的朋友、我的老师们。中考后，有机会去我们市最好的高中（基本就是高考工厂那种类型），暑假我在那里待了一个星期就回来了。我一直觉得自己很坚强，但那一个星期，在一个完全陌生的环境，我都不敢接父母的电话，因为一听到他们的声音，我的泪水就止不住。在那里，我也见识到了，自己和城里的孩子差距到底有多大。（D-F-16）

> 我一直徘徊在对父母的敬爱和怨恨之间。我知道我的父母和别人的父母一样已经尽了他们最大的努力，但内心郁积的怨恨已经让我无法和他们顺畅地交流。每次回家都只是简单的问候，一点儿都不说学校的事情。（D-M-22）

农家子弟通过压抑自己的情感，通过自我剥削满足他人来获得认同，延续了对懂事的追寻。爱不表达，恨说不出口，不理解和怨恨也压抑着。但长此以往，子女和父母之间的关系也逐渐产生一种断裂。被高学业成就的农家子弟常常忽略的是，父母很多时候也不愿影响他们，几乎同样的"报喜不报忧"。双向的"报喜不报忧"，带来的是关系的疏离，是不相交的爱。在访谈中，A-F-4 就谈到自己"既感谢家庭文化中那种坚韧不拔的特点，又有时候受困于其粗糙和无序"。这样，农家子弟对家庭的感恩和愧疚、无法言说的爱恨就复杂地交织在了一起，甚至催生出多重的羞耻感。

尽管在这类农家子弟的家庭中，父母和子女之间的情感往往是被压抑的，但在某些时刻，这些情感还是会急剧爆发出来的。在访谈中，A-M-5 这样说道：

> 一次假期，我回到家，那次我妈过来帮我收拾行李。突然我妈妈跟我说："你看，现在妈妈老了……"反正就是说着说着她就哭了，就说她也帮不了我什么了。然后当时我也哭了，当时真的是，那时候我就跟我妈妈抱了一下。这个太难得了。从我上初中以后，基本上就没有了，然后抱完了之后就哭得更厉害了，我就觉得其实那种情感是一直在心里的，只是不能表达。

命运共同体的缝隙既在不断生产，也在不断弥合。因为懂事，农家子弟很早就认识到父母的辛劳，激发出自己学习的动力，取得高学业成就。但父母和子女都要为此付出代价。在求学的路途中，他们的懂事并不是真的洞穿了自己与家人关系的真相，而是求学的艰苦逼迫他们关上了与父母充分交流的窗户，单方面从自己的角度做出了选择。但在亲密关系中，爱和恨都需要表达，不满也需要表达，不表达的结果就是心生芥蒂的疏离。当他们最终意识到这种交流的障碍时，重新建立亲密关系变得异常艰难，既难以恢复曾经亲密的互动模式，也很难实践典型的中产阶层式的亲子关系。

五、对"懂事"的超越

一个孩子懂事就意味着他/她不再是个单纯的小孩。父母劳作的艰辛印刻在脑海，无忧无虑的儿童期就过去了。父母的忧虑也成了自己的忧虑，家庭的重担已然共同肩负。俄国诗人叶赛宁曾有华丽却充满哀伤的诗句：不惋惜，不呼唤，我也不啼哭。一切将逝去……如苹果花丛的薄雾。金黄的落叶堆满我心间——我已经再不是青春少年。①

叶赛宁诗句中描绘的是一个青春少年内心所发生着的波澜壮阔的变化，无忧无虑的青春就此远去，莫名的感伤、焦虑、压力萦绕心间。对于这些农家子弟而言，他们从懂事的那一刻起就感受到了家庭生活的困窘和自己肩上的责任，他们再也不是天真的、无忧无虑的青春少年，而是困在贫穷的家庭里，他们也在不断地试图改变自己和家庭的处境。在这个意义上，懂事与将学业看作道德事务而非个人事务的"道德化思维"是相通的。对于这些有志于通过教育改变命运的农家子弟而言，承担家庭责任的方式就是努力学习。出生在我国台湾偏远乡村的作家吴念真曾回忆过自己父亲奖励自己一支钢笔的经历。他在日记里这样写道："爸爸今天买了一支俾斯麦的钢笔给我，奖励我考上初中。这支钢笔很贵，爸爸可能要做好几天的工才能挣到这些钱。他的心意和这支笔我都要永远珍惜……"正是在这个意义上，底层子女由此看到了一个道德世界，知道自己该干什么、不该干什么。当一个孩子懂事时，他就具有了一种共同体和利他的意识，整个世界也更有可能因这种懂事而与他产生新的关联。

说到底，这些农家子弟的"懂事"是与"不懂事"交织在一起的。他们疼惜、体恤父母的辛劳，却选择了一条漫长的求学之路，这就意味着他们的回馈还在遥远而不可知的未来。"疼惜"和"回馈"就这样成了一对矛盾体，编织着他们与家人的关系结构。如果农家子弟选择及时回馈，那么他们就要放弃学业，及早进入社会，自食其力，为父母分忧，成为"做事的料""做工的料"。唯有"疼惜"和"回馈"无法两全，唯有"不懂事"，他们才能走上这样一条通过教育向上流动的人生道路，成为"读书的料"。

正因为这样，身处精英大学的农家子弟和父母之间很容易形成爱怨交织的关系结构，渴望靠近却又互相疏离，但这并不意味着新的关系模式就此失去了重建的空间和可能。一位农家子弟在访谈中说："不是说都报喜不报忧嘛，有的时候我还会选择性地报一些忧，就是让她忧虑你忧虑的一

---

① 出自叶赛宁诗歌《不惋惜，不呼唤，我也不啼哭》。

些东西，这样我感觉我们还更近了。"（A-M-2）

在"选择性地报一些忧"之外，高学业成就的农家子弟也不会安于疏离，而是在创造性地探索新的沟通方式，试图重建亲密关系。

> 我和别人走在一起的时候，我从来不习惯主动去拉别人的手，除非已经相处了很久，是特别亲近的人。上大学的时候，大家都会说，女生之间也会说"亲爱的"之类的。这是在我之前的经验里面没有过的，我甚至觉得我不知道怎么去开这个口，叫一声"亲爱的"对于我来说是特别特别难的，现在叫"亲"还好一点。我就觉得可能就是之前这种称呼在我家庭里面是没有的，那种爱的表达是很不一样的。现在我回到家和我妈妈、我奶奶说话的时候，我会主动地去搭她们的肩或者拉他们的手，但现在要这样牵手，还是觉得很别扭。①

> 听师姐说，她不想回家。她每次都等到腊月二十九，也不想回家。她总说爸妈怎么样怎么样，我就总说她："你现在接受了高等教育之后，用资产阶级的那种情调去看待你的劳工家庭，我说你不能这么去做，你要理解他们。"但是她就是……她现在工作了，还是不想回家。她就是特别、特别想逃离那个家庭。……上了大学之后，我还是会有意识地改变家里面的那种相处方式。晚上大家一起吃完饭，我会跟我妈说："妈，您先把手上的东西放下，一块儿喝喝水，聊聊天什么的。"然后，我妈就把碗筷放那儿了，以至于养成了每天不收拾碗筷，第二天早上才收拾的习惯。②

由此可见，家庭不光是关系场，也是一个道德场，更是一个充盈着情感的地方。当我们每一个人说到家的时候，都有那么多未抒发的情感，内心有那么多柔软的地方，会想哭或者有很强烈的情感表达。作为一个亲密关系共同体，如果家庭不是温暖的，不是关爱的，我们会觉得羞耻，觉得羞愧，觉得无奈，觉得无能，觉得很恨。这些感受是我们每一个人难以启齿却又无可回避的。记得在访谈结束之后的一次聊天中，A-F-1跟我说，自己对爸妈"从来都只是小小的抱怨，没有恨"。看到整理后的录音文字稿后，她说看到自己的故事变成文字有点奇怪，觉得自己的过去"好可怜"，但最后一次访谈结束分别时她又说"过去的我都不在意"。历经时间冲刷，再多的怨，即使是恨，在今天都已消散于时间长河之中。布迪厄曾这样说道："在我看来，怨恨是人类苦难的最深重普遍的形式；它是支配者强加在被支配者身上的最糟糕不过的东西（也许在任何社会世界中，支配者的主要特权就是在结构上免于陷入怨恨之中）。"

农家子弟对父母爱怨交织的复杂情感归根到底与他们身处的社会底层的地位有关，这也是权力结构在其身心印刻下的痕迹。但不管农家子弟对家的感情有多么复杂，爱多么难以表达，怨如何难以言明，家庭永远是他们世界的支点。正如美国哲学家

---

① 源自2015年3月一次读书会上一位农村背景的女博士生雪痕（化名）的个人分享，此处引用已征得同意。
② 源自2015年3月一次读书会上一位农村背景的女博士生心莹（化名）的个人分享，此处引用已征得同意。

桑塔耶亚所说的那样，"谁忘记过去，谁就注定要再一次承受这一过去"。没有家作为支撑，他们很容易感觉到背叛了自己的历史，失去了过往，也就难以真正拥抱未来。詹妮特·温特森在《守望灯塔》中写道："当你爱一个人的时候你就应该说出来……生命是时间中的一个停顿……不要等。不要在以后讲这个故事。"取得高学业成就的农家子弟和家庭的疏离也并非不可逾越，情感的障碍可能形成于一瞬，也可能消散于一瞬。

参考文献：

[1][13][美]安妮特·拉鲁．不平等的童年[M]．张旭，译．北京：北京大学出版社，2009：58-59，272．

[2]中国社会科学院语言研究所词典编辑室．现代汉语词典（第六版）[M]．北京：商务印书馆，2012：311．

[3][4][6]鲍磊．社会学的传记取向：当代社会学进展的一种维度[J]．社会，2014（5）：175，191．

[5]Jeffrey Shantz. 2009. Biographical Sociology：Struggles over an Emergent Sociological Practice. Auto/Biography Studies，24（1）：114.

[7]Jake Ryan & Charles Sackrey. 1984. Strangers in Paradise：Academics from the Working Class. South End Press：317.

[8]杨善华，孙飞宇．作为意义探究的深度访谈[J]．社会学研究，2005（5）：53，66．

[9]李泽厚，刘绪源．"情本体"的外推与内推[J]．学术月刊，2012（1）．

[10][15]熊和妮．命运共同体：劳动阶层教育成功的家庭机制研究[D]．北京师范大学博士学位论文，2016：214．

[11]费孝通．乡土中国[M]．北京：北京出版社，2005：59-64．

[12]康永久．村落中的"公主"——城市化进程中的成长陷阱．2016．内部稿件．

[14][英]巴兹尔·伯恩斯坦．社会阶级、语言与社会化[C]．西方教育社会学文选，台北：五南图书出版公司，1992：469．

[16]王欧．文化排斥——学校教育进行底层社会再生产的机制[D]．华中科技大学硕士学位论文，2011：242．

[17][22] 程猛. 向上流动的文化代价——作为阶层旅行者的"凤凰男"[J]. 中国青年研究, 2016（12）.

[18] 胡雪龙. 主动在场的本分人 [D]. 北京师范大学学士学位论文, 2014：54~60.

[19][20][法] 安妮·艾诺（Annie Ernaux）. 位置 [M]. 邱瑞銮, 译, 台北：皇冠文化出版有限公司, 2000：12, 21-22, 88.

[21] Allison L. Hurst. 2012. College and the Working Class：What It Takes to Make It. Sense publishers：58.

[23] 程猛, 康永久. "物或损之而益"——关于底层文化资本的另一种言说 [J]. 清华大学教育研究, 2016（4）.

[24] 吴念真. 这些人, 那些事 [M]. 北京：译林出版社, 2011：13.

[25] 程猛. "读书的料"及其文化生产——当代农家子弟成长叙事研究 [D]. 北京师范大学博士学位论文, 2017.

[26][法] 布尔迪厄, [美] 华康德. 反思社会学导引 [M]. 李猛, 李康, 译. 北京：商务印书馆, 2015：258.

[27] 康永久. 教育学原理五讲 [M]. 北京：人民教育出版社, 2016：6.

[28][英] 詹妮特·温特森. 守望灯塔 [M]. 北京：人民文学出版社, 2005：199-201.

"青年":是概念经济,还是概念泡沫?

萧子扬[①] 马恩泽[②]

> **摘 要**:"青年"既是一个群体,也是一种身份,更是一种概念。近年来,以"青年"为主体的概念层出不穷,引起了人们的热议和关注,也促使以青年为主题和对象的消费市场日趋活跃。比如,"空巢青年"概念催熟了"单身经济","丧文化"概念衍生出"丧营销","佛系青年"概念推动了"孤独经济","隐形贫困人口"概念引发了青年消费观念的争论。面对上述情况不禁想问,以青年为主题的新概念的提出能否真正有效地推动经济的发展,形成所谓的"青年概念经济"?还是说,这不过是一些生造出来的"概念泡沫",一触就破?本文重点提出"青年概念经济""青年+"等概念,并对上述现象加以分析。
>
> **关键词**:青年 概念经济 青年+ 空巢青年 丧文化 隐形贫困人口

一、问题的提出

"'青年',不单单是一种社会类别,它还是一种特殊的社会角色,是一种角色类别。"事实上,"青年"既是一种社会群体的类别划分,区别于"儿童""中年(人)""老年(人)"等群体,也是一种社会地位和社会角色,强调该群体被社

[①] 萧子扬,北京市朝阳区政府安贞街道办事处。
[②] 马恩泽,中共北京市通州区委党校。

会赋予了特别的期待和要求，并承担相应的使命和责任。但是，从本质上来看，"青年"归根到底不过是一个概念，和"年轻人"概念异曲同工，反映的是年轻人被概念化的过程。"青年"作为一个概念的存在，曾经被学术界热议，有对"青年"概念的历史加以梳理的，有对"青年"与"青少年"的区别加以辨析的，有对"青年"概念的当代意义加以阐述的。当然，还有大量的研究关注的是以"青年"为主题的青年现象和青年概念。比如，近年来出现的"空巢青年""青年丧文化""佛系青年"等概念就成为青年研究的热点议题，学者们从不同学科和视角对这些现象进行了剖析，也对相关概念进行了界定。但通过文献回顾不难发现，学界重点从问题视角出发，对上述青年概念的流行加以解释，并对其中的问题提出相应的解决策略。而绝大部分学者尚没有关注到这些以"青年"为主题的青年概念是否存在明显的经济效益，以及是否存在所谓的"概念泡沫"。因此，"'青年概念经济'何以可能的问题"应当成为新时期青年研究关注的重点话题。

本文尝试提出"青年概念经济""青年+"等概念，并运用消费社会学的有关理论和视角，以"空巢青年""丧文化""佛系青年"等青年概念为分析对象，重点分析上述概念存在的经济价值以及可能存在的风险，即"青年概念经济"何以可能，以及"青年概念经济"是否存在所谓的"概念泡沫"，如果存在，该如何规避等问题。

二、"青年"的概念经济

"青年"，从本质上讲是一个概念，而且是一个存在商业潜力、消费导向和市场价值的概念，可以在多种因素的作用和配合之下形成和创造所谓的"概念经济"。因此，要想剖析"青年"的概念经济何以可能，首先需要清楚理解何谓"概念"、何谓"概念经济"，这也是本文论述的重要前提。

概念是指反映事物本质属性的思维形式，是一个抽象的对象，主要表现为各种符号、语言等。事实上，任何一种概念都是人们思维方式的表达，同时也是以符号为载体的，因此，概念既表达思想内容，又具有符号特性。也有学者强调，在广义虚拟经济时代，概念是产品的重要组成部分，它在创造需求的同时也创造价值和效益，其中就包括了经济价值和经济效益。换言之，概念具有经济价值，它是消费者在感知、认识和理解概念的过程当中推动了需求升级或者因为一种概念的产生、流行而导致了新的需求。也正是基于上述理解，学界为了强调"概念具有一定的经济价值"，提出了所谓的"概念经济"。"概念经济"是指特定概念由于获得了公众认可而衍生出一系列的经济活动的总和。它是一个地区发展的重要动力。也有学者认为，"概念经济"是建立在一定的技术基础之上，并借助于符号而非实体经济来进行传播的经济业态，其中，大众传媒是它得以发展的最为重要的要素。综合上述观点，我们可以认为，"概念经济"重点强调概念具有经济效益和市场价值，而且，唯有概念作为一种符号在传播过程当中被消费者认可、接受后，才可能转化为经济价值。

那么，现实当中是否如"概念经济"描述的那样呢？答案是肯定的。近年来，很多新兴概念的提出和流行都能够证明这一点。比如，"一带一路""人工智能""共享经济"等概念的广泛传播，创造了各式各样的社会价值和经济价值，因此，"概念经济"也逐渐被社会各界所认识和接纳。反观青年领域，也出现了相同的特征，即在青年领域也和其他领域一样正在创造概念，并产生着价值。比如，有学者就认为，"御宅族""宅男""宅女"等青年概念逐渐在互联网中风靡，在青年群体当中也衍生出一种新的经济形态——"宅经济"。它是一种以"御宅族"为载体的经济活动，是由"御宅族"概念及其文化所衍生出的以游戏和动漫为主的新型文化产业。又如，有不少专家认为，随着"空巢青年"概念的提出和流行，城市"空巢青年"和独居青年成为一个被社会各界普遍关注的群体，同时在商业营销的作用下，围绕单身青年的租房、外卖、游戏、旅游等领域逐渐火爆，激活了所谓的"单身经济""一人经济"。再如，有人认为，2016年开始出现、2017年逐渐火爆的青年"丧文化"显示出充分的经济价值和市场活力。随着该概念的提出，"丧营销"开始大行其道，以"丧"和"丧文化"为主题的经济活动（"丧经济"）逐渐活跃，如"丧茶""丧餐厅"等，它们的推出吸引了不少人的眼球，并实现了一定的经济效益。再比如，也有媒体表示，"佛系青年"是中国年轻人当中的一个数量巨大的非正式群体，并创造出一个经济分支——"孤独经济"。结合上述情况和有关数据，我们有理由认为，"青年"概念存在经济价值和市场效益的可能，即以"青年"为主题的概念在特定的条件下能够衍生出相关的经济活动，并产生市场价值。而且，结合对"概念"经济的理解，我们可以把因特定的青年概念而引发的市场需求和经济效益、经济价值的整个过程定义为"青年概念经济"。

"青年概念经济"即"青年"的概念经济，是指以特定群体所接受和认可的青年概念为依据而展开的经济活动的总和。该概念强调的是，以"青年"为主题的概念在获得特定群体认可，并具有一定流行范围后，可以直接或间接地推动社会经济的发展。这也说明，"青年"作为一种概念的存在，也具有作为一种经济力量存在的可能。那么，"青年"概念具有经济价值这一现象可以用"青年概念经济"加以概括，而"青年"概念的经济力量是否有更形象的词汇呢？笔者认为，可以借鉴"互联网+"的概念，提出"青年+"这一新概念。我们知道，"互联网+"即"互联网+各个传统行业"，就是通过互联网与传统行业的深度融合，创造出新的发展生态。因此，"青年+"概念不仅强调的是"青年"概念具有经济价值，而且强调它可以与其他产业、领域相结合，进而产生一定的经济力量。也可以认为，"青年+"重点强调的是"青年"概念具有一定的引导作用，在特定的领域可以居于主导地位，以"青年"为主题的概念可以主动地创造价值，可以自动地引领相关领域的发展，是一个具有重要发展潜力的理念。总之，无论是"青年概念经济"还是"青年+"，都重点探讨了"'青年'概念经济何以可能"的问题。当然，这也是以往研究当中时常容易被忽视和较少关注的问题。因此，探讨"青年概念经济"的形成机制、可行性，以及存在的潜在隐患如何规避等问题就成为本文的重点。

三、"丧文化""丧经济":"青年概念经济"的一个案例

对于"空巢青年""丧文化""佛系青年""隐形贫困人口"等概念的流行及其背后的社会机制,不少学者均进行了讨论,而且,笔者也曾针对"丧文化"的流行进行过相关的论述。笔者认为,在详细论述"青年概念经济"的形成机制等内容之前,以具体案例的形式加以辅助可以使本文更为翔详实和具体。那么,从青年"丧文化"的流行到青年"丧营销""丧经济"的出现,势必可以成为本文论述的重要依据。

"丧文化"是青年亚文化的一种新形式,它是指流行于青年群体当中的带有颓废、绝望、悲观等情绪和色彩的语言、文字或图画。不少媒体认为,"丧文化"的典型代表包括日本的懒懒蛋、美国的马男波杰克和佩佩鱼等,而我国"丧文化"的兴起往往认为是以"葛优躺""感觉身体被掏空"等为代表,具体流变过程如下。

首先是"葛优躺"的出现与走红。"葛优躺"出自1993年的一部情景喜剧《我爱我家》,该部情景喜剧的第17、18集剧照中,葛优扮演的一个"二混子"混吃混喝、瘫躺在沙发上。2016年7月,有微博博主将PS后的"葛优躺"发布在微博当中,并配文"全体颓废中……",没想到意外地被疯狂转载并走红于网络,同时,易烊千玺、冯小刚、大张伟、陈奕迅、张一山等明星各式"生无可恋"的躺姿加入传播阵营,并有不少网友对该"葛优躺"添加"不想加班""不想上课"等字样进行再次创作,因而葛优躺成为慵懒颓废的代表,也是公认的我国最早的"丧"和"丧文化"的表达。

其次是《感觉身体被掏空》《我已差不多是个废人》等带有"丧"特质的歌曲的流行。2016年7月,上海彩虹室内合唱团演唱歌曲《感觉身体被掏空》,歌词中"月抛带了两年半、十八天都没有卸妆"具有明显的"丧文化"气息,而不断重复的"不要加班"表达了上班族对于加班的抗拒。2017年年初,歌手何大河将《我已差不多是个废人》发布在网易云等音乐平台上,歌词中"没有什么远大的理想"等内容带有浓烈的"丧文化"气息。

最后是以"丧文化"为主题的经济活动逐渐活跃,"丧经济"和丧文化营销出现。2016年10月,日本UCC品牌咖啡通过Facebook与网红合作,将负能量语录印刷在产品外包装上,发起"每天来点负能量活动";2017年4月,成都的一家创意团队"试物所"针对丧文化推出了一款"没希望"酸奶,并策划了相关的海报、文案,建立了"脱单没希望""加薪没希望""减肥没希望"等微信群。在同一个月,网易新闻与饿了么在上海推出只营业4天的"丧茶"快闪店,主题为"世界充满恶意,请丧着活下去"。此外,随着"丧文化"的流行,"丧T恤""爱无能酒馆"等利用网络营销而为青年群体所知道。当然,"丧文化"和"丧经济"也面临一定的问题。2017年8月,《人

民日报》发表评论《加了精神鸦片的"丧茶"喝不得》,强调"风气一旦蔓延开来便亟须警惕",这是对"丧文化"和"丧经济"的一次提醒。而笔者在 2018 年 5 月,再次在主流搜索引擎检索"丧茶"等相关信息,发现目前有不少企业推出了所谓的"丧茶"加盟项目,并吸引了不少网民的关注,也有不少已经落地。

从 2016 年 7 月到如今,"丧文化"已经经历了近两年的传播和演变。而回顾整个历程,我们可以看到,"丧文化"之所以能够在"丧营销"的帮助下成为"丧经济",并且能够进一步流行和发展,是具有一些重要的前提条件的。首先,"丧""丧文化"概念通过一定渠道得以提出,对特定相应的内容具有一定的概括作用;其次,"丧""丧文化"概念至少获得部分青年群体的认可;再次,"丧文化"的流行依赖于互联网媒体的发展;最后,在市场机制的作用下,有关"丧文化"的产业、实体经济得以落地,并具有一定的消费群体。结合对"丧文化"发展为"丧经济"的过程的分析,以及对"概念经济"的相关原理、机制和理论的理解,笔者认为,"青年概念经济"的形成机制(即何以可能的问题)可以绘制为图 1。

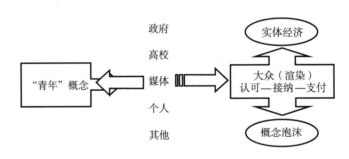

图 1 "青年概念经济"的形成机制

"青年概念经济"的形成路径大致可以总结为:第一步,提出以"青年"为主题的概念,概念的提出者可以是政府、高校、媒体和个人等。第二步,获得政府、高校、媒体和个人当中的特定群体的认可和接纳。第三步,在市场机制、网络媒体的多重作用和渲染下,形成一个共识。第四步,市场和营销的介入,推动相关经济活动的产生,导致人们产生为"青年"概念支付的行为。

四、一个消费社会学的尝试性解释

在形成以"青年"概念为主导力量的实体经济的同时,也可能存在由于概念传播过程当中出现的变形和嬗变而导致"概念泡沫"出现的可能,即可能存在概念破产的风险。那么,如何解释"青年概念经济"的形成过程以及规避其中的"概念泡沫"风险呢?或许,鲍德里亚、凡勃仑等人的消费社会学观点可以提供一种尝试性解释。

以往研究重点是从问题视角来看待部分"青年"概念反映的社会问题,忽略了有些"青年"概念存在经济效益的可能。因此,用优势视角来对待"青年"概念及其背后的"概念经济"是本文的一个基本态度。这也意味着,我们必须运用有关理论和视角,深入研究和探讨"青年"概念是如何成为一种经济动力的,思考其中的运行机制是什么,思考其中存在的隐患是什么,以及如何形成良好的规范发挥"青年"概念的正向作用,进而促进我国包含"网红经济""青年概念经济"等在内的互联网经济新形态的发展。综上所述,从消费社会学的视角和相关理论来解读"青年"概念的经济价值,以及"青年概念经济"何以可能的问题就显得尤为重要。

对于消费社会学的理论视角,夏建中(2007)认为有四种,分别是:①道格拉斯:物品消费的文化意义;②鲍德里亚:物品消费的制度与符号;③凡勃仑:炫耀性休闲与炫耀性消费;④布迪厄:区隔与文化资本。而陈伯清(1998)、杨敬舒(2009)等则按照时间顺序对有关消费的理论进行了梳理,包括马克思、韦伯、凡勃仑、齐美尔、布迪厄、鲍德里亚等人的理论。本文主要使用道格拉斯、布迪厄、鲍德里亚等人的理论视角对"青年概念经济"进行剖析。

第一,"青年"概念消费具有文化意义。道格拉斯认为物品消费具有文化意义,一方面,物品促使文化得以显现和稳定,即物品当中呈现出一定的文化特质;另一方面,物品制造和维系着人类的社会关系。按照道格拉斯的观点,消费的最为终极的概念不是简单的某种庸俗的作用,比如吃,而是具有制造意义的功能。"消费的根本目的是通过选择的物品建构一个理解世界。"按照道格拉斯的观点加以推论,我们不难发现,"青年"概念也可以当作物品来看待,消费"青年"概念,事实上就是消费相关的物品。因此,"青年"概念产生、流行,最后得以获得青年群体的认可,并形成相应的消费市场的一个重要原因,就是其中蕴含了重要的文化意义和价值。比如,近年来流行的"空巢青年""丧文化""佛系青年""隐形贫困人口"等以青年为主题的概念在诞生之初就蕴含着特定的文化意图,都强调的是当代青年的一种自我反讽文化、娱乐文化和吐槽文化等。这些概念的消费过程,就是青年对特定文化的认可、接纳的过程,而且在这一个过程当中又可能产生新的文化形态。总之,消费具有文化意义和文化象征的作用,这是"青年"概念流行并产生"概念经济"的重要前提。

第二,"青年"概念消费可以制造认同和区隔。鲍德里亚认为,特定的阶级、阶层身份已经不能够为人们提供认同感和归属感,人们只有通过消费,并与世界、集体产生联系、建立关系,才能够获得一种新的身份认同。布迪厄认为,消费也可以被看成一种在社会群体之间建立差异,而不仅仅是表现差异方式的一系列社会和文化实践。社会群体可以根据消费来进行社会定位,并不断地建造具有特定感觉的世界,而且这个世界和其他群体的世界不同,或者说存在某种"区隔"。换言之,每一种消费行为最终都会产生新的社会差异。鲍德里亚和布迪厄分别从两个方面论述了消费的作用:一方面,消费的本质就是人们对特定事物、物品和概念的认同,正是因为认同所以才进行特定消费,而且对同一种事物消费的群体也会有一种认同感的存在。另一方面,消费的产生是为了和他人区别开来,消费某种物品、概念是为了表现自己独特的审美、品位、价值观、人生态度等。因此，对不同类型概念、物品进行消费的人们势必是存在"区隔"的。那么，从物品消费、符号消费的特点推论到"青年"概念消费的过程当中也是可以的。对于特定"青年"概念的消费事实上就是表明青年对某种文化的认可、接纳，同时也是一种文化标榜，让自己和其他群体有所区别，产生一种与众不同的感觉。因此，认同和"区隔"是"青年概念经济"流行的两个最为重要的因素。

第三，大众传媒是"青年"概念消费的共谋。鲍德里亚鲜明地指出，当前社会符码消费的流行和火爆是大型技术统治集团和大众传播媒介密切合作的结果。他进一步强调，大众媒介无时无刻地"包裹"在人们周边，并将预设的符码加以公开传播，让人们坠入所谓的消费陷阱之中，失去了消费的自主性。"青年"作为一个概念的存在，必然也是具备符码特质的，这意味着"青年"概念在产生、发展和流行的过程当中，大众传播媒介是在其中起"推波助澜"作用的核心力量。事实是否如此呢？我们结合"丧文化"等的流行过程来看，的确是如此的。"丧文化"最初通过微博得以产生，而后在网易云等音乐平台出现相关的歌曲，再到网易新闻、饿了么推出"丧茶"快闪店，最终在各类网络媒体的综合作用下，"丧"和"丧文化"成为2017年热门词汇，并产生了经济活动和消费市场。因此可以认为，"青年"概念的产生、传播、流行，以及"青年"概念经济得以创造和发展，需要依赖于高速发展的现代网络媒体技术。

第四，"青年"概念消费不过是一场符号消费的游戏。鲍德里亚认为，消费就是符号的消费，就是文化符号的消费。消费成功的前提就是化身为符号，而且这些符号并不代表其早已产生的意义，而是在引起消费者注意的过程当中产生和演变的。从本质上来说，消费归根到底不过是一场符码、象征符号的消费。由于对于特定物品的消费就象征着自己拥有的某种能力、身份、权利、观念和态度等内容，而且消费的过程当中就是产生符号价值和意义的过程，这可以给人们带来某种精神上的愉悦和满足。对于"青年"概念来说，也是殊途同归。"青年"既是一种群体类别的划分，也是一种社会角色，更是一种概念和符号。因此，以"青年"为主题的概念归根到底也不过是一些概念、称谓和符号而已，但是，在市场、大众传媒、社会渲染等的作用下，实现了从概念到实体经济转变的过程，概念的"落地"促使符号具有了消费的价值，也使得符号被赋予了新的内涵，而正是这一种新的内涵吸引了特定群体的关注，并为之"买单"。当然，在这个过程当中，"青年"概念如何从概念变为实体经济就显得极为不确定，特别是在这样一个"集体欢腾"的时代，有些概念极有可能存在泡沫危机和短命的危险。因此，从本质上来说"青年概念经济"是符号消费游戏的结果，未来的发展方向也呈现出两种与众不同的路径。

结束语：走向"青年+"，还是"概念泡沫"？

"消费已经发生了根本性的嬗变，从以物为对象的消费逐渐转向了以概念为对象的消费",鲍德里亚如是说。事实上,结合"空巢青年""丧文化""佛系青年"等概念的演变过程和消费热潮来看,青年领域也正在走向一个"概念消费的时代";而且,"青年"概念确实存在着经济效益、消费市场的可能,"一人经济""丧经济""孤独经济"等的兴起都验证着上述观点。当然,随着社会的高速发展,"青年概念经济"在未来的发展前景方面也确实面临着选择,是走向"青年+",还是走向"概念泡沫",这是一个时代难题。一方面,"青年"的概念存在着正向作用,可以推动特定青年消费市场的发展,激活消费潜力,并有着产生新业态的可能。如果得以妥善发展,"青年+"是具有丰富的正向活力的。另一方面,以2018年兴起的"隐形贫困人口"为例,有学者就认为,很多生造出来的新词看上去很新颖,具有非常大的噱头,事实上经不起推敲,充其量就是一个"概念泡沫",一戳就破。换言之,以青年为主题的概念极有可能只是娱乐至上时代的一次"话语狂欢",由于意义和内容的肤浅,终究会被遗忘在历史舞台。因此,"青年概念经济"在这样一条双岔路口上,必须保持青年概念的经济潜力,激活"青年+"模式,并避免在青年概念消费的过程当中失去自主性,避免陷入"概念泡沫"的境地。总之,"'青年概念经济'何以可能"命题既是青年学、社会学等学科应当关注的课题,也是整个社会需要回应的时代议题。

参考文献:

[1] 陈映芳."青年"与中国的社会变迁[M].北京:社会科学文献出版社,2008.

[2] 袁潮清,谭文曦.概念的经济价值、特征及其形成[J].广义虚拟经济研究,2013(01):19-23.

[3] 吴罡."宅一族"捧热互联网经济[N].中国文化报,2009-08-21(007).

[4] 萧子扬.空巢青年与独居青年:一个不可回避的话题[J].中国青年,2016(17).

[5] 杜颖梅.空巢青年催热"一人经济"[N].江苏经济报,2017-05-04(A03).

[6][9] 萧子扬,常进锋,孙健.从"废柴"到"葛优躺":社会心理学视野下的网络青年"丧文化"研究[J].青少年学刊,2017(03):3-7,31.

[7] 卫嘉.德媒:中国"佛系"青年喜欢独来独往,催生孤独经济[DB/OL]. http://www.cankaoxiaoxi.com/china/20180225/2256523.shtml.

[8] 国务院.国务院关于积极推进"互联网+"行动的指导意见[EB/OL]. http://www.gov.cn/zhengce/content/2015-07-04/content_10002.htm.

[10] 何雅苑.加了精神鸦片的"丧茶"喝不得[DB/OL]. http://opinion.people.com.cn/n1/2017/0815/c1003-29472615.html.

[11] 蒋荣昌.广告文化与"概念经济"[J].西南民族大学学报(人文社科版),2000(11):112-113.

[12] 夏建中. 消费社会学的主要理论视角 [J]. 郑州轻工业学院学报（社会科学版），2007（05）：20~26.

[13][法] 鲍德里亚. 消费社会 [M]. 南京：南京大学出版社，2014.

[14] 杨敬舒. 西方社会学消费理论综述——对中国消费欲望膨胀的社会学解释 [J]. 生产力研究，2009（14）：184-186.

[15] 范和生，刘凯强. 符码消费镜像中的心理异化及实践逻辑——兼论鲍德里亚的消费社会学 [J]. 宁夏社会科学，2016（02）：104-109.

[16] 张群. 从"商品"到"符号"——一种意识形态的分析 [J]. 甘肃理论学刊，2007（5）：18-21.

[17] 白靖利. 生造的"概念泡沫"终将被历史遗忘 [DB/OL]. 人民网，http://sn.people.com.cn/BIG5/n2/2018/0427/c378311-31512331.html.

青年工作论坛

北京地区青少年健康行为最新调研报告

周华珍[①] 郭 欣[②] 王 英[③]

> **摘 要**：通过"青少年健康行为网络问卷调查"，搜集了北京地区中小学健康行为的最新数据；运用"世界卫生组织—学龄儿童健康行为"模型，分析了健康的社会决定因素及儿童生活的环境（家庭氛围、学校环境、同伴关系）和儿童的社会特征（性别、年龄、地域）对北京地区的青少年健康行为的影响。研究结果显示，示范学校与普通学校、留守儿童与非留守儿童、流动儿童与非流动儿童、独生子女与非独生子女在健康行为及健康结果方面存在显著差异。
>
> **关键词**：青少年 健康行为 研究

一、研究概述

世界卫生组织（WHO）认为健康是指身体、心理和社会适应能力的整体状态，将健康视为日常生活的一种资源而不仅仅没有疾病或体弱的观点是非常重要的。为了提升青少年健康素养，有效开展青少年健康教育和健康促进活动，首先要对青少年健康行为及其影响因素进行研究。一些构成青少年生活习惯的行为方式，可能威胁着他们近期或将来的健康，所以需要监测青少年一系列的行为变量，研究一些不利于健康的危险行为方式。有些行为方式，如吃饭的方式将成为早期儿童时期的生活方式，还有部分行为方式将成为青少年时期的生活方式。我们不仅仅是从生物学

[①] 周华珍，中国社会科学院大学青少年工作系副教授，研究方向为青少年健康行为研究。该研究成果为北京市社会科学基金项目"社会决定因素与青少年健康公平问题研究"（项目编号为：15SHB025）阶段性研究成果。
[②] 郭欣，北京疾病预防控制中心学校卫生所，研究方向为学生常见疾病预防控制。
[③] 王英，中国社会科学院大学社工学院2016级研究生，研究方向为青少年健康行为。

角度去研究青少年健康行为，更是重点研究社会环境对青少年行为健康和心理健康的影响，并且需要研究青少年生长的社会经济环境，研究个体心理特征、家庭、学校以及同伴之间的交往关系。

本研究采用"世界卫生组织—学龄儿童健康行为"（WHO-Health Behavior of School-aged Children，WHO-HBSC）[①]模型考察青少年健康行为和健康结果与他们生活的社会环境之间的复杂关系，并试图描述这些因素与健康之间可能存在的关联。该模型体现了关于行为、习惯、态度和一个人属于或想要属于某一组织的典型价值，尤其重要的是该项研究与青少年生活方式有关，也与青少年健康相关行为有关。人们认为健康行为是受家庭结构、文化背景、社会心理因素影响的。2005年将"WHO-HBSC"首次引进中国，经过几年的本土化研究，2009年研制出符合中国国情的《青少年健康行为指标体系》和《青少年健康行为调查问卷》，2010年首次运用该调查问卷在全国13个省市进行了青少年健康行为调查，初步掌握了我国青少年健康行为的现状、主要健康问题及其与其他国家青少年健康的差异，并且有针对性地为我国政府制定青少年健康政策提出了一系列对策与建议。本研究在2010年研究成果的基础上，根据"WHO-HBSC"2017—2018年对2010年版的调查问卷、青少年健康行为研究指标、变量等进行了适当的调整，使其更适合当前青少年。在本研究中，我们从促进青少年健康相关行为和损害青少年健康危险行为两方面入手，主要包含营养与饮食习惯、体力活动、休闲活动、心理健康、沉迷性（烟草使用、酒精滥用、毒品使用、网络沉溺、赌博）行为、暴力、伤害、性健康八个方面，旨在了解我国青少年在这八个方面的健康现状以及存在哪些问题，同时探究儿童生活的社会环境即家庭氛围、校园环境、同伴关系、邻近社区与青少年健康行为之间的关系。我们设置了十个人口统计学变量：①性别；②年龄群；③省份（省或市）；④家庭富裕程度；⑤城市类型；⑥学校类型；⑦独生子女与非独生子女；⑧住校与非住校；⑨留守儿童与非留守儿童；⑩流动儿童与非流动儿童，以期探究不同群体青少年在上述健康行为各维度的特点及差异性，最终提出一系列有针对性的建议，为国家相关健康政策的制定和执行献言献策，促进青少年行为健康与心理健康的发展。

二、研究方法

本研究根据WHO-HBSC最新研发的2017—2018年的一份标准化通用国际调查问卷和测量指标体系，总结2010年全国13个省市青少年健康行为问卷结果，并结

---

① 世界卫生组织—学龄儿童健康行为(WHO-HBSC)：HBSC通过在国内和国际的调查结果可以理解新提出的儿童的健康和幸福；理解健康的社会决定因素；为政策和实践提供信息以改善儿童的生活。第一次HBSC调查在1983—1984年对5个国家展开，现在研究已覆盖了欧洲和北美的43个国家和地区。该项目主要通过比较各国儿童健康行为现状及流行趋势，了解全球儿童的健康状况和流行趋势，理解健康问题的社会决定因素对儿童健康的影响，为政府制定健康政策提供科学实证依据，为各国开展健康教育和健康促进活动提供干预经验，为改善儿童生活质量提供科学健康信息。

合多轮专家研讨会共同确定我国青少年健康需要优先的问题，编制了2017—2018年"我国青少年健康行为跨文化网络调查问卷"（分为A卷、B卷）。2017年12月至2018年1月，在北京、武汉和辽宁分别进行了"我国青少年健康行为跨文化网络问卷调查"。在具体实施调查时，分别在北京、武汉、辽宁三个省（市）随机抽取优质学校、普通学校、职业高中、公立学校、民营学校五种类型的学校，在样本学校中再随机抽取小学六年级、初二和高一在校生，每所学校的每个年级不少于125个样本，如果不足125个，小学低于一个年级补充一个整班（六年级人数不足，再在五年级补充一个整班人数），初中和高中就高于一个年级补充一个整班（当初二人数不足时，补充初三的一个整班；高一人数不足时，补充高二的一个整班）。

北京地区共有12所中、小学参加了本次网络问卷调查。从学校类型来看，有4所公立重点学校、2所公立非重点学校、2所职业高中、2所民办重点学校、2所民办非重点学校。从参加调查的数量来看，共计2 078位中小学生参加了此次问卷调查，有效调查问卷4 941份，有效收回率为99%。调查对象中，从性别分布来看，男生有1 132人，占54.5%，女生有944人，占45.4%；从年级分布来看，小学生有623人，占29.9%，初中生有904人，占43.5%，高中生有459人，占22%。问卷收回后，采用SPSS18.0对数据进行了分析。

三、主要研究问题

本研究拟围绕以下几个问题开展研究：

（1）了解北京市青少年健康行为及健康结果，发现青少年健康存在的主要问题和流行特征。

（2）了解社会因素和个体社会特征对青少年健康行为的影响。

（3）了解青少年生活的社会环境即家庭结构、校园环境、同伴关系与青少年健康行为之间的关系。

通过比较本次调查数据和2010年的调查数据，能够全面系统地研究北京市青少年健康及健康行为的现状及发展趋势，探讨北京市青少年健康问题解决方案，有针对性地提出改善和促进青少年健康的方案和措施。

四、主要研究结果

（一）儿童生活的社会环境对青少年健康及健康行为的影响

1. 和谐的亲子关系和积极的家庭支持是青少年健康成长的重要条件

家庭在儿童和青少年的发展过程中扮演着重要的角色，是对儿童和青少年有关健康行为态度和健康观念产生影响的重要因素之一。良好的家庭环境对青少年健康发展有显著的正向影响，不良家庭环境对青少年发展具有不同程度的负向影响。家庭的持续支持能够引导青少年养成健康的行为方式，促使青少年健康发展，使青少年更加自信。本研究数据显示，我国独生子女占青少年总数的45.1%，比2010年的56%下降了10.9%，非独生子女占青少年总数的54.9%，比2010年的44%增加了10.9%。近年来我国留守儿童和流动儿童问题日渐突出，本次研究调查显示，北京留守儿童占青少年总数的3.9%，流动儿童占青少年总数的13.9%，留守儿童和流动儿童的数量加起来在整个儿童总数中所占比例为17.7%；独生子女占49.5%。由于本研究的样本只涉及海淀区和平谷区，如果把其他区包括进来，比例理论上来说应该更高。亲子关系方面，61.3%的青少年和父母的关系非常亲近，27.9%的青少年和父母的关系比较亲近，0.9%的青少年和父母的关系不亲近，0.5%的青少年和父母的关系非常不亲近。78.9%的青少年会主动做家务，94.5%的青少年和父母住在一起。可见北京地区的家庭结构整体较为完整，亲子关系比较理想。

2. 青少年对同伴支持的认同程度不高

同伴关系是社会支持的重要组成部分，同伴支持是影响青少年健康发展的重要因素，亲密的同伴友谊对青少年的社会性和人格发展有积极影响。已有研究指出，同龄人群体能够维持和加强青少年的积极和消极的健康行为。也就是说，青少年的行为可以通过同伴得到强化。因此，同伴的影响至关重要。既有研究表明，获得高同伴支持的青少年通常压力更小、自尊心更强、生活满意度也更高。本研究发现，北京青少年对同伴支持的认同程度整体上不高。北京地区，认为朋友尽力帮助自己，可以与朋友分享快乐和悲伤、倾诉困难和烦恼的比例均只占34%左右，认为当遇到问题时可以依赖朋友的人数只占样本总量的27.6%。这说明青少年对朋友的信任度与依赖度总体不高，同伴支持也没能发挥应有的作用。相比之下，青少年获得的社会支持主要来自家庭，这可能与我国社会家庭结构以核心家庭为主以及独生子女政策有关，在小家庭或独生子女家庭，父母多以孩子为中心，而孩子与小伙伴交往的机会少，同伴支持度偏低。

学校与青少年的生活密切相关，学校支持也是青少年社会支持的组成部分，青少年所处的学校环境及其对学校的喜爱程度对青少年健康发展和幸福状态有重要影响。本研究数据表明，学校支持对青少年对学校的满意度和青少年的学业成绩有直接影响，一个优良的学校环境，是发展和促进青少年健康行为和主观幸福感的一种资源，而较差的校园环境则可能给青少年健康带来风险。本研究数据表明，61.5%的青少年表示"非常喜欢"学校，26.2%的青少年表示"有点喜欢"，7.2%表示"不太喜欢"，5.1%表示"根本不喜欢"。与2010年相比，青少年喜欢学校的程度明显升高。师生关系直接影响青少年对学校的喜爱程度，良好的师生关系可以为青少年提供较多的学校支持，帮助青少年健康、积极发展。北京地区调查结果发现，64.7%的青少年认为老师接受自己的现状，65.3%的青少年认为老师关心自己，67.7%的青少年感觉信任老师。三个维度占比均高于60%，师生关系较为良好。

(二) 与青少年健康相关行为的主要研究结果

1. 青少年心理健康问题日益突出，已超过身体健康问题

青少年的健康包括身体健康、心理健康、社会适应、道德素养，但既有研究文献显示，大部分研究成果主要关注青少年的身体健康。当前物质生活的满足已经基本实现，更迫切需要解决人们的精神健康问题，提高人们的生活满意度和道德素养。北京地区，认为自己非常健康的青少年占59.2%，认为自己比较健康的占30.5%。60%以上的青少年很少或从未出现过头疼、胃疼、背疼和头晕等症状，大部分青少年的健康状态良好，几乎很少出现问题。但值得注意的是，60%左右的青少年都有过情绪低落、易发脾气、感觉紧张等经历，10%左右的青少年甚至每天都会出现这些症状。生活满意度是心理健康的重要指标，北京地区，70%左右的青少年对自己的生活满意度较高，青少年的生活满意度整体处于较高水平。青少年的生活满意度一方面是客观生活条件的反映，另一方面是青少年主观心理状况的反映。

本研究采用HBSC三个量表测量了青少年在过去几周的心理健康状况，约四成青少年报告和平时一样好，三成青少年报告比平时更好。但是，也有超过15%的青少年认为自己最近几周的心理状况比从前差，10%的青少年表示没有以前好。此外，30%的青少年报告存在学习压力大、对未来迷茫、睡眠不良等症状，10%的青少年在社交、自信心、自尊等方面存在问题，20%的青少年在过去几周有负向心理状态。58.2%的青少年认为自己不存在情绪、注意力、行为等方面的问题，31%的青少年认为自己存在一些问题，7.5%的青少年认为自己存在问题，3.3%的青少年认为自己存在严重的问题，共计41.8%的青少年自报存在不同程度的情绪、注意力、行为问题。

2. 青少年饮食结构总体较为合理，营养不良与营养过剩问题仍然存在

随着人们生活水平的提高，青少年的营养问题有所改善，但是当前青少年在饮食习惯方面仍然存在很多问题，如肥胖、偏食、厌食等。这些问题不仅会对青少年近期的身体发育造成严重影响，还会对青少年远期的身体健康带来很大危害。本研究调查了青少年的营养状况与饮食习惯，研究表明，青少年每天吃食物的次数集中在3~4次，总体上饮食频率较为合理，只有极少数青少年吃东西的次数达到8~9次，这说明吃的零食较多。一天吃1次及以上水果、蔬菜、甜食、含糖饮料的青少年的占比分别是58.43%、70.79%、14.61%、12.36%，整体上较为合理。也就是说，近年来，青少年营养不良的情况有所改善，同时营养过剩现象也在加剧。营养过剩可能主要是由大量摄入甜食和吃零食导致的。北京地区青少年吃零食的频率总体较为合理，但有9.8%的青少年一天吃零食3次以上，严重超出青少年的身体需求，这对于这部分青少年来说，可能会导致营养过剩，或者导致一些疾病，因此需要引起注意。

早餐是健康饮食的重要内容，是否吃早餐、吃早餐的频率以及早餐吃什么，都与青少年的饮食习惯和身体健康密切相关。本次调查结果显示，北京地区，周一到周五，77.8%的青少年每天都吃早餐，4.7%的青少年从不吃早餐；周六至周日，

74.7%的青少年每天都吃早餐，10.9%的青少年不吃早餐。对青少年早餐种类的分析显示，79.5%的青少年的早餐中都有粮谷类食物；35%的青少年的早餐中有奶/奶制品；青少年的早餐中，蔬菜、水果、豆类/豆制品的占比分别是56.6%、54%、70.7%；极少数青少年的早餐中有肉鱼类食物。总体来看，青少年的早餐食物构成以粮谷类、奶/奶制品为主，以蔬菜、水果、豆类、豆制品为辅，肉鱼类占比较低，早餐结构较为合理。

3. 青少年参加体力活动的情况良好，部分群体需要增加锻炼

体力活动对人的发展具有众多显性或隐性的益处，而青少年的行为习惯养成具有可引导性和可修正性，因此，在青少年时期进行相关行为干预具有必要性和可行性。本研究测量了青少年体力活动的状况，研究数据显示，一周内锻炼3天及以上的青少年占青少年总数的51.3%，略低于全国水平，可见北京青少年参加体育锻炼的频率总体处于中等偏上水平。在参加体育锻炼的青少年中，有17.5%的青少年在过去一周每天都锻炼。但是，有7.7%的青少年从不锻炼，略高于全国水平，这部分青少年可能会由于缺乏锻炼而产生一些身心不健康问题。青少年参加校内体育活动的情况良好，一周内参加校内体育活动3天及以上的青少年占青少年总数的64.4%，其中38.1%的青少年参加5天/周，16.7%的青少年每天参加。没有参加过校内体育活动的青少年占7.8%，略低于全国水平。与2010年的调查相比，青少年参加体育锻炼与校内体育活动的比例和频率均有所增长，从不参加体育锻炼与校内体育活动的比例和频率也有所下降，这说明青少年适度参加体力活动的情况越来越好，这也从侧面反映了青少年注重身体健康的意识提高了。

4. 青少年成瘾问题不容小视，网络沉湎成为最大隐患

本研究成瘾行为划分为吸烟、饮酒、吸食大麻三方面，将精神成瘾行为分为赌博成瘾和网络沉迷两方面，主要测量了青少年在物质成瘾和精神成瘾的情况。

从吸烟情况来看，北京地区，青少年大部分人没有吸烟经历，8%的青少年至少有过一次吸烟行为，2.7%的青少年到目前为止吸烟天数在30天及以上；2%的青少年在过去30天内有过吸烟行为，2.5%的青少年在过去30天内的吸烟天数达到了30天；有5.1%的青少年使用过电子烟，3.3%的青少年在过去30天内使用过电子烟。到目前为止，吸烟天数在30天以上以及在过去30天内吸烟或使用过电子烟的青少年可能已经吸烟沉迷或面临潜在的吸烟沉迷风险，是我们需要重点关注的人群。男生吸烟频率显著高于女生；年级越高，吸烟频率越高；重点学校吸烟比例比非重点学校低；家庭富裕程度越高，青少年吸烟频率越低；留守儿童吸烟频率高于非留守儿童。我们知道，周围人群行为对青少年行为的影响是非常直观的，青少年所处环境中吸烟的人越多，青少年吸烟的可能性就越大。研究数据表明，2%的青少年身边的朋友、老师、家长、亲戚全部或几乎全部吸烟。这部分青少年吸烟的可能性会远远大于其他青少年。

从饮酒情况来看，北京地区，大部分青少年没有饮酒经历，7.6%的青少年至少

喝过一次酒，3.1%的青少年到目前为止饮酒天数在30天及以上；5.9%的青少年在过去30天内至少喝过一次酒，1.5%的青少年在过去30天内饮酒的天数达到了30天，但是饮酒频率较高的比例增幅很小。到目前为止，饮酒天数在30天及以上以及在过去30天内饮酒天数达到30天的青少年可能已经饮酒沉迷或面临着潜在的饮酒沉迷风险，这是我们需要重点关注的人群。醉酒的情况，90%以上的青少年没有醉酒经历；4.8%的青少年到目前为止至少喝醉过一次，只有1.5%的青少年到目前为止醉酒次数在10次以上；2.4%的青少年在过去30天内至少喝醉过一次，只有1.3%的青少年在过去30天内醉酒次数在10次以上。可见，北京地区青少年醉酒频率相对来说较低，但仍然存在潜在的饮酒沉迷风险。

从吸食大麻情况来看，北京地区，青少年有吸食大麻经历的极少，只占青少年总数的2%，0.4%的青少年到目前为止吸食大麻30次及以上；1.5%的青少年在过去30天内吸食过大麻，0.4%的青少年在过去30天内吸食大麻的次数在30次及以上。与我国吸食大麻沉迷的青少年占青少年总数的1.1%相比，北京青少年吸食大麻的占比很低。吸食大麻目前还不是非常突出的问题，一般在西方国家较为严重。但是，值得注意的是，留守儿童吸食大麻的频率显著多于非留守儿童。留守儿童中，到目前为止吸食过大麻的占4%；过去30天内吸食大麻的比例为12%。因此，需要警惕并尽快采取措施干预这部分群体。

从赌博情况来看，北京地区，90%以上的青少年没有赌博经历；1.6%的青少年到目前为止至少赌博过1次，2%的青少年到目前为止至少赌博过10次，2%的青少年到目前为止赌博次数在40次及以上；1.8%的青少年在过去12个月内赌博过，其中3.6%的青少年在过去12个月内至少赌博过10次，1.2%的青少年在过去12个月内赌博次数在40次及以上。接近2%的青少年可能已经赌博沉迷或是面临赌博沉迷风险。

从网络沉湎情况来看，北京地区，45.8%的青少年有上网的强烈想法和冲动；46.1%的青少年在使用电脑的时候良好情绪会不断增加；46.3%的青少年因为上网而放弃过兴趣、娱乐或者社会活动；46.1%的青少年认为使用电脑是逃避问题或者减轻不好情绪的方法之一；44.3%的青少年为了掩盖上网的程度而向家人和朋友说过谎；44.4%的青少年由于上网和父母或者老师发生过冲突。玩电子游戏的频率，5.9%的青少年报告每周玩四天或五天，19.6%的青少年报告每天都玩。大多数青少年每天玩游戏的时间不超过3小时，报告"4~5小时""6~7小时""约8小时或更长"的比例分别为5.4%、2.6%、4.2%。我们通常认为，每周玩游戏超过5天、每天超过5小时就很可能成为沉迷性行为。也就是说，大约五分之一的青年已经有电子游戏沉迷现象或面临着电子游戏沉迷的风险。青少年使用电子媒介与亲密的朋友交流的频率最高，交流频率为至少每天及以上的比例为16.8%，占青少年总数的一半，显著高于其他群体。青少年使用电子媒介与父母、兄弟姐妹、老师等重要他人交流的频率处于中等偏下水平，占9.5%；与较疏远的人（疏远的朋友、网友）交流的频率最低，且显著低于上述两个群体。可以看出，青少年在日常生活中，遇到问题更倾向于与朋友交流，同伴的重要性显而易见。网友人群参差不齐，青少年与网友交流频繁可能会面临一系列危险健康行为的风险。

5. 青少年暴力现状已经凸显，社会干预刻不容缓

欺负行为、被欺负行为以及打斗行为所带来的不仅仅是短期影响，对于卷入其中的人群都会带来长期的消极结果。青少年处于世界观、人生观、价值观形成的重要时期，欺负别人，尤其是受别人欺负可能会对青少年的身心健康造成严重的不良影响，阻碍青少年健康发展。本研究将暴力分为传统暴力与网络暴力，并分别进行了调查。

从传统暴力来看，北京地区，大多数青少年没有欺负过别人，也没有被别人欺负过，有过欺负与被欺负经历的青少年比例较2010年下降了14.1%，欺负频率也显著下降。8.5%的青少年在过去几个月欺负过别人1~2次，1.7%的青少年一周欺负别人好几次；9.2%的青少年在过去几个月被别人欺负过1~2次，3.7%的青少年一周被欺负好几次。以上数据显示，具有欺负别人偏差行为的青少年实际上占比相对较少，且发生欺负行为的次数也相对较少，青少年受欺负的情况总体也较少。不容忽视的是，欺负与被欺负频率达到一周几次是非常严重的暴力行为，3.4%的青少年涉及严重的欺负与被欺负情形，这对他们的健康成长极其不利，应当予以重视。打架也是衡量暴力的重要指标。北京地区，10.4%的青少年过去12个月参加过1次打架事件，3.9%的青少年参加过2次及以上打架事件，其中超过4次的占4%。因此，有4%的青少年具有严重的暴力倾向，该群体带有潜在的危险性。

从网络暴力来看，大多数青少年没有欺负过别人，也没有被别人欺负过。北京地区，6.2%的青少年过去几个月在网络上欺负过别人，其中3.1%的青少年欺负过别人1~2次，1.2%的青少年一周欺负别人好几次。8.3%的青少年过去几个月在网络上被别人欺负过，其中5.5%的青少年被欺负过1~2次，1.2%的青少年一周被欺负好几次。4%左右的青少年涉及严重的网络欺负与被欺负情形，应当予以重视。从人口学角度来看，男生网络暴力与受暴力状况均比女生严重；随着年级的升高，网络暴力与受暴力状况均有所加剧；家庭富裕程度越低，网络暴力与受暴力状况越高；留守儿童、流动儿童的网络暴力与受暴力状况均比非留守儿童、非流动儿童严重。总体来看，青少年暴力现状已经凸显，社会干预刻不容缓。

6. 青少年受到的精神性伤害成为不容忽视的问题

青少年是伤害行为的高发人群，无论是物理性的外在伤害还是精神性的内隐伤害，都严重威胁到青少年的健康，并对青少年的家庭和社会造成了巨大的损失和伤害。本研究从青少年受到伤害的次数和类型两方面测量了青少年受伤害的现状。研究数据表明，大多数青少年没有受到过较严重的伤害；北京地区，10.7%的青少年过去一年受到过1次较严重伤害，3%的青少年过去一年受到过4次及以上较严重伤害，青少年受到严重伤害的频率较之2010年有所下降。首先，我国的教育方式和文化比

较倾向于说教型的教育，这样的教育方式很容易忽视青少年的个人感受，容易对青少年的成长造成潜在的伤害。其次，父母忽视与同学打骂也是青少年受伤害的重要来源。以上结果表明，青少年除意外伤害之外，还受到来自家庭、学校和社会的潜在伤害。既往相关研究文献中，学者们更倾向于关注青少年受到的物理性伤害和疾病，很少关注青少年潜在的精神的、心理的隐性伤害。恰恰是这些伤害，对青少年的影响可能更大，而且难以发现，值得引起我们注意。

7. 青少年性自我保护和健康意识匮乏，加强青少年性教育迫在眉睫

随着青少年生理性早熟的出现，青春期性健康教育发展晚、性健康教育发展滞后而导致的社会问题逐渐浮出水面。本研究涉及青少年的恋爱、性行为的基本情况以及青少年的性观念，对青少年性健康行为与认知进行了探索。考虑到我国目前社会对小学、初中性行为问题比较敏感，本次问卷调查主要在高中阶段开展。

从恋爱与性行为状况来看，北京地区，高中生报告身边同学谈恋爱的比例相对较高，在69.6%左右；发生过性行为的比例占7%，由此调查结果可以看出当前青少年的性观念较以往开放了很多。总体来说，对于中学生是否可以谈恋爱，青少年赞同的比例高于不赞同。而中学生是否可以有性行为，半数以上青少年不赞同。可见，青少年当前对中学生谈恋爱的接纳度较高，对中学生发生性行为的接纳度较低。对于自己的恋爱与性行为经历，71.2%的青少年表示自己没有谈过恋爱，28.8%的青少年表示自己谈过恋爱；92.9%的青少年表示自己没有发生过性行为，只有7.1%的青少年表示自己发生过性行为。留守儿童显著高于非留守儿童的性行为发生率，24%的留守儿童发生过性行为，非留守儿童只有6.5%。留守儿童初次发生性行为的年龄显著低于非留守儿童，相对集中在11岁或11岁以下的占到4%。可见，缺乏父母照顾与监管的青少年更容易较早发生性行为。避孕方面，北京地区数据显示，3.1%的青少年采用过避孕措施，3.1%的青少年没有采用过避孕措施，留守儿童采取避孕措施的比例显著低于非留守儿童。由此可见，留守儿童在性认识、性观念、性适应能力以及性心理健康、自我保护意识五个方面的状况总体较差。综上，不同群体青少年的性健康问题由于社会文化的不同存在明显的差异性，青少年性健康观念、性健康教育有待增强，急需提高青少年的性健康保护意识。

五、研究结论及建议

（一）研究结论

总体来看，一方面，北京青少年身体健康状况总体良好，呈现出积极健康向上的趋势。另一方面，北京青少年存在各种健康隐患，应当引起注意。具体体现在以下几个方面。

1. 青少年心理健康状况堪忧

既有文献关注青少年的生理健康问题的研究较多，关注青少年的心理健康问题的研究较少。本研究发现，青少年心理健康和社会健康问题日益突出，已经超过生理健康问题，成为更迫切需要解决的现实问题。北京地区，60%以上的青少年很少或从未出现过头疼、胃疼、背疼和头晕等症状，大部分青少年的健康状态良好，几乎很少出现问题。但值得注意的是，60%左右的青少年都有过情绪低落、易发脾气、感觉紧张等经历，10%左右的青少年甚至每天都会出现这些症状。需要对这部分青少年予以重点关注，积极采取干预措施减少这部分青少年群体心理健康带来的社会问题、家庭问题和自身健康问题的伤害和损失，引导和帮助这部分青少年群体走出阴郁，迈向阳光大道。

2. 沉迷网络需警惕

研究结果表明，网络沉溺、网络社交、暴力、精神性伤害、性行为健康观念缺乏成为当前青少年行为健康领域中较为突出的问题。青少年沉迷网络性行为中，网络沉溺问题最严重，较2010年增长了2~3倍，当前20%左右的青少年可能已经有网络沉溺或面临网络沉溺风险。当前政府对网络缺乏有效的监管，网络带给青少年的负面影响将与日俱增。网络社交问题主要体现在青少年与网友、陌生人等不熟悉的人的交往上，尤其是缺乏家长照顾与管控的青少年，更容易与不熟悉的人交往。网络中各个群体的人参差不齐，青少年频繁与不熟悉的人交流或交往，容易结交到不良人群，沾染一些不良的风气或习惯。

3. 校园暴力不轻视

暴力也成为威胁当今青少年健康成长的危险因素，虽然青少年暴力问题较之2010年有所缓解，但仍是影响我国青少年健康成长的突出因素。近年来，网络报道校园暴力与网络暴力事件层出不穷。北京地区，8.5%的青少年在过去几个月欺负过别人1~2次，1.7的青少年一周欺负别人好几次；9.2%的青少年在过去几个月被别人欺负过1~2次，3.7%的青少年一周被欺负好几次。10.4%的青少年过去12个月参加过1次打架事件，3.9%的青少年参加过2次及以上打架事件，其中超过4次的占4%。6.2%的青少年过去几个月在网络上欺负过别人，其中3.1%的青少年欺负过别人1~2次，1.2%的青少年一周欺负别人好几次。8.3%的青少年过去几个月在网络上被别人欺负过，其中5.5%的青少年被欺负过1~2次，1.2%的青少年一周被欺负好几次。暴力问题不仅关系到青少年的健康发展，更是一个严重的社会问题。

4. 性教育亟待开展

随着青少年生理性早熟的出现，青春期性健康教育发展晚、性健康教育发展滞后而导致的社会问题逐渐浮出水面。青少年缺乏急需的生理卫生、生理发展、自我保护等知识，缺乏判断与性有关的是非问题的能力，因此青春期性健康教育具有现实的必要性和迫切性。北京地区，从恋爱与性行为状况来看，高中生报告身边同学谈恋爱的比例相对较高，在69.6%左右；发生过性行为的比例占7%，由此调查结果可以看出当前青少年的性观念较以往开放了很多。留守儿童初次发生性行为的年龄显著低于非留守儿童，而且留守儿童采取避孕措施的比例显著低于非留守儿童。综上，不同群体青少年的性健康问题由于社会文化的不同存在明显的差异性，青少年性健康观念、性健康教育有待增强，急需提高青少年的性健康保护意识。

（二）若干政策建议

根据上述研究结果和分析，为关心和引导青少年健康发展的相关政府部门提出如下政策建议，仅供参考。

1. 政府应高度重视青少年健康问题，将健康教育纳入议事日程

建议与儿童发展相关的北京市政府部门高度关注青少年健康问题，在"健康中国"发展战略指导下，贯彻落实《中国2030年健康发展规划》和《"健康北京2030"规划纲要》的精神，从顶层设计入手，从培养国家建设人才的角度，制定健康人才培养计划，建立起多部门协作工作机制，将健康融入北京市各项政策之中，将健康教育纳入北京市教育议事日程。北京市政府也要根据北京目前社会经济发展水平和北京市青少年健康发展状况，研发符合北京市中小学生身心发展健康需要的、科学的、系统的、规范的中小学健康教育教材以及教师、家长和学生阅读参考书目，开展健康教育，在中小学开设健康教育课和健康促进活动，设置相关课程和学分，培训师资队伍，从政策、师资、经费方面予以保障。

2. 学校应加强青少年健康教育，开展健康促进活动

校园环境对青少年的生活来讲极其重要。事实上，除去睡觉的时间，他们每天三分之二的时间都在学校里度过。因此，研究者认为青少年所处的学校环境，尤其是对学校喜欢或讨厌的程度对青少年健康发展和幸福状态有重要影响。根据青少年的身心发展特点，开展促进青少年健康发展和预防、减少健康危险行为改变的活动，要以学校健康教育和健康促进活动为主，同时可以将志愿者和社工服务应用到青少年健康教育和健康促进活动中来，提供健康服务工具包，引导和帮助青少年获取健康知识、信息、技能等健康资源，提高青少年的健康素养，预防和减少青少年危险行为的发生，减少健康差异和不平等，促进健康公平。

3. 构建健康教育体系，强化青少年社会支持网络

家庭结构、校园环境、同伴关系是影响青少年健康的重要因素，也是青少年社会支持的重要来源。大量相关研究早已证明，高社会支持正向预测青少年积极发展结果，低社会支持负向预测青少年积极发展结果。因此，应依据国家健康政策和人才培养目标计划，构建起政府、社会与家庭相统一的健康教育体系，即以建设健康学校为抓手，由政府牵头，联合与儿童发展相关的政府部门关心青少年健康发展，同时鼓励社会资本支持学校开展健康教育活动。学校与家庭、社区联动在校内外开展健康教育和健康促进活动，充分发挥健康"把关人"的作用，建设青少年健康监测、预防、干预、评估系列指标体系，建设"完全健康校园"模型。同时，要发挥北京

高校教师的科研优势，建设青少年健康数据库和健康服务包，全方位为青少年健康发展提供支持和服务。

4. 结合节假日开展健康促进活动

建议根据北京拥有的教育优质资源和青少年实际存在的健康问题，将健康教育与各种节日结合起来，开展健康促进活动。一是可以运用少先队和共青团的作用，在与青少年相关的节日（"五四"青年节、"六一"儿童节）中开展健康宣传活动；二是与家庭教育结合起来，在传统节日（春节、元宵节、端午节、中秋节）中把食品健康、禁烟、限酒等宣传活动开展起来；三是结合与健康相关的国内外节日（"5·31"国际禁烟日、世界艾滋病日、"3·27"中小学生安全教育日、"5·20"全国学生营养日、"6·6"全国爱眼日、"9·20"全国爱牙日、"11·1"食品卫生宣传周、"11·9"消防宣传日）结合起来，在青少年生活的学校、家庭、社区联合开展树立健康观念、倡导健康生活方式的活动，通过各种方式在学校、家庭、社区营造安全、健康的工作、生活、学习环境，全面提升北京市青少年的生活质量，培养身心健康的人才。

附录：

北京市青少年健康行为测评调查数据

表1 学生参与调查基本情况

项目		人数/人	百分比/%	项目		人数/人	百分比/%
年级	小学	623	29.9	年级	男	1 132	54.5
	初中	900	43.3		女	944	45.4
	高中	549	26.4	合计		2 076	
合计		2 072					

表2 学生家庭情况

	家庭情况		人数/人	百分比/%
家庭结构	是否与父母在一起居住	是	1 971	94.5
		否	105	5.1
	是否是留守儿童①	留守儿童	80	3.9
		非留守儿童	1 996	96.1
	是否是流动儿童	流动儿童	288	13.9
		非流动儿童	1 788	86.1
	是否是独生子女	是	1 027	49.5
		否	1 049	50.5
与父母关系	与父母关系	非常亲近	663	61.3
		比较亲近	302	27.9
		一般	102	9.4
		不亲近	10	0.9
		非常不亲近	5	0.5
	是否在家中做家务	是	491	78.9
		否	131	21.1

① 注释：农村留守儿童是指父母双方外出务工或一方外出务工而另一方无监护能力，无法与父母正常共同生活的不满十六周岁的农村户籍未成年人。

续表

家庭情况			人数/人	百分比/%
家庭经济情况	家庭富裕程度	较低富裕程度	362	17.4
		中等富裕程度	744	35.8
		较高富裕程度	970	46.7
	父亲工作	有工作	1 618	77.9
		没有工作	163	7.9
		我不知道	274	13.2
	母亲工作	有工作	1 353	65.1
		没有工作	456	21.9
		我不知道	261	12.6
家长参与学生学习情况	如果我在学校中遇到问题，我的父母会帮助我	非常赞同	683	63.1
		赞同	268	24.8
		不好评价	96	8.9
		不赞同	16	1.5
		非常不赞同	19	1.8
	我的父母愿意去学校和老师交流	非常赞同	601	55.5
		赞同	299	27.6
		不好评价	116	10.7
		不赞同	35	3.2
		非常不赞同	31	2.9
	我的父母鼓励我在学校里好好表现	非常赞同	773	71.4
		赞同	217	20.1
		不好评价	63	5.8
		不赞同	16	1.5
		非常不赞同	13	1.2
	我的父母对我在学校发生了什么很感兴趣	非常赞同	607	56.1
		赞同	266	24.6
		不好评价	137	12.7
		不赞同	45	4.2
		非常不赞同	27	2.5
	我的父母愿意辅导我做作业	非常赞同	563	52.0
		赞同	243	22.5
		不好评价	164	15.2
		不赞同	61	5.6
		非常不赞同	51	4.7

表3 学校情况

学校情况			人数/人	百分比/%
学校类型	公立重点学校		4	33
	公立非重点学校		2	16.7
	民办重点学校		2	16.7
	民办非重点学校		2	16.7
	职业学校		2	16.7
对学校印象	喜欢现在的学校吗	我非常喜欢	1 276	61.5
		我有点喜欢	544	26.2
		我不太喜欢	150	7.2
		我根本不喜欢	106	5.1
作业压力	对于学校要求必须完成的作业，你感觉有多大压力	我没有感觉到压力	670	32.3
		我感到有压力，但压力不大	744	35.8
		我感到有一些压力	416	20.0
		我感到有很大压力	246	11.8
与教师关系	我的老师关心我	非常赞同	1 356	65.3
		赞同	455	21.9
		既不赞同也不反对	205	9.9
		反对	23	1.1
		强烈反对	37	1.8
	我的老师接受我的现状	非常赞同	1 344	64.7
		赞同	455	21.9
		既不赞同也不反对	208	10.0
		反对	33	1.6
		强烈反对	36	1.7
	我很信任我的老师	非常赞同	1 405	67.7
		赞同	395	19.0
		既不赞同也不反对	208	10.0
		反对	22	1.1
		强烈反对	46	2.2

表 4 同伴交往情况

同伴交往情况			人数/人	百分比/%
同伴交往	有朋友可以和自己分享自己的快乐和悲伤	非常不赞同	635	30.6
		比较不赞同	123	5.9
		不赞同	58	2.8
		既不反对也不赞同	192	9.2
		赞同	223	10.7
		比较赞同	140	6.7
		非常赞同	705	34.0
	可以和朋友倾诉我的困难和烦恼	非常不赞同	624	30.1
		比较不赞同	128	6.2
		不赞同	59	2.8
		既不反对也不赞同	177	8.5
		赞同	230	11.1
		比较赞同	150	7.2
		非常赞同	708	34.1
	当出现问题的时候自己能够依赖朋友	非常不赞同	640	30.8
		比较不赞同	159	7.7
		不赞同	101	4.9
		既不反对也不赞同	213	10.3
		赞同	220	10.6
		比较赞同	169	8.1
		非常赞同	574	27.6
	我的朋友尽力帮助我	非常不赞同	619	29.8
		比较不赞同	133	6.4
		不赞同	36	1.7
		既不反对也不赞同	174	8.4
		赞同	221	10.6
		比较赞同	174	8.4
		非常赞同	719	34.6

表5 青少年健康行为描述

青少年健康行为			人数/人	百分比/%
幸福感和健康	你认为你的健康状况属于	我感觉非常健康	1 229	59.2
		比较健康	633	30.5
		健康状况一般	169	8.1
		不太健康	28	1.3
		非常不健康	17	0.8
	你认为你处于哪种生活状态	（最好生活状态）10	827	39.8
		9	313	15.1
		8	302	14.5
		7	217	10.5
		6	147	7.1
		5	161	7.8
		4	42	2.0
		3	29	1.4
		2	14	0.7
		1	3	0.1
		0	13	0.6
	报告最近半年，你认为你在情绪、注意力、行为等一个或多个方面存在问题	不，没有	404	58.2
		是的，我认为有点问题	215	31.0
		是的，我存在问题	52	7.5
		是的，我存在很严重的问题	23	3.3
	报告疾病问题让你感到郁闷或痛苦	完全没有	395	56.9
		只有一点	192	27.7
		有一些	74	10.7
		有很多	33	4.8
饮食	报告上周有几天吃早餐（周一到周五）	从来不吃	7	1.5
		有1天吃	21	4.6
		有2天吃	374	81.3
		有3天吃	41	8.9
		有4天吃	6	1.3
		5天都吃	11	2.4

续表

青少年健康行为			人数/人	百分比/%
体力活动	报告在过去一周中参加时间至少60分钟的体育锻炼天数	0天	160	7.7
		1天	216	10.4
		2天	288	13.9
		3天	347	16.7
		4天	194	9.3
		5天	383	18.4
		6天	124	6.0
		7天	364	17.5
成瘾性行为	报告到目前为止有过几天吸烟的经历	0天	1 942	93.5
		1~2天	40	1.9
		3~5天	19	0.9
		6~9天	11	0.5
		10~19天	6	0.3
		20~29天	2	0.1
		30天或30天以上	56	2.7
	报告在过去的30天内有过几天吸烟的经历	0天	1 941	93.5
		1~2天	41	2.0
		3~5天	16	0.8
		6~9天	11	0.5
		10~19天	10	0.5
		20~29天	6	0.3
		30天或30天以上	51	2.5
	到目前为止喝醉过几次	从来没有	1 904	91.7
		醉过1次	100	4.8
		醉过2~3次	33	1.6
		醉过4~10次	8	0.4
		醉过10次以上	31	1.5
	你多久玩一次游戏	(几乎)从来没有	223	22.4
		每周少于一天	160	16.1
		每周一天	116	11.7
		每周有两天或三天	241	24.2
		每周有四天或五天	59	5.9
		(几乎)每天都玩	195	19.6

续表

青少年健康行为			人数/人	百分比/%
成瘾性行为	你通常花多长时间玩游戏	（几乎）从来没有	411	41.3
		大约1小时或不到1小时	238	23.9
		2~3小时	54	5.4
		4~5小时	26	2.6
		6~7小时	42	4.2
		8小时及以上	411	41.3
暴力	最近几个月你在学校欺负过别人几次	没有发生过	1 789	86.2
		只有1~2次	176	8.5
		一个月2~3次	35	1.7
		大约一周1次	20	1.0
		一周几次	56	2.7
	最近几个月你在学校被别人欺负过几次	没有发生过	1 722	82.9
		只有1~2次	191	9.2
		一个月2~3次	59	2.8
		大约一周1次	27	1.3
		一周几次	77	3.7
	在过去的12个月里你打了几次架	过去12个月我没有打过架	1 668	80.3
		1次	215	10.4
		2次	82	3.9
		3次	28	1.3
		4次或4次以上	83	4.0
伤害	在过去12个月中你曾经受过几次需要得到医生或护士救治的伤害	没有受过需要得到医生或护士救治的伤害	1 671	80.5
		1次	223	10.7
		2次	81	3.9
		3次	39	1.9
		4次或4次以上	62	3.0
性健康	你是否发生过性行为	没有	510	92.9
		有	39	7.1
	你上一次发生性行为时，你或你的伴侣有用避孕套吗	有	22	4.0
		没有	11	2.0
		不知道	6	1.1

网络环境下大学生社会主义核心价值观培育研究

潘建红② 梁梦③

> **摘　要**：在社会全方位发展的今天，培育青年学生的社会主义核心价值观具有历史必然性。推进社会主义核心价值观的实现是一项体系化的工程，其目标在于发挥价值引领作用，充分调动青年学生群体力量，最终增进全社会福祉。随着科学技术的发展，网络凭借自身的特有优势全面渗透到社会主义核心价值观领域，并在社会主义核心价值观培育中占据举足轻重的地位。基于此，有必要深入贯彻党的十九大精神，充分运用网络促进青年学生的社会主义核心价值观培育。
>
> **关键词**：网络　青年学生　社会主义核心价值观　培育

党的十九大报告中明确指出："社会主义核心价值观是当代中国精神的集中体现，凝结着全体人民共同的价值追求。"社会主义核心价值观对包含青年学生在内的社会成员所起的作用可见一斑。当今世界正处在急速变革和创新的时期，网络已经广泛地深入经济、政治、文化、社会等各方面，并发挥着不容小觑的影响力。面对网

---

① 本文发表于《高校辅导员》2018年第4期。

② 潘建红，1972年生，男，湖北武汉人，北京科技大学马克思主义学院教授、博士、博导，研究方向为马克思主义理论与思想政治教育。

③ 梁梦，北京科技大学马克思主义学院研究生。

基金项目：国家社会科学基金后期资助项目"社会主义核心价值观培育的逻辑与实践路径研究"（项目编号:15FKS013）阶段成果，2016年度贵州教育改革发展研究重大课题《网络环境下大学生思想政治素质培养对策研究》（批准号：2016ZD012）。

络高速发展这千载难逢的机遇，针对网络传播的新环境、新特征，习近平总书记强调："随着形势发展，党的新闻舆论工作必须创新理念、内容、体裁、形式、方法、手段、业态、体制、机制，增强针对性和实效性。要适应分众化、差异化传播趋势，加快构建舆论引导新格局。要推动融合发展，主动借助新媒体传播优势。要抓住时机、把握节奏、讲究策略，从时度效着力，体现时度效要求。"据此，我们必须牢牢抓住新兴网络特有的优势，扩展网络宣传途径，采取青年学生喜闻乐见的形式，牢牢掌握主流文化话语权。

一、网络为青年学生的社会主义核心价值观培育提供了新契机

网络凭借自身的虚拟化、交互性、平等性等特有优势，引领社会主义核心价值观，不断拓宽社会主义核心价值观的话语空间，为青年学生的社会主义核心价值观培育提供了新契机。

（一）网络延伸了青年学生社会主义核心价值观培育的覆盖面

网络发展有效解决了传统的社会主义核心价值观培育受时间、地域、民族、职业等因素的限制，使得社会主义核心价值观培育突破了时空的界限，最大限度涵盖了社会主义核心价值观培育的各个领域，并运用最快的速度将信息传达给青年学生群体。移动网络的快速推进为社会主义核心价值观培育过程中青年学生的广泛参与开辟了新平台，使其可以在网络上自由地输入、加载和输出信息。网络传播资源凭借其大面积覆盖性以及即时性的优势，充分发挥出自身强大的辐射力，有效延伸了青年学生社会主义核心价值观培育的覆盖面。

（二）网络增强了青年学生社会主义核心价值观培育的影响力

马克思指出："理论一经掌握群众，也会变成物质力量。理论只要说服人，就能掌握群众；而理论只要彻底，就能说服人。"社会主义核心价值观要想转化为改变社会的物质力量，并最大限度发挥其自身的影响力，就必须说服人，进而掌握群众。近年来，我国十分重视青年学生社会主义核心价值观培育网络话语权的建设，使网络逐步成为青年学生获取相关资料、发表言论和诉说利益需求的第一选择。此外，我国注重针对青年学生开展更具整体性、合理性的网络社会主义核心价值观培育，在改变其生活、学习方式的同时不断增强对青年学生社会主义核心价值观培育的影响力。

（三）网络丰富了青年学生社会主义核心价值观培育的方式

邓小平同志曾说道："我们的政治工作的根本任务和内容是恒定的，我们的优良传统也是固定的。然而，由于时间、条件、对象的差异性，解决问题的方法也应

该随之变动。"为此,必须跟随社会环境变化的脚步,并采取高效的方式进行社会主义核心价值观的培育。一方面,通过网络大数据技术,既可随时了解青年学生主体的思想动态,及时将消极错误的思想扼杀在摇篮之中,做到未雨绸缪,又可对收集到的海量信息做出科学合理的分析,满足青年学生的个性化需求,使社会主义核心价值观的培育工作做到有的放矢,逐渐在社会主义核心价值观的培育中占据主动地位。另一方面,每一位拥有自媒体的青年学生都可以作为一个传播点存在,参与到传播环节之中,并充分发挥自身的能动性,有效地把官方宣传与民间传播相结合,将社会主义核心价值观由晦涩难懂的理论转变为生活化的常识,从信息的"接收者"转化为"弘扬者"。

(四)网络满足了青年学生社会主义核心价值观培育的主体需要

"沉默的螺旋"描述了这样一个现象:人们在表达自己想法和观点的时候,如果看到自己赞同的观点且受到广泛欢迎,就会积极参与进来,这类观点就会越发大胆地发表和扩散;当发觉某一观点无人或很少有人理会时,即使自己赞同它,也会保持沉默。今天,这一现象在青年学生群体中更为凸显。网络信息传达的隐匿性成功攻克了人们惧怕被孤立的心理防线,通过非正式的方式去表达自己内心最为真实的情感,避免了信息化传播过程中面对面可能造成的尴尬问题,适应了现代人崇尚自我、渴望参与的内在需求。满足主体需要且主体积极参与,是对青年学生进行社会主义核心价值观培育的基础。

二、网络在青年学生社会主义核心价值观培育中的促进作用

网络的急速发展促使社会整体结构、人们的活动方式等发生了极大的转变。青年学生普遍倾向于在网络上获得信息、交流信息,网络日益成为宣传主流思想的前沿阵地,运用网络弘扬社会主义核心价值观成为必要之举,而且网络对青年学生的社会主义核心价值观培育产生了一系列的促进作用。

(一)认知同化作用

网络社会主义核心价值观的传播要以青年学生的根本利益为基石,引导社会主义核心价值观成为广大青年学生的内心价值观。新兴网络充分地利用了其受众面大、传播途径广的特点,以弘扬主旋律为原则,以满足青年学生听觉、直觉和感觉上三重统一为侧重点,以建构理论框架为基础,坚守网络道德的底线,构建网络传播平台,大力弘扬社会主义核心价值观。同时,网络社会主义核心价值观的传播要坚持理论从群众中走出来,又回到群众中去的指导路线,将顶层设计与生活化语言紧密结合,将抽象的核心价值体系准则转化为日常行为中的具体要求,运用通俗易懂的表达形

式，获得全体青年学生的心理支持，推进培育主体的认知同化。

（二）资源扩展作用

网络资源是网络进行社会主义核心价值观培育的"源头活水"，要使广大青年学生能够在网络上找到与社会主义核心价值观相关的各个领域的资讯。传统的社会主义核心价值观培育素材大体包含两个方面：一是教育部门核定的权威教材；二是教育部门指定的参考书目。而新兴网络的崛起，快速打破了这一界限。网络不仅涵盖了丰富的资讯信息，而且能快速将所拥有的信息进行分类整合。网络社会主义核心价值观资源整合以明确的目标为中心，依照一定的原则，对现有或潜在的社会主义核心价值观资源进行优化，使各资源要素之间共同协调构成一个整体。如此一来，青年学生便能全面高效地享有涵盖图片、视频、声音等在内的各种社会主义核心价值观资料。

（三）平等交互作用

新时代青年学生具有极强的独立意识，网络的平等交互性恰好切合这一社会主义核心价值观培育群体的特征。在网络语境下，网络不仅能够为青年学生社会主义核心价值观培育提供专业性的工具支持，还能引导青年学生积极参与到互动之中，转变传统教学活动中教育者占据显著优势位置的"单向度传播"状况。青年学生既能以受教育者的身份认真聆听，接受社会主义核心价值观相关教育，又能在网络互动环节表达自身对于社会主义核心价值观的理解。教育者与受教育者的双向互动是网络社会主义核心价值观培育的重要特征，有效提升了青年学生进行社会主义核心价值观培育的热情。

（四）隐性渗透作用

网络对于青年学生的"隐性渗透"作用是指通过网络平台将社会主义核心价值观无形地传播给青年学生并使其内化为坚定的理想信念。网络强大的渗透性使其具有了"裂变式"发展，成为信息交汇与传递的主阵地。运用网络载体进行社会主义核心价值观的培育，不仅需要教育内容的合理性，还要求教育方式的渗透性。网络运用其丰富多样的形式弘扬社会主义核心价值观，将抽象的理论体系与青年学生的具体实践紧密结合，使其在潜移默化中真正认可并接受社会主义核心价值观，形成传播弘扬主流文化的思想倾向，坚定中国特色社会主义理想信念，提升社会责任感，逐步蜕变为社会主义核心价值观的坚定实践者。

三、网络中实现青年学生社会主义核心价值观培育的策略

中共中央办公厅印发的《关于培育和践行社会主义核心价值观的意见》明确指

出,要"适应互联网快速发展形势,善于运用网络传播规律,把社会主义核心价值观体现到网络宣传、网络文化、网络服务中",积极"建设社会主义核心价值观的网上传播阵地"。要使这一意见得到充分落实,就亟须探索一系列实际操作性强的策略。

(一)强化价值引导,营造良好氛围

当今世界呈现出文化多元化的发展趋势,不同文化之间相互交织。西方国家搭乘全球化推进的东风,充分发挥网络开放化、信息来源途径多样化的特有优势,妄图扭曲我国青年学生的意识形态。基于这一阶段的特殊性质,必须强化对青年学生的引导,并设置网络防火墙,防止西方意识形态的侵略与渗透。在思想引导方面,要坚定"一元价值",即将党的十九大报告中提出的"坚持马克思主义,牢固树立共产主义远大理想和中国特色社会主义共同理想,培育和践行社会主义核心价值观,不断增强意识形态领域主导权和话语权"作为价值导向。在目标引导方面,要合理规划目标,培育目标设置要站在青年学生的立场上,促进培育主体对社会主义核心价值观体系的认同与践行。在行为引导方面,要充分发挥网络时效性高、覆盖率高的特有优势,树立一系列可供效仿的榜样。要以具体的个人、群体和事件为传播重点,弘扬社会主义核心价值观,发挥榜样对青年学生的感化作用,真正做到先进与效仿相结合。

(二)组建网络组织队伍,发挥最大效力

网络工作归根到底是人的工作,网络组织队伍操控着网络一系列的运转,其作用不容忽视。以网络为载体进行青年学生的社会主义核心价值观培育,必须构建体系化的组织机构,打造专业化的团体,吸纳各类人才为网络青年学生社会主义核心价值培育事业服务。其中,专业化的团体主要包括领导团体、技术团体以及辅助团体。领导团体是核心,网络信息传播的全面性、快速性要求领导团队必须具备专业素养,高效应对各类不符合社会主义核心价值观主流思潮的思想的挑战,净化网络空气。技术团体是保障,网络本身具备其他媒介不可比拟的技术性优势,他们承担着信息纳入、排查筛选、实时监管以及"正能量"输出的重要任务,要求技术团队提高网络综合素养。辅助团体是推手。优秀的社会主义核心价值观作品既要确保内容的正确性,还要提高新颖度,采用青年学生易于接受的形式,使网络化的社会主义核心价值观更加富有吸引力。

(三)创新网络活动,激发受众主动性

网络的价值在于内容,在于能否发扬网络特有的传播优势,而传播优势的发挥与网络活动息息相关。这就要求网站管理者积极拓展思维,创新网络活动,将自身通过传统方法获得的社会主义核心价值观教育通过新颖的网络活动分享给青年学生,

因势利导，提高青年学生的自觉性与参与度；强化热点议题设置，"大众媒介决定议题，影响个人认识变化的能力是大众传媒效力的最重要的方面之一"。通过网络论坛、网络讲座的开设，鼓励青年学生对社会热点问题进行讨论，并以社会主义核心价值观精神为指导，针对社会意识形态问题发表鲜明的言论，确保舆论发挥正确的引导作用。创建有效的社会主义核心价值观网站，科学规划和制定内容。网络活动自身的集成性、实时性等特点，既遵循了理论的正面教育原则，又提升了社会主义核心价值观培育的可信度与亲和力，在活动中促进青年学生主动性的提高。

（四）构建立体传播，加大宣传力度

要使社会主义核心价值观更容易地被青年学生接受，就必须构建立体传播。伴随着科学技术的发展，网络随时随地影响着人们的社会生活和价值理念的构成，在青年学生社会主义核心价值观培育中发挥着不可或缺的作用。要坚定不移地将网络作为传播普及社会主义核心价值观的重要平台，但同时不能忽略对报刊、电视等传统媒体的使用。要整合新旧媒体信息资源，建立权威性的社会主义核心价值观传播中心，充分保障信息传递的精准性、快速性，使青年学生能够全方位地接受社会主义核心价值观。要深入贯彻落实党的十九大报告中提出的"发挥社会主义核心价值观对国民教育、精神文明创建、精神文化产品创作生产传播的引领作用，把社会主义核心价值观融入社会发展各方面，转化为人们的情感认同和行为习惯"的方针指示，使社会主义核心价值观发挥更大的作用。

（五）加强法律法规建设，构建保障机制

制度为人们社会交往的顺利开展和社会秩序的有序运行提供了基本规约，制度的强制性、权威性和规范性特点是其所表达的价值理念获得权威性核心地位的力量保证，是规约人们社会实践、维系社会秩序有效运行的重要力量。长期有效的保障机制，契合网络社会主义核心价值观培育的现实需要。健全相关制度的宏观调控机制，将代表时代主流的社会主义核心价值观体系纳入国家法律法规之中，并严格遵循因时制宜的原则，以时代环境变化为依据，以国家现行法律为准绳，制定出契合青年学生实际情况的网络制度。完善网络监管制度，开通监管通道，针对网络违法信息设立"监管举报服务中心"，强化青年学生对网络的监督管理。严令禁止违背宪法以及相关法律法规、限制社会主义核心价值观作用发挥的网络行为，紧紧把握网络舆论的正确导向。

党的十九大报告中指出："当前我国正处于全面建成小康社会决胜阶段、中国特色社会主义进入新时代的关键时期。"要想实现这一目标，离不开正向社会思潮的引领。青年学生是推进社会全方位发展的主导力量，对这一目标的实现有着至关重要的影响。要想激发这一群体的主观能动性，必须对其进行社会主义核心价值观培育。而新兴网络的崛起为青年学生的社会主义核心价值观培育提供了新契机。青

年学生应协同推进网络社会主义核心价值观这项系统培育工程的完善，使社会主义核心价值观成为凝聚社会主流意识、完成近代以来中华民族伟大复兴"中国梦"的思想武器。

参考文献：

[1][7][9][11] 决胜全面建成小康社会　夺取新时代中国特色社会主义伟大胜利——在中国共产党第十九次全国代表大会上的报告［M］.北京：人民出版社，2017.

[2] 陈飞.创新党的新闻舆论工作体系思维［N］.军事记者，2016-2-19（4）.

[3] 马克思恩格斯选集（第1卷）［M］.北京：人民出版社，1995：9.

[4] 邓小平文选（第2卷）［M］.北京：人民出版社，1994：119.

[5][德]伊丽莎白·诺埃勒·诺伊曼.大众观念理论：沉默螺旋的概念［C］//大众传播学：影响研究范式.关世杰，等，译.北京：中国社会科学出版社，2000.

[6] 中共中央办公厅.关于培育和践行社会主义核心价值观的意见［N］.人民日报，2013-11-24.

[8][英]丹尼斯·麦奎尔，[瑞]斯文·温德尔.大众传播模式论［M］.祝建华，译.上海：上海译文出版社，1987.

[10] 张元，丁三青，李晓宁.网络环境下社会主义核心价值观认同的实践路径[J].科学社会主义，2014（4）：108.

高校大学生核心素养的培养路径研究
——基于上海大学校训及使命愿景的人才培养模式

陆耀峰[①]

> **摘　要**：中国学生发展核心素养的提出，为高校育人提供了具象化指向。核心素养的解释性描述可视为高校育人之"体"，其需要育人之"魂"的引领和育人之"形"的支撑。在对上海大学校训及使命愿景的人才培养模式实证研究中发现其"魂—体—形"自上而下的建构模式以及"形—体—魂"自下而上的检验模式，该模式在不断建构、检验与修正过程中形成了结构化载体，并以"人"为统一体的媒介，显现出其变化的过程与结果，并在每时每刻回应着"为谁培养人、培养什么样的人、怎样培养人这个根本问题"。
>
> **关键词**：核心素养　校训　媒介　结构化理论

"为谁培养人、培养什么样的人、怎样培养人这个根本问题"始终贯穿于高校育人工作之中，这也给予了高校在育人之"魂"、育人之"体"以及育人之"形"三个层面的文化建设内涵与要求。在社会主义核心价值观日渐深入人心的当下，高校"立德树人"的根本任务为育人之"魂"提供了应然、实然以及必然的导向与要求。在此前提下，"培养德智体美全面发展的社会主义建设者和接班人"成为育人之"体"的全局性指导方向，进而在实现育人之"魂"与"体"的过程中，育人之"形"应运而生。

随着《中国学生发展核心素养》的正式发布，高校育人之"体"呈现出更为具体化、

[①] 陆耀峰，上海大学。

系统化和时代化的人才培养图景。而国内对"学生发展核心素养"的研究主要集中于基础教育以及课程对核心素养的影响与作用层面，因此，亟须加强高校层面的探索与研究。2017年上海大学率先提出将校训及使命愿景融入学生教育教学的全过程，在对其实证研究过程中发现校训作为育人之"魂"的意向性与时代化特征；使命愿景作为连接校训及核心素养的育人之"体"，具有具象化与描述性特征；媒介作为讯息和载体的统一体，使得育人之"形"具有结构化与可检验性特征。

一、校训是高校育人之"魂"的个性化显现

2016年在全国高校思想政治工作会议上，习近平总书记强调"高校思想政治工作关系高校培养什么样的人、如何培养人以及为谁培养人这个根本问题"，之后在致中国人民大学建校80周年的贺信中，进一步希望高校能够"围绕解决好为谁培养人、培养什么样的人、怎样培养人这个根本问题，坚持立德树人，遵循教育规律，弘扬优良传统，扎根中国大地办大学"。应当说，这个根本问题存在着三者间互为关联、作用以及统一的关系，而"为谁培养人"则凸显了高校育人的"Why"问题，使得"What"与"How"更为顺畅与明确，并让"三问"成为"一体"，此问题链的闭环效应也必将推动高校育人工作，呈现出循环、螺旋式向上的发展态势。

（一）校训多以"往圣之言"浸染师生，并引领其价值取向

高校"为谁培养人"的问题，有较为明确的答案，即"高校是党领导下的高校，是中国特色社会主义高校。办好我们的高校，必须坚持以马克思主义为指导，全面贯彻党的教育方针"，进而，高校必须牢牢把握中国特色社会主义大学的根本任务，其育人之"魂"就应源于此。那么，校训作为"一个学校的灵魂，它既是学校办学理念、治校精神的反映，也是大学校园文化的集中体现"。其能否体现育人之"魂"应有的价值取向与培养目标，以及体现的程度，就是在回应"为谁培养人"的问题。

纵观国内高校校训，其"主要是四字两句、二字四句和四字四句的句式，传统的中文四字格用得很广"，其中，"不管是出自古代经典的诗文或警句格言，还是名人的亲笔题词，大都是以最少的文字表达出丰富的内涵，且字、词的组合达到了珠联璧合的效果，诵读起来朗朗上口，理解时余味无穷，既易于记忆，又便于传播，给人以美的享受"。综合而言，高校校训在句式上较为精简、内涵上富有意向性与延展性，价值引领上以中国优秀传统文化为取向，这些特征使得人们"透过独具特色的校训，可以直接感悟到该校对民族文化精神的感悟和文化价值的传承"。

校训常以"往圣之言"来凸显自身的育人理念与目标，这也与中国式信仰或价值观的形成规律较一致，因为"中国文化对信仰的理解则更侧重于信仰的主体，即信仰主体的精神境界"。"往圣之言"更为凸显"人化"与"化人"的特征，师生受其"互化"的过程，达到自身为人处世的"自治"。由此，"往圣"以何种态度

与行为来诠释"修身齐家治国平天下",也就成为校训所希望师生能够秉持的信仰或信念。这就呼应了"为谁培养人"的问题,因为"往圣"多"以天下为己任",而"往圣之言"并非只是一人之言,在"圣人"之后,可以不断演化出"亚圣"至"人人皆可为圣"的、整个中华民族都予以认同的"圣贤"群体。此种意向性与广泛性使得校训在回应"为谁培养人"时,就呈现出其育人之"魂"的共同性与丰富性特点。

(二)校训的变迁体现着时代的现实需求与发展趋势

近百年的中国教育"经历了依托传统文化、依赖政治和按照自身规律发展的过程",这使得中国高校校训也发生着改变,在"改革开放后,基于对以往历史的深刻反思,人们的主体意识普遍觉醒。在文化日趋多元的时代背景下,教育要求培养学生的自主意识、自由意志、理性精神和创造能力,以'开放性'为其总体特征,并按照自身规律发展"。综合而言,校训具有一定的流变性,并呈现出时代化的特征,同时也会在某一阶段实现固化。

校训的确立并非朝夕之功,其不断深入人心并成为师生的一种特质也非几年光阴便可促成;同时,校训本身也并非一成不变的,尤其是对于一些成立时间相对较短的高校而言,其需要对自身育人方式、方法及其特点进行高度凝练与归纳后,才能确定适合于自身的校训。在对上海大学校训形成与确立的追溯过程中,依稀透出对中国优秀传统文化的继承、对时代发展的现实回应以及尊重发展规律的原则。

1994年原上海工业大学、上海科学技术大学、上海大学、上海科技高等专科学校合并组建为新的上海大学,时任校长为钱伟长教授。在1983年钱伟长赴任原上海工业大学校长后,就提出了"自强不息"的校训,并于1988年正式确立,而后在新的上海大学中,也继续沿用。他说:"我们在学校中要为学生创造一种积极好学、奋发向上的气氛,让他们在这种自强不息的气氛中成长,将来到社会上就有勇气去竞争、去拼搏、去创造成绩为国家多做贡献。"在其几十年的教育工作中,也越发注重发挥校训的育人功能,并始终以爱国主义教育为导向。在2005年毕业典礼上,93岁高龄且身体已有不适的钱伟长说,"今天你们毕业了,快要离校了,我有几句话告诉你们,这就是:'先天下之忧而忧,后天下之乐而乐!'天下,就是老百姓。百姓之忧,国家之忧,民族之忧,孩子们,你们是否放在心上?"进而,"先天下之忧而忧,后天下之乐而乐"也成为上海大学校训,并为"自强不息"提供了目的性导向,也明确给出了"为谁培养人"的答案。

钱伟长希望学校"培养的学生,首先应该是一个全面的人,是一个爱国者,一个辩证唯物主义者,一个有文化艺术修养、道德高尚、心灵美好的人;其次才是一个拥有学科、专业知识的人,一个未来的工程师、专门家。"这基本勾勒出一个上海大学学生的大致"样貌",而这一"样貌"也就是学校的育人之"体"。

二、使命愿景是高校育人之"体"的具象化样貌

高校育人之"体"在回应着"培养什么样的人"的问题,而各高校在学生培养上的育人之"体"均存有一个大致样貌,如清华大学在本科教育中以"培养具有为国家社会服务之健全品格的人才"为宗旨,复旦大学则以"培养具有人文情怀、科学精神、国际视野、专业素质的领袖人才"为目标。这些"样貌"与"轮廓"既清晰又模糊,清晰的是高校对自身人才培养确定了核心要素,模糊的是这些核心要素又是如何体现在自身的培养体系之中,其体现的程度如何。

在此,似乎要论证一个"伪命题",即育人之"体"能否被标准化。教育的复杂性、手段的多样性、对象的差异性、评价的科学性等,均是标准化难以逾越的"鸿沟"。但《中国学生发展核心素养》的发布,却给予了一条可能路径。

(一)《中国学生发展核心素养》的发布,为高校育人之"体"提供标准化依据

在公布的《中国学生发展核心素养》中,以"全面发展的人"为核心,分为文化基础、自主发展、社会参与三个方面,综合表现为人文底蕴、科学精神、学会学习、健康生活、责任担当、实践创新六大素养,具体情况如图1所示。

图1 中国学生发展核心素养总体框架

以上学生核心素养的确定,依靠了国内多所高校近百名研究人员,在总体设计、统筹谋划的基础上,综合开展基础理论研究、国际比较研究、教育政策研究、传统文化分析、现行课标分析、实证调查研究,访谈了12个界别的608名代表人物,问卷调查了566名专家学者、校长和企业家等,召开专家论证会60余次、征求意见会20余次,征求了全国32个省级教育行政部门意见,历时三年集中攻关,并经教育部基础教育课程教材专家工作委员会审议,最终形成研究成果。其全面性、科学性与时代性不言而喻,其圈定范围虽是基础教育,但"不少学者诟病当前的德育是小学学习热爱祖国,而大学却要重新学习自己的事情自己做"。故学生核心素养的提出,成为连接"大中小"教育教学改革的重要线索,而高等教育必须衔接基础教育,

才能做到育人工作的一气呵成与有的放矢。

同时，大学期间也是以上核心素养塑型的重要时期，因为从青少年期身心发展特点来看，生理、认知以及社会性发展等均在大学的年龄阶段逐渐成熟并定型。那么，高校育人之"体"就需要充分重视学生核心素养的内容，同时，对核心素养所对应的基本要点进行现象性描述，为高校育人之"体"提供了具象化标准。

在其六大素养中，每一项均对应三条基本要点，如文化基础方面的人文底蕴素养，细分三个基本要点：人文积淀、人文情怀以及审美情趣，并进行了主要表现的描述，见表1。

表1 《中国学生发展核心素养》基本要点和主要表现（人文底蕴素养）

核心素养		基本要点	主要表现描述
文化基础	人文底蕴	人文积淀	重点：具有古今中外人文领域基本知识和成果的积累；能理解和掌握人文思想中所蕴含的认识方法和实践方法等。
		人文情怀	重点：具有以人为本的意识，尊重维护人的尊严和价值；能关切人的生存、发展和幸福等。
		审美情趣	重点：具有艺术知识、技能与方法的积累；能理解和尊重文化艺术的多样性，具有发现、感知、欣赏、评价美的意识和基本能力；具有健康的审美价值取向；具有艺术表达和创意表现的兴趣和意识，能在生活中拓展和升华美等。

以上主要表现的描述，均可以通过现象性的内外部评价，得到具体学生个体在某一基本要点上的水平值。虽然在测量工具的科学性以及数据的客观性上，存有不可避免的部分失真，但仍有真的内容，这就需要高校育人共同体加以甄别。

（二）结合校训与核心素养，打造高校育人之"体"的个性化样貌

高校育人之"体"的确立需要与其育人之"魂"相连接，即将校训进行相应的意向性泛化，不脱离其原有思想境界，也需要进行时代化演绎。在核心素养提出的当下，此种现代化演绎就是将校训与核心素养进行有机结合，即要不失本真又要具备时代气息，还要彰显高校特点。上海大学所提出的使命与愿景，就表现出这一特征，并成为该校育人之"体"的个性化样貌。

上海大学育人使命的表述是："为社会培养身心健康、服务国家，并能应对未来挑战的人才"。这与钱伟长的教育教学理念相一致，基本勾勒出具有上海大学特质学生的大致样貌：培养的人才首先是一个全面的人，要有健康的体魄、健全的人格、美好的心灵；是一个爱国者，要始终关注民族的前途、国家的需要和社会的发展，肩负起时代责任；是一个富有创新精神的辩证唯物主义者，要勇于克服挫折，能够

辨别、分析与解决矛盾，从容面对未知领域的挑战。使命是学校育人的准绳，具象化体现校训精神对人才培养的内涵与要求，贯穿于师生教育、教学及培养的全过程之中，并对学校愿景提出相对应的建设方向。

进而，上海大学愿景表述为"铸就一个人才培养、科学研究、服务社会的高效平台，促进教师和学生共同快乐成长，通过不断完善全人培养模式，为社会培养具有全球视野、公民意识、人文情怀、创新精神、实践能力，并能应对未来挑战的人才，按照国际一流的标准，实现大学的核心价值"。其中，"全球视野、公民意识、人文情怀、创新精神、实践能力"的描述较为具体，与学生核心素养相衔接，而使命表述中的"身心健康"也在核心素养的范畴之内。上海大学使命愿景与《中国学生发展核心素养》的对应关系如表2所示。

表2 《中国学生发展核心素养》与上海大学使命愿景的对应信息表

项目	核心素养	基本要点	上海大学使命愿景
文化基础	人文底蕴	人文基础	人文情怀
		人文情怀	
		审美情趣	
	科学精神	理性思维	
		批判质疑	
		勇于探究	
自主发展	学会学习	乐学善学	
		勤于反思	
		信息意识	
	健康生活	珍爱生命	身心健康
		健全人格	
		自我管理	
社会参与	责任担当	社会责任	公民意识；全球视野
		国家认同	
		国际理解	
	实践创新	劳动意识	创新意识；实践能力
		问题解决	
		技术应用	

对表2的《中国学生发展核心素养》和上海大学使命愿景进行对比，似乎发现使命愿景所对应的核心素养较少，并不能充分说明其与核心素养的连接紧密性。但综合而言，"科学精神"与"学会学习"均与"创新意识"和"实践能力"相关，当然，从现象性描述而言，核心素养更为明确化。在此，也表明上海大学在结合校

训与核心素养的基础上，根据其教育教学规律与特点，选取了自身认为最为核心的素养，也让核心素养在高校育人之"体"中实现了"软着陆"。

三、媒介及其效应是高校育人之"形"的结构化载体与评价对象

高校育人之"魂"与"体"形成之后，就需要设计育人之"形"来承载。综合而言，"魂"强调价值导向，其作用在于以形成共识为目标并逐步转向形成师生共同的信念乃至信仰；"体"强调要素导向，其作用在于衔接"魂"的价值导向后，圈定自身希望所培养学生应有的核心素养，这一核心素养又兼有"德性、能力与素养"等时代性特征；"形"强调功能导向，其作用在于建立功能型载体来实现"魂"与"体"的导向目的，并在运行过程中，不断检验与提升其实现路径的成效，这就在回应"怎样培养人"的问题。

（一）媒介是讯息与载体的统一体，呈现出高校育人之"形"的结构化样式

《高校思想政治工作质量提升工程实施纲要》所提出的"十大"育人体系表现出强烈的具象化特征，并出现高校育人模式从模糊式、概念化向清晰式、具体化的转变。该纲要明确了高校育人共同体中每位成员应发挥的作用与功能，在划定责任主体与做法的同时，在顶层设计上为高校育人之"形"的建构提供方向。

由于政策对高校思想政治教育的学科范式与工作模式均具有较大影响，故在新的要求下，高校育人之"形"也必将产生新的变化，这一变化就与媒介息息相关。1964年麦克卢汉提出"媒介即讯息"的观点，并表示媒介构成了我们生存其间的知觉环境，它在本质上就是向我们呈现着的世界。换言之，高校育人之"形"就是在营造着这么一种知觉环境，并以"物我一体"的方式不断进行着呈现。那么，高校育人之"形"的本质，就应是讯息与载体的统一，在"物"的方面，无论是在校园内看到的文化景观、宣传制品，抑或是随手可用的网络平台，其自身均承载与传播大量的讯息。而"创造物"必带有"人"的影响因素，即人化的物。"人"作为主导高校育人之"形"的主体，不仅创造了带有自身价值与功能导向的"物"，其还以自身为媒介传递着诸多讯息，并在"人"与"人"的互动过程中，不断使得"物""人"融合，同时以制度的形式来保障融合的有效性与持续性。

至此，作为高校育人之"形"的媒介，不再单单只是客体或是对象，而是统一于主体之中，并集中表现为以"人"为统一体，不断获取、承载、转化与传播着讯息，其讯息的内容则以高校育人之"魂"与"体"为导向并带有"在场性"特征。

上海大学校训及使命愿景的人才培养模式不仅带有具象化的建设特征，还通过处于学校建设层面不同位置的人的互动，实现了以"人"为统一体的媒介互动，其做法如下：一是在校级主要领导层面经过多次讨论来统一共识，并由副校长牵头在各学院及职能部处进行广泛研讨，形成大致框架后向全校征集意见；二是在三轮全

校层面的人才培养研讨后，形成《上海大学人才培养规划（2017—2020年）》；三是在各学院中推行"一院一策"，结合学院实际情况，梳理与完善学院层面的上海大学校训及使命愿景落地功能型载体；四是副校长牵头与职能部处干部一同实地进行考评；五是提升校训及使命愿景在校园文化建设中的显示度。

以上也可以被看作对高校育人模式转向的积极探索，而育人模式的转向是一个系统性与结构化的过程，需要通过制订规则来调动不同"人、财、物"到相应的位置并发挥其功能，这不仅与教育供给侧改革的目的相一致，也与吉登斯对于"结构化理论"的解释有相似之处，即通过把规则、资源和社会再生产统一于结构，而结构既是实践再生产的媒介，同时也是其结果。结构同时进入行动者和社会实践的构成当中，"存在于"这种构成过程的各个时刻。

（二）学生核心素养的自我评价是高校育人之"形"成效的重要检验指标

上述解释在时空维度将诸多要素统一于结构之中，并带有一定"绝对精神"的意味，显现出"正反合"循环往复的过程化形态。虽有其混沌、"黑箱"之嫌，但却凸显了高校育人之"形"的结构性、系统性与相关性。同时，吉登斯继承了马克思对主体性的关注，在其"结构化理论"中着重强调了结构中行动者的主体性地位，尤其是作为行动者（如高校学生）所持有的"实践意识"或称之为"缄默知识"，能对结构产生积极作用。而一定意义上，"缄默知识"与核心素养是相通的，都存在普遍知晓、认同却难以清晰言表、传递与习得的特征。

若将高校育人系统看作一个结构，规则、资源、行动者以及社会实践等则均是其重要的构成要素，而当结构成为一种媒介时，要素间的互动才能产生，或者说当要素间产生互动时，结构就成为一种媒介。故媒介与结构"在此"实现了一定程度的"可通约性"。媒介作为要素互动时的结构在高校育人之"形"上发挥作用，其作用效果可称为媒介效应。但在媒介效应的判定上，却存在语言困境，即主体描述的客观性、合理性内容能否让对象接收时达成通约，这一困境也正是20世纪人文社会科学面临"语言转向"的真实写照。

面对以上困境，媒介效应的判定就需要从内部进行评价，即以"人"为代表的媒介对象的自我评价。由于"不可通约性"的前提，每个"人"在媒介作用下所产生的认知、情感与行为可能均存有不同，但"人"能在一段时期内保持对同一问题较为一致的理解，故让其对自身情况做出当下的判断，并分不同时间段进行测量，就有其一定的内部评价合理性。

为此，本研究在上海大学中选取了55位大一学生进行了实验观察，前测与后测间隔6个月，通过前、后测采集该群体对校训及使命愿景的认同度与达成度数据，并以 SPSS 19.0 进行数据处理，主要以均值与卡方检验显示变化，卡方检验 Sig 值小于 0.05 表示前后测出现显著性差异。均值采用五级评分，认同度上以"非常不认同"为1分，"比较不认同"为2分，"一般"为3分，"比较认同"为4分，"非常认同"

为5分；达成度上以"非常差"为1分，"比较差"为2分，"一般"为3分，"比较好"为4分，"非常好"为5分，均值越趋近于5表示该项的认同度或达成度越高。表3、表4为该项研究的前后测数据。

表3 观测对象对校训及使命愿景的认同度均值与卡方检验前后测数据

项目		以树立正确的世界观、人生观和价值观为核心，培育合格的建设者和接班人	以各类志愿服务和公益活动为载体，养成悲天悯人、心系人民的情怀	以各类社会实践为载体，培育始终关注国家、社会发展的意识和能力	以服务国家、社会发展的需要为导向，提升解决国家和社会发展问题的能力	以祖国的呼唤为牵引，激发学生到祖国最需要的地方去
前测	均值	4.40	3.85	3.98	3.96	3.45
后测		4.51	4.38	4.36	4.33	4.13
Sig值		0.046	0.000	0.007	0.039	0.002
项目		以掌握正确的学习方法为手段，提高学生持续学习、提升自我的能力	以提高快速适应变化的能力为抓手，培养学生从容应对国家和民族发展的挑战	以培育独立思考的意识和能力为载体，提高学生应对社会快速发展的能力	以培育对未知领域的关注度和应对能力，培养学生直面并应对未来的挑战	
前测	均值	3.95	4.55	4.25	3.85	
后测		4.56	4.42	4.55	4.53	
Sig值		0.000	0.525	0.099	0.000	

从表3来看，后测的认同度均值都要高于前测，并在九项内容中出现七项认同度的显著性差异，Sig值小于0.05，表明该群体在6个月的校园生活中，直接感受到了校训及使命愿景对其的媒介影响，在价值认同上出现了显著性转变，这为高校具象化育人模式提供了有力支撑。

对学生核心素养的基本要点以其主要表现进行现象性或解释性描述，高校可根据自身育人之"形"的特点加以选取，并对赋予自身的解释框架加以描述，实现"本土化"。为进一步衔接核心素养在上海大学校训及使命愿景中的媒介效应判定，形成如表4所示的数据。

表4 观测对象对校训及使命愿景的自我达成度均值与卡方检验前后测数据

项目		身心健康	全球视野	公民意识	人文情怀	创新精神	实践能力
前测	均值	4.35	4.64	4.58	4.11	4.76	4.65
后测		4.35	3.96	4.20	4.16	3.82	4.09
Sig值		1	0.000	0.000	0.002	0.000	0.000

表 4 数据显示了一个达成度显著下降的总体趋势，六项核心素养中五项出现了显著性变化，这在一定程度上表明学生对校训及使命愿景的理解更为理性与客观：初入校园时对自身核心素养的评价较为理想化，6 个月后，会发现自身所具备的核心素养不足，产生"自我意象不等"的情况，进而在认同度不断提升的前提下，自觉加强核心素养的培养。

四、结论

通过大学生对自我核心素养的评价，能够在一定程度上检验高校育人之"形"的成效，以此再得出育人之"体"与"魂"的实现程度，形成自下而上的检验模式。由于育人之"形"是基于"体"再至"魂"的自上而下建构模式，故检验模式又能反过来验证建构的合理性。

在上海大学提出校训及使命愿景融入学生教育教学全过程的探索中，基本实现了以上"魂—体—形"自上而下的建构模式以及"形—体—魂"自下而上的检验模式，模式的不断建构、检验与修正过程就是结构化的过程，并以"人"为统一体的媒介，显现出其变化的过程与结果，并在每时每刻回应着"为谁培养人、培养什么样的人、怎样培养人这个根本问题"。

参考文献：

[1] 陶倩. 志愿文化：从自在走向自觉 [J]. 思想理论教育，2012（15）：9-14.

[2] 周玉. 校训彰显育人之道 [J]. 中国大学教学，2016（2）：7-9，18.

[3] 胡刚. 大学校训刍议 [J]. 现代大学教育，2006（2）：68-70.

[4] 于建福. 大学校训的文化价值传承取向及其育人理念——兼论国家教育行政学院校训之立意 [J]. 高校教育管理，2011，05（2）：15-22.

[5] 刘建军. 传统文化中的信仰概念 [J]. 中国人民大学学报. 1998（5）：56-61.

[6] 王彩霞. 从校训的变迁看中国教育的变迁 [J]. 大学教育科学，2008，4（4）：82-85.

[7] 核心素养研究课题组. 中国学生发展核心素养 [J]. 中国教育学刊，2016（10）：1-3.

[8] 林崇德. 中国学生发展核心素养：深入回答"立什么德、树什么人"[J]. 人民教育，2016（19）：12-16.

[9] 辛涛，姜宇. 以社会主义核心价值观为中心构建我国学生核心素养体系 [J]. 人民教育，2015（7）：26-30.

[10] 林崇德，李庆安. 青少年期身心发展特点 [J]. 北京师范大学学报（社会科学版），2005（1）：48-56.

[11] 王颖斌. 我属性、现象性和时间性——海德格尔批判科学实在的三个重要向度 [J]. 自然辩证法通讯，2014（4）：89-95.

[12] 林崇德. 21世纪学生发展核心素养 [M]. 北京：北京师范大学出版社，2017：2-10.

[13] 范龙."媒介即讯息"：麦克卢汉对媒介本质的现象学直观 [J]. 浙江大学学报（人文社会科学版），2008，38（2）：189-195.

[14][英] 安东尼·吉登斯. 社会理论的核心问题——社会分析中的行动、结构与矛盾 [M]. 郭忠华，徐法寅，译. 上海：上海译文出版社，2015：5.

[15] 唐晓勇. 论黑格尔的人学和马克思恩格斯对它的超越 [J]. 西南民族大学学报（人文社科版），2003，24（7）：21-24.

[16] 胡欣诣."语言转向"已成过去了吗?——哈克与威廉姆森之争 [J]. 哲学分析，2012（5）：121-138.

[17] 沈壮海. 思想政治教育有效性研究 [M]. 武汉：武汉大学出版社，2007（2）：141.

新时代青年工作与青年马克思主义者培养研究[①]

周 颖[②]

> **摘 要：** 青年发展和青年研究是全球关注的热点问题，我们党和国家历来关注青年、关心青年、关爱青年，高度重视青年工作，把青年工作看作党的工作的重要组成部分。青年是我国建设创新型国家和实现社会主义现代化强国的生力军，青年马克思主义者作为青年群体的精英和引领者，在实现中华民族伟大复兴的事业中承担重大的责任。党的十九大以来，我党更加重视青年思想政治工作，重视对高校青年马克思主义者的培养，并且把共青团改革工作提升到党长期执政能力建设的战略高度。立足共青团建设的战略地位及其对青年马克思主义者培养的重要性，结合共青团建设的核心任务、引领作用、组织保障等，探讨创新实施青年马克思主义者培养工程等相关理论与实践问题，以期能够给高校共青团的青年工作提供新的思路。
>
> **关键词：** 高校共青团　青年马克思主义者培养　青年工作

青年研究是全球关注的热点问题，青年的发展是一个国家发展的希望，是社会进步的动力。"我们党自成立之日起，就始终代表广大青年，赢得广大青年，依靠广大青年。"青年一代的成长成才，关乎中国特色社会主义事业的后继有人，关乎"两个百年"目标的实现。党和国家历来关注青年、关心青年、关爱青年，高度重视和

[①] 本文发表于《社会主义核心价值观研究》，2018年第3期。
[②] 周颖，北京青年政治学院，教授。

支持青年工作，把青年工作看作党的工作的重要组成部分。共青团作为青年在实践中学习中国特色社会主义和共产主义的学校，作为党的助手和后备军，自党的十八大以来受到空前重视。在共青团改革的时代背景下，对青年马克思主义者的培养成为青年发展和青年思想政治工作的重要项目工程。

为了在广大青年中着力培养、造就一大批用马克思主义中国化最新成果武装的马克思主义者，引导当代青年成长为中国特色社会主义事业的合格建设者和可靠接班人，共青团中央于2007年5月启动了"青年马克思主义者培养工程"（简称"青马工程"），并随之颁布了实施纲要。"青马工程"实施十年之际，中共中央、国务院颁布了《中长期青年发展规划（2016—2025年）》，这是中华人民共和国成立以来第一个专项青年发展规划，具有里程碑意义，规划把"青年马克思主义者培养工程"作为十个重点项目之一排在首位。近年来，随着"青马工程"的启动与实施，各大高校纷纷响应了团中央的号召和要求，并且结合自身办学特色和文化特色，积极开展了相关的培养工作。对青年马克思主义者的培养在各高校如雨后春笋，遍地开花，成为引领青年学生的一支不可忽视的团学力量。

一、新时代高校共青团培养青年马克思主义者的使命和责任

中国特色社会主义进入新时代，标志着中国进入了全面建成小康社会的决胜时期，开始了实现社会主义现代化和中华民族伟大复兴的新征程，用习近平新时代中国特色社会主义思想武装青年，是时代所赋予共青团工作的主题和使命。

新时代的历史使命召唤共青团承担更加重大的职责，把青年发展摆在党和国家工作全局中更加重要的战略位置。党的十八大刚刚闭幕时习近平就鲜明地向共青团提出："必须把培养中国特色社会主义事业建设者和接班人作为根本任务。青年一代健康成长，直接关系中国特色社会主义事业后继有人、兴旺发达。共青团作为青年在实践中学习中国特色社会主义和共产主义的学校，必须时刻把为党和人民培养人的工作摆在首位，贯彻始终。"党的十九大又进一步把青年与国家富强民族振兴的中国梦紧密地结合起来："青年兴则国家兴，青年强则国家强。青年一代有理想、有本领、有担当，国家就有前途，民族就有希望。中国梦是历史的、现实的，也是未来的；是我们这一代的，更是青年一代的。中华民族伟大复兴的中国梦终将在一代代青年的接力奋斗中变为现实。"党的十九大把中国梦这一历史使命传给了共青团，明确了共青团工作在新时代的重大战略地位，希望共青团带领青年一代为夺取新时代中国特色社会主义的伟大胜利努力前行，勇做时代的弄潮儿。按照习近平在群团改革工作中所作的"要推动各群团组织结合自身实际，紧紧围绕增强'政治性、先进性、群众性'，直面突出问题，采取有力措施，敢于攻坚克难，注重夯实群团工作基层基础"的重要批示精神，履行好时代职责，真抓实干，以马克思列宁主义、毛泽东思想、邓小平理论、"三个代表"重要思想、科学发展观及习近平新时代中国特色社会主

义思想为指导，加强共青团建设，把共青团建设成为"先进青年的群团组织"。

共青团是社会主义政权的重要支柱之一，在中国青年运动中向来发挥着组织者和领导者的先锋作用。高校共青团是面向青年学生的基层组织，作为党的助手和后备军，肩负着引领青年学生、凝聚青年学生的重任，在全团中处于重要的基础性地位。共青团组织以共产主义命名，其政治性是首要属性，也是进行思想政治教育工作的首要属性。中国特色社会主义新时代赋予了共青团培养青年马克思主义者的历史使命，使其担负着青年大学生社会责任教育的职责，"只有通过培养对祖国和人民负责、对中国共产党信任、坚定中国特色社会主义信念、坚定实现中华民族伟大复兴信心的担当有为的青年，才是对高校坚持社会主义办学方向的最好实践"。高校共青团为党培养青年马克思主义者肩负重大责任，在如何培养方面要明确指导思想，坚持以新时代中国特色社会主义思想为统领，把增强青年马克思主义者的社会责任感、人类和世界责任意识、民主法治意识、创新意识以及志愿者精神等融入社会责任教育之中，培养青年学生精英和领袖，为实现中国梦而奋斗。

二、新时代高校共青团在培养青年马克思主义者中的目标定位

新时代高校共青团是引领青年发展的先进组织，肩负着培养青年马克思主义者的使命，以共青团工作为视角，加强青年马克思主义者人才培养，有更强的组织性、目的性、纪律性，有利于提高马克思主义人才培养质量。

首先，共青团要把党的中心任务定位为团的中心任务。"党有号召，团有行动"，新时代共青团的全部工作就是要围绕党的十九大确立的新思想、新使命、新征程，不忘初心，牢记使命，高举中国特色社会主义伟大旗帜，为实现"两个百年"奋斗目标，激发青年学生的历史责任感和时代精神，启动青年马克思主义者工程，着重在青年学生骨干、团干部、青年知识分子等青年群体中选拔一批骨干作为培养对象，着力培养一批对党忠诚、信仰坚定、素质优良、作风过硬的中国特色社会主义事业合格建设者和可靠接班人。

其次，共青团要紧紧围绕"广大青年在实践中学习中国特色社会主义和共产主义的学校"这一定位，积极传播党的创新理论，让习近平新时代中国特色社会主义思想在青年马克思主义者中入脑入心见行动，要紧紧围绕增强党在青年大学生中的组织力，建强后备军，培养青年马克思主义者，抓好"推优入党"工作，切实承担起为党源源不断输送新鲜血液这一重大政治责任，确保党的事业薪火相传、后继有人。

再次，切实加强共青团"政治性、先进性、群众性"教育，把"三性"教育落到实处，融合到青年马克思主义者的培养之中。何谓共青团的政治性？习近平总书记明确指出："党的群团工作的政治性，主要体现在工会、共青团、妇联等群团组织要承担起引导群众听党话、跟党走的政治任务，为夯实党执政的阶级基础和群众基础做出贡献上。"旗帜鲜明讲政治，是共青团作为党的助手和后备军的本质体现。政治性

表现在培养青年马克思主义者上，就是要求青年听党的话，跟党走，牢记"四个意识"，把青年马克思主义者最广泛最紧密地团结在以习近平同志为核心的党中央周围。先进性是共青团工作的力量之源，具体体现在必须牢牢把握新时代主题，教育引导青年马克思主义者不断提高思想觉悟和道德水平，坚定走中国特色社会主义道路，自觉践行社会主义核心价值观，最强的先进性就是让青年马克思主义者作为青年中的领头羊，带动中间和后进学生共同进步，凝聚力量，共同为实现中华民族伟大复兴的中国梦而奋斗。不论是政治性还是先进性，最终都要落到群众性上，群众性在"三性"中处于基础地位，是共青团的根本特点。失去群众性，共青团就会变质，就会导致团的工作出现"行政化、机关化、贵族化、娱乐化"的"四化"现象。保持和增强群众性，是坚持马克思主义唯物史观，继承和发扬党的根本宗旨，不忘初心的具体表现；是培养青年马克思主义者实事求是、深入基层、脚踏实地践行社会主义核心价值观的关键；也是确保共青团"做青年友，不做青年官"，与广大青年打成一片，带领广大团员青年紧跟党的路线投身党的事业的根本保证。

最后，要以从严治团抓团干部队伍建设，严明团的纪律，以此带动青年马克思主义者培养。2017年1月，中国共产主义青年团第十七届中央委员会第六次全体会议通过了《关于新形势下推进从严治团的规定》，指出新形势下要大力推进从严治团，做到正本清源、名副其实，使团干部更像团干部，团员更像团员，团的组织更加充满活力，全团必须坚持党管青年原则，把坚持党的领导、听从党的指挥作为从严治团之魂，贯穿于从严治团的各个环节中。

三、加强和改进高校共青团思想政治工作，并融入青年马克思主义者培养理念中

2017年6月，共青团中央、教育部联合印发《关于加强和改进新形势下高校共青团思想政治工作的意见》（以下简称《意见》），指出要在深化高校共青团改革的大局中，切实加强和改进新形势下高校共青团思想政治工作，其中加强大学生思想政治引领和价值引领，作为青年团的核心任务放在工作首位。《意见》强调要加强理想信念教育，培育和践行社会主义核心价值观，深化实施青年马克思主义者培养工程，培养一批对党忠诚、信仰坚定、素质优良、作风过硬的大学生骨干。《意见》对共青团如何实施青年马克思主义者培养工程做了明确指示和政治要求。高校共青团组织一直把思想引领作为首要任务和核心竞争力，以高校共青团为研究视角探索青年马克思主义培养工程，既是时代的呼唤要求，也是共产党的执政所需。

（一）坚持以青年为中心的改革思想，培养青年马克思主义者的服务意识

习近平总书记在中央党的群团工作会议上讲了两个服务："服务党和国家工作大局是党的群团工作主线，服务群众是群团组织的职责。"这两个服务从主体到客

体包含了两层意思。从主体上来看,服务的主体是由"执政党—共青团(青年马克思主义者)—青年"构成,本人认为共青团是由青年马克思主义者组成的,两者是等同的,同义复用。第一层是指执政党和共青团(青年马克思主义者)之间的关系,共青团(青年马克思主义者)要服从和服务于党和国家工作大局;第二个层次是青年马克思主义者(共青团)和青年之间的关系,服务青年是青年马克思主义者(共青团)的工作职责。从客体来看,也包含两层意思:向上,青年马克思主义者(共青团)要学习和了解党及国家的战略布局,要审时度势,在大局下思考和筹划具体工作,要有国际化视野和全局观并指导行动;向下,要坚持一切为了青年,一切服务青年的马克思主义青年工作观,坚持共享发展理念,解决好服务青年"最后一公里"的短板问题,让更多青年享受到党和国家事业改革发展的成果,让更多青年在共青团改革中获得利益和实惠。同时,将《青年中长期发展规划(2016—2025年)》的实施同共青团改革衔接起来,"共青团改革的最终落脚点是为了促进青年更好地发展进步,青年发展是共青团改革的价值目标,也是衡量共青团改革绩效的关键性指标"。

(二)以共青团的核心任务确立青年马克思主义者的培养目标

《意见》中将"加强大学生思想政治引领和价值引领"作为共青团的核心任务,为高校青年马克思主义者培养指明了方向,确立了目标,为如何培养青年马克思主义者提供了根本遵循。

1. 以社会主义核心价值观引领理想信念教育,扣好"人生的第一粒扣子"

习近平总书记指出,核心价值观"实际上回答了我们要建设什么样的国家、建设什么样的社会、培育什么样的公民的重大问题"。以社会主义核心价值观为引领,加强大学生理想信念教育,是育人之"魂",起统摄作用。

习近平总书记曾经形象地把理想信念比喻为共产党人精神上的"钙","没有理想信念,理想信念不坚定,精神上就会'缺钙',就会得'软骨病'"。这里的理想信念是指共产主义崇高理想和中国特色社会主义共同理想。2014年五四青年节,习近平总书记在北京大学发表重要讲话,再次使用生动形象的比喻,把社会主义核心价值观与青年大学生理想信念教育紧密联系起来,强调指出,青年正处在价值观形成和确立的关键时期,抓好这一时期价值观的养成,"就像穿衣服扣扣子一样,如果第一粒扣子扣错了,剩余的扣子都会扣错。人生的扣子从一开始就要扣好"。这里说的人生"第一粒扣子"就是指人生理想信念中的政治理想信念。理想信念在内容上包含政治理想信念、道德理想信念、职业理想信念和生活理想信念,政治理想信念是最高层次,在内容体系里处于统摄地位,对其他理想信念的树立与形成具有决定和制约作用。

以社会主义核心价值观为核心的理想信念教育是"青马工程"的"第一课",要在高校青年马克思主义者培养方案的教学内容和课程设计上贯穿始终,一定要解决好第一粒扣子和其他扣子的顺序关系。遗憾的是，一些高校在"青马工程"培训课设计上，不考虑当前青年学生面临的思想状况和心理发展规律，忽视顶层设计和思想引领，课程安排缺乏体系化，有的专题讲座把理想信念"碎片化""矮化"成生活理想信念教育或者是职业理想（职业生涯规划）。道德理想教育也仅仅从职业道德规范入手，以如何找到一个好工作为目的大谈员工规范。科学的道德理想信念能够把个人理想信念和社会理想信念统一起来。纵观当代青年大学生的理想信念实践，往往比较关注和最先树立的是个体理想信念，当问及大学生理想信念是什么的时候，大部分同学都会回答未来个体职业理想信念和生活理想信念，缺乏更高层次的政治理想信念和家国情怀。如果我们在青年马克思主义者培养中还以职业理想和生活理想为目标，一味迎合学生，吸引学生眼球，实际上就是迎合了功利主义、实用主义，降低了人才培养目标。

围绕社会主义核心价值观教育作为教育目标，以共青团组织的核心任务作为价值引领的主要内容，是青年马克思主义者培养的宗旨，也是中国特色社会主义新时代对人才培养的要求和定位。

2. 坚持"四个自信"，增进青年马克思主义者对党的认同

青年马克思主义者树立共产主义理想信念，培育和践行社会主义核心价值观，落实到实践层面，就是要"坚定中国特色社会主义道路自信、理论自信、制度自信、文化自信，增进对党的政治认同、思想认同、情感认同，努力成长为又红又专、德才兼备、全面发展的中国特色社会主义合格建设者和可靠接班人，为实现'两个一百年'奋斗目标、实现中华民族伟大复兴的中国梦不懈奋斗。"我们的党走过了98年的光辉历程，这近百年是探索救国图强真理、开辟民族独立和实现民族振兴的历史，是勇于创新、敢于挑战，引领人民走向共同富裕的历史，是带领全国人民即将步入全面建成小康社会和实现中华民族伟大复兴梦想的历史。98年的历史告诫青年学生，要热爱中国共产党，增进对党的政治认同、思想认同和情感认同，坚定"四个自信"，担当时代赋予的历史使命，明确高校青年马克思主义培养目标，做坚定的马克思主义者。

首先，要加强共产主义信仰教育，正确理解中国特色社会主义，坚定道路自信。旗帜决定方向，道路决定命运。青年学生要学马列主义原著读经典，深刻领会共产主义的内涵，坚信走社会主义道路不动摇。作为人类社会一种理想的崭新社会制度，共产主义是马克思、恩格斯在批判资本主义社会矛盾的基础上对社会发展规律的科学把握。作为一种社会理想，共产主义体现了合规律性和合目的性的统一。共产主义道路的初级阶段就是走中国特色社会主义道路，这是符合中国国情和发展现实的一条道路，是中国共产党带领中国人民浴血奋战实现民族独立之后选择的适合中国发展的社会主义道路。历史表明："中国特色社会主义，承载着几代中国共产党人的理想和探索，寄托着无数仁人志士的夙愿和期盼，凝聚着亿万人民的奋斗和牺牲，是近代以来中国社会发展的必然选择，是发展中国、稳定中国的必由之路。"

其次，加强马克思主义理论教育，坚定理论自信。教育青年学生要以科学的理论武装头脑，增强理论自信，因为"理论一经掌握群众，也会变成物质力量。理论只要说服人，就能掌握群众；而理论只要彻底，就能说服人。所谓彻底，就是抓住事物的本质。"这里所说的理论主要指马克思主义、毛泽东思想及中国特色社会主义理论体系。"只有学懂了马克思列宁主义、毛泽东思想、邓小平理论、'三个代表'重要思想，科学发展观，……才能始终坚定理想信念"，在培养青年马克思主义者理论自信中，还要学懂习近平总书记系列重要讲话精神和治国理政新理念新思想新战略，在"一学一做"中把理论与实际结合起来，做一个合格共青团员，做一个坚定的马克思主义者。

再者，加强政治信仰教育，坚定制度自信。制度自信来源于坚定的政治信仰，中国共产党人的政治信仰就是坚持中国共产党领导，坚持中国特色社会主义制度，就是坚定不移地以经济建设为中心，坚持四项基本原则，坚持改革开放，为实现"两个一百年"奋斗目标、实现中华民族伟大复兴的中国梦不懈奋斗。政治信仰教育，实际上就是高举什么旗帜走什么路的问题，就是以什么样的精神状态完成什么样的历史使命的问题。加强政治信仰教育就是教育青年学生要领会中国特色社会主义制度优越性的意义，在实际行动中丰富和创新团组织活动，贯彻习近平总书记系列重要讲话精神"四进四信"活动，积极开展"我的中国梦""与信仰对话"等主题团日活动。深入实施青年马克思主义者培养工程，培养一大批对党忠诚、信仰坚定、素质优良、作风过硬的青年马克思主义者和大学生骨干，影响带动广大学生团结凝聚在党的周围。

最后，传播社会主义先进文化，坚定文化自信。习近平总书记在庆祝中国共产党成立95周年大会上明确提出要坚持"四个自信"，其中"文化自信，是更基础、更广泛、更深厚的自信"。文化自信的基础性，体现在它关乎中国特色社会主义的发展方向和价值前景，关乎中国特色社会主义能否在人们的精神实践领域获得信念扎根与牢固认同；文化自信的广泛性，体现在它关乎中国特色社会主义能否坚实地走向广大人民群众的生活世界并获得最广泛的社会基础和群众基础，关乎中国特色社会主义能否成为担当并兑现人民幸福生活这一庄严承诺的历史进程；文化自信的深厚性，体现在它关乎中国特色社会主义能否具有延续并讲清楚中华文明的历史连续性、实践主体性和价值普遍性的文化能量和意义功能。

坚定文化自信，就是以文化人、以文育人，努力在校园中弘扬主旋律、传播正能量。要"讲清楚中华文化"，讲清楚中华文化包含的"中华优秀传统文化和革命文化、社会主义先进文化"三种文化资源的内在统一。高校共青团必须运用好这三大文化资源，使之有机融入课程、实践活动和校园文化中，既要认识到中华传统文化是民族的璀璨文化，又要认识到是世界的文化，要传播出去；弘扬中国革命精神，讲清楚我党带领中国人民在伟大斗争实践中彰显的"长征精神""井冈山""延安精神""西柏坡精神""两弹一星精神"，以及改革开放以来的创新精神、社会主义核心价值观、中国梦、"一带一路"丝路精神等文化新内涵新理念，组织开展"中华学子青春国学荟"等活动，加强党史国史、近现代史、改革开放史、社会主义发展史宣传教育，弘扬社会主义先进文化。讲清楚社会主义先进文化，就是要坚持马克思主义的指导思想，以中国特色社会主义共同理想为主题，积极培育和践行社会主义核心价值观，热爱祖国、热爱社会主义、热爱中国共产党。

中国特色社会主义是有理想和文化魅力的伟大事业。"四个自信"重要论述的提出，由于把文化自信确立为中国特色社会主义的本质维度和更基础、更广泛、更深厚的力量源泉，实际上也就从理想建构的高度上展现了中国特色社会主义永恒的文化魅力。

四、深入贯彻习近平青年工作思想，凝聚共青团力量，促进青年马克思主义者培养工程实施

习近平总书记从国家的战略全局出发，提出了"实现中华民族伟大复兴的中国梦"这一中国青年运动的时代主题，教导青年学生把握时代主题，走在时代前列，做锐意进取、开拓创新的时代先锋。习近平总书记寄语青年殷切的希望，"当代中国青年要有所作为，就必须投身人民的伟大奋斗。同人民一起奋斗，青春才能亮丽；同人民一起前进，青春才能昂扬；同人民一起梦想，青春才能无悔。"

（一）强化团干部队伍建设，把团干部培养成为坚定的青年马克思主义者

习近平总书记青年工作思想中不仅深刻阐述了青少年成长发展的前进方向，牢牢把握共青团改革的根本目标，团结和带领广大青少年坚定不移跟党走，而且深刻阐述了团干部队伍建设，要求团干部"坚定理想信念、心系广大青年、提高工作能力、锤炼优良作风"，做青年友，不做青年"官"，着力打造一支风清气正、富有朝气、充满战斗力和凝聚力的团干部队伍。首先要全面推进从严治团，习近平总书记提出的"好干部"标准和对团干部提出的"坚定理想信念、心系广大青年、提高工作能力、锤炼优良作风"重要要求，聚焦解决脱离青年的突出问题，切实抓好团干部队伍建设。

作为党的助手和后备军，高校团干部要把自己培养成为坚定的马克思主义者，在广大青年学生中树立威信、形成号召力。一个有着坚定的马克思主义信仰的团干部必须做到：坚定理想信念，高扬理想主义旗帜，要有青年人的梦想和朝气，要有大德，养成慎始、慎独、慎微的意识，不能身未老、心先衰，随波逐流、不思进取；要立德践行锤炼优良作风，既要有干事创业的激情，更要有脚踏实地的作为；要以身作则，严格对照好干部"二十字"标准要求自己，身先士卒；要心系青年学生，深入实际开展调查研究，走进普通青年学生生活，增强团员学生对团组织的归属感，传导正能量，用共产主义理想信念感化和引导青年学生；要勤学善思，提高工作能力，要把团务当本行，吃透行情把握规律，注意工作的方式方法，在高校大学生中成为

青年工作的行家里手。总之,做一名优秀的团干部,一名青年马克思主义者,要坚持自觉接受和牢牢依靠党对共青团的政治领导、思想领导、组织领导,不断增强"四个意识",自觉向党中央看齐,积极响应"党有号召,团有行动",发挥骨干示范引领作用。

(二)提高团组织的影响力和凝聚力,为实施"青马工程"提供组织保障

"青马工程"由共青团组织发起并实施,影响力和覆盖面远远不够,目前高校内部其他部门参与的不多,单靠团组织实施显得力不从心。按照习近平总书记青年工作思想中"大思政"的观点,需要共青团组织和其他部门相互配合,在经费、教师、教材、阵地、实践锻炼和对外交流等各方面形成合力,共同为"青马工程"提供平台和物质保障。共青团在学校、社会组织中还要不断扩大影响力,保证青年学生在团组织中得到关心与爱护,保证及时有效地把十八大以来党的重大会议精神以及党和国家的大政方针政策以喜闻乐见的形式传达到青年学生之中。团组织的影响力还表现在团组织的覆盖面,高校团委、学院(系部)团总支、每个班级团支部,形成一个全方位的覆盖网络,利用党委宣传部和网络信息中心的全媒体优势,保证共青团组织的覆盖面,做到哪里有青年学生,哪里就有团组织;哪里有青年学生,哪里就有青年马克思主义者。同时,要改进团组织的组织模式和领导模式,根据青年学生的思想状况和心理特点,采用灵活多样的方式,发挥高校共青团在第二课堂中的独特作用,帮助青年学生在社会实践和志愿者活动中感受理想信念的力量,树立正确的世界观、人生观、价值观。

高校共青团组织一直把思想引领作为自己的首要任务和核心竞争力,团组织要把握时代的脉搏,把培育中国特色社会主义事业接班人作为目标。党的十九大报告指出,中国特色社会主义进入了新时代,这是一个承前启后、继往开来,在新的历史条件下继续夺取中国特色社会主义伟大胜利的时代,是决胜全面建成小康社会,进而全面建设社会主义现代化强国的时代,时代召唤青年,祖国需要青年。共青团要发挥影响力和凝聚力,要充分利用其连接党和青年之间的"桥梁""纽带"作用,将青年紧紧团结在党组织和团组织周围,选拔优秀青年学生进行培养和考核,做好青年马克思主义者培养工作,最终为党组织输送德才兼备的优秀共产党员。

(三)以马克思主义理论为指导,加强共青团课程体系建设

高校探索青年马克思主义者的培养模式灵活多样,已取得初步成效。例如,有注重思想政治理论课在教学上加强政治理论灌输;有学工部、团委、宣传部等"大思政"联合培养机制强化青年学生的思想政治教育;有专门成立英才学校对在校大学生骨干进行精英培训;也有高校注重学生社会实践、志愿者活动或者组建理论社团锻造青年学生政治素养和道德品质……总之,培养当代青年学生成为坚定的马克思主义者这一历史使命前所未有地被重视。然而,众多的培养机制和培养模式比较

庞杂,"青马工程"的指导思想和教育理念不是很明确,共青团组织的作用发挥不到位,导致青年马克思主义者的培养目标定位不清晰,人才培养模式和培训的体系性、科学性有待加强,在课程设置上,"青马工程"往往成了短训班和速成班,缺乏常态机制。对此,应做好以下工作。

(1)加强团校核心课程教材建设,围绕共青团工作和青年事务,设计具体内容,把理想信念教育和社会主义核心价值观、中国特色社会主义理论体系、习近平新时代中国特色社会主义思想以及中国传统文化等相关内容融入共青团课程中。不宜单一地将团干部培训的工作条例、章程和原则罗列出来,要以马克思主义为指导思想,以共青团干部的培养为准则和纲领,用鲜活的时代内容和典型案例进行教材设计。同时,共青团团委、团校要和思想政治理论课教学单位加强横向合作,共同开发教材,各高校主管部门鼓励教材编写,同时给予政策支持和物质鼓励。

(2)做好教学设计,改进教学方法。教学内容要贴近学生实际,在提高青年学生马克思主义理论水平的基础上,运用现场教学、实地考察调研、案例教学、体验式教学等方式,丰富教学方法和教学环节。不能一个模式套用下来搞单打一,找一个实训教学基地就常年使用,甚至讲座内容和专家一成不变,因为这些都不利于培养新时代的青年马克思主义者。

(3)要有科学有效的课程评价体系,及时跟踪反馈教学效果,实行奖优惩劣竞争淘汰机制。

(四)加强青年马克思主义者培养工程的机制建设,完善各项机制

要加强马克思主义学科课程建设,建立青年马克思主义培养工程机制,并使之常态化、规范化、科学化。按照共青团培养目标、任务设计理论课程,统筹全国团校课程建设资源,建立竞争、开放、择优、共享的课程建设机制。根据团课特点,开发短小精悍的专题课程和热点问题讲座,探索开发团课和思想政治理论课融合课程,建立各高校"青马工程"在线开放课程和共享资源的新机制;同时,各高校马克思主义学院要做好青年马克思主义者的人才培养目标规划,树立立德树人的师德风范和育人理念,为塑造青年一代具有社会主义核心价值观的社会主义接班人做好理论研究和机制建设。

参考文献：

[1] 习近平. 在同各界优秀青年代表座谈时的讲话 [EB/OL]. 新华网：http：//www.xinhuanet.com/politics/2013-05/04/c_115639203.htm. 2013 年 5 月 4 日.

[2] 习近平关于青少年和共青团工作论述摘编 [M]. 北京：中央文献出版社，2017.

[3] 习近平. 决胜全面建成小康社会　夺取新时代中国特色社会主义伟大胜利——在中国共产党第十九次全国代表大会上的讲话 [M]. 北京：人民出版社，2017：70.

[4] 牢牢把握群团改革正确方向　努力开创党的群团工作新局面 [N]. 人民日报，2017-8-27.

[5] 高国栋. 青年大学生社会责任教育的内涵及意义 [J]. 北京教育（德育），2018，2：70-71.

[6] 黄志坚. 新时代开创共青团工作新局面的指导思想和行动指南——习近平共青团工作六论研究 [J]. 青年发展论坛，2017，11：3-10.

[7] 刘佳. 新时代中国特色社会主义与共青团改革攻坚 [J]. 青年发展论坛，2017，11：40-49.

[8] 刘佳. 改革语境下共青团转型与青年发展 [J]. 青年探索，2017，5：54-62.

[9] 胡献忠. 建国以来共青团培育青少年价值观的经验、反思和启示 [J]. 中国青年研究，2015，12：31-37.

[10] 张大良. 把培育和践行社会主义核心价值观贯穿高校文化素质教育始终 [J]. 中国高教研究，2014，7：1-3.

[11] 习近平. 紧紧围绕坚持和发展中国特色社会主义　学习宣传贯彻中共十八大精神 [N]. 人民日报，2012-11-19（1）.

[12] 习近平. 青年要自觉践行社会主义核心价值观——在北京大学师生座谈会上的讲话 [N]. 人民日报，2014-5-5（1）.

[13] 共青团中央教育部联合印发《关于加强和改进新形势下高校共青团思想政治工作的意见》[N]. 光明日报，2017-6-6（003）.

[14] [德] 卡尔·马克思.《黑格尔法哲学批判》导言 [M]. 北京：人民出版社，2011：11.

[15] 习近平. 在中央党校建校 80 周年庆祝大会暨 2013 年春季开学典礼上的讲话 [N]. 人民日报，2013-3-3（001）.

[16] 赵丰. 文化自信的内涵 [N]. 中国艺术报，2016-7-20.

[17] 习近平. 全国青联十二届全委会和全国学联二十六大的贺信 [EB/OL]. 新华网：http：//www.xinhuanet.com/politics/2015-07/24/c_1116035399.htm.2015 年 7 月 24 日.

[18] 关于新形势下推进从严治团的规定（2017 年 1 月 10 日中国共产主义青年团第十七届中央委员会第六次全体会议通过）[EB/OL]. 人民网：http：//cpc.people.com.cn/gqt/n1/2017/0207/c363174-29063701.html. 2017 年 2 月 7 日.

浅析新时代共青团组织强"三性"的路径和方法

景海俊[①]

摘 要：由党中央召开党的群团工作会议在党的历史上尚属首次。会议召开以来，共青团工作改革正在实现新的突破和跨越，共青团组织的政治性、先进性、群众性三大属性始终是组织革新的核心内容，是团组织改革创新、开拓新局面的重要方向。党的十九届三中全会提出，统筹党政军群机构改革，是加强党的集中统一领导、实现机构职能优化协同高效的必然要求，既突出了群团工作的重要性，又为进一步将群团工作改革引向深入释放信号。在各类社会青年组织和团体不断推陈出新、蓬勃发展的新时代，政治性、先进性、群众性是共青团组织有别于其他青年组织的本质的属性：代表谁、联系谁、服务谁，这不仅是一个深刻命题，更是在推动组织创新过程中奋发勇为、攻坚克难的伟大实践。从共青团组织建立至今，其根本性质的概括始终是在社会变革和伟大实践中不断总结、提炼、丰富和完善的，在新的历史时期，回顾共青团性质演变的由来，切中当前制约发展问题的要害，有助于推动共青团改革引向深入。

关键词：共青团　改革实践　政治性先进性　群众性

组织的变革主要是源于自身的形态已不适应所处的外部环境。当组织功能和目标不能满足新的历史要求时，必须通过变革加以完善。共青团作为党的助手和后备军，

[①] 景海俊，北京青年政治学院，讲师。

是国家政权的重要社会支柱，它代表党和政府开展青年群众工作，参与社会治理。随着社会的深刻变革，共青团员的政治意识、先进意识、模范意识逐渐淡化，团组织与一般社会青年组织相比，吸引力、凝聚力、影响力优势不够突出，深刻影响和制约了共青团组织的建设和发展。如何在广大青年群众中巩固党的执政基础，更好地吸引和凝聚广大青年，引导青年群众听党话、跟党走，这一核心使命迫使团组织进行变革。2017年8月26日刘云山同志主持召开群团改革工作座谈会，传达了习近平重要指示。习近平肯定了共青团两年来改革的重要成效，他强调："要结合自身实际，紧紧围绕增强'政治性、先进性、群众性'，直面突出问题，采取有力措施，敢于攻坚克难，注重夯实群团工作基层基础。"共青团的政治性、先进性、群众性是改革的基本价值导向，也是改革的核心内容，为进一步实现下一阶段的改革突破，必须重心下沉，立足基层，破解改革发展的关键问题。

一、共青团改革的政治性

在共青团的发展史上，始终坚持中国共产党的领导是经过深刻的历史教训总结得来的。在此次共青团改革之前，谈到共青团的基本属性时，只谈先进性和群众性，并未提到政治性。党章中对共青团性质明确表述为"中国共产党领导的先进青年的群众组织"，共青团的政治性始终包含在先进性之中，直至2015年7月，党的群团工作会议召开后，政治性被明确提出，与先进性、群众性并称"三性"，作为推进组织创新和工作创新的基本要求。

（一）共青团政治性的由来

1921年，《中国社会主义青年团临时团章》作为共青团第一个团章，并没有明确阐述共青团的性质。中国社会主义青年团一大通过的团的章程也没有关于共青团性质的表述。团组织在建立之初，只对团的宗旨进行了规定："以研究马克思主义、实行社会改造及拥护青年权利为宗旨。"1925年1月，中共四大通过的《对于青年运动议决案》指出，社会主义青年团始终没有懂得"自己团体的性质是怎样的"。1926年7月，《中共第二次扩大会对中国共产主义青年团工作议决案》提出："共产主义青年团是一领导青年做本身利益斗争和一般文化运动，及在党的指导下做政治斗争的青年革命组织。"这一决议是中共四大基于当时中国革命新形势对共青团组织提出的重要任务，是在国共合作统一战线的背景下，革命形势赋予共青团组织的历史使命。随后，在共产党的领导下，以五卅运动为发端的大革命运动迅速形成。自此，经历了右倾机会主义错误、团内的取消主义和先锋主义错误，直到社会主义建设时期，共青团组织经受住了历史的考验，深刻总结出：始终坚持共产党的领导是团组织的根本属性，政治性是其有别于一般社会组织和工会、妇联的第一属性。

（二）增强政治性面临最大的问题是能否引领青年群众听党话、跟党走

所谓政治性就是要讲党性，要始终坚持党的领导。将团的性质表述为"党的助手和后备军"，其内涵是要拥护党的主张，服从党的领导，完成党指派的任务；是在努力使自己成为党的继承者的同时，还要为党组织培养继承者；团组织始终要把同一时期党的中心工作与核心要求作为最主要的任务和使命来抓，始终围绕中心服务大局。早期共青团的职能被概括为三项，即党的助手后备军职能、桥梁纽带职能、青年利益社会代表职能，其中第一项职能居于首位，也是核心。共产党支持共青团独立开展工作，就是要求团组织积极协助政府管理青年事务，作为党和政府联系青年群众的桥梁和纽带。在去"四化"的问题上，不是走出机关、办公大楼，改变工作场所和方式就联系到了青年群众，不是提供周到服务使青年人满意就成了桥梁，问题的核心在于，能否对青年群众进行全覆盖的联系，并通过满意的服务影响其理解、信任并支持党的主张，在热爱祖国的同时，热爱中国共产党和社会主义。团组织的政治性不是靠团员的数量体现，而是要看团组织能影响多少青年群众坚定地听党话、跟党走。

（三）发挥政治性的关键在于把有意思的事做得有意义

随着青年人聚集、表达和思维方式的变化，团组织的政治性受到极大挑战。两年来，共青团多措并举增强政治性，比如在网络上加强青年的思想引领，通过成立各级团属新媒体中心，开通所有年轻人社交常用的新媒体平台，将传统的党的理论宣传学习方式转变成青年化、通俗化的解读，用动漫、慕课、微视频等形式拉近与青年人的距离，改变政治引领的模式。通过发布《中学共青团改革实施方案》和《高校共青团改革实施方案》，在校园内建立和完善工作机制，创新人才培养模式，完善素质评价体系，确立多个必做的活动项目和主题，使共青团改革取得了重要的阶段性成效。但这些举措多是顶层设计，仍然局限在政治性的"外围"发力，还需要破解核心问题。对于青年人的引领不是让他们听懂你说的话，而是要让其愿意听你的话，喜欢听你的话。显然，一味改变话语体系和表达方式的"翻译工作"是不够的，如果青年人愿意，听领导讲话原文、看党的理论原著更有魅力，关键还是在于党的理论主张与年轻人兴趣点之间的联系。因为某项活动更能体现党性要求，更符合核心价值标准，就"命题"组织此项活动，则很难实现"听党话、跟党走"。关键是要在年轻人所有感兴趣的活动中，提炼核心价值，赋予深刻的主题含义，在追求崇高美好的价值体验中，关联、转化、影响党对青年人的要求。深入研究"有意思"和"有意义"之间的联系，才能更好地结合实际、夯实基础，直面问题、切中要害。

二、共青团改革的先进性

共青团的先进性要求其作为一个群众组织，较一般社会组织更具有先进的思想

理念、工作方法，能够担当并胜任党和政府所委派的青年工作事务，拥有更多的先进青年代表，在青年群体中贡献智慧，勇于开拓，乐于奉献，示范引领，始终紧跟党组织的先进性，不断修正和完善组织目标，组织动员青年完成党的重任，走在时代前列。

（一）共青团先进性的由来

1930年9月，中共中央为纠正取消共青团组织成立行动委员会的错误，发布了《中国共产党中国共产主义青年团中央通告》，明确提出党和团划分组织的要求，具体表述为："共产主义青年团是无产青年的领导者，是在党的领导下的共产主义青年组织。他在革命中的任务，是团结并组织青年工人的革命先进分子，组织广大的共产主义的青年群众团体，去争取广大青年群众，到党的政治领导之下来，参加总的斗争。"1947年9月，在重新建团时期，刘少奇在中央青年工作会上指出，要保持队伍的纯洁性，维护团的先进性。同时指出，"青年团员要在自己的不同岗位上积极地参加祖国的各种建设，发挥自己的积极性和创造性，并在中国青年群众中起带头的和模范的作用"。直到1957年5月，在中国新民主主义青年团第三次代表大会上，团章对于团的性质的表述首次加上了"是学习共产主义的学校"，中共十六大通过的《中国共产党章程》对团的性质表述又进一步完善为"是广大青年在实践中学习中国特色社会主义和共产主义的学校"，且沿用至今。团组织在实践中对青联、学联、少先队起到核心指导作用，主要是通过实践使自身作为"学校"的作用得以实现，其本质就是组织动员青年群众，在实践中学习中国特色社会主义和共产主义，成为投身社会经济建设的先进分子。

（二）增强先进性面临最大的问题是如何发挥团员的模范带头作用

当前，共青团的先进性主要是在青年事务和社会治理中发挥更加独特且突出的作用，共青团员不仅要优秀，还应该模范带头。《中长期青年发展规划（2016—2025年）》明确了十大领域的青年事务，这其中涵盖了思想道德、健康、文化、教育、婚恋、创业就业、社会融入与参与、预防犯罪、维权与社会保障。《中共中央关于加强党的群团工作意见》也明确规定了共青团依法参与管理国家事务和社会事务的五方面内容，这些都为共青团改革明确了推动社会发展，带动自身变革，有别于一般青年组织的先进性载体。面对这样重大的历史使命，共青团组织能否堪当重任，并不在于共青团员的比重有多大，也不在于团组织成员是否先进，而在于团员主动作为、率先垂范的自觉意识。在基层团组织中，始终不乏优秀的青年代表，但基层组织的活力仍旧难以有效激发，主要原因在于团员本身缺乏模范带头意识。《共青团中央改革方案》的发布，对于控制团员发展的规模，提高团员发展质量提出明确规定，入团人数受限了，不代表"一心只读圣贤书"的团员就不存在了，发展团员关键还是要考察模范带头的意识和作用。1949年1月，《建团决议》明确规定：

青年团的任务"首先要团结和组织先进青年积极分子,再经过这种青年积极分子的组织去团结和教育广大的青年群众"。只有这样,共青团组织优于其他青年组织参与青年政治事务、经济事务和社会事务的伟大实践才能出色完成。

(三)发挥先进性的关键在于激发团员利他思想的动力和自觉

在基层团组织体现先进性重要的是增强组织活力,提高组织的战斗力。要使青年群众信任、拥护党的主张,广大团干部、共青团员首先要坚信不疑:理想信念的坚定和模范意识的自觉不是一蹴而就的,是靠不断学习、实践,再学习、再实践,不断总结、积累得到提升的。共青团建立之初,传入中国的社会主义思潮流派纷呈,不是每个团员都持有科学的社会主义思想,其中也有不少无政府主义思想和小资产积极社会主义思想,团组织作为共产党的"预备学校",就是要先把他们吸纳进来,再通过组织实践和学习,使这些成员深入学习和理解马克思主义,成为真正的科学社会主义者。作为学习中国特色社会主义和共产主义的学校,团组织应当正本清源,充分发挥组织带领青年群众加强实践和学习的突出作用,每位团员要上团课,在团课的学习中提高自身对理论的学习,增强对党的事业的认同感,形成带动他人的主动性和责任感;在学习实践中,树立远大志向,融入优秀的传统文化,认识到只有心怀利他思想、人人利他,才能实现社会的进步,收获利己价值体验;充分发挥共青团的组织优势,整合区域资源,建立社区团校,围绕区域内青年群体在交友交流、技能提升、子女入托、老人看护等核心需求上搭建平台,提升共青团现代服务能力,提升团员青年社会责任的价值体验,增强青年群众对团组织的信任与依赖。

三、共青团改革的群众性

群众性是指共青团是一个青年群众组织,具有群众工作的目标、内容和方式,能够与青年保持广泛的、直接的、有效的联系。群众性实质上是青年性,要得到青年的响应、参与和支持。

(一)共青团群众性的由来

1936年11月,中共中央倡导建立抗日民族统一战线,《中共中央关于青年工作的决定》提出了共青团改造的要求,先进的青年团员加入党组织,吸收大批有抗日救国热情的民众加入团组织,在整个抗日战争的过程中,共青团变成了在党的领导下的青年群众组织,当时各地共青团组织没有统一的名称,在抗日根据地区域的团组织更名为青年救国会(简称"青救会")。由此,共青团组织的性质增加了"群众性"的表述。抗战胜利后,转入解放战争,这时青救会已经无法适应当时广大青年的需求和党对团组织的要求,1946年,中共中央决定再次改造这一青年组织,重建青年团。党中央要求,重新建立的青年团要比过去的共青团更加群众化、青年化,在政治上接受党的领导。早在1923年,共产国际就认为,共青团的发展与一般的青年密不可分,与青年保持联系至关重要,是少年运动生死存亡的问题。为此,"对于青年团来说,就是团员与非团员合作的问题……这是我们进行革命工作的一个很重要的问题"。

(二)增强群众性面临的最大问题是如何凝聚青年、吸引青年

团组织的群众性是政治性、先进性得以实现的基础。在基层团组织开展工作中,时常遇到围绕中心服务大局的工作得不到青年群众的积极响应和参与的情况。胡耀邦强调团组织既要"公转",还要"自转",两者之间的关系在于,共青团组织凝聚青年、吸引青年才能保持"地球的引力"进行自转,充满活力和生机的"地球"也才可能公转。团组织时刻代表青年的呼声,为青年办好事、解难事,维护青年的合法权益才能真正得到青年的认同。自群团工作改革以来,共青团中央要求各级团组织要关注青年,特别是关注普通青年;要求在团的领导机构保证基层群众代表的比例,关注农民工、社会组织、自由职业者等新兴青年群体。对现有的共青团机关进行"瘦身",建立和完善详细的团干部联系青年制度,实行重心下移,团干部下沉至基层,实地指导帮助基层团组织开展工作的系列工作机制。这一举措执行起来虽然难度很大,但能够感受到团中央将改革进行到底的决心。随着共青团改革的不断深入,需要引起各级团组织和广大团干部注意的是,机制的确立只是形式,关键还是在于联系青年群众的能力和沟通指导的水平,联系不是目的,通过建立联系凝聚和吸引青年才是根本。

(三)发挥群众性的关键在于建构普遍价值关切,变"追人"为"人追"

在互联网时代,社会结构呈现得更加立体,青年追求的并非简单而安逸的生活,而是体验多种模式的学习,他们更热衷于活跃思维互动、开阔视野的体验、个性发展的平台,只要足够专注,每个人都有属于自己的舞台。中国正在兴起大量的自由职业者,社会的基本结构从"公司+员工",变成了"平台+个人"。每个人都将冲破传统枷锁的束缚,获得重生的机会,关键是要看你是否激发了自身潜在的能量,这是一场真正的解放运动。这无疑为团组织凝聚青年、吸引青年带来了巨大挑战,对于楼宇企业青年、社会流动青年、从事自由职业的青年而言,传统的政治表达体系和方式与青年标新立异的个性表达体系和方式相矛盾,他们会觉得团组织活动没意思,不在一个"频道";工作岗位的多样化要求与大一统的活动组织形式相矛盾,很难协调同一时间参与集体活动;最大的挑战在于你联系到了青年,并与他面对面,但很难"链接"到他的心。凝聚青年、吸引青年并非联系到青年,凝聚青年不能只追着青年群体跑,团组织要善于研究青年人兴趣特点、聚集方式和交流形式的规律,主动创造条件,搭建平台,吸引青年。比如,积极推行现代公益,实践证明,即使来自不同地方的青年,有不同的兴趣爱好,在不同的工作岗位,都期待通过参与现代公益活动,回归社会。现代公益是理想信念在基层组织开展工作的重要实践形态,

做好了现代公益就能够有效地凝聚青年，在推动公益活动实施的过程中使其社会责任、祖国荣耀与党的要求形成共鸣，从而有效地引领广大青年。共青团要通过研究新时期青年特点，在建构普遍认同的价值体验和需求上，打造"磁铁"平台，带着"命题"的意识，把青年群众牢牢地"吸"过来。因为跟着跑永远没有尽头。

新时期的共青团组织，如果不能引领青年群众听党话、跟党走，就丧失了政治性；如果不能发挥党的助手和后备军的作用，就丧失了先进性；如果联系不到青年，且吸引、凝聚不了青年群众，就丧失了群众性。共青团改革正在引向深入，建立健全体制机制才只是迈出第一步。以问题为导向，切中问题内核，不断夯实基层团组织基础，激发基层团组织活力，才是共青团改革实践的关键。

参考文献：

[1][6] 张良驯.共青团政治性、先进性、群众性在改革中的新跨越[J].中国青年政治学院学报，2017（2）：78-84.

[2][3] 李玉琦.共青团历史上的100个由来[M].北京：中国青年出版社，2012.

[4] 刘少奇.刘少奇选集（下卷）[M].北京：人民出版社，1987：115.

[5] 中国新民主主义青年团华南工作委员会.中国新民主主义青年团文献[M].广州：华南青年报社，1950：1.

[7] 张华.论共青团改革的首要问题和基本前提[J].中国青年政治学院学报，2016（06）：50-57.

[8] 周恩来.周恩来选集（上卷）[M].北京：人民出版社，1980：326.

[9] 十九大之后，中国即将发生46个重大变化，不可不知道！全球财经内参，2017-9-6

[10] 吴庆，丁凯.共青团改革对话录[J].中国共青团，2016（9）.

高职院校青年学生社团思想政治教育功能实现路径探索

——以北京青年政治学院为例

申淑玮[①]

> **摘　要：** 青年学生社团作为高职院校大学生自主成立、自我管理、自我教育、自我服务的组织，在提升学生的综合素质、引导社会适应、增强学生专业技能等方面发挥着重要作用。本文以北京青年政治学院为例，分析了高职院校青年学生社团的特点和思想政治教育功能的定位，并通过访谈、调查研究、参考文献等方法对思想政治教育功能发挥存在的问题进行了分析和解决，提出了符合院校实际、操作性强的社团建设意见。
>
> **关键词：** 高职院校　社团　思想政治教育功能

青年学生社团作为校园里最活跃、最有影响力的学生组织，是学生获取知识、提升能力、开阔视野、实现个人价值的第二课堂，也是其自我教育、自我管理、自我服务的主要阵地，更是高校思想政治教育的主要载体之一。学生社团不仅承载和传导思想观念、政治观点、道德规范等思想政治教育因素，而且能在各项社团活动中实现良好的师生、生生互动，对于提高学生语言表达、人际交往、组织管理等综合能力，促进学生个体社会化有很大作用，尤其在高职院校之中，青年学生社团发挥着极大的吸引力和亲和力。

---

① 申淑玮，北京青年政治学院，讲师。

因此，充分认识高职院校青年学生社团的思想政治教育功能，并不断探索其实现路径，不仅能促进学校的学风、校风建设，拓展社团舞台，而且能提升学生素质，促使其成人、成才和成功。本文拟以北京青年政治学院为例，从青年社团现状、社团思想政治教育功能定位、存在问题等方面入手，探索高职院校青年学生社团思想政治教育功能的实现路径。

一、北京青年政治学院青年学生社团情况概述

高职院校学生学习主动性可能相对较差，但动手能力强、创新思维突出，乐于参加实践活动，希望通过参加各类社团活动提升自己，这时青年学生社团的出现既可以为他们提供各种机会，又能加强彼此间的了解，使得不同年级、不同专业、不同性格的学生实现充分理解、沟通和融合。北京青年政治学院的青年学生社团凭借着内容丰富、形式多样、积极健康的学生社团活动，成了校园文化的独特风景线。

（一）社团情况概述

北京青年政治学院学生社团由艺术团、挂靠社团和自发社团组成，在团委的指导下开展工作。学院共有1个声乐实验班、47个学生社团（本校34个、东校区13个），涵盖了理论学习、公益服务、文艺体育、专业延伸等领域，同比增长17.2%，参与人数达1 062人，同比增长35.1%，教师驻团指导率达90%。

北京青年政治学院社团大致可分为专业类、文艺体育类、理论类、实践类、公益类、兴趣类六大类，各类社团数量不等，职责不同，分工明确，发挥着不同的思想政治教育作用。

（1）专业类社团。速录社团、茶艺社团、青年法律服务社团、星火社团、U3D社团等立足所学，依托专业，通过开展与之相关的理论水平和实践操作技能的培养活动，提升学生的专业知识和能力。此类社团具有相对较强的专业性，学生在这里可以拓展专业技能、提升专业技巧，巩固学习内容，提升自身发展。

（2）文艺体育类社团。文艺类社团带领学生在文学、艺术等的交流学习中，在欣赏高雅的文学作品、书法作品，观看舞蹈演出时，陶冶高尚情操，提高人文素养，如青风文学社团等。体育类社团旨在发扬运动精神，增强学生的身体素质。棒球社团、乒乓球社团、滑板社团等体育竞技型社团，通过定期不定期的常规训练以及平时举办的一些比赛等，让沉迷于网络、游戏的学生走出宿舍，体会体育活动的乐趣。

（3）理论类社团。以团青学社、星火理论社团、读者协会为例，通过开展时事政治学习讨论、思想政治学习沙龙等活动，学习、宣传、运用毛泽东思想与中国特色社会主义理论，把握新的形势与政策，帮助广大青年一代学生运用正确的理论知识正确认识和分析社会热点问题，提升思想政治素质和道德素质，因此是高职学生理论学习和提高自身思想政治素质的先锋队。

（4）实践类社团。此类社团活动的目的是在实践中培养团队合作意识、责任意识，帮助学生增长见识、开阔视野、锻炼能力。创业协会、八一社团等社会实践型社团就是代表，它们通过实际训练、各项创新创业比赛、学术沙龙及志愿服务活动、暑期社会实践等活动，使学生走向社会，磨砺精神。

（5）公益类社团。虽起步晚，但发展快，与当代大学生的需要相符合，以青春红丝带社团、微光志愿者协会红十字会学生分会、自强社团为例，通过开展禁烟讲座、志愿服务、打扫校园卫生等活动，帮助同学们树立环保意识，从点滴小事中培养学生的热心、爱心和公益心，提升他们的公益服务意识。

（6）兴趣类社团。此类社团张扬学生的个性，趣味性色彩较浓，确实在丰富学生的课余文化生活方面发挥了较为重要和明显的作用，如理财社团、播音主持社团、动漫DIY社团、手工社团、电竞社团等。

（二）社团特点

高职院校青年学生社团在自主成立、自我管理、自我教育、自我服务等的基础上，因学校人才培养方案的要求和参与学生的特殊性，形成了自己独有的活动特点。下面以北京青年政治学院为例，从两方面来阐述社团活动的特点。

1. 突出专业技能，活动内容契合专业课程

高职院校本身非常强调学生的专业技能，因此专业依托型社团比重大。除了能从学生个人兴趣爱好出发，较好地与其个性发展相融合，其社团活动的开展也能够较好地与其自身专业联系，社团的主要活动内容，都与本专业技能竞赛或者本专业相关的高层次考证考级挂钩。通过多方位地组织青年学生参与活动，提高学生理论知识与实践技能的对接度，增强其对专业知识的领会度，让其有收获感，从而激发其学习兴趣，进而提升其专业水平。

如依托专业成立的速录社团、茶艺社团、青年法律服务社团等，通过社团活动，拥有直接专业知识背景的学生可以将课堂内的理论知识进行实践化或进一步将实践能力在活动中得到巩固拓展，而拥有间接专业知识背景的学生及有兴趣的学生，则可在社团活动中，拓展知识技能，提升专业水平。

2. 突出社会实践，活动形式契合时代要求

在新时代背景下，高职院校要培养动手能力强、基础扎实、创新意识强的职业技能型专门人才，这个培养目标决定了在教育教学的过程中、在社团活动的建设中应重点关注学生的实践能力。通过专业实践、社会调查、公益服务、勤工助学、志愿活动等多种形式的活动，开阔学生的眼界，将思想政治教育融入社团建设之中，不仅巩固理论学习成果，而且也促进知行统一的实现，避免坐而论道和纸上谈兵的情况出现。

例如，"星火"理论社与朝阳区水务局共同举办的"别让人类的眼泪成为地球上最后一滴水"活动、青春红丝带社团与健美操社团共同参加了白求恩医科大学北

京校友会与城子街道龙门三区共同举办的"健康相伴——活力常在暨弘扬白求恩精神，践行两学一做"文艺汇演活动、DIY社团与酒仙桥街道电子城科技园社区青年汇联合开展"绘出青春"DIY手绘鞋制作活动等，越来越多的社团选择走出校园，走向企业、走向社区、走向大自然，纷纷把活动内容与拓展、见习、共建等联系起来，通过多种多样的形式锻炼自身、磨砺精神。

二、高职院校青年学生社团的思想政治教育功能定位

思想政治教育功能是指思想政治教育对受教育者和社会生活所能发挥的积极有利的作用或影响，总体上可分为个体性功能和社会性功能两方面。高职院校青年社团的思想政治教育功能更多地表现在对教育对象个体即学生产生的客观影响，也就是青年学生社团对塑造人的品德、促进人的发展所起的作用，主要表现在以下四个方面。

（一）以社团活动为依托，引导政治方向

高职院校青年学生社团通过融思想性、知识性、趣味性于一体的活动社团活动，运用动员、监督、启发、教育等方式引导大学生的思想和行为，大大丰富了思想政治工作的内容，不仅为学生提供了观察了解社会、参与政治的重要平台，激发学生对国家发展的关注热情，促使其保持坚定正确的政治方向，而且扩大了思想政治教育内容的覆盖面，渗透性强、影响持久。例如，团青学社，通过沙龙研讨、政策宣讲、主题演讲比赛等，使学生在党和国家的政策理论、社会热点问题的学习和讨论中，培养责任意识，提高思想政治素质、道德素质，以及学习和创新实践能力。

（二）以社团章程为基准，约束规范行为

高职院校青年学生社团通过社团章程、制度、规章等内容来规范每个社团成员的行为。完善的管理制度、合理的评比制度、可行的成员准入与退出制度、个性化的干部培训制度等使得社团的大小活动推进都有章可循。社团章程的制度化、规范化，不仅有助于高职院校真实准确把握大学生的思想动态，及时调整工作思路方法，而且还能及时抑制学生不良的个人思想及行为，从根本上提高工作的针对性和实效性。此外，社团舆论作为一种无形的约束力在社团内也会形成一种内力，在一定程度上也弥补了制度约束的不足。

（三）以社团文化为载体，激发精神动力

高职院校青年学生社团所形成的团结积极、健康和谐的社团文化有利于促进社团内部成员形成正向的社团文化价值感知，最大限度地激发学生的积极性，努力营造团结奋进、积极进取、互助互学的相互竞争的社团氛围和社团风气。在学院、团委、

指导教师的帮助指导下，社团成员通过参加活动，增强对社团总体目标的责任感、集体感、荣誉感等，激发团队精神和合作意识，进而将个体目标整合为社团的总体目标。

（四）以社团发展为目标，塑造个体人格

高职院校青年学生社团的健康发展，影响和推动大学生去追求真、善、勇、美的完美人格，对其心理素质、道德素养、文明行为的养成具有不可替代的作用，促进其形成积极、健康、向上的价值取向。丰富多彩的社团文化活动，对社团成员的思想、道德和身心等各方面素质的发展，都具有潜移默化的熏染和陶冶作用。社团成员全身心地投身于社团活动，能够开阔视野，提高想象力，锻炼思考能力和创造才能。社团成员之间宽松、和谐的氛围，能够帮助他们建立起良好的人际关系，促进他们的身心健康发展。

三、高职院校青年学生社团思想政治教育功能发挥存在的问题

高职院校青年学生社团的思想政治教育工作功能，决定了在高职院校的思想政治教育工作中，必须重视和充分利用这一渠道和阵地。但目前，高职院校青年学生社团在思想政治教育功能的发挥上仍存在以下几点不足。

（一）未形成思想政治教育合力

多数高职院校青年学生社团作为思想政治教育的独立载体开展活动，与其他思想政治教育载体并线发展，并未立足思想政治教育的系统性、开放性，实现交融，形成教育合力，从而导致思想政治教育功能发挥不明显。以北京青年政治学院为例，多数社团活动单独展开，并未与课堂教学载体、网络载体、管理载体等结合，导致对社团团员思想政治教育素质、综合能力等方面的考量和评价体系单一。

（二）少有严格的把关和全面的指导

在实际的社团活动发展过程中，学生社团数量不断增加、类型不断丰富、规模不断扩大、规章制度逐渐健全的同时也暴露出很多问题。社团活动大多只重视学生共同的兴趣爱好，充分张扬学生的个体个性，其娱乐性、趣味性和功利性色彩较浓，忽视了价值取向。对此现象，指导老师的作用未充分发挥，所提供的指导不够全面、把关不太严格。

（三）育人功能效果不尽如人意

社团开展活动多是为了完成考核，而并非从社团成员利益、校园文化建设出发，质量较差，学生参与积极性不高。有些社团活动将满足需要变成了迎合需要；有些

社团满足于自娱自乐，只是一味地推进常规活动，缺乏独特的个性特点和育人功能；有些社团活动涉及的面不广、点不深，活动形式趋于古板，同质化日趋严重，缺乏品牌活动和精品活动，影响力和德育效果大打折扣。

四、高职院校青年学生社团的思想政治教育功能的实现路径

基于高职院校青年学生社团的发展及思想政治教育功能的发挥中出现的问题，我们必须丰富和完善大学生社团的内涵和外延，增强学生社团的吸引力、凝聚力和感染力，提高大学生思想政治教育的实效性。

（一）把握社团发展方向，筑牢社团的思想政治教育阵地

高职院校青年学生社团作为加强校园文化建设、提高学生综合素质、引导学生适应社会、促进学生成长成才的重要平台和有效凝聚学生、开展思想政治教育的重要阵地，必须始终坚持社会主义方向，坚持立德树人的教育理念，用习近平新时代中国特色社会主义思想、社会主义核心价值体系引领大学生思想政治教育，培养大学生树立高尚的理想信念和正确的价值追求，构筑好大学生的精神支柱。

一方面，把好社团质量关。不盲目追求社团的数量、规模，重点扶持和建设具有高职院校特色和示范效应的学生社团，加强对学生社团建设与发展的规划，注重形式和内容的统一，充实和完善社团的内涵，发挥好社团对学生综合素质、知识结构、实践技能和创新创业能力提升的作用。另一方面，注重精神力量。要用十九大精神、新时代中国特色社会主义、以爱国主义为核心的民族精神和以改革创新为核心的时代精神，凝聚学生群体，用先进的科学文化知识教育学生，使社团活动服务校园文化建设、服务学生的成长成才，培养德、智、体、美全面发展的社会主义事业的建设者和接班人，实现社团进行学生思想政治教育的功能。

（二）创新社团管理体制，完善社团思想政治教育载体的功能

完善管理体制，提升社团实力。社团的管理体制要体现宏观控制、灵活自主的原则，留给社团自主发展的空间。社团的管理要更多地体现自主管理、自主发展、自我约束，发挥社团成员的智慧和才能，形成社团文化特色。要重视社团的建章立制，制定社团章程，规范社团成员的管理，使社团成员更团结和更具凝聚力；建立和完善科学的评价机制、激励机制和淘汰机制，激励社团良性发展。对活力不强、组织涣散、管理不善的社团严格落实淘汰制度，不断完善学生思想政治教育的载体。

加强全面指导，提升社团水平。高职院校青年学生社团要想发挥好思想政治教育功能，除了要有一定的机制保障和严格的管理体系外，最主要的还是需要有时间全面指导且能够认真负责的指导教师。所以从学院层面上，有必要制定一定的激励机制和管理体制，以保障指导教师能够全心全意地投入社团指导工作中，只有这样，才能从

师资力量上给予社团最大的保障,使社团作为思想政治教育载体发挥育人作用。

(三) 突出社团活动特色,增强社团的思想政治教育成效

一是融合发展,形成合力。可与思想政治理论课紧密结合,发挥学生社团作为思想政治课理论深化和实践渠道的积极作用,尤其重视建设优质的理论型社团;利用网络载体优势,延展社团思想政治教育内容,拓展社团思想政治教育活动空间,提升教育实效;坚持校企合作,社团活动与企业实践相结合,从社团活动内容设计上,考虑企业、行业特点和岗位实际,从社团活动形式上,增加真实行业体验内容,切实将学生社团建设成为服务高职学生成长成才、服务行业企业发展、紧贴社会发展需求的重要平台。

二是层次发展,打造特色。多层次多样化的社团可以调动各个层次学生的学习积极性。学生社团只有在内容、形式上实现百花齐放、别具一格才能形成品牌效应,对学生产生吸引力、感染力。只有提高社团活动的品位、层次、质量,才能使社团文化活动更加繁荣。

综上所述,高职院校青年学生社团建设是大学生思想政治教育的重要渠道,我们必须充分利用青年学生社团的载体,拓宽思想政治理论教育的平台,从而体现学生社团在思想教育中的地位和功能,真正实现高职院校青年学生社团思想政治教育功能的发挥。

参考文献:

[1] 陈万柏,张耀灿.思想政治教育学原理 [M].北京:高等教育出版社,2016:63.

[2] 戴华洁.高职院校学生社团建设研究 [D].复旦大学(硕士论文),2011.

[3] 尹彦."大思政"格局下高职院校学生社团教育功能路径研究 [J].课程教育研究,2017(20):218.

十九大精神感召下的青年理想信念教育

——以首都大学生英才学校理想信念教育实践活动为例

牛 奔 王 玥[①]

摘 要：党的十九大的召开，标示着中国特色社会主义进入新时代，对包括广大青年在内的全国人民来说，意义重大而深远。以习近平同志为核心的党中央对青年一代寄予殷切希望，青年一代将肩负起重要的使命和责任。作为党的后备军的共青团，要大力加强对广大青年理想信念的教育和引导。本文基于北京市团校实际工作，在以往不断研究、提炼及实践探索的基础上，阐述了"坚定'团校要姓党'，把思想引领作为团校核心任务"及"完善团校理想信念教育方式"的研究、实践成果，同时通过首都大学生英才学校理想信念教育实践活动案例，进行了更深一层的呈现和阐释，供各团校、青年院校及高校思政工作者参考。

关键词：十九大精神 青年 理想信念教育

党的十九大作出了中国特色社会主义进入了新时代的重大政治判断，标定了我国发展新的历史方位和时代坐标，确立了习近平新时代中国特色社会主义思想的历史地位，提出了新时代坚持和发展中国特色社会主义的基本方略，确定了决胜全面建成小康社会、开启全面建设社会主义现代化国家新征程的目标。青年一代将肩负起重要的使命和责任。

习近平总书记在十九大报告中指出："青年兴则国家兴，青年强则国家强。青年一代有理想、有本领、有担当，国家就有前途，民族就有希望。中国梦是历史的、

[①] 牛奔 王玥，北京青年政治学院，博士。

现实的，也是未来的；是我们这一代的，更是青年一代的。中华民族伟大复兴的中国梦终将在一代代青年的接力奋斗中变为现实。全党要关心和爱护青年，为他们实现人生出彩搭建舞台。广大青年要坚定理想信念，志存高远，脚踏实地，勇做时代的弄潮儿，在实现中国梦的生动实践中放飞青春梦想，在为人民利益的不懈奋斗中书写人生华章！"在党代会的历史上，报告首次专列一段阐述青年的作用，充分体现了以习近平同志为核心的党中央对青年一代寄予殷切希望，也凸显我们党一如既往地关注青年、关心青年、关爱青年，始终把青年视为推动社会变革生力军的优良传统。

共青团是党的助手和后备军，要更好地团结带领广大青年发挥生力军和突击队作用，始终紧跟党走在时代和青年的前列。当代青年将是新时代建设社会主义现代化强国的中坚力量，而理想信念就是其精神之"钙"，只有正确引导广大青年的理想信念，才能使青年更好地了解把握国家和民族的发展大势，找准自身成长发展的正确路径，在实现中国梦的生动实践中放飞青春梦想。在引导和教育广大青年理想信念的事业中，团校及青年院校要发挥领头羊的作用。

近年来，特别是党的十九大前后，北京市团校结合进一步加强在青年理想信念教育中发挥引领作用，进行了深入的研究和实践尝试，取得了较好的成效，主要研究成果及实践做法如下。

一、坚定"团校要姓党"，把思想引领作为团校的核心任务

在思想上高度重视青年的理想信念教育。中共中央2015年10月印发的《干部教育培训工作条例》指出："干部教育培训坚持以理想信念、党性修养、政治理论、政策法规、道德品行教育培训为重点，并注重业务知识、科学人文素养等方面教育培训，全面提高干部素质和能力。"2013年8月习近平总书记在全国宣传思想工作会议上的讲话中指出："理想信念就是共产党人精神上的'钙'，没有理想信念，理想信念不坚定，精神上就会'缺钙'，就会得'软骨病'。"由此可见理想信念教育对于青年成长成才的特殊重要性。十九大报告中关于青年的阐述也提到"广大青年要坚定理想信念……"。团校作为培养团干部和青年骨干的一所特殊学校，作为培训、轮训团青骨干的主渠道、主阵地，应该将有效开展理想信念教育作为使命和终身课题。

二、完善团校理想信念教育方式

（一）完善教育手段

团校在开展团青骨干的理想信念教育时，必须改变主要依靠以教师为主的灌输

式教学方式的教学现状,要尽可能多地运用"以(学)生为主"的教学手段。这些教学手段主要表现为以下两种:体验式教学和研讨式教学。体验式教学是指根据青年的认知特点和规律,通过创造实际的或重复经历的情境和机会,呈现或再现、还原教学内容,使学员在亲历的过程中理解并建构知识、发展能力、产生情感、生成意义的一种教学观和教学形式。这种教学形式特别适合运用在理想信念方面的教育。研讨式教学是以解决问题为中心的一种教学方式,通过由教师创设问题情境,然后教师和接受理想信念教育的青年学员共同查找资料,研究、讨论、实践、探索,从而提出解决问题的办法的一种"以师为导""以生为主"的教学方式。它包括阅读自讲式、讨论式、启发式、专题式、课题制式、案例和结构化研讨等多种具体教学方式。

(二)丰富教育载体

团青骨干在开展理想信念教育活动时,必须改变主要依靠团校课堂载体为主的现状,充分挖掘其他各种载体以丰富教育形式,切实提升团青骨干理想信念教育的实效。这些载体包括各种网络载体(如网站、微信、微博、手机短信、远程教育等)、各种传统媒体载体(如报纸、期刊、书籍、电视、广播等),各种座谈会、讨论会、实践活动载体等,尤其要挖掘好、运用好各种现场教学点和红色资源。各种现场教学点的选择要凸显地方特色和党课特色,结合当地党员干部的思想实际和现实资源来进行载体的设计和完善。红色资源的挖掘和应用一定先做好相关史料的收集、整理工作,然后,在此基础上精心设计教学目标、教学内容和教学环节。

(三)拓宽教育途径

过去,在开展党员干部理想信念的教育实践中,主要运用到的教育途径是课堂途径和文字途径。这两种途径的主要特点是接受理想信念教育的青年学员一直处于被动接受的状况,接受教育的学员往往充当的只是整个教学活动中的配角,他们主要靠"听"和"看"来接受理想信念教育。学员自身在学习中的主观能动性发挥不够充分,其教育效果也难以保证。今后,我们要想方设法拓宽理想信念教育的具体实施途径,让青年既动脑又动手,既当主角又当导演。这些具体实施途径主要包括网络途径、多媒体途径和实践途径。

三、北京市团校对青年理想信念教育的探索

北京市团校一直把青年理想信念教育放在首要和突出地位,面对新时期、新青年、新挑战,一直在摸索和实践切实有效的青年理想信念教育途径,取得了较好的效果。

北京市团校创造性地把体验学习和社会化学习结合起来,应用到一些团青骨干的培训班上,特别是首都大学生英才学校的青年学生的理想信念教育和成长成才培

育中。体验学习,是1981年由美国学者库伯创造性地提出四阶段体验学习圈模型,即具体体验、反思观察、抽象概括和行动应用。在库伯看来,学习是通过体验转化获得知识的过程,学习就是在某种特定的场景中,通过学生的现场体验和反思内省,不断提升自我概念和主观行动应用,进而形成积极的情感、态度和价值观,并促进人格升华的循环延续过程。

(一)首都大学生英才学校简介

首都大学生英才学校是北京团组织集中力量推动的一项"青马工程"示范工程。2003年4月,来自首都43所高校的64名优秀学生干部成为英才学校的首批学员。16年来,英才学校共培养了1 000多名学员,取得了良好的教育效果。

首都大学生英才学校在长期实践探索中形成了思想引领与能力提升相结合、理论教学与实践教学相结合、集中教学与分组教学相结合、课堂教育与远程教育相结合、统一管理与自治管理相结合"五个相结合"的办学原则。学校着眼于完善学员知识结构,提升青年综合素质,形成了涵盖社会学、管理学、心理学、哲学等多学科交叉互动的课程体系。围绕办学宗旨,突出办学特色,探索实行"开放式""启发式""补偿式"教学思路,初步形成了包括教学队伍建设、教学内容设置、教学收益评估、团队文化建设等多维一体、综合完善、良性互动的培养模式。

(二)首都大学生英才学校的社会实践

英才学校努力构建"三大实践平台",扩大学生干部实践锻炼的舞台。一是搭建基层实践平台,以实施首都基层志愿服务团、大学生村干部计划、"温暖衣冬"志愿服务、区域化团建等工作为载体,引导大学生骨干深入农村、社区,了解社会、服务基层。二是搭建大型活动实践平台。近年来,北京高校学生骨干在北京奥运会、我国60周年庆典、世博会、田联世锦赛、九三阅兵、向人民英雄纪念碑敬献花篮等重大活动中,承担了重要的工作任务,一大批学生骨干在这个平台上"经风雨、见世面、长才干"。三是搭建学生骨干交流平台,利用假期组织专题实践团,重走革命圣地、回顾革命历史;积极组织学生骨干与港、澳、台青年学生、国外青年开展交流活动,提高学生骨干的对外交往能力,提升国际视野。

(三)首都大学生英才学校的挂职锻炼

挂职实习,是英才学校最具特色的育人工作渠道。挂职实习,是在导师的言传身教下,学员提高社会工作本领的重要平台。通过课内外教学内容的相互配合和补充,加强学员多学科知识的有效积累与合理配置,进一步提高学员的综合素质与知识层次。通过在实际工作岗位上的体验锻炼,理论结合实际,促进学员形成优良的职业素养和工作作风,提高理论水平和实践能力。英才学校采取"聘任制方式"邀请党政机关领导、企事业单位负责人、专家学者、团学干部和社会知名人士等担任学员导师，组成"导师师资库"。导师通过促膝谈心、言传身教、实习咨询、论文指导等方式围绕学员挂职实习问题，有针对性地设计教学指导方案，开展个性化成才指导。

（四）首都大学生英才学校的体验式社会化学习个案分享

北京市团校在2017年暑期承办了首都大学生英才学校暑期"青年服务国家，基层社会治理体验计划"实践锻炼活动。

"青年服务国家"首都大学生暑期社会实践工作是为了深入学习习近平总书记系列重要讲话精神和治国理政新理念新思想新战略，贯彻落实全国高校思想政治工作会议和《关于加强和改进新形势下高校思想政治工作的意见》精神，落实全国高校共青团思想政治工作会议有关部署，深入实施青年马克思主义者培养工程，引领广大首都大学生英才学员树立和践行社会主义核心价值观，更加坚定跟党走中国特色社会主义道路，树立为协调推进"四个全面"战略布局和实现"两个一百年"奋斗目标、实现中华民族伟大复兴的理想信念。

本次"青年服务国家—基层社会治理体验计划"为期一周，30余名英才学员深入延庆区15个乡镇、3个街道和1个企业，感受基层体验社会治理工作模式，共计走访了67户低收入群众家庭，看望25位革命老兵老党员，参加了32次基层政府工作会议，参与外出实地调研共62次，参与接待人民群众处理问题21次，参加基层志愿服务等活动16次。通过本次社会体验式实践教育活动，英才学员更好地认识基层、了解基层，在潜心实践中培养社会责任感，做心怀大时代、身怀真本领的青年马克思主义者。

为了切实培养英才学员的理想信念和能力素质，在实践活动前，向英才学员提出了三点要求：一是正确认识这个大时代，做心中有信仰的时代英才；二是把握这次体验式实践教学活动的机会，做实践中有思考的勤学英才；三是着眼未来大格局，做身怀大本领的自强英才。

广泛开展有思想教育意义的社会体验式教育是共青团改革的要求，也是当代青年勇担时代使命、奋力开拓进取的重要途径。在这次英才社会实践中，学员们跟随导师学习思想理论知识，提高自身政治意识；同时深入基层、了解基层，锤炼意志品格，增强为民情怀；深入学习北京市委书记蔡奇同志在北京市第十二届党代会报告中"以拼搏为美，向行动致敬"讲话的精神内涵，培养实干作风；同时发挥青年本色，坚守底线，在各项工作的蓬勃开展中发挥青年力量。

在最后的分享会上，参加实践活动的英才学员纷纷表示这一周的教育实践活动是深刻而震撼的，收获颇多。大家从基层民主、法治环境、民情民生、生态发展、文化建设等多方面进行了成果汇报。大家彼此交流了在实践过程中所感受到的基层领导作为党的干部，那种把百姓的利益放在最高地位的职责感，作为青年党员也应该传承这种精神，为人民担当起责任。

结合本次社会实践教育活动，展望未来，英才学员做了深刻的总结：一是要坚定"四个自信"，鼓励大家积极开展宣讲，将本次基层实践精神传达给身边的广大青年学生；二是要积极践行社会主义核心价值观，进一步当好首都大学生的示范和标杆；三是身为学生干部，英才学员应勇担重任，积极在高校团学组织中推动共青团改革；四是要做新发展理念的践行者，继续脚踏实地，把基层当作最好的课堂，投身基层发展的大舞台。

  对青年开展理想信念教育和引导，不仅仅是灌输式的，教育者要真正走进和融入青年中去，并且带领青年去真实地体验和感受，将其引领到党和国家的事业中来。在以习近平同志为核心的党中央的坚强领导下，在广大共青团干部及高校教育工作者的砥砺奋进中，在广大青年的共同努力下，党的青年工作和青年发展事业一定能焕发勃勃生机，为决胜全面建成小康社会、全面建成社会主义现代化强国而贡献青春力量！

青少年校园欺凌的预防和应对：
欧美国家的最佳实践及其启示

梅丽萍[①]

摘 要：校园欺凌是世界各国中小学校园都普遍存在的问题，对涉及其中的每一个人都会产生短期和长期的影响，造成严重后果。自欧文斯首创的预防校园欺凌项目在挪威取得显著成效以来，欧美国家纷纷效仿，并在不断总结和评估反校园欺凌项目得失的基础上，进一步根据本国实际调整政策和策略，总结出一系列行之有效的最佳实践。这些最佳实践表明，应对校园欺凌是一个多层次的综合性策略体系，需要国家、学校、教职工、家长、青少年自身以及社会各负其责并共同努力。对我国而言，首先要建立和完善反校园欺凌的法律法规，在明确界定校园欺凌的基础上开展综合性的协调治理。

关键词：青少年 校园欺凌 预防 应对

在过去的20—30年，校园欺凌被学界公认为在世界各国的绝大多数中小学校都普遍存在的问题。研究表明，校园欺凌会对涉及其中的每一个人产生短期和长期的影响，造成严重身心健康问题以及自杀、杀人等严重后果。因此各国越来越重视校园欺凌的预防和应对。自欧文斯首创的预防校园欺凌项目在挪威取得显著成效以来，欧美国家纷纷效仿，并在不断总结和评估反校园欺凌项目得失的基础上，进一步根据本国实际调整政策和策略，总结出一系列行之有效的最佳实践，为我们提供了一定的借鉴。

---

① 梅丽萍，北京青年政治学院，博士。

一、何谓校园欺凌

关于校园欺凌（school bullying）的定义有很多，迄今也没有形成一种被广泛接受的统一定义，其中最广为人知并被广泛引用的是最早研究校园欺凌的挪威心理学家丹·欧文斯的定义。欧文斯将校园欺凌定义为"一个学生长期、重复地暴露于一个或多个学生的负面行为，这种现象就属于欺凌"，并指出，负面行为是指某人故意或者企图使他人遭受伤害或者不舒服的行为。负面行为可以通过身体接触、言语或其他方式进行，如做鬼脸或猥亵手势，以及故意将其排除在群体之外。暴露于负面行为的学生很难自我保护，并且对骚扰他/她的学生有些无助。在欧文斯的定义中，校园欺凌有三个特征：一是该行为是攻击行为或故意的伤害；二是该行为是反复和长期进行的；三是该行为发生在力量不平衡的人际关系中。欧文斯认为，欺凌可被视为一种虐待形式，因此他有时使用同侪虐待一词作为这种现象的标签。此外，欧文斯还将欺凌分为直接欺凌（对受害者的攻击相对公开）和间接欺凌（以社会隔离和故意排斥出群体的形式）两大类型。

欧文斯对校园欺凌的描述性定义被后来的研究者以及实践部门广泛借鉴。此后欧美各国陆续扩展对校园欺凌的描述，并归纳出校园欺凌的特征和类型。英国学者皮特·史密斯指出，"欺凌行为是指有意地造成他人的伤害，这种伤害可能是身体的或心理的。欺凌通常采取打、推、勒索财物等方式，也包括讲下流的故事或者社会排斥等方式。欺凌可由一个或多个儿童卷入"。他认为欺凌行为可被视为攻击行为的一个子集，且具有不同于一般性攻击行为的三个特征，即未受激惹、重复以及欺凌者和被欺凌者之间力量的不平衡。

美国联邦政府的"阻止欺凌"官方网站（www.stopbullying.gov）中，将校园欺凌正式定义为"学龄儿童之间在实际或可感知的力量不平衡情况下发生的意料之外的攻击性行为，这种行为是重复性的，或随着时间的推移有重复的可能性。欺凌者与被欺凌者都可能产生持续的严重问题。"该定义的内涵是：欺凌行为必须是攻击性的，并包含力量不平衡和重复性两个特征。其中，力量不平衡是指欺凌者利用其力量（例如身体力量、利用令人难堪的信息或人气等）控制或伤害他人。重复性是指欺凌行为不止发生一次或者有可能发生多次。欺凌行为包括威胁、散播谣言、身体或语言攻击、故意排斥某人等。美国疾病控制和预防中心给出了与上述界定类似的定义：欺凌是由非某一青少年的兄弟姐妹或当前约会对象的一个或一群青少年对其实施的任何其不想要的攻击性行为，该行为涉及观察到或感觉到的力量不平衡，并多次重复或极有可能被重复。欺凌可能对目标青少年造成包括身体、心理、社会或教育等方面的伤害或痛苦。

英国政府网站（www.antibullyingworks.co.uk/）将欺凌描述为：欺凌是一个或多个人有意识地伤害另一个或多个人的行为。欺凌可以持续很短的时间或者持续数年，并且是那些实施欺凌的人对力量的滥用。它有时是有预谋的，有时是机会主义的，有时是随机的，有时是连续发生的；它还指出，欺凌的发生有赖于发现者、旁观者、观察者不采取任何措施来阻止这种欺凌行为，或积极参与支持这种欺凌行为。欺凌可以采取多种形式，大致可分为身体欺凌和非身体欺凌。非身体欺凌可以是语言欺凌或非语言欺凌。语言欺凌包括辱骂、威胁、散布谣言或戏弄。非言语欺凌包括排斥、忽视、涂鸦、恶意文本和电子邮件以及破坏友谊等，这类欺凌在精神健康方面造成的损害最严重，但也是最难识别和应对的。英国教育部对欺凌的定义是：欺凌是指一个人或一群人故意对另一个人或一群人重复地进行身体或情感伤害的行为。欺凌可以采取多种形式（如通过短信、社交媒体或游戏进行的网络欺凌，包括使用图像和视频），其动机往往出于对特定群体的偏见，如基于种族、宗教、性别、性取向、特殊教育需要或残疾，或因为某个儿童是被收养、被照料或负有照顾责任。儿童之间的实际差异或者被感知到的差异都可能激发欺凌。

与美国政府的界定不同的是，英国政府的欺凌定义涵盖儿童、年轻人和成年人。认为欺凌可以是学生对学生，老师对学生，学生对老师，父母对老师，老师对家长；而且随着社会和技术的发展，欺凌的类型和形式也在不断演变。英国政府对欺凌的定义包含了欧文斯所归纳的三个特征。

综上，欧美国家对欺凌的界定继承和发展了欧文斯对欺凌的定义，大多数定义都强调三个特征，即故意伤害、重复和力量不平衡，但对这三个特征的内涵有不同程度的扩展，如故意伤害不仅强调欺凌者的主观意图，还强调受害者"痛苦"的感受。重复性不仅指欺凌行为已经发生多次，还包括有多次发生的可能性以及尽管是一次性的行为，但可以通过重复地转发造成伤害的情形。力量不平衡也不仅仅是指身体上力量的强弱，还包括在人际关系、掌握信息程度等方面的差异程度。关于欺凌的类型，人们则在欧文斯早期划分的两种类型的基础上扩展为四种类型：一是语言欺凌；二是社会欺凌，或称为关系欺凌；三是身体欺凌；四是随着科技的发展新出现的一种形式的欺凌，即网络欺凌。它是指通过手机、电脑和平板电脑等数字设备发生的欺凌行为，包括发送、张贴或分享关于他人的负面、有害、虚假或不好的内容或分享他人的个人或私人信息，从而造成尴尬或羞辱等。

二、校园欺凌的普遍性及其后果

（一）世界各国青少年校园欺凌发生频率概况

尽管各国对校园欺凌的界定、所采用的研究方法以及各国文化差异等方面的原因，各个国家调查统计到的校园欺凌发生频率的数据不尽相同，但校园欺凌现象在世界各国普遍存在却是一个不争的事实。据联合国教科文组织2017年1月17日在韩国首尔发布的全球校园欺凌现状的最新报告显示，全世界每年有将近2.46亿名儿童和青少年因体貌特征、性别与性取向、种族与文化差异这三个原因遭受欺凌。他们的身心健康因此倍受伤害。该报告还指出，所有儿童和青少年都面临校园欺凌和暴力的风险。

美国国家教育统计中心和司法统计局共同发布的2014—2015年《学校犯罪补编》中的统计数据表明，全美范围内，约21%的12~18岁学生受到欺凌。美国疾病控制和预防中心发布的2015年《青少年风险行为监测系统》表明，全国9~12年级学生中有20%报告在调查前的12个月内在学校遭受过财物方面的欺凌。在调查前的12个月里，估计有16%的高中生受到过网络欺凌。根据世界卫生组织的两个跨国研究调查（一个是 The Health Behavior in School-aged Children Survey，HBSC；另一个是 the Global School-based Students Health Survey，GSHS）的数据，参与调查的66个国家中共有218 104名11~15岁的青少年涉及校园欺凌。HBSC的调查结果表明，有34%的青少年在调查前两个月至少被欺凌过一次；有11%的青少年在调查前两个月至少被欺凌过两三次；有35%的青少年在调查前两个月在学校至少欺凌过他人一次，有11%的青少年在调查前两个月每月至少欺凌过别人两三次。GSHS的调查则表明有37.4%的参与调查者报告其在调查前的两个月至少被欺凌过一次。各个国家校园欺凌的发生率具体数据在6%~41%（HBSC调查结果）和9%~54%（GSHS调查结果）。尽管发生率的数据存在较大差距，但这两个跨国研究都表明有许多学生受到过校园欺凌的伤害。

另外，值得一提的是，我国青少年校园欺凌问题也比较严重，尽管迄今为止还没有比较统一的官方统计数据，学界自20世纪90年代末以来的研究即给出了8%~20%的发生率数据。2017年南京大学社会风险与危机管理研究中心和中南大学社会风险研究中心联合发布的《中国校园欺凌调查报告》指出，中国大陆中部地区学生的校园欺凌行为发生率最高，占46.23%。且校园欺凌行为呈现出以"中部地区＞西部地区＞东部地区＞东北地区"的地理空间分布形态。

（二）校园欺凌的严重后果

校园欺凌会对涉及其中的每一个人产生短期和长期的影响，包括欺凌者、受害者、既是欺凌者同时又是受害者的青少年以及旁观者等，且后果十分严重。

1. 对受害者的影响

对受害者而言，童年时被欺凌的后果十分严重。从短期影响看，受害者通常会遭受以下一种或多种痛苦：长期缺勤、学业成绩下降、恐惧增加、感到孤独、感到被遗弃以及有自杀念头。因为欺凌最常发生在学校，许多受害者不愿意或害怕上学，并可能出现身心症状，如在早上觉得头痛或胃痛。有研究发现，7%的美国八年级学生因为欺凌每月至少在家待一天。超过五分之一的中学生表示，他们在学校避免上厕所是因为害怕被欺凌，至少有20%的学生在学校一天中的大部分时间都感到害怕。受害者会出现注意力障碍，因为他们可能觉得有必要不断监测他们的环境，在焦急不安中等待下一次受害来临。受害者还可能因欺凌而身体受伤（瘀伤、割伤和划伤）、衣服被撕裂和财产被损坏。为了满足欺凌者，又要避免伤害，受害者可能会向家里多要钱或者偷钱。晚上，受害者可能会有睡眠困难和做噩梦。为了安全或实施报复，受害者比非受害者更可能将武器带到学校。他们有时企图自杀。而且，受害者更多的是将其问题内化。研究表明，受欺凌与焦虑、抑郁等内化障碍有显著的正相关关系。相较于男孩子，少女受害者的内化障碍会更明显、更严重，可能发展为饮食失调。受害者也会因为童年被欺凌的经历而遭受长期的负面影响。因为受害者往往会错过很多天的学业，导致其成绩往往低于同龄人，而且许多人没有发挥自己的学习潜力。此外，曾遭受欺凌的人在23岁时比那些没有遭受过欺凌的人更抑郁，自尊更低。有一半的受害者报告了在孩提时代被欺凌的长期影响，主要影响到他们成年后的人际关系。很多男性受害者在成年后会遇到社会心理问题，如对女性的抑制，他们的两性关系也可能会出现问题。当受害者有了自己的孩子时，他们可能会对他们认为是欺凌的行为反应过度，从而造成代际过度保护的循环。这可能会阻碍其子女学习和掌握解决冲突的技能，从而使其子女更有可能成为下一代受害者；受害风险可能会通过上一代受害者的遗传因素、长期过度保护性养育以及儿童内化的消极认知而转移到下一代。在极端情况下，受害者会对以前的欺凌者实施报复行为，包括谋杀。国内外许多经媒体报道的校园枪击案或凶杀案的犯罪者最后都被发现曾是校园欺凌的受害者。

2. 对欺凌者的影响

很多研究表明，欺凌者也深受欺凌行为之苦，欺凌者和受害者都有强烈的自杀念头。欺凌他人的青少年往往表现出其他违抗和违纪行为，学业成绩不佳，更有可能辍学，或者携带武器上学。欺凌者所经历的情绪和行为问题可能会持续到成年并产生长期的负面后果，包括反社会行为、破坏、吸毒和药物滥用、犯罪行为、成为帮派成员等。

3. 对既是欺凌者又是受害者（欺凌者／受害者）的影响

与那些单纯的欺凌者或受害者相比，欺凌者／受害者出现身心健康问题的风险最高，他们患上抑郁症状、焦虑、心身症状、饮食失调和同时出现精神健康问题的风险最大。他们可能会同时遇到心理问题、对自己和他人的负面看法、社交技能差、行为问题和被同龄人排斥等问题。有研究表明，有21.5%的欺凌者／受害者患有对立反抗性障碍，17.7%的患有抑郁症，17.7%的患有注意力缺失障碍（Kumpulainen等，2001）。与单纯的欺凌者相比，欺凌者／受害者的对立反抗性障碍和抑郁症的发生率更高。与欺凌者或受害者相比，欺凌者／受害者在青少年时期有很大的酗酒和吸毒风险。年龄较小的欺凌者不仅比其他儿童有更多的精神症状，而且这种情形会持续到成年以后的生活。一项对37个研究的文献回顾发现涉及校园欺凌的任何人，其自杀念头和自杀行为的风险都会增加，风险最大的则是那些既是受害者又是欺凌者的孩子。

4. 对旁观者的影响

研究欺凌的文献常常忽略那些目睹或听闻欺凌行为的青少年（即旁观者）的经历和感受。对旁观者的研究通常侧重于他们在欺凌情境中的作用（如他们是否支持欺凌者），以及他们为什么干预或不干预。虽然研究很少评估目睹欺凌对旁观者的影响，但一些研究发现，旁观者会因害怕报复而感到焦虑和不安全，旁观者可能会将自己与被欺凌的同伴分开，以避免自己被欺凌。也常常因为没有直面欺凌者和/或没有支持受害者而倍感内疚或无助。

三、欧美国家预防和应对校园欺凌的最佳实践

校园欺凌有上述严重的后果，因此欧美国家纷纷采取措施预防和应对校园欺凌，早期各国主要是将欧文斯在挪威首创的反校园欺凌项目直接在本国重复运用或者做一些改进后予以运用，但没有取得像欧文斯最初在挪威实施该项目时的显著成效。各国后来进一步根据本国实际制定法律和政策，总结和纠正之前反校园欺凌的错误导向，在此基础上探索和总结预防和应对校园欺凌的最佳实践。

（一）早期主要的反校园欺凌项目

1. 欧文斯预防欺凌项目

欧文斯预防欺凌项目可能是最广为人知的旨在全面解决欺凌的项目，也可以说是此后各种主要的反校园欺凌项目的蓝本。该项目聚焦于小学和初中学生的校园欺凌问题，依赖于教师和学校员工实施。通过在学校、班级和个人等三个层面的措施促使学校教职工去创造一种温暖和包容的校园环境，严格地限制不可接受的行为，并对破坏规则的行为持续地采用非敌对的惩罚措施，让成人同时扮演权威和榜样。该项目最初是在挪威实施的，研究者报告该项目能够减少50%以上的学生报告的欺凌和被欺凌现象（Olweus 和 Limber，2000）。关于欧文斯反校园欺凌项目在其他国家的复制也报告了积极的结果。这尽管也明显地减少了校园欺凌的发生率（大约减少了16%~35%），但比欧文斯在挪威的研究结果成效要小一些。欧文斯反校园欺凌项目的核心内容如表1所示。

表1 欧文斯反校园欺凌项目概况

总体要求	成人对校园欺凌问题的认知和参与解决
学校层面的措施	问卷调查
	学校会议日
	休息时间的有效监管
	建立教职工讨论小组
	形成合作组

续表

总体要求	成人对校园欺凌问题的认知和参与解决
班级层面的措施	建立反欺凌的班级规则
	学生班会
	班级家长会
个人层面的措施	与欺凌者和受害者严肃谈话
	与涉及欺凌事件的学生家长严肃谈话
	发展个人干预计划

2. 欺凌项目

欺凌项目是戴维斯基于欧文斯在挪威的研究建立的。除了采用全校范围内的对欺凌"零容忍"的政策，还教学生如何站起来反对欺凌者、如何得到成人的帮助、如何友好地接触那些可能卷入欺凌状况的学生。该项目也包括对欺凌者和受害者的干预。对欺凌者，建议咨询，召开帮助其认知行为、移情发展，或赔偿的会议。对于受害者，建议采取各种形式的支持，包括人身保护、与其他受害者一起团体参与支持或个人治疗。推荐表现力艺术疗法，使受害者以书写、表演、绘画的形式表达或谈论他们的经验。受害儿童必须表达自己的想法和感受，以便干预者帮助他们用积极的方式回应其内部化的消极信息。目前没有正式的项目评估数据来评估该项目的效果。

3. 欺凌终结者

"欺凌终结者"（Bullybusters）是比尔建立的一个针对中小学学生的反欺凌运动。该运动主要聚焦于表演"欺凌终结者"的表现。学生们表演一些在学校里常见的欺凌情形的短剧，然后开始课堂讨论。短剧结束后，校长向学生解释学校对欺凌行为的"零容忍"政策，并要求学生采取积极措施缓解校园内的欺凌现象。该项目的实施效果也还没有得到正式的评估，但是实施该项目的学校里的老师报告，学生们似乎更愿意报告欺凌行为。负责学生纪律的管理人员还报告说，在该项目的第一年，欺凌事件减少了20%。

（二）避免预防和应对校园欺凌的误导

随着对校园欺凌问题研究的深入以及反校园欺凌项目在各国的广泛实施，研究者和实践者逐渐认识到一些早期预防和应对校园欺凌的项目中的不足，一些被广泛采用的预防和应对校园欺凌的理念和策略并不具备进一步研究所支持的最佳实践的特点，反而可以说是一些误导。主要包括以下几点。

1. 对欺凌"零容忍"

欧美国家的一些学校对欺凌行为采取"零容忍"或"事不过三"的政策，在此政策下，对欺凌者采取停学或开除的惩罚措施，这些政策因此也被称为"学生排斥政策"。近年来研究人员和实践者开始质疑这一政策,认为:第一,这样的政策可能会影响大量学生。第二,威胁严惩(如留校察看或开除)实际上可能会使儿童和成人不敢报告欺凌事件。第三,欺凌他人的孩子本身也是欺凌行为的受害者,他们也需要帮助,而且其欺凌行为可能是其他问题行为的早期标志,因此正确的做法是需要积极的、亲社会的榜样,包括成人和在他们学校的学生来帮助他们,而不是简单地将他们逐出学校。可能偶尔也需要某个学生离开学校来确保学校安全,但这种情况应该很少见。

2. 冲突解决和同伴调解

冲突解决和同伴调解是处理学生之间冲突的常见策略,但并不适合用于处理欺凌问题。因为:第一,欺凌是一种伤害而非冲突。第二,调解欺凌事件可能会向涉及其中的学生传达不适当的信息,如同告诉他们"你一半是对的,一半是错的。我们需要解决你们之间的冲突"。对一个被欺凌的孩子来说,恰当的信息应该是:"没有人应该被欺凌,我们将看到它停止。"对于欺凌他人的学生来说,恰当的信息应该是:"你的行为是错误的,我们会和你合作,确保它停止。"第三,调解可能会进一步伤害被欺凌的孩子。对孩子来说,被欺凌可能是一个创伤性事件,强迫或鼓励他/她在没有准备或支持的情况下面对伤害他/她的人可能会再次伤害这个孩子。应该认识到被欺凌的孩子可能有创伤,需要特别照护,避免可能会伤害他们。

3. 团体治疗

一些学校在处理欺凌行为时对欺凌者采用团体治疗法进行干预,包括愤怒管理、技能培养、移情以及增强自尊心等。虽然这些团体干预法是出于好意,但往往适得其反,因为团体成员往往是糟糕的榜样,会相互加强反社会和欺凌行为。

4. 夸大或简化欺凌与自杀之间的关系

一些媒体对欺凌受害者自杀的宣传让许多人认为,欺凌往往直接导致自杀。虽然研究清楚地表明欺凌事件与自杀的意念和行为之间有联系,但夸大或曲解这种联系的程度则非但无助于解决问题,反而可能有害。因为:第一,它鼓励耸人听闻的报道。第二,它没有认识到自杀的原因非常复杂,许多个人的、人际关系的、社区的和社会的因素都会导致自杀的风险。第三,它延续了一种错误的观念,即自杀是一种对被欺凌的自然反应,具有使这种反应正常化的潜在危险,甚至可能导致年轻人中的"自杀传染"。

5. 简单的短期解决方案

一些学校往往会采取碎片化的短期解决方案来防止和解决欺凌问题。例如,员工在职培训、家长教师联系会、全校集会,或个别教师授课等。虽然这些措施都是很好地预防校园欺凌的初步工作,但不可能仅仅靠这些措施来达到明显减少欺凌的目的,而必须将其嵌入一个全面的、长期的反校园欺凌战略。

（三）预防和应对校园欺凌的最佳实践

1. 制定反校园欺凌的法律和政策

欧美国家通常都有各种各样的法律来处理欺凌问题，学校则根据这些法律来制定相应的反校园欺凌的政策。例如，在美国，反欺凌的法律包括联邦层面的"公民权利法""教育修正案""康复法"和各州的教育法规、各州为地区和学校提供指导的示范政策、适用于未成年人的刑法以及各州的反欺凌法等。尽管各州对欺凌的处理方式有所不同，但全部50个州都有处理欺凌的法律，而且各州的反欺凌法律有一些共同的关键内容，包括：说明反欺凌法律的目的、说明适用的范围、明确禁止的行为、列举特殊的个人特点、制定和执行地方教育当局政策等。其中，地方教育当局政策明确规定了欺凌的定义、报告欺凌的程序、调查和应对欺凌的程序、欺凌的分级后果、分级制裁以及转介等内容。

所有州的反欺凌法律都要求公立学校制定反欺凌的政策。所有反欺凌的政策也都有一些共同的关键内容，包括：对欺凌作出与州法律相一致的明确界定，明确禁止的行为；明确对目睹欺凌行为时应采取的积极行为；明确指出可能发生欺凌行为的地点；描述对欺凌事件的分级制裁和后果，包括非惩罚性替代措施以及包括一项关于其他法律追索权的声明等，而且，这些政策并非只是写在纸上的，而是要求学校所有的教职工都应熟知并有相应的执行行动。

2. 聚焦学校的风气和社会环境

在预防和应对欺凌方面做得最好的学校都注重从源头防止欺凌的发生，因此应聚焦于创建一种良好行为的风气、一种包容的环境。学生们既相互尊重，也尊重学校教职工，同时理解和包容各种差异，他们知道这是正确的行为方式。这种良好校园文化从教室延伸到走廊、餐厅、操场，以及学校校门之外（包括往返学校的途中），尊重教职员工和其他学生，理解教育的价值以及明白自己的行为如何影响他人，渗透到整个学校环境中，并因教职工和高年级学生的榜样作用而得到进一步加强。

良好的学校社会环境包括学校、邻里中心、娱乐或其他儿童和青少年聚集的场所等。每个孩子的父母和监护人、教师、辅导员、教练、学校资源官、巴士司机、行政人员以及青少年自身都对改变学校社会环境做出共同的承诺并付出时间和努力。每个人都这样做了时，就会对行为产生显著的影响。社会环境和规范的改变会使青少年改变对欺凌行为的错误认知，使欺凌变得"不酷"，使他们能够注意和识别欺凌，并且当目睹欺凌时，他们会以朋友的身份或者其他帮助形式介入。

此外，由于欺凌通常在成年人不在场或者不注意到的地方发生，因此成年人需要加强对青少年的监管，所有的成年人都应该警惕欺凌的迹象，并在任何怀疑有可能是欺凌时展开调查，尤其要注意识别有可能发生了欺凌的信号，并且对欺凌容易发生的热点地方进行监管

3. 在社区范围内进行欺凌评估

成年人对欺凌性质和普遍性往往知之甚少。研究发现，教师和学校其他员工经常对学生所报告的他们被欺凌和目睹欺凌的频率感到惊讶，也对欺凌采取的形式以及可能发生欺凌的热点地方知之甚少。因此欧美国家第三个最佳实践聚焦于对欺凌进行社区范围的评估。这类评估可以帮助学校领导了解培训的必要性，以及如何根据学校和项目的需要调整培训和欺凌预防策略。此外，对欺凌评估有助于提供一个基线，以便领导能够衡量在减少欺凌方面取得的进展。在欧美国家，可从很多信息资源直接获得校园欺凌和社区青年暴力的普遍性数据，比如美国停止欺凌官网上公布的"全景调查和社区行动工具包"、疾病控制和预防中心（CDC）发布的"欺凌评估工具纲要"以及国家安全支持学习环境中心（NCSSL）发布的"学校环境调查纲要"等。

4. 广泛寻求预防欺凌的支持

有效的欺凌预防措施需要学校领导尽早给予热情的支持，但这些措施不应是学校的某个管理者、某个辅导员或者课后或娱乐中心的某个个案负责人的职责，而是需要学校大多数工作人员、家长和监护人以及青少年本身的参与；还需要在整个社区范围内开展预防并得到社区领导人和专业人员的支持。此外，一些反欺凌的组织在处理某些形式的欺凌行为方面有良好的记录和/或专门的专业知识。学校可以利用这些组织的经验和专门知识解决特定的问题。

5. 采取协调和综合的预防措施

在适当的时候和适当的情况下采取协调的综合性预防措施，确保时间、精力和资源得到很好的利用，会起到更好的预防欺凌的效果。例如，如果得到代表全体教职工、家长、社区志愿者和青年领导者的安全或计划团体的协调，全校范围内预防欺凌和暴力的措施就会更加有效。可以建立协调小组或委员会来帮助合并、协调或采取预防策略。协调小组或委员会的成员不仅限于家长和学校教职工，还包括社区内的许多利益相关者，他们或许跟欺凌没有直接联系，但可能对预防欺凌产生重要影响并且代表了欺凌可能触及的各个角落。这些利益相关者包括：选举官员/社区领导人；健康和安全专业人员；执法人员；儿童保育或课外专业人员；宗教领袖；企业和商业人员；心理健康和社会服务专业人员；教育工作者（包括特殊教育专业人员）；父母和监护人；青年领袖组织成员以及城市或乡村文娱活动专业人员等。

协调小组或委员会采取综合性的预防欺凌的行动计划来解决社区中的校园欺凌问题。综合性的预防措施通常包括两个维度：一是提高对欺凌的影响以及预防欺凌最佳实践的认知；二是采取预防和应对欺凌的行动。两个维度都有一些具体的措施。例如，提高认知的措施包括：在学校举办反欺凌日；设立地方商业基金为预防欺凌提供资金支持；创建社区通信；提供关于州/地方关于欺凌的法律信息；建立宗教间联盟；主办市政厅或社区活动；向当地媒体编辑提供专栏资料等。预防和应对欺凌的具体措施包括：成立一个特别工作组评估学校中欺凌行为；与青少年一起进行团队建设活动；为被欺凌的儿童制订安全计划；制定筛查程序以尽早检测和应对欺凌；培训成年人如何收集和使用欺凌数据；制定监管被欺凌的青少年身心状况的后续工作程序；设立校内委员会；监管互联网活动和移动通信设备；为成年人举办关于防止和应对欺凌以及危机规划方面最佳实践的培训等。

6. 提供预防和应对欺凌的培训

训练有素的教职工是有效防止欺凌的关键。当学校所有教职工都了解学校反欺凌政策的原则和目的、学校对欺凌的法律责任、如何解决问题以及在哪里寻求支持时，反欺凌政策才是最有效的。欧美国家反欺凌的法律通常都鼓励或要求对学校工作人员进行防止欺凌的培训。教职工必须了解欺凌的性质和普遍程度、影响以及有效的预防策略。每一个直接接触学生的教职工都需要具备现场处理欺凌事件的能力，并且知道如何处理疑似欺凌的行为。学校还要进行专业技能的培训，帮助教职工了解学生的需求，包括那些有特殊教育需要和/或残疾的学生，以及男女同性恋、双性恋和变性者的需求。

7. 组织社区活动以推动欺凌防止工作

为了让社区利益相关者共同防止欺凌，需要组织一次社区活动或会议来推动工作。社区活动提供了一个将所有利益相关者聚集在一起的时间，可以集中了解社区中可用来有效预防和应对欺凌的资源和专门知识、确定协作领域、建立时间表，并制定动员社区共同防止欺凌的行动方案。

8. 当欺凌发生时始终如一地做出适当的反应

在欺凌发生时，必须始终如一地立即做出适当的反应。成年人对欺凌行为迅速而持续地做出反应时会向青少年传达出"欺凌行为是不可接受的"这样的信息。研究表明，长期对欺凌行为做出迅速反应可以有效阻止欺凌行为。成年人可以采取一些简单的步骤来当场制止欺凌行为，并保护孩子的安全。重要的是清楚应该做什么和不应该做什么，以及什么情形下需要得到警察或医护人员的帮助。成年人现场处理欺凌应该采取的行动包括：马上干预，可以找其他成年人帮忙；将涉事的孩子分开；确保每个人都安全；满足任何即刻的医疗或精神健康需要；保持冷静，安抚相关儿童，包括旁观者；介入的时候，以自己的行为给孩子们树立"尊重的行为"榜样。现场处理欺凌时还应该避免一些常见的错误，包括：不要忽视欺凌，不要以为没有大人的帮助，孩子们就能解决问题；不要立即试图理清事实；不要强迫其他孩子公开说出他们看到的；不要在其他孩子面前质问涉事的孩子们；不要同涉事的孩子们一起谈话，要将他们分开；不要让涉事的孩子们当场道歉或修补关系。还要注意，如果涉及以下情形，则需要得到警察或医护人员的帮助，包括：涉及使用武器；有严重身体伤害的威胁；有仇恨动机的暴力威胁，如种族主义或仇视同性恋；有严重的身体伤害；有性虐待；有人被指控有非法行为，如抢劫或敲诈等。

9、花时间跟孩子和青少年讨论欺凌

成年人应定期花时间与儿童和青年谈论欺凌、同伴关系问题。研究表明，孩子们确实会向父母和监护人寻求建议，帮助他们做出艰难的决定。父母每天哪怕只花15分钟和孩子交谈，也可以让孩子们感到安全，让他们知道如果他们有问题，他们可以和父母讲，可以寻求父母的帮助。父母可以用以下问题跟孩子沟通，了解孩子的日常生活和感受，比如：今天发生的一件好事是什么，有什么坏事吗？在你们学校午餐时间是什么样子，你和谁坐一起，你说什么呢？坐校车是什么感觉？你擅长什么，你最喜欢你自己什么……可以用以下问题跟孩子讨论欺凌问题："欺凌"对你意味着什么？描述一下欺凌他人的孩子是什么样的，你认为人们为什么欺凌他人？像欺凌这样的事情发生时，你最信任的成年人是谁？你有没有因为害怕被欺凌而害怕上学？你用什么方法改变它？你认为父母能做些什么来帮助制止欺凌行为？你和你的朋友有没有故意把其他孩子排斥在外？你觉得那是欺凌吗，为什么？当你看到欺凌发生时，你通常会做什么？你有没有见过学校里的孩子被其他孩子欺凌？这让你感觉如何？你曾试图帮助正在被欺凌的人吗？发生了什么？如果再发生一次，你会怎么做……跟孩子直接谈论欺凌才能更好地理解欺凌如何影响孩子，对这些问题的回答没有对错之分，重要的是鼓励孩子们诚实地回答。通过这样的交谈，让孩子们知道，在面对欺凌以及其他任何问题时，他们并非孤立无援而是有来自父母、老师和其他成年人的有力支持。

10．持续改进

预防和应对欺凌的最佳实践认识到，防止欺凌是一件"无止境"的工作，没有最后期限。在学校和所有为青少年服务的组织以及青少年经常聚集的场所都应该持续地开展防止欺凌的工作，并且要不断地更新技术和手段，不断地评估需要和所取得的成果，不断修订反欺凌的策略，以最大限度地预防和减少欺凌，促进青少年安全健康地成长。

四、欧美国家预防和应对欺凌的最佳实践的启示

从上述预防和应对欺凌的最佳实践，反观我国应对校园欺凌问题的现状，应当看到我们存在的问题和不足，其主要表现在以下方面：我们缺乏处理校园欺凌问题的法律和政策依据；对校园欺凌的界定和认知不足，甚至有拒绝承认校园欺凌问题真实存在的倾向；应试教育导向使得学校风气"重分数"而非"重人文"；缺乏让学校教职工实施反校园欺凌措施的制度支持和激励机制；学校和家长之间缺乏联系和信任；缺乏有效的预防和应对校园欺凌的措施等。

对于校园欺凌这样复杂的问题，没有一种适合于所有学校的单一解决方案。从欧美国家应对校园欺凌的最佳实践可以看出，预防和应对校园欺凌的策略是一个多层次的体系，需要国家、学校、教师和学校心理、社工等专业人员、家长、社区以

及青少年自身一起努力。鉴于此，我们可以从以下几个方面着手，建立和完善我国应对校园欺凌的策略。

（1）从国家层面，建立和完善处理校园欺凌问题的法律法规，可以对"校园欺凌"进行专项立法。我国目前在防治青少年校园欺凌方面基本上处于无法可依的尴尬境地。一方面，现有的适用于未成年人的法律主要强调对未成年人的保护，对未成年人违法犯罪奉行轻刑主义，而且现有适用于未成年人的法律，包括《未成年人保护法》《预防未成年人犯罪法》等都没有针对校园欺凌的条款。另一方面，目前关于防治校园欺凌的相关规定不仅效力层级较低，而且没有关于"校园欺凌"的细化条款。例如，《教育法》所规范的"校园安全"是广义的校园安全，没有细化到"校园欺凌"相关的安全；《加强中小学生欺凌治理综合方案》虽然为学校如何防治校园欺凌、应采取何种具体的管理和保护措施提供了依据与标准，但是与专项立法的结构和涵盖内容相比仍不够完备，且法律效力位阶较低。因此，可以借鉴欧美国家反校园欺凌立法的经验，整合目前已有的学校防治校园欺凌的规定，将其完善并提升至专项立法。在制定的反校园欺凌法中，应明确立法目的、适用范围，明确界定校园欺凌以及禁止的行为；还应包含学校安全管理制度、家庭保护责任与义务、政府与社会的保护责任与义务、司法保护的责任与义务等。

（2）从学校层面，按照法律的要求制定预防和应对校园欺凌的政策。学校的反校园欺凌的政策应聚焦于创建和维持安全、包容、尊重的校园文化和环境，明确禁止的行为，明确校园欺凌的报告、应对和处理程序等，并让全校师生都了解该政策。

（3）从学校教职工层面，学校全体教师和学校心理学家、社会工作者等专业人员要各司其职，担负起在班级和学校两个层面预防和应对校园欺凌的职责。

（4）让家长和青少年自身积极参与。学校应该加强和家长的联系，让家长知道学校反校园欺凌的政策。如果家长认为自己的孩子受到了欺凌，他们知道学校应对和处理的程序并且相信学校会以保护孩子的方式妥善解决问题。同时，学校也需要家长帮助发现和识别孩子是否受到欺凌的迹象，还需要家长在家庭中树立榜样，帮助孩子养成良好行为和尊重他人的习惯。此外，学校还应该让所有的学生都理解学校应对欺凌的政策和措施，并清楚他们自己在防止欺凌方面所能发挥的作用。

参考文献：

[1] Olweus D. Bullying at School: What We Know and What We Can Do. Oxford: Blackwell, 1993.

[2] Smith P.K. The Silent Nightmare: Bullying and Victimsation in School Peer Groups. The Psychologist, 1991, 4: 243-248.

[3] https：//www. stopbullying. gov/what-is-bullying/index. html.

[4] https：//www. cdc.gov/gshs/index.htm.

[5] http：//www.antibullyingworks. co. uk/resources/definitions/.

[6] https：//www. gov. uk/bullying-at-school/bullying-a-definition.

[7] https：//news.un.org/zh/story/2017/01/269362.

[8] Due P., Holstein B. E. Bullying Victimization Among 13 to 15 Year Old School Children：Results from Two Comparative Studies in 66 Countries and Regions. Int J Adolesc Med Health，2008，20：209.

[9]http：//society.people.com.cn/n1/2017/0521/c1008-29289025. html.

[10]Glew G.，Rivara E. & Feudmer C.Bullying：Children Hurting Children. Pediatrics in Review，2000，21：183~190.

[11]Brockenbrough K. K.， Cornell D. G.，& Loper A. B. Aggressive Attitudes Among Victims of Violence at School. Education & Treatment of Children，2002，25：273-287.

[12]Kaltiala-Heino R.，Rimpela. P. R. & Pampela A. Bullying at School：An Indicator of Adolescents at Risk for Mental Disorders. Journal of Adolescence，2000，23：661-674.

[13]Hugh-Jones S. & Smith P. K. Self-reports of Short-and-long-term Effects of Bullying on Children Who Stammer. British Journal of Educational Psychology，1999，69：141-158.

[14]Olweus D. Annotation：Bullying at School：Basic Facts and Effects of a School Based Intervention Program. Journal of Child Psychology and Psychiatry and Allied Disciplines，1994，35：1171-1190.

[15]Kumpulainen K.，Rasanen E. & Puura K. Psychiatric Disorders and the Use of Mental Health Services Among Children Involved in Bullying. Aggressive Behavior，2001，27：102-110.

[16]Olweus D. & Limber S. Bullying Prevention Program. Boulder, CO：Center for the Study and Prevention of Violence，2000.

[17]Davis S. Stop Bullying Now. Retrieved February 8，2002，from http：//stopbullyingnow.com.

[18]Beale A.V. Bullybusters：Using Drama to Empower Students to Take a Stand Against Bullying Behavior. Professional School Counseling，2001，4：300-306.

青年组织与青年行为的作用机理

生 蕾 范音利[①]

> **摘 要:** 青年工作在当前的历史环境下需要得到格外的重视,而青年组织工作和对青年行为的引导是青年工作的两个重点。本文从青年组织和青年行为的概念、性质和特点着手,从理论角度研究青年组织和青年行为的相互作用关系。青年组织因为其思想性、自发性和灵活性,可以很好地引导青年群体的政治行为、经济行为和社会行为,而青年群体和青年行为因为其适应性、主体性和易变性,也推动了青年组织的出现、发展、变革和创新。青年组织和青年行为的相互作用及其机制为实践中开展青年工作提供了有益借鉴。
>
> **关键词:** 青年组织 青年行为 相互作用

一、引言

2015年,中共中央总书记、国家主席、中央军委主席习近平指出,祖国的未来属于青年,重视青年就是重视未来。各级党委和政府要加强对青年工作的领导,为广大青年成长成才、建功立业创造良好的环境和条件,帮助和支持广大青年在时代的舞台上展现风采、发光发热,努力为实现"两个一百年"奋斗目标、实现中华民族伟大复兴的中国梦贡献青春的激情和力量。在现当代,青年社会地位不断提高、社会作用日益重要,青年已经成为推动社会发展、促进社会变革的重要力量。青年行为在某些情况下成为社会经济活动结果的决定性因素。在经济运行、政治活动和道德文化建设中,青年的主体地位日益凸显。

[①] 生蕾 范音利,北京青年政治学院,教授。

习近平总书记指出，青少年是国家的未来和民族的希望。当前，青年和青年组织在经济活动中起到的作用越来越明显，青年已经成为社会经济运行的关键参与者；青年已经成为政治活动的重要群众基础，青年外交成为国家外交成败的重要因素；青年群体也是思想道德和社会文化教育的主体。青年的主体作用要求我们必须重视青年工作、加强对青年问题的研究。

二、青年组织与青年行为

青年组织是实现对青年工作领导的重要载体，发挥青年组织对青年行为的引导作用是实现青年工作目标的重要手段。要妥善地组织、发展青年组织，引导青年行为，必须首先从理论上明确青年组织与青年行为的相互作用机理，然后指导相应的实践活动。

青年组织是社会组织的一种重要形式，也是近现代以来随着社会经济发展出现的一类较为新型的社会组织。近些年来，我国青年组织发展迅速，青年组织的数量和类型不断增加，加入青年组织的青年数量日益增多，青年组织的影响力越来越大，对社会经济运行的作用越来越重要。随着我国改革开放带来的社会经济的巨大变革，青年行为也在发生着剧烈的变化。正面的青年行为很大程度上是通过青年组织对青年行为的正确引导发挥出来的，反之亦然。而青年行为也会对青年组织的成立、运行和发展产生一系列的作用。

本文从青年组织和青年行为的概念、特点和作用入手，分析青年组织和青年行为的相互作用机理，明确青年组织的作用和青年行为可能产生的各种影响和后果，为更好地开展青年组织工作提供理论借鉴。

三、青年组织对青年行为的引导作用

2012年以来，习近平总书记对青年工作提出了一系列的要求和期望。习近平总书记指出，为实现中华民族伟大复兴的中国梦而奋斗是中国青年运动的时代主题，引导青少年树立和践行社会主义核心价值观、勇做走在时代前列的奋进者、开拓者、奉献者。引导当代中国青年运动和青年思想，青年组织的作用必须得到重视。

青年组织可以对青年行为进行直接的引导，包括对青年政治行为的引导、对青年经济行为的引导、对青年社会行为的引导，同时也可以通过青年社会化和对青年思想的引导间接引导青年行为。

青年组织为青年的政治行为提供了合理的渠道。在不同的历史时期，青年组织通过不同的方式引导青年进行各种各样的政治活动。在革命早期，青年自组织对于组织青年参与政治活动发挥了极为重要的作用，同时也为革命时期各类正式青年组织的成立与发展奠定了基础，为革命斗争的胜利做出了贡献。在当代中国，青年组织对青年政治行为的引导主要是通过共青团组织实现的。因为经济社会的剧烈变革及缺乏对当代青年参与政治事务的必要引导，所以当代青年普遍存在思想活跃但参与政治生活的热情不高的现象。因此，各地共青团组织必须有意识地积极引导、组织当代青年参与政治生活，引导青年的政治行为。可以说，引导青年的政治行为是青年组织最重要的职能之一，是帮助青年群体对社会做出更大贡献的最重要一环。

青年组织改善了青年群体的经济行为。青年组织拓宽了青年经济行为的广度，深化了青年经济行为的深度。青年组织对青年经济行为的引导主要是通过各类官方的青年组织或者民间的青年自组织开展的就业、创业、创新等相关活动。相比青年组织的政治行为引导作用，其经济行为的引导作用更加具体，更具多样化，灵活性更强。针对不同特点和不同情况的青年群体，各类青年组织可以开展有针对性的引导活动，让青年个体、青年群体可以更好地参与经济生活。青年组织对青年经济行为的引导是青年组织对青年行为产生作用的重要形式。对部分青年来讲，经济问题是最重要的问题，也是一系列政治社会行为的基础因素。让青年组织更好地对青年经济行为进行引导，是解决青年问题的根本途径，也是开展青年工作的基础措施。

青年组织更好地组织青年参与社会活动，引导和规范青年的社会行为。青年组织引导青年的政治行为和经济行为也属于青年组织对青年社会行为的作用。但除此之外，不同类型、不同宗旨的青年组织可以起到直接组织青年参与社会行为的作用。除了经济、政治活动之外的社会公益活动、志愿服务、教育服务、医疗服务、慈善活动、文艺体育活动等青年参与的社会活动，基本上都是由青年组织发起的。青年个体很难开展有效的社会公益活动，但是有了青年组织的参与之后，主要以青年为主体的社会公益活动才得以开展，青年的社会行为得到了很好的引导。

青年组织主要通过两方面的作用来引导青年的社会行为，一方面青年组织本身为青年现有的社会行为提供了途径、载体和工具，使青年的一些社会行为变得更加便利、有效；青年组织也会引导青年的新行为。青年个体可能不能自发地进行一些社会行为，但是青年组织可以组织、引导青年去尝试新的、不同的社会活动，丰富青年的社会生活。青年组织对青年社会行为的引导是青年组织特别是青年自组织为社会做贡献的重要途径，也是青年组织和青年行为服务社会的重点。另一方面，青年组织也可以通过对青年思想和社会化过程的影响来引导青年行为。青年群体可以在青年组织中学习一系列知识、技能观念和规范，逐渐从自然人成为社会人。青年组织作为青年社会化的主要环境，可以深刻地影响青年的社会化结果。此外，青年组织可以通过对青年思想和世界观、人生观、价值观的引导间接影响青年行为。

青年组织对青年的政治行为、经济行为和社会行为的引导作用总结来说就是对青年行为方向的引导。青年组织引导青年进行有利于大局的政治行为、有利于自身成长和经济发展的经济行为、有利于社会和谐和民族进步的社会行为。青年组织不可能使每一个青年的个体行为都产生同样的、很大的变化，但是整体上对于青年行为具有极其重要的引导作用。

青年组织能够对青年行为产生一系列的引导作用主要有两方面的原因：一是青年组织自身的性质与特点；二是青年组织特有的作用与功能。

青年组织的性质和特点是青年组织发挥对青年行为引导作用的根本原因。

（1）以共青团为代表的官方青年组织正式性强、稳定性高、工作内容正式、引导方向正确，因此可以在引导青年的政治行为方面发挥重要的作用。政治行为因为其性质的特殊性，只有少数的青年组织可以合理正确地对其起到引导作用，共青团组织在这方面有其独特的优势。

（2）青年组织自发性相对较强，这是青年组织能够更好地引导青年行为的重要原因。青年组织较强的自发性可以紧扣青年的切实需求，从青年心理需求和生活需求出发成立的青年组织能够真正地服务青年，自然也就能够更好地发挥对青年行为的引导作用。此外，青年组织较强的自发性可以给青年以更强的归属感，青年更倾向于参与青年组织的活动、接受青年组织的思想，从而在潜移默化中受到青年组织的引导。

（3）青年组织开展工作的灵活性较强，可以多方面引导青年的各种行为。青年组织的工作开展不同于其他一些社会组织，青年组织的工作可以涵盖政治、经济、文化、社会等各个方面，不同需求的青年人群都可以找到适合自身的青年组织来满足自己的想法。因此，在引导青年行为上，青年组织可以发挥全面、深入的作用。

青年组织的功能和作用是青年组织可以引导青年行为的直接原因。青年组织可以通过自身的工作和活动直接引导青年行为，也可以通过思想引导的功能间接地引导青年行为。一方面，青年组织通过直接活动的开展塑造青年的兴趣和行为，从而引导青年行为，这种途径我们在上文已经论述过，在此不再赘述。另一方面，青年组织具有沟通思想、交流情感、传播信息的作用。青年组织在这些方面具有特殊的功能和优势。在青年组织中，思想沟通比较顺畅、情感交流比较深入、各类信息流动速度较快，因此，青年组织对于青年群体思想的塑造有着很大的作用。青年组织可以通过思想引导功能对青年行为产生重要作用。

以上我们分析了青年组织对青年行为的引导作用及其作用机制。值得注意的是，青年组织对青年行为具有正面的引导作用，但是因为青年组织的特点、性质和功能，一些非正式的青年组织也可能会对青年的思想和行为产生非正面的引导作用。在理解青年组织的引导作用之后，如何保证青年组织发挥正面的影响作用是需要认真考虑的一个重要问题。

四、青年行为对青年组织的塑造作用

青年组织对青年行为的影响并不是一个单方向的过程，青年行为也会在很大程度上对青年组织产生一系列的影响，青年组织和青年行为是互相作用的。青年行为对青年组织的影响主要表现在青年行为对新的青年组织的创造、对现有青年组织的运行产生的影响。青年行为对青年组织的影响作用主要是由青年行为的特点决定的，这一部分我们将对青年行为的特点以及其对青年组织的作用机理进行分析。

青年行为具有适应性强、行为涵盖领域广泛的特点，因此，青年行为可以促使新的青年组织的出现和发展。一方面，青年群体的思想和行为模式相比其他年龄段的社会群体来讲更加灵活多变、适应性更强，特别是在当前经济发展、社会变迁迅速的环境下，青年群体可以快速地做出反应，其行为模式也可能会发生较大的变化。当新的青年行为形成一定规模、达到一定程度，需要组织协调时，新的类型的青年组织自然会应运而生。可以说很多青年组织都是因为各类的青年行为而产生的。另一方面，青年行为涵盖的领域比较广泛，当前我国社会运行多元化的程度提高，而青年群体正是直接受到多元化冲击的群体，青年行为的类型不断增加、涵盖领域越来越多。当前的青年行为开放性越来越强、人际交往范围更加宽广、承担的社会角色的类型也更加多样化。青年行为的这种特点促使了不同性质、不同目标的青年组织的出现，也增加了青年组织在不同领域内的影响力，促进了各类青年组织的发展与壮大。

青年行为在推动新的青年组织出现的过程中发挥了极为重要的作用，同时也对现有的青年组织施加着影响。青年行为主体性较强、行为节奏较快，这会对青年组织的组织和运行特点产生很大的影响。青年行为的主体性主要体现在青年行为大多数不是被动的，而是青年群体自身的需要和动机促成的。青年行为的主体性会使青年组织的组织和运行不同于其他正式的社会组织，青年组织的组织和运行目的性、灵活性更强。青年行为灵活和快节奏的特点也是塑造青年组织突出特点的主要力量。

青年行为对青年组织的作用和影响相比后者对前者的影响来说是次要的。这并不是因为青年组织和青年行为两者之间有时间上的先后或因果的不同，而是因为在当今条件下要想做好青年工作、让青年群体在社会中发挥更大的作用，青年组织对青年行为的引导作用更加值得重视。但是如果缺乏对青年行为可能产生的反作用的必要关注和研究，研究青年组织的引导作用工作的效果可能会大打折扣。

五、总结与探索

在当前时期，对青年组织和青年行为研究的重要性越来越凸显，特别是在影响力越来越大的社会组织和社会活动中，青年群体已经成为中坚力量。通过各类青年组织，青年群体已经成为塑造社会力量、推动经济政治发展、促进社会变革的主要主体。青年组织和青年行为的研究是此类研究中的基础内容，而从理论上明确青年组织和青年行为的相互作用及其机理是实践中引导青年组织发展、规范青年行为必不可少的前提。

青年组织因为其思想性、自发性和灵活性，对青年的政治行为、经济行为和社会行为具有明显的引导作用。青年组织本身的性质、特点和功能也可以通过对青年思想的引导来间接地对青年行为起到作用。而青年群体自身较强的适应性和青年行为的涵盖领域和主体性也会对青年组织起到显著的反作用，使现有青年组织的运行呈现出一系列的新特点，也推动了新的不同类型的青年组织的出现和发展。

上文中我们讨论了青年组织和青年行为的相互作用及其作用机理，但是在实践过程中更重要的是如何正确地对待这种相互关系并使其能够发挥正面的相互促进作用。

（1）充分利用青年组织对青年行为的引导作用，保证青年行为不出现失范问题。这是发挥青年组织对青年行为作用的基础和前提。青年行为的主体性和灵活性是青年群体的优势，但是如果其方向不能够得到很好的把握，容易对经济社会产生负面的影响。习近平总书记指出，共青团要紧紧围绕党和国家工作大局找准工作切入点、结合点、着力点，加强党对青少年和共青团工作的领导。进一步重视青年组织，尤其是官方青年组织，对青年政治行为和思想品德的引导作用，保证青年行为在方向问题上不出错误。

（2）引导青年组织更好地对青年的经济行为和社会行为施加影响，这是发挥青年组织引导作用的重点。青年群体的经济行为和社会行为可以直接对社会经济的运行和发展施加影响。重视青年组织对青年群体经济状况改善的作用，包括引导不同情况的青年就业、创业等活动，既是对青年个人发展的推动，也是对整个经济社会运行状况的改善。而组织青年进行社会服务和公益活动，既是促进社会进步的表现，也是青年综合素质提高和个人价值的实现。

（3）正确发挥青年行为对青年组织的塑造作用，促进青年组织的创新和发展。更好地发挥青年组织对青年行为的引导作用，不仅要从外部加强对青年组织的引导，也要重视青年行为从内部对青年组织的塑造作用。在新的历史条件下，根据青年行为的变化和发展，灵活地调整青年组织的管理制度和运行机制，推动青年组织不断进步、创新和发展。

在当前中国，青年组织在经济社会运行中发挥着越来越重要的影响，在一些领域逐渐取得了主导性社会组织的地位，而青年的群体行为更是经济、政治、社会发展的表现。正确理解青年组织和青年行为的关系及其互相作用机理，才能更好地引导青年组织的成立、运行和发展，促进青年行为的进一步规范，引导青年为实现国家和民族进步做出更大贡献。

参考文献：

[1] 习近平关于青少年和共青团工作论述摘编[M]. 北京：中央文献出版社，2017.

[2] 龚爱国. 改革开放以来我国青年社会组织功能及其实现研究[D]. 济南：山东大学，2016.

[3] 唐晓燕. 当代青年行为失范的调适[J]. 特区实践与理论，2010（06）：62-65.

[4] 章衍. 青年自组织的现状与发展研究[D]. 上海：复旦大学，2011.

[5] 邓希泉. 民间青年组织在社会建设中的作用及其总体判断[J]. 广东青年干部学院学报，2008（04）：38-41.

[6] 安国启，邓希泉，曹凯. 当代青年在非政府组织中的作用与发展趋势研究[J]. 青年探索，2006（05）：3-5.

[7] 张胜康. 论社会转型对青年行为的影响[J]. 山西青年管理干部学院学报，2000（03）：16-18，41.

[8] 黄克坚. 非正式青年组织的特征、功能及管理[J]. 当代青年研究，1989（Z1）：9-13.

[9] 程刚. 青年组织的概念[J]. 当代青年研究，1988（04）：7-10.

[10] 程刚. 中国青年组织发展探索[J]. 青年研究，1988，（03）：22-27，39.

[11] 王慧博. 青年社会化转型研究[J]. 中国青年研究，2009（04）：44-48.

[12] 石国亮. 论当代青年社会地位和作用的提升[J]. 青年探索，2008（02）：90-93.

[13] 张华. 青少年主体地位和道德实践模式研究[J]. 当代青年研究，2007（04）：17-24.

青年权利主体资格的历史演进与发展[1]

刘金霞[2]

> **摘　要**：《中长期青年发展规划（2016—2025年）》将青年界定为14~35周岁，并提出了维护青少年（青年）权益的目标和措施。具有权利主体资格，是权益维护的前提。权利主体资格，是指具有法律上的人格，依法享有权利、承担义务的资格。具有权利主体的资格，是青年享有权利、承担义务的前提，也是青年主体性被法律、被社会承认的证成。历史上，青年被包含于成年之中，其权利主体资格经历了由身份决定到人人平等、从被家族人格吸收到个体独立的演进过程。进入20世纪，儿童（未成年人）的权利主体资格得到国际社会普遍认可与接受，包含于儿童之中的14~18岁的青年，其权利主体资格进一步得到肯认，并成为受专门法律特别保护的主体。
>
> **关键词**：青年　青少年　青年权益　权利主体资格　法律人格

权利主体资格，是指自然人依法享有权利、承担义务的资格，也称权利能力。权利主体资格的问题事实上是法律人格的问题。换言之，具有权利主体资格是自然人具有法律上的人格，可以依法享有权利、承担义务的前提。

青年权利主体资格，则是指青年依法具有法律上的人格，享有权利、承担义务的资格。具有权利主体的资格，是青年享有权利、承担义务的前提，也是青年主体性被法律、被社会承认的证成。青年权利主体资格的问题反映了青年的法律地位以及青年在社会、在家族团体、在代际关系中所处的地位。

---

[1] 本文发表于《青少年犯罪问题》2018年第5期。

[2] 刘金霞，北京青年政治学院青年工作学院教授，主要研究民法学、青少年法学。

近代以前没有青年的概念，自然人经过童年期，即进入成年人行列，"青年"包含于成年之中。青年的概念，源自西方，大约在18世纪70年代出现。近现代意义的青年，是指处于从少年过渡到成年的这个年龄阶段的人，是以身心发展系列突变为自然基础，并开始以实践活动为中介进入社会，逐步建立和完善自身的各种社会关系的人。就自然人而言，"长大成人"，不仅是个体的自然成长，也是个体的社会成长，即个体能力不断增强，主体意识和权利需求不断扩张，逐渐从社会、从家族团体的边缘走向核心。无论古今，"长大成人"是一种客观存在。因此，考察不同时期的法律对于正在"长大成人"的"年轻人"（近现代曰"青年"）权利主体资格的规定，可窥见青年权利主体资格演进与发展的历史轨迹，并能够对我国青年权益的维护提供历史镜鉴。

一、西方古代法律中"年轻人"的权利主体资格

西方古代社会最具有代表性的法律就是罗马法。罗马法是指"公元前6世纪塞尔维乌斯·图利乌斯改革到公元7世纪中叶为止这整个历史时期罗马奴隶制国家所实施的全部法律制度"。罗马法对后世影响深远，从中世纪到文艺复兴，罗马法的影响遍及欧洲，成为所有拉丁民族和日耳曼民族的共同法，而近现代，从1804年的《法国民法典》到1900年的《德国民法典》，无不受到罗马法的影响。在民法法典化运动中，罗马法还进一步影响了欧洲其他国家如瑞士、奥地利以及日本、中国、韩国等亚洲国家，从而，在世界范围内形成了一个罗马法系（亦称"大陆法系"）。甚至，作为英美法系代表的英国，也受到罗马法的影响。德国著名法学家耶林在《罗马法精神》中曾言："罗马帝国曾三次征服世界，第一次以武力，第二次以宗教，第三次以法律。武力因罗马帝国的灭亡而消失，宗教随着人民思想觉悟的提高、科学的发展而缩小了影响，唯有法律征服世界是最为持久的征服。"因此，研究青年权利主体资格的演进与发展，罗马法是一个很好的逻辑起点。

（一）罗马法中"年轻人"：权利主体资格由身份决定

罗马法是一个复杂、严谨而又不断发展的法律系统。罗马法关于人的概念有三个：Homo，是指自然人，即生物学意义上的人。自然人不一定是权利义务主体，如奴隶虽为自然人，但他们原则上不能作为权利义务的主体，而只能作为自由人权利的客体。Caput，是指法律上的人格，即权利义务的主体，只有自由人才具有法律上的人格。Persona，是指权利义务主体的各种身份，如一个具有法律上人格的自由人可以具有家长、官吏、监护人等不同的身份。

根据罗马法，人格分为三项，即自由权、市民权和家族权。

自由权是做一切想做之事的自然的权利，拥有这种自由的人叫作自由人，完全丧失这种权利的人是奴隶。享有自由权是成为权利主体的前提。奴隶不是权利主体，

而是权利客体,是会说话的工具。

市民权是罗马市民专属享有的权利,包括公权和私权。公权包括选举权和被选举权。选举权即选举官吏以及参加议会、制定法律的权利。被选举权即被选为官吏的权利。私权则包括婚姻权、财产权、遗嘱权和诉讼权。具有罗马市民身份是权利能力的另一重要条件。异邦人(外省人)因不具有罗马市民资格而不享有上述权利。

家族权是家族团体中的成员在家族关系中的地位和享有的权利,换言之,即父有父之身份、子有子之身份。"罗马法根据人们在家庭中的地位不同,把人分为自权人和他权人。"他权人是指处在其他市民的权力支配之下的市民,如家属受到家父权支配、妻子受到夫权支配,均为他权人。自权人则指不受其他家族权支配的人。在一个家族团体中,通常由父亲、祖父或曾祖父等男性自权人,担任家长或曰家父,而妻子、子女、儿媳、孙子女等均为家属。家父作为家庭的首脑,掌管家族(家庭)管理之权,即家父权,亦称家长权。家父可以代表全家,独立实施各种事项,家属则受家父的支配。"如果家长死亡,这个家长权支配下的家庭就解体了,原来受其支配的妻子、子女都成为自权人。已婚的儿子与他自己的妻子、子女组成新的家庭而成为家长。已达适婚年龄的女子(包括原家长的妻子)和未达适婚年龄的子女均要处于监护权之下,由原家庭中最近的男性亲属做监护人。"

在罗马,一个自然人要具备完全的人格,要作为完全的权利义务主体,需要同时具有自由权、市民权和家族权。只具备其中一种或两种身份权的人,不具有完全的人格。而三种身份权都不具有的人,就是无人格的人,即奴隶。奴隶没有选举与被选举的公权资格,也没有婚姻(只能同居)、财产、遗嘱、诉讼、交易等私权资格。具有自由权、市民权,就具有了公权人格,达到一定年龄可以行使选举权,并可以被选举担任执政官、大法官、监察官等公职,无须家长同意。但家族团体中,他权人在人身、财产等私权上受到家长的支配与控制。只有同时具有自由权、市民权和家族权(自权人),才具有完全的公权和私权。

在这样的法律系统中,年轻人是否具有权利主体资格、权利的有无及其权利的多少,均由其身份决定。奴隶无权利主体资格,也不享有公权和私权。异邦人(外省人)不能享有罗马市民才能享有的公权与私权。具有自由权和市民权的男性,可以享有公权,但是否享有私权及私权的多少则因其在家族中的地位(身份)而异,具有自由权、市民权但在家族中处于他权人身份的"年轻人",其私权人格,往往被家族(家长)人格所吸收,不具有独立的私权人格。

(二)处于"家长权"下的"年轻人":私权主体资格被家族团体(家长)吸收

家长权是罗马法特有的制度。家长权只及于私权而不及于公权,处于家长权下的家属,在人身、财产等方面都受到家长的支配与控制。

罗马法规定男满14岁、女满12岁为适婚人,不满该年龄则为未适婚人。已达适婚年龄的自权人，具有结婚、留遗嘱的能力以及处分自己财产的能力，而未达适婚年龄的自权人应该受到监护人的保护。

对于处于家长权下的他权人，早期罗马法规定，家长可以支配家子①的人身，包括遗弃或杀死新生儿，将家子出卖、出租或送养他人，决定家子的婚姻，对家子进行体罚、监禁、死刑在内的惩戒等，家长掌握着家子的生杀予夺。罗马法后期，家长权逐渐受到限制，如对家子的婚姻，家长不再具有绝对的决定权，而是需要征得其本人同意，由祖父担任的家长，对孙子的婚姻亦需征得其父亲的同意；家长的惩戒权也受到限制，虐待、遗弃和杀死子女等被禁止。随着国家组织的逐步健全，法律进一步规定了家长对家子负有抚养和婚嫁的义务，在家子被他人扣留时，家父可提起请求返还家子的诉讼，家长权逐渐从支配性权力演变为权利义务。

在财产方面，罗马早期，把财产视为家庭的共同权利并为共同福利服务，所以，规定家长是财产权利的唯一主体，家庭成员没有私产，家庭成员所得的财产归属于家长，只有家长可以处置家庭财产，而家属既无权利能力，又无行为能力，不能以自己的名义订立负担义务的契约。罗马后期，法律允许家庭成员拥有特有产，同时赋予家属在经过家长同意、授权或者在其特有产及授权经营业务范围内与他人订立契约。

在遗嘱方面，罗马早期，家属因无私蓄，故也不能立遗嘱。罗马后期，他权人可以拥有特有产，但其遗嘱处分权仍然受到家长权的限制。唯有军役特有产和准军役特有产可以由他权人进行遗嘱处分。

在财产诉讼能力方面，罗马早期，家属无财产，亦无私权上的权利能力和行为能力，所以，也没有财产方面的诉讼能力。共和国后期，家属可以经商、可以拥有特有产，可以在特定范围内成为法律上的债务人，可因债务关系作为诉讼的被告人，因而开始具有一定的诉讼能力。

综上，在罗马"家长权"制度下，包括"年轻人"在内的家属在人身、财产、遗嘱、诉讼等私权方面均受到家长权的支配与控制，不具有完全的权利主体资格。在罗马法上，身份不同，法律主体资格也不同。奴隶不是权利主体，只能是权利客体。具备自由人、罗马市民身份，具有法律上的人格，可以享有罗马市民特有的公权和私权，但是，如果在家族团体中处于他权人地位，则其人身、财产等私权均受到家长权的支配与控制。因此，只有同时具备自由人、市民和自权人的身份，才能成为完全的权利义务主体，享有罗马法所规定的全部公权和私权。这些规则自然也适用于各种身份的年轻人。因此，只有同时具备自由人、罗马市民和自权人身份的年轻人，才能成为完全的权利义务主体。在家族团体中处于他权人身份的年轻男性家属，只有在家长死亡、成为自权人后，才能成为完全的权利义务主体。至于女性，因性别关系，即使具有自由人、罗马市民以及自权人的身份，也不具有选举权和被选举权等

---

① 家子即处于家长权（即家父权）下的卑亲属，包括儿子、女儿、孙子、孙女等。

公权，没有家长权；早期的罗马法还规定，对不处于家长权和夫权之下的自权妇女，必须加以监护。这些规定当然适用于年轻女性。罗马法后期妇女监护衰落并最终废除，妇女权益有所扩大。很显然，罗马法关于年轻人法律地位的规定带有奴隶制时期法律的特点，身份、性别对法律地位的影响至关重要，自由人、奴隶、罗马市民、异邦人、男性自权人、女性自权人、家长、家属法律主体地位以及享有的权利均有所不同，而每一个身份群体中的"年轻人"则始终受制于身份。

二、西方中世纪法律中"年轻人"的权利主体资格

一般认为，中世纪（Middle Ages）是由西罗马帝国灭亡（公元476年），直到文艺复兴时期（公元1453年）之后资本主义抬头的时期为止，封建制度占统治地位的时期。

公元476年，西罗马帝国在日耳曼民族的大举南侵下灭亡。伴随着西罗马帝国的灭亡，一系列日耳曼王国建立，西欧的统治民族从罗马人变为日耳曼人。从此，欧洲开始了封建社会的历史。与此同时，罗马法衰落，日耳曼法兴起。日耳曼法是继罗马法后，在西欧中世纪盛行的法律。可以说，5—15世纪，所谓欧洲中古之法制，殆成为日耳曼法所支配焉。直至近代，罗马法在资本主义勃兴中复被继受，日耳曼法始趋废止。日耳曼法是西方法的重要渊源之一，是构成西方法律传统的最重要基础。因此，从日耳曼法中可一窥欧洲中世纪"年轻人"的法律地位。

（一）日耳曼法"年轻人"：权利主体资格由身份、等级决定

身份等级是中世纪西欧社会的基础，而中世纪西欧社会的身份等级观念源于日耳曼人的习惯法和基督教相关的教义。

中世纪西欧社会的身份、等级划分极其复杂。在中世纪多元主义政治秩序下，社会划分为界限清晰的几个集团，即贵族、教士、市民和农民，每个集团内部又细分为不同的阶层。其中每个集团都有特殊的身份、地位、权力和特权，都有不同的生活方式、社会活动领域和职业、不同的教育水平等，也因此形成独特的政治气质和性格，也就是在政治上构成独特的统治权力系统。政治是贵族的事务，贵族是政治的轴心，他们垄断了重要官职，把持朝政，以集体的形式与君主分享政权，少数高级教士和市民也扮演了政治角色，但平民则完全被排除在政治生活之外，与国家公共事务隔绝，整个中世纪，鲜见平民出身的帝王和贵族。

在私法层面，法律将自然人分为非自由人与自由人。非自由人与自由人均具有权利能力，即法律主体的资格。但是，非自由人虽有法律主体资格，可以享有财产权、可以缔结契约，但因其定着于领主的土地，权利受到诸多限制，如无居住转移的自由、无诉讼能力、其诉讼须由领主代表。同时又附加了应对领主承担的义务，如向领主提供劳务和缴纳物品等。自由人具有权利能力，即法律主体资格，有诉讼的权利，

可以向国家机构主张法律赋予的权利，但等级较低的自由人如农奴，则因租种领主的土地而位于领主权利之下，需得向领主交付佃租和其他负担、居住转移受到限制、服从庄园法的审判等。等级较高的自由农和骑士则无此限制。等级最高的贵族，则有官职、土地特权，且可世袭。

然而，自然人的法律身份与其在社会中的等级地位和政治权利并不完全一致。如封臣在法律上没有人身自由，但可以获得封地而享有对土地的用益权，进一步掌握了司法审判权、纳税权、铸币权、建立城堡权，因此而有了相当大的政治权力，享有了较高的社会地位。然而，在法律上自由的自由农，虽然根据日耳曼人的习惯法拥有份地和宅基地，但土地带给他们的权利仅限于参加公民大会、受到领主法律上和军事上的保护。这类权利不仅没有增强他们的政治权利，反而更使其成为社会中的弱势群体，处于社会的下层。中世纪后期，随着城市的兴起，市民和商人阶层逐渐兴起、壮大，富有的商人慢慢形成一个新阶层。欧洲社会的重心也由农村转移到城市，社会主导势力由封土建制的贵族阶层转向商人阶层。

此外，直到中古世纪结束，奴隶遍布欧洲。在日耳曼王国，奴隶大多是被作为有感情的牲畜，是主人的财产，主人可以买卖奴隶，甚至对奴隶有生死之权。随着社会的发展，奴隶制受到抑制并最终消灭。

综上，在日耳曼法中，身份等级决定了人们的政治地位、社会地位以及享有的各种权利和应该履行的义务。身份等级不同，政治地位、社会地位以及享有的各种权利和应该履行的义务亦不同。这既体现在官职、司法审判权、纳税权、铸币权、建立城堡权、教会职务授予权等政治权利或曰公权方面，又体现在土地特权方面，土地本身也有其法律地位，而且它不完全与土地所有者的法律地位一致，比如自由人份地及奴隶份地等。原则上说，不同等级的土地在法律上要负不同的义务。当然，更体现在诉讼、继承、监护、婚姻等私权上。正如我国日耳曼法研究的先驱李宜琛所言：中世法制，恒就身份赋予私法上之效果。或为特殊之身份者于法律上有其特权；或禁止身份不同者相互间，缔结一定之法律关系。因身份之不同，私法上之权利能力，亦有差异。非自由人虽有法律主体资格，但私权受到诸多限制。自由人亦因等级的不同而在权利、义务上存在巨大的差异。而年轻人的权利主体资格，则不得不服从于其所处的身份、等级，由其身份等级决定。

（二）处于"父权"下的"年轻人"：权利主体资格由身份、等级决定

根据日耳曼法，子女在家庭中均需服从父权，女子更是终身处于监护之下。因此，虽然达到成熟或者成年年龄，其权利能力仍然受到父权的限制。能享有独立之能力者，仅限于无父之男子也。

就父权而言，包括人身和财产两个方面。在人身方面，未结婚的子女服从父权，父对子女人身及财产具有支配权，可以杀死或出卖子女。随着社会的发展，父权逐渐受到限制，至后期，杀戮和出卖子女、强制子女的婚姻已经不被允许。但父亲仍

然可以惩戒子女、决定子之职业、要求子从事劳务等，子女的婚姻亦须征得父之同意。当然，父亦对子女负有监护教养之权利义务，代理子为诉讼行为、单方面宣誓以免除子之债务与减免子之刑罚等。在财产方面，与罗马法不同的是，子在服从父权期间，亦可以享有完全的财产能力，可以通过继承、接受赠与等方式取得自己的财产。但是子之劳动所得，则归属于父，不得私有。同时，父对子的财产享有管理收益的权利与义务，可自由处分子之动产，并经成年之子同意处分其不动产，子则不得对自己的财产进行法律上的处分。父亦享有对子之财产的使用权利。当然，父需对子的侵权行为承担责任。

就女性而言，则未婚服从父权，结婚则服从夫权，终身处于他人的监护之中。就处于夫权下的女子而言，在人身方面，夫对妻有惩戒权，甚至在妻与他人通奸时有杀害的权利。但夫对妻亦有保护的义务，以妻的名义起诉、应诉、出席法庭。而妻则无诉讼能力。在财产方面，妻可就特有财产享有所有权，但需由夫占有和管理、使用和收益。夫可处分妻之动产，但未经妻之同意不得处分妻之不动产。然处于夫权下的妻子，对自己的财产，则无处分的权能，任何处分，须经夫许可。未经夫之许可，妻子的处分包括出售、提供担保等财产行为均为无效。

综上，日耳曼法是继罗马法后，西方中世纪盛行的法律。身份、等级决定了自然人的法律主体资格、政治权利和私法权利。而父权和夫权的存在，则决定了男性与女性权利的不平等，处于父权统治下的子女在权利能力和权利的享有上受到父权的限制，只有不处于父权之下的男子，才具有独立的完全的权利能力，享有完全的权利。"年轻人"则不得不服从于身份、等级、父权、夫权等为其预设的定位。随着社会经济的发展，身份、等级内部充满了变量，会不断发生变化，并为维护自己已有的权利不断提出新的政治要求，导致其权利主体资格、权利义务内容也随之不断变化、发展，总的趋势是身份、等级逐渐淡化，农奴制逐渐被废除，父权、夫权逐渐弱化，法律对女性、年轻子女的权益限制逐渐减少。

三、近、现代"青年"的权利主体资格

（一）从身份到契约、从家族到个体

1. 打破身份等级，人人享有平等的权利主体资格

自由平等的思想文化与理论根源，可追溯至14—17世纪文艺复兴所倡导的人文主义精神以及17、18世纪自然法学派思想。人文主义精神的核心，是肯定人的价值与尊严，反对神的权威；主张一切以人为本，宣扬个性解放，追求现实人生幸福；反对等级观念，追求自由平等；崇尚理性，反对蒙昧。自然法学派的主要思想包括天赋人权、生而平等、主权在民、社会契约等，为废除身份和等级特权、尊重和保障基本人权、建立人民主权国家、坚持法治原则和法律面前人人平等奠定了理论基础。

法国是欧洲大陆最早建立起君主专制制度的国家，但1789年7月26日，法国

爆发了针对君主制的大革命。大革命主要针对封建等级秩序，目的是扫除封建特权。因为它们与在法国人民中间广泛传播的平等观念水火不相容。大革命最重要的成果就是在1789年8月26日由法国国民大会通过并颁布了《人权宣言》。德国乌维·维瑟尔（Uwe Wesel）认为《人权宣言》是自然法在政治领域的第一次伟大实践。

《人权宣言》的基本精神，是确认自然的、不可剥夺的和神圣的人权，据此规定法治与国家主权的原则，并进一步规定了作为国家公民享有的权利。《人权宣言》第一条规定，"在权利方面（en droits），人生来是并且始终是自由的、平等的。社会差别（Les distinctions sociales）只能基于公益"。第二条规定，"全部政治的结合（toute association politique）的目的都在于维护人的自然的、不可剥夺的权利。这些权利是自由、财产和反抗压迫"。第三条规定，"整个主权的原则本质上存在于国民（la Nation）。任何团体、任何个人都不能擅自行使并非明确地来源于主权的权力"。前三条开明宗义地提出了自由平等、天赋人权、人民主权的原则，奠定了人权宣言的基调。之后又于第六条规定，"法律是公共意志的表达。所有公民有权亲自（personnellement）或者通过其代表参与法律的制定。法律对于所有人，无论是保护还是惩罚，都应是同样的。由于法律对所有公民一视同仁，所有公民都能平等地根据能力（selon leur capacité）获得各种荣誉，担任各种公共职位（toutes dignités, places et employs publics），除德行和才能（leurs vertus et de leurs talents）的差别外，不得有其他差别"。这肯定了公民参与立法和平等地担任公共职位的政治（公）权利以及公民在法律面前一律平等的原则。此外，《人权宣言》还规定了法律与自由的界限（第四条、第五条）、"罪刑法定""法无明文不为罪""无罪推定"（第七条、第八条、第九条）等重要的法治原则，并规定了公民享有宗教、言论、写作、出版（第十条、第十一条）、参与税赋确定、监督税赋使用、要求政府公务人员报告工作等公民基本权利（第十四条、第十五条），并确认财产权神圣不受剥夺（第十七条）。

《人权宣言》最重要的成果在于废除了身份及等级，赋予自然人平等的法律地位和权利，特别是立法权以及担任公共职位、参与公共事务（如税赋的确定）的权利。历史上，1789年《人权宣言》起到了推动解放的作用。针对特权的解放，针对法律上的不平等的解放，以及个人针对仅仅由于出生之偶然而使其处于从属地位的团体的解放。1789年之后，所有的法国人都属于一个而且只属于一个阶级——它的名字就叫"公民"。法国宪法进一步将《人权宣言》作为其序言，并将人权具体化为平等、安全、财产、人身自由、信仰自由、出版和结社自由等公民权利。此后，其他欧洲国家也纷纷仿效法国，把上述权利作为公民权利列入自己的宪法之中。因此，《人权宣言》虽然是法国大革命时期的纲领性文件，但被视为西方国家人权宣言的代表。《人权宣言》还进一步影响了1948年联合国《世界人权宣言》，促进了世界人权的发展。

自此，在法律层面，法国已经不存在因身份、等级而导致的权利主体地位与主体权利的差异，传统上那些从出生即因其身份而处于从属地位的团体获得法律上平等的地位与权利，附属于某种身份团体的"年轻人"从而亦获得法律上平等的地位与权利。身份、等级观念逐渐被打破，平等观念逐渐建立并最终以法律形式确认的过程，恰恰也是青年主体性逐渐强化并最终得到承认的过程。因此，青年法律主体资格也当然得到法律的确认。

2. 打破家族桎梏，确认个体人格

法国大革命一举击破身份等级制度，不仅仅体现在公法领域规定公民平等地享有立法权以及担任公共职位、参与公共事务（如税赋的确定）等政治（公）权利。平等在私法领域也得到体现。1804年的《法国民法典》第8条明确规定，"所有法国人均享有民事权利"，而第488条规定，"满21岁为成年；到达此年龄后，除结婚章程规定的例外之外，有能力为一切民事生活上的行为"。这表明，在法国民法典中，权利主体资格的取得不再取决于"他是怎样的人"，而仅仅取决于"他是人"。与此同时，《法国民法典》基于"人人具有理性，故人人平等，皆为主体性的存在"的自然法思想，以国籍和身份证书的制度设计，将全体法国人纳入国家公民的范畴，并赋予其法律上的人格，即权利主体资格，从而使私法人格从家族转型为个体，具体的个人摆脱了家族（家庭）对其人格的"吸收"，成为私法上的独立法律人格，第一次以民法典的形式确证了"从身份到契约"的转变，承认所有的人享有完全平等的法律"人格"。

《法国民法典》诞生200多年来，多次修正，成年年龄由21岁降至18岁，但以个体作为权利主体资格的规定从未改变，该规定对近现代欧亚各国民法法律人格的塑造发生了积极而深远的影响。德国、瑞士、日本等国在民法典中均明确了人人享有平等的法律主体资格，《德国民法典》第一条规定，"人的权利能力，始于出生完成之时"。《瑞士民法典》第十一条规定，"1.所有人均具有民事权利能力。2.因此在法律范围内，每个人都是平等的权利义务主体"。《日本民法典》第三条亦规定，"私权的享有，始于出生"。

（二）青年权利不断扩大，"女青年"的权利亦随着男女平等制度的建立而愈加丰富

伴随着"人"的解放过程，身份枷锁被打碎；伴随着公民国家的建立，个体从家族（家庭）人格中独立出来，成为具有独立法律地位的权利主体。伴随着工业革命和社会变革，"青年"一代脱颖而出，成为新的生产力和新的文化载体。青年的法律主体地位亦因此得以确立。

在资本主义的大工业生产中，青年以其适应性强、身手敏捷、学习灵活的特性显示出比成年人更多的优势，成为大工业生产中最重要的力量，青年的主体性得到确认，但在社会现实层面，青年仍然被认为"不成熟"，并没有被赋予全部成人的地位、角色和作用，不得不处于社会结构的边缘，在社会中占据的仍然只是一个从

属的位置，也不能实践社会技能以及同其他人发生相互作用。青年对自己在社会中所处的边缘地位不适应、不满意，感到被剥夺了独立参与、承认和占据独立的社会地位的机会。他们以青年文化和青年运动的方式来表达这种不满，为自己争取权益。因此，青年享有的权利种类也在青年反对成人一代制定的各种陋俗、不断争取自己权益的过程中得到丰富和发展。20世纪五六十年代，爆发了全球范围内的青年运动，经过青年的抗争，青年权利领域扩大到包括政治、经济、社会、文化等方面，青年的教育、健康、劳动就业、劳动保护、社会参与等权利逐渐得到肯认与法律保障，而青年贫困、青年犯罪、青年吸毒、青年环境、闲暇娱乐以及女青年权益问题也受到国际社会越来越多的关注，青年逐渐成为各国社会政策和法律的重点领域。

此间，国际联盟以及联合国等国际组织对青年权利的积极推动促进了青年权利的不断丰富与发展。

值得一提的是，法国《人权宣言》所确立的"人生而平等，都享有平等权利"的理念虽然像号角一样响彻欧洲，但无论在公权领域还是私权领域，女性平等与权利却被遗忘。直至1946年，法国第四共和国宪法序言中才做出男女平权的规定，"凡人不论性别、年龄、肤色、国籍、出身、宗教、思想，在政治、经济、社会各方面一律平等"。德国也于1957年通过了《男女平等权利法》。随着社会文明的不断进步，在世界范围内，大多数国家赋予了女性与男性平等的权利。随着男女平等制度的建立，"女青年"在公权领域和私权领域享有的权利愈加丰富。

（三）青年——从普遍性主体到特别保护性主体

在人的解放过程中，青年逐步从身份、家族中解放，以独立的法律人格享有法律赋予的权利，成为与成年人一样的普遍性权利主体。

进入20世纪，儿童作为权利主体的观念得到国际社会的普遍认可与接受。1989年11月20日，第44届联合国大会通过了《儿童权利公约》（以下简称"公约"）。公约基于儿童的特殊性以及保护儿童免受经济剥削、色情剥削、性侵害以及非法贩卖、非法使用麻醉药品和精神药品等侵害的目的，赋予其享有广泛的专门性、特殊性权利，有论者将其概括为生存权、受保护权、发展权和参与权。公约将儿童定义为"18岁以下的任何人，除非对其适用之法律规定成年年龄低于18岁"（第一条）。20世纪80年代以来，联合国及有关国际组织通常将15~24岁年龄段的人口界定为青年（youth）。我国《中长期青年发展规划（2016—2025年）》将青年界定为14~35周岁。无论国际还是国内，"青年"的年龄都跨越未成年（儿童）和成年两个具有不同法律属性的阶段，呈现的是从少年到成年过渡的性质。显然，14~18岁的青年包含于公约语境下的"儿童"之中。因此，公约对儿童的赋权，亦是对14~18岁青年的赋权。公约首次将儿童作为国际性权利和保护的专门主体，包含于儿童中的14~18岁的青年亦因此转变为受专门法律特别保护的主体。

综上所述，青年在法律上的权利主体地位是青年社会地位的客观反映，是法律对青年社会地位的肯定和认可。青年权利主体地位，经历了从身份决定到人人平等的斗争历程，也经历了从普遍性权利主体到特别保护性权利主体的发展历程，青年权益的内容在青年与成人一代的斗争中也越来越广泛、越来越丰富。

参考文献：

[1] 沈杰.现代性进程中的青年发生与演进[J].北京青年研究，2018（1）.

[2] 国家教委思想政治工作司.青年学概论[M].北京：高等教育出版社，1992：55.

[3] 周枏.罗马法原论（上册）[M].北京：商务印书馆，1994：3

[4][意]彼得罗·彭凡德.罗马法教科书[M].黄风，译.北京：中国政法大学出版社，1992.

[5] 黄右昌.罗马法与现代[M].北京：北京大学出版社，2008.

[6] 李栋.中世纪前期罗马法在西欧的延续与复兴[J].法律科学，2011（2）：28.

[7] 李秀清.日耳曼法研究[M].北京：商务印书馆，2005：4.

[8] 由嵘.外国法制史[M].北京：北京大学出版社，2003：97.

[9] 李宜琛.日耳曼法概说[M].北京：中国政法大学出版社，2003：2.

[10] 王亚平.浅析中世纪欧洲社会的三个等级[J].世界历史，2006（4）：60.

[11][德]乌维·维瑟尔（Uwe Wesel）.欧洲法律史[M].刘国良，译.北京：中国编译出版社，2016：207.

[12] 马克·布洛赫.法国农村史[M].北京：商务印书馆，1991：84.

[13] 王雅楠.论《人权宣言》的理论渊源与历史意义[J].法制与社会，2009（12）下：384.

[14][英]梅特兰，等.欧陆法律史概览：事件，渊源，人物及运动[M].屈文生，等，译.上海：上海人民出版社，2015：218.

[15] 王新连，等.法国革命时期法政文献选编[M].北京：清华大学出版社，2016：3-6.

[16][法]吕西安·若姆.1789年人权宣言的理论困境与法律适用[J].马贺，译.华东政法大学学报，2012（1）：135.

[17] 拿破仑法典（法国民法典）[M].李浩培，吴传颐，孙鸣岗，译.北京：商务印书馆，1979：72.

[18] 朱涛.自然人行为能力制度研究[J].北京：法律出版社，2011：118.

[19][美]R·潘德伊.青年在社会中的地位[J].青年探索，1989（5）：27.

[20] 张小川. 20世纪60年代美国青年权利意识的觉醒及启示[J]. 中国青年研究, 2008（9）：106.

[21] 赵化刚. 国际青年权利法的历史考察[J]. 中国青年政治学院学报.2005（3）：20.

[22] 肖周录, 赵世义. 法国人权观嬗变的历史轨迹[J]. 外国法评议, 1998（3）：87.

[23] 张杨. 西方儿童权利理论及其当代价值研究[M]. 北京：中国社会科学出版社, 2016：45.

[24] 王雪梅. 儿童权利论[M]. 北京：社会科学文献出版社, 2005：114.

[25] 联合国. 到2000年及其后世界青年行动纲领[J]. 青年研究, 2001（2）：4.

[26] [美]托马斯·伯根索尔, 戴娜·谢尔顿, 戴维·斯图尔特. 国际人权法精要[M]. 黎作恒, 译. 北京：法律出版社, 2010：71.

论恢复性司法理念在未成年人刑事司法中的暗合与分野

胡 剑[①]

> **摘 要:** 源自北美的恢复性司法,与我国未成年人刑事司法的根本方针即教育、挽救、感化是基本一致的,但其理念和我国刑事司法的价值理念存在着不小的分野,因此,解读恢复性司法理念在中国未成年人刑事司法中的暗合与分野具有现实意义。
>
> **关键词:** 恢复性司法 暗合 分野

一、引言

"恢复性司法"一词,最早出现在20世纪70年代后期,用来描述当时在北美出现的"被害人—犯罪人和解程序",替代少部分犯罪的正规的刑事诉讼程序。和解程序的前提是犯罪人必须认罪,在此基础上,犯罪人和被害人在中立的调解人(主要是社区)主持下,面对面地进行协商。一般情况下,都是犯罪人承认自己所犯的罪行,并对被害人进行忏悔,商定向被害人所应进行的物质赔偿的数额及期限。协议完成后,对被害人和犯罪人都有约束力,这时,正规的刑事司法部门就不能再就同一案由追究犯罪人的刑事责任。20世纪80年代末,恢复性司法飞速发展,到90年代末期,欧洲共出现了500多个恢复性司法计划,北美共有300多个恢复性司法计划。2000年4月第10届联合国预防犯罪与罪犯待遇大会的相关决议,将恢复性司法作为一种有效的刑事政策向各成员国推广。据此,恢复性司法也已成为我国刑

[①] 胡剑(1974—),满族,刑法学硕士,北京青年政治学院讲师,主要从事刑法、青少年犯罪研究。

法学者研究和探讨的一个热点问题，在我国的刑事司法领域中，也开始着手研究恢复性司法理念在刑事诉讼中本土化的具体适用。

目前，全球未成年人犯罪态势日趋严峻，中国也概莫能外。我国刑事司法意义上的未成年人是指已满14周岁、不满18周岁的自然人。处在这个年龄阶段上的人实施危害社会、违反刑法并应受刑罚处罚的行为，皆属于未成年人犯罪。在当代宽严相济刑事政策的主导下，针对未成年人具有智力、身心发育尚未成熟，对外界事物重新认识和对内心世界的自我评价具有较大可塑性的特点，对于犯罪的未成年人采取"教育、感化、挽救"的指导方针，以及以"教育为主，惩罚为辅"为原则的基本司法理念，以事实为依据，以法律为准绳，尽可能对未成年犯罪人从轻、减轻或适用非监禁刑等刑事处罚。

在国际上，使用恢复性司法的案件范围通常是指未成年人犯罪案件。恢复性司法的核心在于通过被害人与犯罪人之间的和解，强调犯罪人给予被害人因犯罪所导致的精神、物质赔偿而达到和解与恢复。当然"恢复"不能机械地理解为变成犯罪发生前的样子，而是尽力恢复因犯罪而造成的各种损害，以期达到当事人双方以及与社区之间更为和谐的一种状态。恢复性司法是由社区主导的采取和解程序处理犯罪的活动，是一种与正规刑事司法不同的处理方法。刑事司法是专责机关在现有的法律框架下针对刑事案件进行处理的活动，将犯罪视为对国家的侵害，犯罪人应受刑罚惩罚。而恢复性司法是传统刑事司法理念的转换，认为犯罪首先侵害的是被害人的权利，最后才是国家的社会秩序，犯罪人要认识自己的行为所造成的危害后果，真心悔罪，并使因犯罪而恶化的情况好转，从而修复受损社会关系的一种替代性司法活动，它是对犯罪做出的独特反应，而不是刑事司法的一个类型。

习近平总书记在中国共产党第十九次全国代表大会的报告中，明确指出全面推进依法治国总目标是建设中国特色社会主义法治体系、建设社会主义法治国家。建设中国特色社会主义法治体系并不排除我国对世界先进的法律理念及其制度的借鉴和吸收，但是，任何法律制度都以一定的文化做支撑，因此，世界先进法律制度的借鉴和吸收，既要选择和确立与这一制度相适应的价值和理念，也要考虑支撑这些价值和理念的中国文化。恢复性司法的理念与我国未成年人刑事司法的根本方针即教育、挽救、感化是基本一致的，但是其制度和我国刑事司法的价值理念存在着不小的分野，因此，借鉴恢复性司法适合中国的部分，构建体现恢复性司法理念的中国未成年人刑事司法制度，具有现实意义。

二、恢复性司法理念在未成年人刑事司法中的暗合

（一）恢复性司法理念与中国传统法律文化的契合

中国传统法律文化博大精深，中华法系源远流长。"和为贵"是中国文化的重

要特征,是形成中国特有的调解制度的文化根源,也被西方学者理解为恢复性司法的文化之根。国人向往平安和稳定的生活,"冤家宜解不宜结",和合思想是一个以和谐为核心的综合性概念,是中国传统文化所认为的所有关系的最佳状态。

中国另外一个传统法律思想就是"无讼",是儒家思想在法律上的反映,统治者认为诉讼是消极的社会现象,鼓励不通过诉讼的方式解决纠纷。在此思想的影响下,统治者强调无讼、息讼的司法策略,社会出现耻讼、贱讼的司法环境,百姓存在着惧讼、厌讼的心理状态,从而纠纷乃至犯罪的解决主要通过调解的方式,且官府承认其合法性。

对于未成年犯罪人,儒家文化主张的是"慈幼",即国家、社会以及家长要对未成年人予以更多的关爱,如《周礼》中的"三赦"规定,即一赦幼弱,二赦老耄,三赦蠢愚,就是要与成年犯区别对待。

传统的"和合""无讼""慈幼"等观念深入人心,恢复性司法理念暗合了这种根植于民族深层的文化观念与文化心理,为我国未成年人刑事司法中引入恢复性司法理念提供了契合的文化土壤。因此,有的学者认为"恢复性司法的许多理念在中国是有着悠久历史的,是有着深厚的文化基础的"。

(二)最高人民法院的量刑指导意见,有利于维护被害人权益和心理重建,已然是恢复性司法理念在中国的本土化

恢复性司法以关注被害人利益、保障被害人权利为中心。在当今中国,已然有提升被害人在刑事司法中地位的具体体现。虽然,犯罪人对被害人经济赔偿责任的主动承担与履行并不必然导致刑事责任的从轻、减轻或免除,但是,在最高人民法院《关于常见犯罪的量刑指导意见》中,常见量刑情节适用的第九条规定:"对于积极赔偿被害人经济损失并取得谅解的,综合考虑犯罪性质、赔偿数额、赔偿能力以及认罪、悔罪程度等情况,可以减少基准刑的40%以下;积极赔偿但没有取得谅解的,可以减少基准刑的30%以下;尽管没有赔偿,但取得谅解的,可以减少基准刑的20%以下;其中抢劫、强奸等严重危害社会治安犯罪的应从严掌握。"同时,刑事诉讼法第二百七十七条规定:"下列公诉案件,犯罪嫌疑人、被告人真诚悔罪,通过向被害人赔偿损失、赔礼道歉等方式获得被害人谅解,被害人自愿和解的,双方当事人可以和解。"在《关于常见犯罪的量刑指导意见》中,常见量刑情节适用的第十条规定:"对于当事人根据刑事诉讼法第二百七十七条达成刑事和解协议的,综合考虑犯罪性质、赔偿数额、赔礼道歉以及真诚悔罪等情况,可以减少基准刑的50%以下;犯罪较轻的,可以减少基准刑的50%以上或者依法免除处罚。"据此,犯罪人在有减轻刑事处罚可能性的期待下,必然积极寻求如何取得被害人的谅解,积极的经济赔偿成为一种合理选择,被害人可以获得完全或适度的赔偿。而且犯罪人真挚的道歉也可以弥补被害人精神上的损害,有利于从根本上化解不稳定因素,有助于被害人的再社会化,消除双方的矛盾和积怨。

恢复性司法实际上是传统刑事司法理念的转换，即由传统的以加害人为中心、注重实施自由限制的报复性刑事司法向以被害人为中心、注重修补物质和精神损失，并且追求关系和解与社区安全的刑事司法的转换。恢复性司法的理念在未成年人刑事司法中能够发挥确保被害人的实质利益，强调对被害人所遭受的损害的补偿和对人际关系修复的作用。在未成年人轻刑犯罪中，从轻处罚或非监禁刑普遍适用，被害人要求从轻处罚未成年被告人或不再追究刑事责任的意见已经成为从轻处罚或非监禁刑的重要因素之一。

（三）符合刑法的谦抑性原则

刑法的谦抑性是指立法者应当力求以最小的支出——少用甚至不用刑罚（而用其他刑罚替代措施），获取最大的社会效益——有效地预防和抗制犯罪。按照刑法谦抑性的要求，对刑事犯罪，如果能够不进入刑事诉讼程序得以处理，或者进入刑事程序但不经过审判，如适用不起诉或和解程序即可得到处理，则不应该为了追求刑法的惩戒功能而进入严格意义上的刑事诉讼或刑事审判。

未成年罪犯因心智不成熟，若机械适用严苛的刑罚，所受到的不良影响远大于成年罪犯，加大了未成年罪犯回归社会的难度。恢复性司法通过为被害人和犯罪人搭建对等和解平台，轻微犯罪的未成年人可以免受刑罚之苦，国家可减轻刑罚的负担。鼓励轻微犯罪的未成年人改过自新，提升其社会责任感，有利于犯罪人的再社会化，并具有快速解决社会冲突的效用。

大多数未成年犯罪人刑事损害赔偿的责任由其法定代理人承担，其犯罪行为给家庭造成的沉重负担会使未成年犯罪人直接感受到心灵的愧疚，这些都能促进未成年犯罪人的认罪和转化，有利于其改过自新，预防重新犯罪，因此，刑事损害赔偿不仅仅具有弥补被害人物质和精神损失的作用，而且也是惩罚、矫治犯罪人以及预防犯罪的方法之一。毫无疑问，恢复性司法是目前我国未成年人刑事司法中比较好的补充模式。

（四）刑事政策依据

我国"宽严相济""轻轻重重"的刑事政策为恢复性司法理念的本土化提供了刑事政策依据。具体而言，就是对于恶性暴力犯罪等重大犯罪，应采取报应性思想：刑事立法上"犯罪化"，刑事司法上"从重量刑"，刑事执行上"长期隔离式监禁"。而对于轻微犯罪、偶犯、初犯、未成年人犯罪等不需要监禁或者有矫正可能的犯罪，采取教育性措施：刑事立法上"非犯罪化"，刑事司法上"非刑罚化"，刑事执法上"非监禁化"。在未成年人刑事司法中采取更宽容的"轻轻"刑事政策价值取向，为恢复性司法的推行提供了政策依据。

三、恢复性司法理念在未成年人刑事司法中的分野

（一）恢复性司法理念与中华传统法律文化的分野

报应性司法根源于人类报复的本性，"善恶有报、罪有应得"等传统报应性思想在我国国民对待犯罪的观念上是根深蒂固的。已然之罪必接报应之刑，刑从罪生，刑当其罪，定罪量刑是法律报应的具体实现过程，这是中国国民的认识。而恢复性司法不以报复为目的，其理念是通过赔礼道歉、认罪悔过等精神补偿以及物质赔偿的方式达到被害人与犯罪人的协商与和解，注重恢复修补受害人与加害人以及社区之间的关系，获致社区的安全，从而降低再犯率，这是一种对犯罪的积极主动回应。我国刑事司法实行国家本位为主导，而恢复性司法则强调社会为本位。我国长期实行以国家追诉为标志的刑事司法模式和以监禁刑为中心的刑罚结构。而恢复性司法则是以恢复原有社会秩序为目的，着重于对被害人、社会所受伤害的补偿以及对犯罪行为人的改造。

恢复性司法是源于基督教伦理和市民精神而建立的，蕴含着社会性和广泛性的爱。而中国传统法律文化则根基于家国一体和礼法伦理，表现出的是有等级差别的仁爱。在国人的法治传统中，"和合""无讼"乃至"调解"等中国传统法律文化确实是主流，但是，这是由于在耻讼、贱讼的社会环境下，百姓存在着"惧讼""累讼"的心理状态，从而"厌讼"。选择"无讼"不是中华法律文化追求的"和为贵"，而是对严刑和诉累的妥协。而恢复性司法，不是因为"惧讼"或者"累讼"，而是在自愿的基础上，主动选择调解和补偿的方式，追求恢复性的正义。

笔者认为，恢复性司法理念与中国传统文化之间分野是多于暗合的。中国若要引进恢复性司法这样的理念，则必须考证我国国民对恢复性司法的心理承受能力，应对来自中国传统法律文化的挑战。

（二）恢复性司法混淆了刑事诉讼与民事诉讼的区别

第一，主流刑法学者们认为：恢复性司法主张犯罪侵害的是个人利益，而不是国家和社会公共利益，对犯罪的处理应该由被害人和犯罪人协商解决，这是完全无视侵权行为和犯罪之间的本质区别，将民事纠纷的解决办法硬套到刑事司法中来，因此是行不通的。

第二，恢复性司法更多注重犯罪人和被害人的主观因素，根本没有证明的程序，而"未成年犯罪人"基于其心智的不成熟，其真实意思的表示很难判断，很容易伪装，不过是表面现象。

第三，在"未成年犯罪人"缺乏经验而社区力量又相当强大时，极有可能导致"未成年犯罪人"因恐惧而被迫承认自己是犯罪人。在要求一方承认自己是危害行为的实施者后，接下来的问题就不是证明，而是如何确定"未成年犯罪人"的刑事责任

的问题，这无疑是对无罪推定原则的公然违背。

第四，在恢复性司法中，被害人也往往会面临必须原谅"未成年犯罪人"，否则就会面临被视为没有爱心、报复性强的压力。赋予被害人以是否同意给"未成年犯罪人"减刑、假释的权利，又会使被害人面临来自"未成年犯罪人"及其监护人、近亲属威胁和收买的危险。

第五，个人之间经济条件的巨大差异很容易成为影响恢复性司法的最重要因素。这种法律适用上的更不平等，会加剧社会的裂痕，而不是如恢复性司法制度的引入者所期待的"秩序恢复"。

综上，对恢复性司法以物质赔偿、以谋求和解来替代正规的刑事诉讼的做法，我国民众会在思想上有所抵触。

（三）恢复性司法仅是正规刑事诉讼的补充

恢复性司法必须建立在被害人和犯罪人自愿合作的基础上，那么，对无被害人的犯罪该如何处理（如脱逃罪）？对犯罪人身份不明的犯罪又当如何处理？犯罪人不愿主动地承当责任时，被害人该怎么办？犯罪人主动认罪愿意负责，但被害人不同意启动恢复性司法程序，又该如何处理？犯罪人、被害人双方都不同意合作，该怎么办？双方和解后，犯罪人反悔，或者犯罪人不履行物质以及精神赔偿，又该怎么办？

笔者认为，在上述情况下，除了选择正规的刑事司法程序之外再无他法，恢复性司法也就不能完整地替代正规的刑事司法，因此，这就决定了恢复性司法无论理论上多么完美，但是在实践中，传统的刑事司法必将作为恢复性司法失败后的最后诉求，显然，恢复性司法不可能作为一种独立的司法模式，仅是正规刑事诉讼的补充。

（四）社区发育不成熟的制约

恢复性司法倡导广泛参与，它把犯罪行为看成对社区安全与秩序的违反，是一种需要广泛参与的事业。恢复性司法不仅强调双方当事人的决定性作用，而且强调必须由中立、熟悉社区文化和宗教传统、熟悉恢复性司法与正规刑事司法的区别的擅长交流与沟通的协调人对双方的诉求进行协调。在整个过程即受害人—加害人会议（或者家庭会议和圆桌会议）—实现补偿—促进康复和融入社区之中，这些组织团体都发挥了作用，而仅靠政府的力量是不足以实现的。按照恢复性司法的理念，强调这样的协调人必然出自社区，而这样的协调人，其专业素养恐怕比法官的专业素养还要高。

市民社会在恢复性司法理念的产生、发展和传播过程中是主导力量，这就是为什么恢复性司法能够在那些具有市民社会的国家中扎根且发展的原因。在中国，市民社会至今没有形成，现代社会对个人隐私和自治的强调，以及不同的文化年龄群体之间存在社会分野。在这种情况下，如何才能达到社区民主与社区和谐，恢复性司法没有给出答案。并且，在现代都市中，社区不再像以前那样是一个整体。更何况，何谓社区？多大的地域范围、多少人口、生活的关联度有多高，这些都没有一个量化的概念。社区与民愤一样，都是一个伪概念。

四、结语

恢复性司法首先是一种刑事司法理念，贯穿于整个司法的过程，而非单纯的制度或者程序。中国不同于西方的法治土壤必然使恢复性司法在中国的未成年人刑事司法中的运用有所差异。笔者认为，恢复性司法固然有天生的优点，但是在中国现有情况下，恢复性司法还是有显而易见的分野，不能成为解决未成年犯罪的刑事案件的主流模式，只是应该考虑如何更好地发挥恢复性司法在未成年人刑事司法中的补充作用。

参考文献：

[1] 胡剑.浅析恢复性司法理念在未成年刑事诉讼中的中国化[J].北京青年政治学院学报，2009（2）.

[2] 王平.第三只眼睛看刑事司法[M].北京：群众出版社，2005：17.

[3] 陈兴良.刑法哲学[M].北京：中国政法大学出版社，2000：7.

[4] 犯罪被害人保护研究汇编[M].台湾当局相关部门印行，1998：563.

[5] 张庆方.恢复性司法——一种全新的刑事法治模式[M].北京：中国政法大学出版社，2003：433.

青少年法治教育现状调查研究
——以北京市朝阳区为例

赵 飞[①]

> **摘　要：** 如何提高青少年法治教育的质量是当前我们国家法治教育研究和工作者共同关心的问题。本文选取在城镇化过程中具有典型性和代表性的北京市朝阳区为调研对象，在借鉴相关研究成果和访谈及问卷调查的基础上，采用描述性分析和相关性分析等研究方法，通过访谈了解目前学校及学生面临的法律教育状况，知晓现实的治安环境，了解学校法治教育存在的问题和不足及对未来法治教育的需求与期望；通过问卷了解学生的知法、守法、用法情况，学生所面临的法律和治安环境情况，自我保护的情况和问题、维权能力和维权意识的情况和问题，接受法治教育的情况和效果主观评价，并对法治副校长的法治课程的内容和形式要求进行了科学分析，希望能为学校法治教育提供重要的依据和参考。
>
> **关键词：** 青少年　法治教育　调查研究

一、引言

我们国家非常重视青少年的法治教育工作。自20世纪80年代以来，我国为创造青少年健康成长的环境，全国人大及国务院先后制定了《教育法》《义务教育法》《未成年人保护法》《预防未成年人犯罪法》等教育法律和行政法规20多部。同时国家在全民普法教育中，也将青少年作为重点普法对象。教育部、司法部、全国普

[①] 赵飞，北京青年政治学院，讲师

法办 2016 年颁布的《青少年法治教育大纲》[①]也详细规定了青少年法治教育的指导思想和工作要求、青少年法治教育的总体目标和阶段目标、青少年法治教育的总体内容和分学段的教学内容与要求。

当前我国青少年的犯罪现状呈现"低龄化、团队化、多样性和随意性、智能化"[②]的特点，而青少年被侵权的现象也越来越突出，以"校园霸凌"为代表的权益维护问题越来越被社会所关注。

分析这些现象背后的原因，除了青少年自我控制力弱、思维简单、解决问题的方法简单粗暴、家庭教育误区、社会氛围消极、缺乏社会救济等原因之外，学校教育失当也是重要原因。当前学校对法治教育重视程度不足，教育方法简单，教学内容不够规范，教师水平参差不齐等，导致法治教育流于肤浅和形式。

二、调研设计

（一）调研思路

为了有效收集信息，真实了解学生及校方需求，提高调研的信度、效度，前期调研主要采用访谈（定性）和问卷（定量）相结合的方式，访谈的对象为学校管理和参与法治教育的教师，问卷填答对象为在校学生。

访谈和问卷内容主要包括现状和需求两部分。

通过访谈旨在掌握目前学校及学生面临的法律教育状况，知晓现实的治安环境，了解学校法治教育存在的问题和不足及对未来法治教育的需求与期望，从而更有针对性地对法治教育对象的接纳水平、认知能力、现实状况进行评估，设置法治教育的目标、内容、形式及效果评价，从而制定详细的教案。

学生调查问卷主要围绕学生的知法、守法、用法情况展开，内容主要包括：①学生所面临的法律和治安环境情况；②自我保护的情况和问题、维权能力和维权意识的情况和问题；③接受法治教育的情况和效果主观评价；④对法治副校长的法治课程的内容和形式的要求等。

（二）调研的内容

1. 学校法治教育的现状

学校层面：学校法律治安环境，处于危机中的问题学生的基本数据，法治教育的规划情况，教育措施和途径，法治教育存在的问题和困惑。

学生层面：学生的知法、守法、用法情况，学生所面临的法律和治安环境情况，

---

① 教育部、司法部、全国普法办关于印发《青少年法治教育大纲》的通知，http://www.moe.gov.cn/srcsite/A02/s5913/s5933/201607/t20160718_272115.html.

② 吴楠.未成年人犯罪的原因、现状及对策分析[J].法制与社会，2018（08）.

自我保护的情况和问题，维权能力及维权意识的情况和问题以及接受法治教育的情况及效果主观评价。

2．学校法治教育的需求

法治教育内容及重点：法治副校长与校内法治教育专兼职教师的内容分工，法治副校长的法治教育内容的重点。

法治教育形式：法治副校长发挥自身特长，结合体验式、参与式等互动教育方法需求。

法治教育时长：法治副校长授课频次、时长等。

对法治副校长或辅导员关于授课的其他要求。

（三）调研的结果运用

（1）通过了解学校和学生所面临的突出的法律和治安环境，帮助编写团队有针对性地确定法治教育课程内容。

（2）通过了解学生已接受的法治教育的内容、形式、兴趣和效果等情况，来分析学生的行为或倾向，确定学生喜闻乐见的教学形式，明确课程内容的重点。

（3）通过了解学校管理层及具体负责老师对法治教育的态度，聆听教师对法治教育课程容量和形式的建议，进一步明确法治副校长的课程的目的和意义，帮助其确立课程的形式和时长。

（4）通过了解学校具有的教学资源和可利用的外部教学资源，更有针对性地设计课程形式和内容。

（四）调研对象

本次调研选取朝阳区为主要对象。朝阳区位于北京市的东部，是北京市属近郊区向城区过渡的区，是当前中国城镇化非常有典型性的样本。朝阳区的人口特点是总量多、增长快、结构复杂。选取朝阳区作为调研对象，可以充分了解北京市乃至全国城市在城镇化过程中的法治教育现状。本次调研对象的样本选择标准为：

（1）朝阳区范围内小学3所，初中3所。以学校位置作为取样依据：小学、初中每个组别三环内各1所，三、四环之间各1所，四环外各1所。

（2）每个学校问卷发放60份。考虑到阅读和理解问卷的能力及认知水平，本次调研暂不考虑小学1、2年级，但会通过教师访谈了解其需求。小学3~6年级每个年级1个班，每个班15份。初中每个年级1个班，每个班20份。

（3）访谈对象：调研主管学校法治教育（或德育教育）的校长或德育主任和大队辅导员，共12人，每人访谈约60分钟。

三、调查过程及结果分析

由于本次调研主要采用访谈（定性）和问卷（定量）相结合的方式，访谈的对象为学校管理和参与法治教育的教师，问卷填答对象为在校学生，因此结论也分为两部分。

（一）访谈结论

1．访谈的提纲和目的

本次访谈主要围绕学校法律治安环境、处于危机中的问题学生的基本数据、法治教育的规划情况、教育措施和途径、法治教育存在的问题和困惑以及对法治副校长的法治课程的意见和建议等展开。通过了解学校和学生所面临的突出的法律和治安环境，帮助编写团队有针对性地确定法治教育课程内容；通过了解学校管理层及具体负责老师对法治教育的态度，聆听教师对法治教育课程容量和形式的建议，进一步明确法治副校长的课程的目的和意义，帮助确立课程的形式和时长；通过了解学校具有的教学资源和可利用的外部教学资源，更有针对性地设计课程形式和内容。

2．访谈的对象

本次访谈共选取朝阳区范围内小学 3 所，初中 3 所。以学校位置作为取样依据：小学、初中每个组别三环内各 1 所（新源里四小、三里屯一中），三、四环之间各 1 所（新升小学、十八里店中学），四环外各 1 所（八里庄中心小学、八里庄三中）。访谈的对象为每个学校的主管德育工作的校长、德育主任和辅导员等。

3．访谈结论

1）学校的基本情况

本次调研的学校在属性上涵盖了教育统计的主要类别，包括等级（初等教育、中等教育）、质量（重点和非重点）、位置（城镇和农村，三环、四环等）、生源（京籍和非京籍），其中绝大多数学校非京籍（借读）学生占到 50% 以上，部分学校达到了 80% 以上，如表 1 所示。在访谈中，部分学校的受访者认为非京籍的学生在政策上相对较少能享受到北京的优惠政策，在数量上由于北京中考的要求（限京籍）而会逐渐流失到原籍，在家庭背景上，外来务工子女比重较高，在管理上，非京籍的中等教育阶段的学生会容易出现维权问题和犯罪风险（比如在城乡接合部的学校中非京籍的初中生会结识社会不良青年）。

表 1　学校的基本情况

学校	地理位置	等级	在校生规模/人	京籍非京籍占比	城镇/农村	质量
新源里四小	2~3 环	初等	700	3:1	城镇	重点
三里屯一中	2~3 环	中等	1 400	1:4	城镇	普通

续表

学校	地理位置	等级	在校生规模/人	京籍非京籍占比	城镇/农村	质量
新升小学	3~4环	初等	510	2:3	农村	普通
十八里店中学	3~4环	中等	600	1:4	农村	普通
八里庄中心小学	4环外	初等	700	4:1	城镇	普通
八里庄三中	4环外	中等	200	1:4	城镇	普通

2）学校校内外的治安环境

在访谈中，绝大多数学校的老师反映校园内较少有欺凌事件或其他犯罪行为，校园周边受益于首都的综治效果，交通和人身安全有保障，犯罪预防成果较好。但在部分城乡结合部的农村学校，校内有盗窃行为和打架行为（数量不多，但每年都有发生），校园周边小摊贩多，食品卫生隐患大，交通环境相对差，且有社会青年联合校内部分学生组织敲诈。

3）学校关于危机中的问题学生的管理

学校普遍统计了智力障碍、贫困、单亲、学业困难、精神疾病等学生的信息，并组织了专门的制度或措施实施干预。但学校没有（或者"没有办法"）统计父母吸毒、网瘾等数据。根据受访者的反映，我们认为学校只是确保了处于危机中的学生能够得到教师的照顾，但是对于他们可能遇到的"维权问题"和"犯罪预防"方面认识不足。

4）学校法治教育的现状

根据访谈，各学校都开展了一定学时的法治讲座，并组织了多种形式的法治教育活动，如手抄报、辩论赛、法庭旁听等。但各学校普遍反映学科教育任务重，国家指定的专题教育和校本教育任务也很多，法治教育的时间不足，效果不佳。

5）影响学校法治教育效果的原因

虽然法治教育在每个学校都作为考核指标被学校重视和实施，但是在效果上普遍反映不佳。表现在学生主动学法的兴趣不高、守法的观念不强（如闯红灯的行为较突出）、用法的能力不足。主要原因是：①法治教育缺少专业师资，而法治副校长业务繁忙，小班教学或互动教学的可能性较小；②法治教育内容不接地气，法治教育的规定教材反映的是全北京甚至全国的基本需求，没有考虑到学生的真实情况；③专题教育（国家制定的、校本的、临时性的）内容繁多，很难有足够的时间开展法治教育；④法治教育的教学方法不适应中小学生的学习方法。法治副校长虽然经验丰富但教学技巧不高，普通专家虽然案例生动但与校内的德育课差别不大。

6）学校的法治教育资源

学校都认为法治教育很重要，也都愿意提供专门的时间来开展法治教育。法治教育比德育更重要，更有利于社会的公序良俗的建立，但希望有专业的法治讲师，并由上级规划专门的课程时间，学校也表态愿意提供一切可有的资源来配合法治教育。

7）关于法治教育的建议意见

综合各个学校的建议，主要包括以下几点：

（1）法治教育的形式要多样，有体验性和生活性。课程要多案例、多互动、多体验，并且要与生活密切相关。

（2）法治教育要从小开始，并且课程要有一定的层次性和体系性。要按照不同年龄段的认知特点和必备的法律常识来设计课程内容，减少重复或遗漏。

（3）确保法治教育师资的专业性和足够时间。师资要能专职最好，如果是兼职也应该确定工作时间，以保证教学秩序和效果。

（二）调研结论

本次调研共发出问卷360份，回收345份，有效回收率96%。在实际获得的样本中，男生占47.8%，女生占52.2%。问卷主要围绕学生的知法、守法、用法情况展开，问卷的问题主要涉及以下方面：①学生所面临的法律和治安环境情况；②自我保护的情况和问题、维权能力和维权意识的情况和问题；③接受法治教育的情况和效果主观评价；④对法治副校长的法治课程的内容和形式要求等。结论也从以下几个角度分别得出。

1. 学生所面临的法律和治安环境情况

同伴关系主要是指同龄人之间或心理发展水平相当的个体之间在交往过程中建立和发展起来的一种人际关系。青少年容易将同伴作为参考对象，同伴之间存在相互影响和相互作用。

调查结果显示（图1），在接受调查的学生中，97%的学生选择跟同学玩，63%的学生选择跟"邻居同龄孩子"玩，15.1%（其中75%的是小学生）的学生选择和"社会上认识的朋友"一起玩。有53%的学生选择其中两种朋友一起玩，36%的学生选择与其中一种朋友玩，其中95%的学生选择与同学玩。这一方面说明同学们的同伴关系相对比较集中和单一，另一方面也说明学校的环境对塑造青少年良好的同伴关系具有重要的作用。数据显示，11%的学生选择了和三种朋友一起玩，不过做了这种选择的主要是小学生，出现这种情况的原因是"社会上认识的朋友的概念"理解不清还是小学生对"社会朋友"的不良影响认知不足有待进一步调研。

关于同学中发生过的不良行为甚至违法行为在同学身边出现的频率的调查显示（表2），打架（24%）、网瘾（8%）、小偷小摸（4%）和辍学（4%）分别位列前四位。而其中网瘾和辍学属于不良行为，打架和小偷小摸属于违法行为。综合分析打架行为的数据发现，每个学校都出现过打架行为，在各个学校出现的频率也比较平均（除某城乡接合部的小学反映的频次占该校调研样本的65%），这说明打架行为是每个学校普遍的主要问题，而这种行为与欺凌行为的关系有待进一步调研。

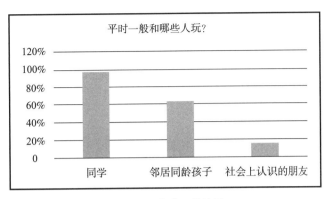

图1 青少年的同伴关系

表2 你的同学发生过以下情况吗?（多项选择）

注：数据反映的是每种问题在总样本中出现的频次

行为	辍学	打架	烟瘾	酒瘾	网瘾	小偷小摸	离家出走	观看色情	吸毒	赌博
提及次数	13	82	11	6	28	13	8	11	0	0
占总样本的比重/%	4	24	3	2	8	4	2	3	0	0

2．学生自我保护和维权意识的情况

学生要提高自我保护意识和维权意识，这关系到学生能否健康成长和得到权益保护。在自我保护方面，学生能否面临诱惑时抵制诱惑，是学生需要培养的关键自我保护能力。

在问卷中，关于"看见别人抽烟、喝酒、吸毒，你想尝试吗？"，95%的学生选择"不想"，只有不到1%的选择"想"，这反映出了学生们在认知上都能够理性面对诱惑，但在实际遇到问题的时候会不会选择抵制"诱惑"，这很难从问卷中体现。比如在访谈中，有德育主任就反映，学生"都知道不要闯红灯"（认知上），但是"在马路上还是会看到很多学生会闯红灯"（实践上）。

在维权方面，维权教育的主要目的是要学生善于用法律武器去保护和维护自身的合法权益，维权教育的主要内容包括维权意识和维权技能。而学生的维权意识和维权技能状况如何呢？当问到"你有没有被别人强行索要过财物"时，97%的学生反映没有被索要过。而在假设"受到别人的勒索，你会怎么做"时，56%的学生选择"报警，打击犯罪"，43%的学生选择"只是告诉父母或老师"，只有1%的学生选择"钱不多，算了"（图2）。76%的学生选择主动跟父母交流学校发生的事情，20%的学生选择"问我之后才说"，其他选择"不说"。从中可以看出，学生并没有明确的维权意识，只是在遇到问题时，将求助的主要对象放在"老师或家长"身上。

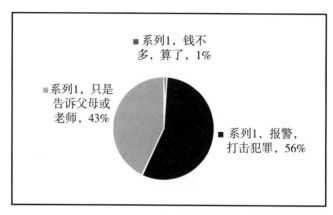

图2 受到别人的勒索你会怎么办?

3. 接受法治教育的情况

当前我们国家已经将法治教育纳入国民教育体系,尤其注重从青少年抓起,在中小学普遍设置法治知识课程。而学生法治教育的形式有哪些?他们对什么课程最感兴趣?对当前法治教育的效果的主观评价如何?法治副校长是如何开展法治教育的呢?针对以上问题的调研结果如下所述。

1)已接受的法治教育的形式及喜好

学生已接受了各种形式的法治教育,这些形式不限于学校组织的,也包括校外的活动。在关于接受法治教育的形式上,按照被提及的次数多少排序依次是法治教育课(275次)、讲座(261次)、法治宣传片(234次)、观看展板(188次)、阅读法律书籍(166次)、法律知识竞赛(158次)、上网了解(135次)、法律咨询(71次),如图3所示。

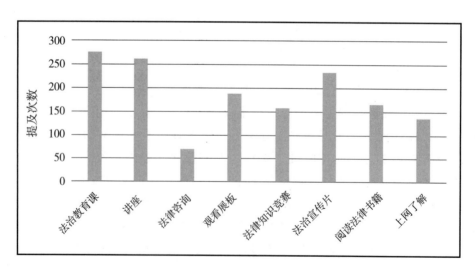

图3 接受法治教育的形式

而在对以上法治教育形式的喜好上，按照被提及的次数多少排序依次是法治教育课（214次）、法治宣传片（214次）、讲座（196次）、法律知识竞赛（157次）、观看展板（130次）、阅读法律书籍（126次）、上网了解（102次）、法律咨询（59次），如图4所示。从表3的对比情况可看出，学生对所接受的法治教育形式具有较强的偏好，除法治教育课、法治宣传片和讲座基本都是前三的选择外，学生更喜欢法律知识竞赛的形式。还可以看出来，同学们在选择喜好上都有一定比例的下降，比如在接受法治教育的形式上生均选择4.3项（345人共选择1 488项次），而在选择喜好的形式上生均是3.5项（345人共选择了1 198项次），这就意味着学生对已经接受的法治教育方面有一定的不满意。此外，"法律咨询"在两项中都排在最后一位，而"法律咨询"属于用法范畴，这说明学生平时缺少"用法"的机会，对法律咨询还缺少一定的了解。

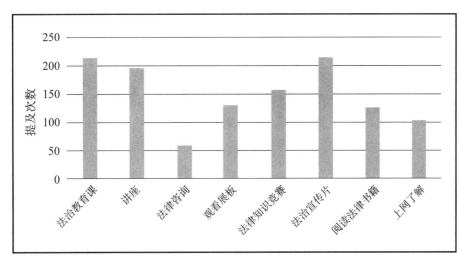

图4 对法治教育形式的喜好

表3 接受和喜好的对比

接受的形式	形式	法治教育课	讲座	法治宣传片	观看展板	阅读法律书籍	法律知识竞赛	上网了解	法律咨询
	提及次数	275	261	234	188	166	158	135	71
	占样本比重/%	79.71	75.65	67.83	54.49	48.12	45.80	39.13	20.58
	排序	1	2	3	4	5	6	7	8
对比									
喜好	形式	法治教育课	法治宣传片	讲座	法律知识竞赛	观看展板	阅读法律书籍	上网了解	法律咨询
	提及次数	214	214	196	157	130	126	102	59
	占样本比重/%	62.03	62.03	56.81	45.51	37.68	36.52	29.57	17.10
	排序	1	2	3	4	5	6	7	8

2）对学校法治教育的效果主观评价

关于学校的法治教育开展情况的主观评价：当被问到"你认为现在学校的法治教育活动开展情况如何"时，47.1%的同学认为"还可以"，50.9%的同学认为"挺多的"；当被问到"每学期上几节法治教育课"时，3~4节占到33.8%，7节以上占到26.8%，1~2节占20.1%；关于"你感觉你校的法治课老师讲课效果如何"，86%的同学认为"好"，13.4%的同学认为"较好"，只有不到1%的同学认为"不好"。从以上数据看出，学生对学校的法治教育整体评价良好，对法治教育的课程开展情况评价也是良好。这说明目前法治教育效果良好。

4. 对法治副校长的法治课程的内容和形式的要求

1）对法治副校长的认知

从20世纪90年代开始，各学校陆续开展聘请有法律专业背景的人员担任法治副校长工作。历经二三十年的试水，法治副校长工作从起步、发展到逐步规范。这对于增强青少年学生的遵纪守法意识、维护在校学生的合法权益发挥了十分重要的作用。目前法治副校长在中小学的作用发挥如何、在学生中的影响力如何、法治副校长应该在哪些方面重点突破目前法治教育的问题和困境呢？

根据问卷调研，目前朝阳区法治副校长的来源主要是公安局和派出所（52%），其次是检察院（15%）和法院（17%），本校人员担任法治副校长的不多。另外，从每个学校问卷统计的结果看，每个学校学生在认知"你们的法治副校长（辅导员）是哪个单位的"上基本保持一致，这说明法治副校长在同学们中具有一定的知名度。

而在法治副校长所开展的工作认知上，学生印象中法治副校长开展的工作主要是做报告（282位同学提到该项工作），而其他工作被提到的次数少于138次（图5）。这说明在同学们的认知中，法治副校长的工作没有被全面了解。分析其原因：一种可能是法治副校长所做的工作被同学们直观感受到的机会较少；还有一种可能是法治副校长因为忙于本职工作，除了讲座外并没有有效地在学校开展其他与职责相关的工作。

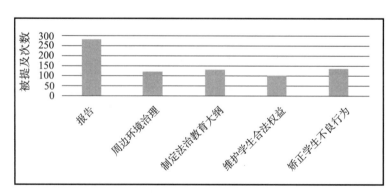

图5 学生提到的法治副校长在学校开展的工作类型（总样本数量为345）

2）对法治副校长法治课程的期望

实践证明，法治副校长的课程必须与青少年的生活密切相关，必须满足青少年的需求。

青少年最希望通过法治副校长的课程学到哪些课程呢？学生共有四个选项，它们分别是"未成年人犯罪的""未成年人保护的""预防犯罪的"和"都需要"。根据问卷调查结果，学生普遍选择"都需要"（82.91%），如图6所示。选择"都需要"，有可能是因为学生并不知道自己的需求是什么，也有可能是因为学生的确需要全面了解。

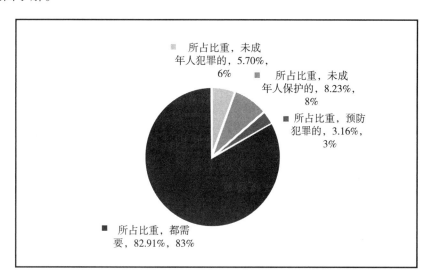

图6 青少年法治教育的需求

本研究旨在通过体验式的教学法来设计法治副校长的教案，因此，在问卷的最后一项，设计了6种常用的体验式教学活动，让学生选择。学生选择的结果为下一步的设计提供了良好的反馈。在该选项中，为了得到学生喜好的数据，我们要求学生单选，但从问卷统计结果来看，同学们还是把它当作多选来选择。不过数据仍然有价值。

本次问卷样本共345份，而其中提到情景剧表演的就达到184次（53%），不过同学们选择法律讲座的次数远高于法庭旁听、普法辩论和知识竞赛这些体验式的教学活动（图7）。

本问卷还提供了一项开放式问题，希望同学生们谈谈问卷中没法体现的建议和想法。问卷共收到85条意见和建议，其中关于"课程内容"，同学们提到课程内容要有新颖性，多一些关于中学生的案例；关于未成年人保护，同学们提到多用一些生动的法治案例等。

关于"课程形式"，同学们提出要形式多样，比如知识竞赛、情景表演、法律讲座、法律旁听等。

关于"课程互动",同学们提出多提问、多互动、更有趣且全员参加等。

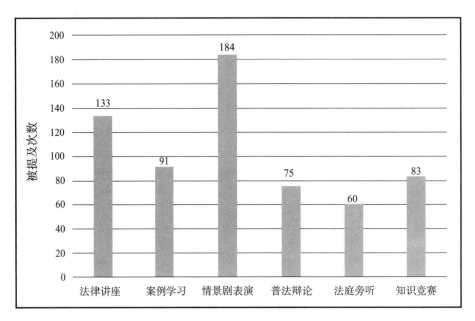

图 7　学生最喜欢的法治副校长的课程形式

四、总结与建议

(一)关于法治副校长

根据2003年《关于规范兼职法治副校长职责和选聘管理工作的意见》,法治副校长主要参与制订学校法治教育规划、协助学校开设法治教育课程、协助学校加强内部安全防范工作、落实帮教措施、积极参与组织开展学校周边治安秩序整治等职责。从实践中看,当前法治副校长的责任机制和激励机制还有很多不够完善的地方,制约了法治教育的整体效果。一方面,法治副校长主要从法院、检察院、公安、司法等政法部门选聘,他们的本职工作已经令他们分身乏术,再挤时间到学校开展法治教育工作,时间和精力都难以保障。另一方面,法治副校长的职能定位是负责学校法治建设的校领导,具体负责学校法治建设的领导、沟通、协调、教育工作。但从实际执行来看,能坚持每年到所在学校上两次法治课已经算是正常履职了。这主要是法治副校长是兼职工作,而法治副校长的本职工作比较繁忙。解决这一问题的首要任务是制定法治副校长课件,为开展校园法治教育提供系统化、阶段化以及标准化的教学工具,从而提高法治副校长的教学效率,减轻法治副校长的教学负担。推动法治副校长工作规范化建设,明确职责、落实责任,促使法治副校长认真履行社会和法律赋予的职责。推动法治副校长法治教育内容的系统性、针对性、广泛性和有效性的建设,探索符合本地青少年特色的教育方法,开展多种形式的法治教育。

（二）关于课程内容

法治教育的主要目的是加强对青少年基本的自我防范、自我保护教育，有效地预防和减少青少年犯罪，维护青少年合法权益。而根本目的是帮助中小学生从小树立法治观念，养成自觉守法、遇事找法、解决问题靠法的思维习惯和行为方式；促进社会主义核心价值观教育的开展，促进青少年健康成长、全面发展。

当前国内法治教育的主要问题表现在教育目标还定位在守法上，注重提高学生的法律意识和法治观念，缺乏对学生法律素质的培养；教学方法陈旧，以静态、单向、僵化的说教或灌输为主，照本宣科；教学内容上不能紧扣学生成长过程中遇到的实际法律问题，导致学生缺乏对法律的直接心理体验和真实的法律实践。

从国外的法治教育经验看[1][2]，青少年法治教育在教学方法上注重隐性教育和法治教育的实践性；在教学内容上，提供具有典型性、争议性的著名案例以及社区内的法律问题和材料进行实例分析；在教学实践上，创造和设置学生参与、互动和实践的机会，这种以互动性、多向性、灵活的情境式教学为主的方法值得借鉴。

因此在教学内容设计上，应融合和吸取国内外的有益经验，并在充分考虑各区域性特点的基础上取长补短；在教学理念上，法律知识的学习与法律理性的培养并重；在教学内容上，注重民事法律，淡化刑事法律；在教学方式上，加强案例教学，强化实践性、体验性和参与性的教学设计。

（三）关于课程对象的阶段性

儿童教育学以及发展心理学的相关研究表明，儿童道德认知发展呈现出年龄化、阶段化、发展化的特点，而加强教育是促进儿童道德认知向更高阶段发展的有力途径。美国当代著名的心理学家和教育家劳伦斯·科尔伯格提出的"道德认知发展六阶段理论"[3]认为，个体道德判断的发展一般要经过"三个水平六个阶段"，是一个由低到高、顺序发展的过程，包括前习俗水平、习俗水平以及后习俗水平。其中，前习俗水平包括"以惩罚与服从为价值取向阶段"和"以个人的功利主义目的与交换为价值取向阶段"；习俗水平包括"以协调人际关系为价值取向阶段"和"以维护社会秩序和履行个人义务为价值取向阶段"；后习俗水平"以社会契约为价值取向阶段"和"以普遍道德原则为价值取向阶段"。一般0~9岁处于第一水平，9~15岁处于第二水平，16岁后向第三水平发展。科尔伯格认为儿童的年龄与其道德发展阶段有很大关系，同时主张用教育促使个体向更高阶段发展。因此，法治教育应结合儿童道德认知发展的特点和规律，围绕法律与个人（包括权利、自由、界限）、法律与社会（包括国家、他人侵权、自我保护）以及法律与环境（包括安全、环保）等议题，分阶段、分主题进行道德认知提升、守法意识培养和懂法、用法行为引导，从而帮助和指导青少年向道德成熟化阶段迈进。

---

[1] 沈英.美国中小学法治教育探析——兼谈对我国中小学法制教育的启示[D].东北师范大学硕士论文，2005.
[2] 赵梦雷.新加坡中小学法制教育的特色及启示[J].衡水学院学报，2017（01）：115-119.
[3] 陈录生."道德发展阶段论"与我国儿童道德认识发展规律[J].心理学探新，1989（3）.

论青年农民工现状与权益保障

赵志宏[①]

> **摘 要**：我国目前正处在全面建设小康社会和公平正义社会的关键阶段，青年农民工的权益受到保障，使他们能够充分发挥潜力、贡献社会，对国家稳定、城市建设、经济发展都有巨大的积极影响。当前青年农民工面临的问题多而杂，法律体系不健全而急需得到完善。青年农民工，于家庭是支柱，于社会是基石。青年农民工的权益保障、生活水平和幸福感，关系到社会的稳定和全面小康社会建设的成败。
>
> **关键词**：青年农民工　权益保障　劳动合同

中国改革开放以来，经济迅速发展，人民生活水平大幅提升，此中青年农民工起了巨大的作用。青年农民工的数量呈现大幅增长的趋势，按国家统计局的统计数据，2017年青年农民工数量达到1.501 3亿人。

改革开放以来，特别是十八大以来，青年农民工的权益保障得到了很大进步和提高。同时，青年农民工权益保障也存在很多问题，其经济权益、健康权益、劳动权益等经常受到损害，其社会权益、教育权益经常得不到保障。造成上述问题的原因，主要包括立法不健全和滞后、执法不到位、社会保障体系不完善、教育资源分配不均等。

习近平同志提出的"全面建成小康社会，进而建成富强、民主、文明、和谐的社会主义现代化国家"，为青年农民工权益保障工作指明了方向，也是我们建设健全青年农民工权益保障的强大力量源泉。

[①] 赵志宏，北京青年政治学院，副教授。

一、青年农民工现状

农民工是指户籍仍在农村，进入城市务工和在当地或异地从事非农产业劳动 6 个月及以上的劳动者。本地农民工是指在户籍所在乡镇地域内从业的农民工。外出农民工是指在户籍所在乡镇地域外从业的农民工。青年农民工指 16~40 岁的农民工。

（一）青年农民工规模趋势、分布

2008 年农民工总量为 22 542 万人，到 2017 年已升至 28 652 万人。2017 年，青年农民工人数为 15 013.6 万人，占比为 52.4%。1980 年及以后出生的新生代农民工逐渐成为农民工主体，2017 年占全国农民工总量的 50.5%，比 2016 年提高 0.8 个百分点（表1）。①

表1 青年农民工人数和占比

年度	农民工总数/万人	增速/%	新生代农民工人数/万人	占比/%	青年农民工/万人	占比/%
2013	26 894	2.4	12 532.6	46.6	15 706.1	58.4
2014	27 395	1.9	12 875.7	47.0	15 478.2	56.5
2015	27 747	1.3	13 457.3	48.5	15 316.3	55.2
2016	28 173	1.5	14 002.0	49.7	15 185.2	53.9
2017	28 652	1.7	14 469.3	50.5	15 013.6	52.4

新生代农民工人数和在青年农民工人数中的占比均成上升趋势（图1），2017 年新生代农民工在青年农民工人数中的占比为 96.4%（图2）。

图1 新生代农民工人数趋势

---

① 本文数据来源于国家统计局公布的数据。

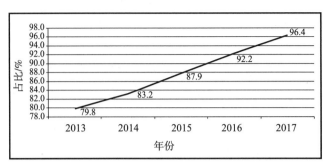

图2 新生代农民工在青年农民工人数中的占比

青年农民工分布在快递、建筑、环卫、家装、保洁、绿化、家政等行业（表2），农民工的工作已经渗入城市运转的各个方面。无法想象没有青年农民工的服务城市该如何正常运转。

表2 农民工在各行业的分布情况

行业	2016年人数/万人	2017年人数/万人	2016年百分比/%	2017年百分比/%	百分比增减
第一产业	112.7	143.3	0.4	0.5	0.1
第二产业	14 903.5	14 755.8	52.9	51.5	-1.4
其中：制造业	8 592.8	8 566.9	30.5	29.9	-0.6
建筑业	5 550.1	5 415.2	19.7	18.9	-0.8
第三产业	13 156.8	13 753.0	46.7	48.0	1.3
其中：批发和零售业	3 465.3	3 524.2	12.3	12.3	0.0
交通运输、仓储和邮政业	1 803.1	1 891.0	6.4	6.6	0.2
住宿和餐饮业	1 662.2	1 776.4	5.9	6.2	0.3
居民服务、修理和其他服务业	3 127.2	3 237.7	11.1	11.3	0.2
其他	3 099.0	3 323.6	11.0	11.6	0.6

（二）青年农民工面临的问题

1. 受教育程度低

青年农民工平均受教育的年限不到10年，70%左右的人没有接受过高中以上教育。由于受教育程度不高，缺乏相应的职业教育和培训，相当一部分青年农民工的职业经常变动。

2. 工作强度高、时间长、环境和保护差

很多农民工由于受教育和技能方面的原因，大多从事收入低、工作环境恶劣、福利较差的工作，工作多是苦、累、脏、劳动强度大。

一些小企业的工人，每天工作时间达10~15小时，休息日和节假日都无法休息，并且还拿不到加班工资。

一些农民工在建筑业、煤炭业、采矿业、化工业等行业工作，噪声、粉尘等有害物超标严重，致使他们当中的职业病比率较高、安全事故频发。有些企业为节省成本，在恶劣的工作环境下，不为农民工提供必要的劳动保护器具，造成农民工身体健康受到损害。

3. 工资收入不高，有时遭遇欠薪、拖延、变相克扣

2016年农民工平均月收入是3 275元，同期城镇非私营单位职工平均月收入5 630.75元，相差41.8%。

农民工的工资待遇往往是最低的，遇到不良企业，农民工还经常不能按时领取工资。个别雇主想方设法削减或变相克扣农民工的收入。

2017年1月，西安一建筑农民工被欠薪12万多元，不仅拿不到欠薪，讨薪反而被打。

4. 社会权益不能得到保障

有些单位不依法签订劳动合同，未及时缴纳社会保险、工伤保险等。安全保障体系不健全，农民工的相关权益得不到有效保障。

由于农民工流动就业的不稳定性、经济实力较弱、社保缴纳时间长等原因，他们大多数都没有购买工伤保险、医疗保险、养老保险等社会保险。

有些用人单位明知农民工的工作环境较差，危险系数较高，但为了降低成本，不为农民工缴纳工伤保险。加上有些农民工并不知晓工伤保险的作用，农民工参加工伤保险和获得工伤医疗补助的比例偏低。一旦发生工伤事故，用人单位和企业仅仅给予一些医疗费、少量的抚恤金或者一次性补助。

5. 居住环境不安全

2017年11月，北京市大兴区一公寓发生火灾，造成19人死亡、8人受伤，死亡和受伤人员基本都是农民工或家属。起火建筑为典型的"多合一"建筑。大部分农民工还是以居住出租屋、工棚、建筑工地宿舍为主。很多农民工，居住在类似不安全的建筑里：房间被隔成一个个小间，设施老旧，水电线私拉乱扯情况普遍存在，缺乏基本的消防设施。

6. 教育权益得不到保障

一方面农民工受教育权益不对等。政府将更多的教育投资用于城镇居民，使得农村劳动力整体素质相对偏低，与城镇职工相比处于劣势。另外，也难以获得教育培训方面的机会。

农民工子女的教育问题更加突出。农民工子女入校学习一般有两种方式：一是作为留守子女，在农村就近选择学校接受教育，但是农村的教育资源以及师资水平有限，并不能为子女提供良好教育，这也导致了很多孩子中途辍学，进城务工，成为新一代农民工。二是随父母进城的子女，与农村学校相比城市教育成本较高，进城的农民工家庭无力承担昂贵的教育支出，农民工子女很难接受城镇学校教育，尽

管各级部门出台了许多政策,比如严格控制收费标准、创建农民工子弟学校等。但这些农民工子弟学校的教学设施破旧,教育资源和教学水平不高,从根本上不利于保障农民工子女的受教育权益。

7. 社会福利和社会救助缺失

我国社会福利包括失业津贴、教育津贴、住房福利和带薪休假等待遇。目前,主要惠及城市职工,农民工社会福利权益则享受不到。

青年农民工在面临失业、职业病和拖欠工资等状况时,生活比较艰难。目前,农民工权益保障的有关制度与措施缺乏可操作性,导致他们的社会权益缺乏相关法律政策与制度保障。

8. 女性青年农民工缺乏必要的特殊保护

有的企业对孕、产、哺乳期女职工,随意解除或终止劳动合同;有的企业利用女性青年农民工维权意识淡薄的弱点,签订不平等的用工合同。有的企业只招收16~20岁的年轻女性,并只签三年合同;一旦这些年轻女性结婚生育,权益就得不到保障。有的企业在女职工经期仍安排从事高空、低温、冷水作业和高强度的劳动。生育就意味着失业是女性青年农民工不得不面临的事实。

(三)新生代农民工的特点

新生代农民工已成为青年农民工的绝对主体,他们既具有所有农民工的基本特征,又有自身的特点:受教育程度较高,思维活跃;他们的工作目的不再单纯是挣钱以维持家人和自己的生计,渴望有同城市人对等的生活待遇,不再是为了温饱而奔波;新生代农民工不再和老一代农民工一样面对侵害忍气吞声或私自报复,更重视用法律武器维护自己的合法权益;新生代农民工群体中有80%没有加入工会组织,很多人会自发组成帮会,以极端的行为进行反抗,有些甚至犯罪。

二、青年农民工权益得不到保障的原因

(一)法律保护机制不健全,存在漏洞

现行社会保障制度由多个单行条例组合而成,以行政立法为主,关于农民工权益保障的立法多包含在大的法律框架之下,多种"条例""决定""办法"以及地方政策会涉及对青年农民工的权益保障,并面向全国实施,但局限于各个部门职权范围内,各个部门难以协调与配合,重复立法又缺乏效力。社会保障立法体系缺乏统一性和完整性。

《劳动法》规定了与劳动者建立劳动关系时应签订劳动合同,但是并没有具体规定签订劳动合同的程序以及没有签订劳动合同的后果,导致很多企业钻法律的空子。

对企业惩罚性立法也存在模糊地带。例如,在企业拖欠青年农民工工资时,法律只规定了"对于恶意拖欠农民工工资的,会采取一定的惩罚性措施",而并没有

规定惩罚措施是什么，而且，法条中的"恶意拖欠"带有严重的主观色彩，难以判断。

目前没有专门针对农民工权益而建立的法律，农民工想要保障自己的权益不仅难，而且成本高。

（二）法律可操作性不强

劳动法对企业劳动规章没有进行明确的定义和规范，使得企业的劳动规章制度就具有很大的随意性。用工单位经常改动规章内容，法律规定的不明确给用人单位以可乘之机。例如，对劳动者职业培训权的规定，法律条文中只讲"鼓励"用人单位培训劳动者，不具有强制性，用人单位则能省则省。在这种情况下，青年农民工的职业培训权愈发难以保障，自身没有一定的提高使他们缺乏跟用人单位谈判的条件，对权益的保障变得更加困难。

劳动监察的操作性也不强。在劳动监察部门给出处理结果后，农民工提起"一裁二审"，对这种冲突，法律没有规定如何解决。对于以自己劳动为整个家庭收入来源的青年农民工来说，劳动监察的期限太长，他们等不起。这样，劳动监察不仅为企业逃避责任提供了便利的条件，更加大了监察执行难度。

我国劳动监察只有行政处罚权和处理权，没有强制执行的权利，当在行政执法时，由于监察部门拥有的权利有限，遇到企业转移财产的情况毫无办法。行政执法处罚较轻，很多地方监察部门做出的行政处罚根本无法执行，新生代农民工受到侵害后得不到补偿，违规的单位没有受到应有的处罚，法律也没有起到强制和教育作用。

（三）司法保护机制不利于青年农民工

我国民事诉讼法适用"谁主张谁举证"的原则，当青年农民工自身权益受到侵害时，由于平日里没有保存证据的意识，取证、质证的能力非常有限；出于自身保护和害怕企业打击报复，工友也很少为维权者提供证人证言，他们只能凭借陈述进行诉讼，大大增加了维权难度。

另外，司法保护成本过高，青年农民工往往因为没有能力支付高昂的诉讼费用而放弃通过法律的途径寻求保护。

我国司法救济效率同样偏低。处于地方保护主义，地方更倾向于保护企业利益，造成很多青年农民工维权的案件难以获得公正的裁决和判决。

执行程序烦琐，即便赢了诉讼，企业拖延执行的期限，仲裁裁决和法院的判决就变成了一纸空文，青年农民工维权者花费了大量的人力、物力、财力，到最后却一场空，反而变得更加落魄。

（四）法律援助机制不健全

我国没有完整的法律救助法支持法律援助，相关的条例和规章也不完善，标准也各不相同，不利于青年农民工获得法律援助。我国已建立了异地协作办法，北京、上海、广州等劳务输入密集的地区均被覆盖,这种办法不仅节约了办案成本,同时提高了维权者的满意度。但在实际操作中,各个机构之间的交流甚少,多是办案人员与法律援助机构之间进行沟通,办案人员对不属于自己职责范围内的事务则不予处理,最终结果离法律援助协助的初衷相差很远。

我国仍有一些县区未设立法律援助机构,大部分县区的法律援助工作人员在3人以下。

对于法律援助机制,有些青年农民工对其有所了解,但不知道具体程序,也不知道自己享有的权利和维权的途径。

(五)异地保障受限

青年农民工享受农村的福利待遇,进入城市后,各项农村待遇就难以实现了。如青年农民工在城市工作期间生病住院,他们参加的是农村医疗保险,根据农村合作医疗的规定,参保人员只能在定点医院就诊。有时他们宁愿自己扛着,也不愿意多花钱回乡看病,自恃年轻,身体素质良好,很多人由此使小病变大病,由大病导致无法工作,因病致贫,形成恶性循环。

(六)社会维权组织相对薄弱

"在劳动者权利体系中,集体劳权比个别劳权重要,集体交涉比个人交涉有效,集体劳权是个别劳权实现的前提和保证。"对于青年农民工的权益保护,工会理应发挥更大的作用,很多青年农民工没有加入工会,甚至有人不知道工会是干什么的。在我国企业中,国有企业建立工会的情况最佳,外资企业和民营企业的情况相对较差。例如当年沃尔玛组建工会时就出了许多状况,然而最后也不了了之。

三、青年农民工权益保障的意义

(一)助力加快社会主义新农村建设进程

建设社会主义新农村是全面建成小康社会的重要一环。改革开放特别是十八大以来,我国农村的发展状况得到了明显改善,但是农业人口比重过高、人多地少的主要矛盾得不到有效解决,仅仅依靠传统的农村发展模式,很难实现真正意义上的全面小康。因此,引导农村大量的剩余劳动力实现有效转移,既能解决城镇劳动力资源不足的问题,又能有效减轻农村发展负担,优化农村经济社会发展结构,改善农民群体生活水平,提高收入。所以,运用法律维护农民工劳动权益,是建设社会主义新农村的必由之路。

(二)有助于维护社会稳定和公平正义

习近平总书记强调要建设公平正义的社会环境。青年农民工的稳定则对社会总体秩序的稳定具有至关重要的影响。在我国城镇化的进程中，由于城乡总体发展水平不均衡，城镇居民与农民之间存在着巨大的收入差异，生活水平差距也很明显。通过开展青年农民工劳动权益法律保护，农民工的各项劳动权利能够得到有效维护，合理收入得到有效保护，就业水平不断提高，可以改善农民工群体的生活状况。农民工群体做到安居乐业，衣食无忧，社会秩序才会真正实现稳定和谐，才能够真正体现出社会主义公平正义原则。

（三）帮助解决现阶段我国经济社会发展面临的人力资源矛盾

国内劳动力资源分布不均衡、总体素质和水平不高、流动配置不合理等是一个影响很大的问题。一方面，很多农村剩余劳动力找不到合适的就业岗位，造成劳动力资源的闲置和浪费。另一方面我国东南沿海地区和"一带一路""京津冀经济带"等新兴经济地区的劳动力资源缺口较大，特别是从事手工加工、服务业等的劳动力严重不足，给当地经济发展造成严重影响。通过实施农民工劳动权益法律保护，市场对于劳动力资源的基础性配置作用将会得到更加充分的发挥，从而在根本上解决这些问题。

四、构建青年农民工权益保障机制

（一）完善立法

青年农民工作为社会弱势群体，要保护他们的合法权益，就必须依靠法律的约束力和强制力。前提是保障有法可依。目前我国青年农民工权益保障的法律体系并不完善，现有法律衔接不紧密。因此，需加强立法工作，完善现有法律制度，实现有法可依，为保护新生代农民工的权益创造良好的法律环境。

1.建立《农民工权益保护法》

目前的《劳动法》对农民工劳动权益的保护不适用，并缺乏具体实施规范。而各地出台的劳动法又显得单薄，在具体执法时缺乏法律依据。

我国应建立《农民工劳动权益保护法》，为青年农民工提供法律与制度上的保护和保障。同时各地结合实际，建立相应的配套地方性法规，明确规定农民工劳动报酬、工作时间、休息休假、社会保险、子女教育就学等具体内容。

《农民工劳动权益保护法》包括下列内容：（1）对用工单位侵害农民工合法劳动权益应负何种法律责任进行明确规定。（2）规定保护农民工合法劳动权益应由哪个单位具体负责，具体需承担哪些责任，拥有哪些职权。（3）完善农民工工资支付制度，有效解决农民工工资的拖欠与克扣问题。（4）规定建立与完善适用于农民工的相关社会保障制度，有效解决农民工的社会保障问题。（5）将农民工的切实需求纳入整个城市的公共服务政策范围当中。（6）规定但凡招聘农民工，必须与其签订正式用工合同。

2. 优化《劳动合同法》

在劳动合同期限方面，应按农民工就业特点，与农民工签订的合同期限不应低于一年。至于建筑等特殊行业，可规定农民工劳动合同按照具体工期来定。并明确用人单位对农民工的义务，包括相关技能和法律知识培训的义务等。同时，在生活保障方面，规定用人单位提供足够的日常生活需要。在农民工的具体休息、休假及工作时间方面，需对农民工的法定休息、休假时间以及法定工作时间进行明确规定。假如用人单位需延长农民工的具体工作时间，必须与农民工提前进行协商。待获得农民工本人同意后方可延长他们的工作时间。在此基础上，用人单位必须依据《劳动合同法》的具体规定，合理支付农民工劳动报酬。

另外，《劳动合同法》进一步细化相关法律责任，对用人单位的相关违法、违规行为处罚应进一步加重。《劳动合同法》中对农民工欠薪问题做出具体规定并注明：用人单位不应恶意克扣、拖欠农民工工资。《劳动合同法》中应规定如下险种为必缴险种：①医疗保险；②失业保险；③养老保险；④工伤保险。假如用人单位招聘的为农民轮换工，需落实回乡生产补助金制度，并增加用人单位对农民合同制工人终止及解除劳动合同后的补偿规定。

3. 逐渐完善农民工社会保险制度

在《社会保险法》中加入社会保险全国统筹的条款。目前我国社会保险城镇和农村无法实现自由转移，农民工在城市参加的社会保险，一旦他们返回农村，就无法继续参保，也不能享受社会保险的各项待遇。同样，农民工在农村参加的保险，也只能回到农村才能享受各项待遇，因此，必须建立合理的跨区域转移接续的制度，以解决现在城乡社会保险难接轨的情况。

在医疗保险方面，应规范保险方式，制定统一的法规。目前我国有四种医疗保险的方式，青年农民工参保最多的是新型农村合作医疗保险，青年农民工在城市务工，遇到突发疾病时，不可能再跑回农村指定的医疗地点进行治疗，他们只能自掏腰包承担费用。因此，统一的保险方式和适合其发展的法规就显得非常必要。将青年农民工进行一个大致的分类，第一类为在城市打工多年已经城市化了的农民工，可以将他们直接纳入城镇职工基本医疗体系；第二类是经常更换工作地点，流动性很强的农民工，对于他们应该适当地降低费率，重点保当期，保大病；第三类是返乡的农民工，应该让他们加入自己家乡的新农合。此外，还需要健全农民工的医疗服务体系，农民工要想享受到公平的医疗保障，所在城镇就必须有针对性地将其医疗机构合理地进行布局，社区的卫生服务机构和综合性医院应该各司其职，共同为农民工服务，并设置农民工的退休医疗保险延续的最低缴费年限，农民工退休医保要和缴费的年限挂钩，实行权利和义务的对等，缴费的年限应该针对不同的医疗保障模式分类执行。

在工伤保险方面，到目前为止，我国没有一部专门的工伤保险法，工伤保险的强制性不足，工伤虽属于偶发性事件，但一旦发生，纠纷难以解决，应出台一部专门的工伤保险法，规范工伤保险的参与，明确因工伤产生纠纷的解决办法。

在工伤保险方面，首先需要构建工伤预防制度体系。合理有效的工伤预防体系是工伤保险制度的基础，预防比事后的赔偿和补助更重要，更能从根本上保护农民工的合法权益，保障他们的生命安全与健康。因此应该加强对高风险行业的监管，使他们能更加注重自己的安全责任，加强安全管理，给农民工提供一个安全的生产环境。其次要科学合理地制定工伤保险费率和浮动费率，让企业的负担减轻，增加企业参保的积极性，同时在工伤康复方面，农民工需要积极的、成功案例的激励，使他们有信心，促使更多的农民工愿意参与其中。

在失业保险方面，失业在新生代农民工中属于普遍现象，我国现行的失业保障制度主要由单行条例组成，在实际问题的解决上仍有很大的缺陷。制定相对独立的失业保险法律规定，对失业人员进行专户管理，完善保险金的给付方式，使新生代农民工失业后能够得到真正的保障。

对于打工人员，生育问题并没有得到良好的解决，要解决这一问题，就必须通过制定具体的法律法规来保障女性务工人员的合法权益。同时，还要完善整个生育保险的法律规定，扩大生育保险的覆盖面，使新生代农民工得到全面的保障。根据青年农民工的特点，可以选择性地参与不同的社会保险。

4．完善福利

青年农民工的社会福利主要存在于住房、就业与子女就学这几个方面。青年农民工大部分居住在工棚、集体宿舍或城乡接合部的租房内，极少人在工作的城市中拥有自己的住房。通过法律的完善解决青年农民工的住房问题是需要做的工作。青年农民工渴望在城市扎根生活，但是子女难以在城市上学。因此需要进一步完善义务教育中关于农民工子弟入学的规定，通过法律解决这一问题。

此外，社会福利立法中应加入劳动者就业培训的权利，赋予青年农民工就业前和就业中接受培训的权利。

5．强化青年农民工权益保障的司法保护

完善劳动争议处理机制，优化举证方式、调整举证责任，切实保证青年农民工能够实现权益保障。

我国《民事诉讼法》规定劳动争议案件"谁主张谁举证"，劳动争议案件中，青年农民工往往处于原告的位置。事实上，青年农民工作为普通劳动者，他们获取证据的能力远小于用工单位，这种方式将青年农民工在诉讼中置于非常不利的位置。因此，调整为用工单位举证会达到更好的效果。

改"先裁后审"的处理机制为"或裁或审"，给予青年农民工更多的方式进行选择，既节省诉讼资源，并提高诉讼效率。

建立专门的劳动争议审判庭，意味着对劳动争议案件有着更准确、更专业的审理，不仅降低了劳动争议处理的时间，提高办案效率，而且也减轻了民事审判庭的负担。

6. 完善《企业工资条例》

在工资方面，明确界定时薪，保证农民工的最低收入，并使加班劳动得到报酬。将农民工全面纳入城镇社会养老保险、失业保险、工伤保险、医疗保险、生育保险等的覆盖范围。

（二）加大对青年农民工的法律援助力度

为保证青年农民工合法劳动权益得到切实有效的保护，在农民工聚居的区域设立法律援助机构。对该法律援助机构的相关工作人员必须进行专业、系统的培训，通过培训让他们熟知农民工的劳动权益特点，熟知农民工究竟有哪些劳动权益会经常性受到侵害。

当农民工的劳动权益被侵害且向相关法律援助机构申请援助的时候，法律援助机构需对存在家庭困难的农民工提供免费法律援助。

为维持更多法律援助机构的正常运转，中央及地方政府在财政拨款中应承担部分经费。

（三）强化执法监察

以政府劳动部门为主体，相关部门参与，定期检查，严肃处理侵犯女职工权益案件。对问题较突出的行业、企业进行经常性突击抽查和处理。逐步建立健全工会法律监督体系，配合司法监督、行政监督和社会舆论监督，对企业的侵权行为进行监督，推动企业贯彻落实各项法律法规。重点打击违反劳动合同、侵害劳动权益、拖欠工资等违法行为，劳动保障监察部门要建立联合执法机制，通过开展日常检查、专项巡查和联合执法等方式，切实维护好农民工的劳动权益。对于拖欠工资、缺乏劳动安全保护和拒绝为农民工支付社会保险费的单位和个人应加大惩处力度。

在执法监察活动中，一旦发现有用人单位恶意剥夺农民工的休息权，毫无理由地随意辞退农民工，就对其进行严肃查处。在具体监察和执法过程中，对农民工数量较多的企业与行业必须实施重点监察。一旦发现有用人单位严重侵犯农民工合法劳动权益，就对其实施严厉处罚。建立与健全针对外出务工农村女性青年安全流动的监测机制。

（四）加强技能培训

建立以政府投入为主的渠道、个人适当收费的培训网络，对青年农民工进行适当的职业技能培训，使其掌握一定的技能，以增强外出就业的竞争力。

（五）对女性青年农民工予以特别保护

特殊劳动保护是女性劳动者基于生理和性别因素而享有的应然权益，对女性农民工劳动价值的可持续实现具有特别意义。考量已婚女性农民工育龄期间的保障状况和劳动环境，对于了解女性农民工的特殊劳动权益状况十分必要。女性农民工生育保障可从收入保障和假期两个层面予以保障，并建立呵护女性青年农民工心理健康的机制。

建立女性青年农民工工作过程中遭受性骚扰的处理机制，并提高女性青年农民工维护自身权益的实际能力，消除女性农民工劳动过程的性别歧视。

（六）强化工会组织的加入

不断完善工会的维权职能，即以国家法律法规为基础，监督用人单位给予农民工是否发放劳动报酬等，通过与各劳动部门的通力合作，加以解决农民工维权问题。

鼓励和推动青年农民工加入工会。工会组织的建立不仅可以维护农民工最基本的合法权益，而且还能成为农民工融入城市生活的"助推器"。

（七）强化青年农民工维权意识，提升自主创新素质

政府相关部门对农民工进行有针对性的普法教育，强化其法制观念，使他们知法守法，成为自主维权的主体。同时，开展技术、文化知识的教育培训，帮助农民工自立、自主。扩展职业技术培训，强化农民工的生存技能。

（八）解决青年农民工子女的教育问题

中央财政在统筹教育专项资金时，需向允许较多农民工子女入学的地区倾斜更多的资金；对接收农民工子女入学的学校，政府应该给予扶持，要使地方学校以更高质量和更多能力去接收农民工子女。另外，中央和省级政府需设立农民工子女教育专项基金，并加强对基金的监督和管理，按照实际招收人数分配资金和管理；从法律层面明确农民工子女的平等受教育权。

（九）解决青年农民工的住房问题

政府可以将青年农民工家庭纳入申请廉租房范围里，能解决相当一部分人的住房问题。另一个解决农民工住房问题的途径是准许农民工群体购买或者是租赁共有产权房。

青年农民工对社会的付出和社会对他们的回报，有时是不对等的，通过法律体系的完善和执行力度的加强，青年农民工的合法权益应该也必须得到完全的保障。

参考文献：

[1] 国家统计局.2017年农民工监测调查报告[R].国家统计局，2018-04-27.

[2] 王中华.保障农民工合法权益的思考[J].法学研究，2018（01）.

[3] 王效梅.农民工的社会保障问题探析[J].太原师范学院学报（社会科学版），2018（1）.

[4] 宋东明.农民工劳动权益法律[J].法制与社会，2017（12）.

[5] 闫龙涛.农民工权益保障缺失的现状及对策研究[R].青岛农业大学学报（社会科学版），2017（11）.

少年工作论坛

美育在留守儿童关爱服务中的作用调查及对策建议

肖亿甫[①] 张雪黎[②] 陈 嘉[③]

摘 要：本研究综合运用实地考察和问卷调查的研究方式，采取整群取样的抽样方法，从看护状况、与父母相见相隔时间、生活状况、学习状况、情感状况五个维度对江西省南昌市新建区五所小学共162名留守儿童进行调研。结果表明：在看护状况、与父母相见相隔时间基本一致的条件下，美育对留守儿童的生活状况、学习状况、情感状况有一定的调节作用，美育与留守儿童的学习状况、情感状况呈显著正相关关系。基于调研结果和实地实践，建议以社会工作理论和方法为指导，引入高校志愿者、社会组织等社会力量开展支教活动，补充乡村小学师资力量，建设常态化的留守儿童美育教育机制。

关键词：美育 留守儿童 生存现状 调节作用

一、问题提出

改革开放以来，伴随着快速的城市化进程，农村大量剩余劳动力不断向城市转移，由于各种原因，大部分农民工不得不将子女留在家乡。留守儿童正是指因父母双方或一方外出而被留在户籍所在地，不能和父母双方共同生活在一起的未成年儿童青

---

① 肖亿甫（1989— ），男，湖北孝感人，江西农业大学硕士在读，研究方向：教育管理。
② 张雪黎，江西青年职业学院，教授。
③ 陈嘉（1990— ），女，河北唐山人，江西农业大学硕士在读，研究方向：教育管理。

少年。江西省民政厅提供的数据显示，截至2016年，江西省农村留守儿童107万人，其中由（外）祖父母监护的99万人，占比92.5%。从年龄结构上看，0～5周岁、6（含）～13周岁、14（含）～16周岁的农村留守儿童分别为32万人、65万人和10万人，各占29.9%、60.7%和9.3%。回顾发达国家和新兴国家的城镇化进程和近20年我国的人口迁移流动，预计中国人口流动还会持续相当长时间，并且在短期内不会缩小规模。

前人研究着重于比较留守儿童、一般农村儿童、流动儿童在学业、心理健康和社会适应等各方面的差异，注重探讨留守儿童的心理问题并提出建议。刘丹丹（2016）指出留守儿童易形成自卑、逆反、怨恨、懦弱、孤独、懒惰、焦虑、孤僻、冲动和享乐等十种不良心理倾向，并从了解留守儿童的基本情况、改善学校的教育环境、真心关爱留守儿童、开展心理辅导活动及针对个别学生重点辅导五个方面给出建议。胡义秋、朱翠英（2015）从留守的四个学龄阶段（小学三年级、五年级、初二、高二）来分析留守儿童的心理健康状况，发现低学龄阶段留守儿童较高学龄阶段留守儿童有更突出的心理问题。这类研究有利于我们认识留守儿童个体心理发展状况以及在时间上的变化关系。此外，不少学者从社会、家庭、学校这三个方面对留守儿童心理健康产生的影响进行了分析。刘霞、范兴华、申继亮（2007）探讨了留守儿童社会支持与问题行为的基本状况以及两者之间的关系，表明较高社会支持水平下的留守儿童的问题行为相对较少。杨铖、刘建平（2017）实证了农村留守儿童家庭氛围与心理健康的关系及心理弹性的中介作用，详细论述了家庭氛围对农村留守儿童心理健康的显著影响。王树涛（2018）指出，学校是留守儿童情感关爱服务体系的重要一环，发挥学校的作用以弥补家庭支持功能的不足具有重要意义，提倡支持性的学校氛围建设。但是，很少有学者深入研究学校教育对留守儿童的影响（表1）。学校教育特别是美育对留守儿童的生存现状是否起到了一定的调节作用，是一个值得研究的课题。

表1 以"留守儿童+"在知网上的搜索结果

期刊/关键词	留守儿童+学校	留守儿童+学校教育	留守儿童+美育
所有期刊	2 872	173	7
核心期刊	512	36	0

素质教育实质上是全面发展的教育。德育、智育、体育、美育（四育）是就不同性质的教育实施范畴来说的。彭峰（2000）认为美育是通过以审美和艺术为中心的知识传授和技能训练为手段，以人生态度和改善人生境界的提升为目的的综合教育形式。美育的实施主要有三条途径，即社会美育、家庭美育、学校美育。其中学校美育主要包括音、体、美三门课程。当前学者多从"四育""三条途径"以及"三门课程"来研究美育。事实上，美育对儿童身心健康发展乃至生存的各方面起着至关重要的作用。苏霍姆林斯基认为，没有美育，就没有任何教育，并提出美能育德、

美能启智、美能健体、美能辅劳。周施清（2006）指出美育有促进儿童情感发展、促进个性发展、促进思维发展、创造性发展的功能。但是，美育对留守儿童这一特殊群体的生存现状是否会产生影响，对留守儿童生存现状具体在哪些方面产生影响，值得研究者深入挖掘。

综上所述，本研究采用实地调研＋调查问卷的形式，探讨美育对留守儿童生存现状的调节作用，将儿童的生存状况分为看护状况、与父母相见间隔时间、生活状况、学习状况、情感状况五个维度来进行考察，并提出假设：在看护状况、与父母相见间隔时间基本一致的条件下，美育对留守儿童的生活状况、学习状况、情感状况有一定的调节作用。理论假设模型如图1所示。

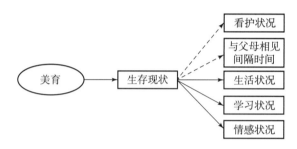

图1　美育对留守儿童生存现状调节作用的假设模型

二、研究方法

（一）被试

被试来自江西省南昌市新建区石埠小学、仙里小学、港西小学、仙亭小学和和平小学5所农村小学3~6年级留守儿童及教师。本研究采用问卷调查法和访谈法进行实地调查。5所小学分别位于新建区的石埠镇、溪霞镇和松湖镇，均距城区较远，属于边远农村小学。在5所学校中，既有村小又有中心小学。其中，和平小学通过链接高校志愿者开展支教活动，开设了美术、手工、音乐等美育课程，而其他学校则因师资匮乏未开展美育课程。测验由教育管理专业5名硕士担任主试，在班级教室集体施测。本次调查回收有效问卷162份，有效率为78.2%，其中，和平小学34份、石埠小学32份、仙里小学33份、港西小学32份、仙亭小学31份。调查对象的平均年龄为10.68±2.36岁，本研究在取样过程中对男女生人数进行了平衡，其中男性留守儿童占有效样本54.94%，女性留守儿童占45.06%；三年级学生占17.90%，四年级学生占比22.22%，五年级学生占比22.84%，六年级学生占比37.04%。此外，本次研究对5所学校共27名教师进行了访谈，其中一年级教师3人，二年级教师2人，三年级教师7人，四年级教师7人，五年级教师5人，六年级教师7人；教龄在10年及以下7人，11~20年15人，21年及以上5人。

（二）研究工具

问卷由本校专业教师队伍编写，由两大部分组成，包含47道题，其中儿童生存状况37题，细分为5个维度，看护状况2道题（1~2题），与父母相见相隔时间8道题（3~10题），生活状况9道题（11~19题），学习状况10道题（20~29题），情感状况8道题（30~34，45~47）；美育10道题（35~44题）。看护状况主要指留守儿童父母双方在外打工情况以及在家和谁一起生活；与父母相见间隔时间主要指留守儿童与父母的联系频率，如"父母外出打工多长时间""你多久和父母联系一次"；生活状况主要是考察留守儿童吃饭、零花钱、做家务等；学习状况主要考察留守儿童成绩满意度以及学习辅导等方面；情感状况主要考察留守儿童的心理健康方面，如"会不会被其他同学看不起""如果因为做错事而被批评，你会怎么做"；美育情况主要考察学校开展美育的师资、课程、课时情况以及学生对美育的评价。问卷采用频数计分，如"第2题：父母不在你身边时，你和谁在一起生活？"选"A爷爷奶奶"的有29人，则该题计29分。

（三）研究程序

首先，由研究者所在学校研究生导师联系5所学校校长，取得老师和学生的同意并约定测试时间；其次，由5名研究生到实地组织学生以班级为单位进行集体测试，由经过培训的研究生担任主试并宣读指导语以及填写注意事项，测试的过程中给予指导，测试结束后当场收回问卷并发放礼品。

（四）数据处理与分析

采用EXCEL对数据进行基础整理，并采用SPSS 21.0对数据进行录入与描述统计和相关分析。

三、研究结果

（一）主要研究变量的描述统计

本研究涉及的主要变量的描述统计结果如表2、表3所示。从表2可以看出，除和平小学外，其他4所小学在生存状况的5个维度以及美育方面没有明显的差异；5所小学留守儿童看护状况以及与父母相见间隔时间差别不大，但是和平小学与其他4所学校的学生在生活状况、学习状况、情感状况方面有显著差异。结合表3可以看出，和平小学的学生在生活状况（27.78）、学习状况（24.60）、情感状况（21.33）方面明显优于平均值（21.20、23.44、19.97）。通过进一步研究发现，和平小学的美育状况（28.00）明显高于平均值（21.05）。由此，我们可以初步推断，美育对留守儿童的生存状况具有一定的影响。

表2 5所小学留守儿童美育与生存现状的基本情况（M±SD）

项目	生存状况					美育
	看护状况	与父母相见间隔时间	生活状况	学习状况	情感状况	
石埠小学	24.90±3.67	18.48±5.97	22.32±6.94	19.05±5.74	19.80±6.66	20.76±6.95
仙里小学	24.01±3.89	19.39±7.43	21.65±7.88	20.01±7.39	20.21±7.08	19.04±5.89
港西小学	24.85±3.66	21.66±5.81	23.02±8.35	20.77±6.09	18.64±6.83	19.06±3.49
仙亭小学	25.23±3.07	20.38±6.63	22.45±9.01	21.55±7.88	19.88±5.98	18.37±7.69
和平小学	25.5±3.50	20.57±6.74	27.78±5.86	24.60±6.30	21.33±5.54	28.00±6.78

表3 美育与留守儿童生存状况的描述性统计

项目	最小值	最大值	平均数	标准偏差
看护状况	24.01	25.50	24.90	0.56
与父母相见间隔时间	18.48	21.66	20.10	1.21
学习状况	21.65	27.78	23.44	2.47
生活状况	19.05	24.60	21.20	2.12
情感状况	18.64	21.33	19.97	0.96
美育状况	18.37	28.00	21.05	3.99

（二）主要研究变量的相关性分析

对主要研究变量进行相关性分析，进一步检验美育对留守儿童生存状况各个维度的影响情况，如表4所示。从表4中可以看出，美育与看护状况（$R=0.577, P<0.05$）、学习状况（$R=0.953, P<0.05$）、情感状况（$R=0.775, P<0.05$）呈显著正相关关系，与与父母相见间隔的时间（$R=0.684, P>0.05$）、生活状况（$R=0.787, P>0.05$）的相关性不显著。

表4 美育与留守儿童生存状况各变量的相关分析结果

变量	看护人	与父母相见间隔时间	学习状况	生活状况	情感状况	美育状况
看护状况	1					
与父母相见间隔时间	0.341	1				
学习状况	0.700*	0.523*	1			
生活状况	0.680*	0.354*	0.914*	1		
情感状况	0.295*	−0.291	0.662*	0.643*	1	
美育	0.577*	0.684	0.953*	0.787	0.775*	1

注：*. $P<0.05$。

四、分析与讨论

（一）美育对改善留守儿童生存现状有积极影响

本研究的研究结果表明，美育对留守儿童的生存现状具有一定的积极影响。相关分析显示，学校美育状况开展得越好，留守儿童的学习状况和情感状况就越好，这与前人的有关研究结果一致。夏小玲（2012）对咸宁市咸安区横沟中学和横沟小学进行调研，指出音乐美育可以让留守儿童抒发情感，释放内心压抑，帮助学生融入群体，提高学习兴趣，尤其是音乐蕴含的人文关怀能够及时补位父母关爱的缺席，帮助提升留守儿童的幸福感指数。王捷（2015）对实际教学经验进行了总结，指出美术美育可以满足留守儿童内心对互爱、互敬、共处的美好心愿。研究结果也证实了刘兆吉（2000）创建的美育心理学的相关理论，美育心理学主要探讨如何通过音乐、美术、文学以及自然界和社会生活中的美好事物，培养学生对美的鉴赏和区分美与丑的能力，使他们热衷于美的追求与创造，从而逐渐形成高尚的道德情操和文明习惯，促进智力和身体的健康发展。本研究考察的各变量（看护状况、与父母相见间隔时间、生活状况、学习状况、情感状况、美育状况）之间的相关关系及不同的显著情况，为进一步探讨美育对留守儿童生存现状的调节作用提供了一定的参考。

（二）边远农村小学的美育状况需引起重视并逐步提高

审美能力是通过教育培养出来的，无论是对自然美的发现与欣赏，或者是对艺术美的感知与创造都必须通过教育，美育是对人进行全面发展教育不可或缺的组成部分。长期以来，教育工作者较为重视德育、智育对儿童发展的作用，美育对儿童的促进作用未能引起学校足够的重视，更为甚者，美育一直存在"重城市，轻乡村"的现象，农村留守儿童的美育素养状况至今仍是社会关注的"盲区"。经过实地调研我们发现，很多边远农村小学的美育仅存在于课表上（和平小学因支教大学生的长期服务以及校长的大力支持，美育状况有所不同），美育课程在实际教学的过程中都被"主干课程"语、数、外所占据，而边远农村小学里面的学生绝大部分都是留守儿童，由于受家庭的文化素养、经济能力、生活习惯等影响，一些留守儿童在身心方面出现了一些亚健康状态，这些急需美育的对象却成了最缺乏美育的群体。蔡元培[①] 先生曾说，世界分为现象世界和实体世界，现象世界为物质世界，实体世界为精神世界，美育教育是实现世界观教育，以达到精神世界的途径。面对留守儿童众多的心理问题，美育提供了一种潜移默化的影响模式，能让他们忘记人我差别，与美浑然一体，进入实体世界。

---

① 蔡元培是第一位提出"军国民教育、实利主义教育、公民道德教育、世界观教育、美感教育皆近日之教育所不可偏废"的教育思想家，主张五育并举，这是蔡元培教育思想的一个显著特点。他认为美育教育是进行世界观教育最重要的途径，是使人们从现象世界通向实体世界所必经的桥梁。

（三） 边远农村小学开展美育课程的经验分析和实践建议

2012年，江西青年职业学院和松湖镇和平小学以解决和平小学师资力量不足为契机探索志愿服务联动机制，江西青年职业学院大学生志愿者开始以每月一批志愿者的"轮换模式"在和平小学开展支教服务。前期，大学生志愿者主要担任英语、数学等主要科目教师，并结合学前教育专业素质基础开展了美术、手工、音乐等课外活动。后期，随着和平小学师资力量的增加和志愿者数量的增加，和平小学开始设置美术、手工、音乐等美育课程为常规课程，学生的兴趣爱好得到了良好的发展，课外生活变得丰富多彩。在此基础上，江西青年职业学院逐步探索出以社会工作专业教师和学生为主导，以其他专业学生为志愿者，项目化运作支教服务，开展美育教育的服务模式。上述调查结果证明了该服务模式具有良好效果。随着党和国家对社会治理专业化水平的重视，强调社会工作专业人才的重要性。在边远农村小学，建立以社会工作专业人才为主导，以专业服务理论和方法为指导，引入高校志愿者、社会组织等社会力量，因地制宜，开展边远农村小学美育支教活动，补充乡村小学美育师资力量，形成常态化的留守儿童美育教育机制可以成为关爱留守儿童，促进留守儿童健康成长和全面发展的可推广的服务模式。

（四）研究意义、局限与展望

在本研究中，我们将留守儿童的生存现状划分为5个维度，并提出了相关假设，研究结果证实了理论假设，在看护状况、与父母相见间隔时间基本一致的条件下，美育对留守儿童的生活状况、学习状况、情感状况有一定的调节作用；美育与留守儿童的学习状况、情感状况呈显著正相关关系，这对美育与留守儿童生存现状的实证研究提供了一定的研究参考。同时，本研究也具有一定的实践指导意义。首先，基础教育是国民素质教育的奠基工程，教育工作者应该意识到美育的重要作用，不能违背国家提倡素质教育的初衷，要把美育还给课堂，还给儿童。其次，教师需加强自身美育修养，树立终身学习的理念，提高自我效能感，牢记教书育人的职业使命。再次，学校应开发多种形式的美育。在农村基础教育师资薄弱的条件下，通过手抄报、校园美术作业展品、文艺汇演、课外兴趣小组等多种形式的活动和载体，充实留守儿童的精神家园。最后，社会各界要提供必要的支持，如由全国政协委员冯双白策划和发起的"新农村少儿舞蹈美育工程"，该工程历经10年的时间，获得社会各界的一致好评，目前已成为中国舞协的品牌公益项目。

同时，本研究也存在一些不足之处。首先，被试样本的容量偏小，导致有些变量在进行相关性测试时显著性不是很明显。其次，被试来自江西省南昌市新建区的五所小学，代表性有所欠缺，下次调研时可以考虑扩大取样的范围。

参考文献：

[1] 侯珂，刘艳，屈智勇，蒋索.留守对农村儿童青少年社会适应的影响：倾向值匹配的比较分析 [J].心理发展与教育，2014（6）：646-647.

[2] 赵景欣，刘霞，申继亮.留守青少年的社会支持网络与其抑郁、孤独之间的关系——基于变量中心和个体中心的视角 [J].心理发展与教育，2008（1）：36-38.

[3] 刘丹丹.农村留守儿童的十种不良心理倾向及教育疏导措施 [J].山西财经大学学报，2016（4）：112.

[4] 胡义秋，朱翠英.不同学龄阶段农村留守儿童心理健康状况比较研究 [J].湖南社会科学，2015（1）：108-110.

[5] 刘霞，范兴华，申继亮.初中留守儿童社会支持与问题行为的关系 [J].心理发展与教育，2007（3）：98-100.

[6] 杨铖，刘建平.家庭氛围对农村留守儿童心理健康的影响："养""育"割裂？[J].心理学探新，2017（4）：366.

[7] 王树涛.学校氛围对留守与非留守儿童情绪智力影响的比较及启示 [J].现代教育管理，2018（4）：100-105.

[8] 伍雍谊.近现代学校美育中有关素质教育的一些史迹 [J].高校理论战线，1999（5）：59-63.

[9] 彭锋.美学意蕴 [M].北京：人民大学出版社，2000：1-5.

[10] 李范.论美育 [M].北京：教育科学出版社，1989：20-23.

[11] 周施清.美育化教学与儿童创造性发展的探索 [J].中国教育学刊，2006（5）：65-68.

[12] 王倩.音乐美育对农村留守儿童幸福感的影响 [J].音乐研究，2016（9）：91.

[13] 王捷.从留守儿童身心出发，再谈美育情境导入 [J].美术教育研究，2015（2）：176.

[14] 赵伶俐.刘兆吉美育心理学创建研究 [J].云南师范大学学报（哲学社会科学版），2006（3）：5-11.

[15] 张曼华.论陈之佛为人生而艺术的思想 [J].南京艺术学院学报，2013（1）：17-19.

[16] 孙厚高.农村留守儿童美育素养提升途径研究 [J].成才之路，2015（30）：84.

少年儿童夏令营活动的现状与思考[①]

张志坤[②] 张 晓[③]

> **摘 要**：当今，夏令营活动具有活动类别多样化、活动组织多元化、组织管理去学校化的特点。妥帖归置各类夏令营活动，明晰其组织发展现状，才能有的放矢推进夏令营活动的专业化、普惠化、大众化。本文通过对夏令营活动组织现状的调查与分析，希望对夏令营教育价值的思考以及活动有效性的开展提供更多的参考与启示。
>
> **关键词**：夏令营 儿童 去学校化

夏令营是一个非常特殊的环境，它能通过提前预设，妥善安排，为孩子们创设一个既新奇又安全的环境氛围，并通过一群具备专业能力、工作热忱、耐心细致的工作人员精心架构出激发儿童潜能的相关活动，让孩子在自然环境中关心别人，在克服困难中建立自信，在团队竞赛中学会与人合作，在学习过程中积累能力。夏令营发展大众化至今，各种形式的夏令营活动呈纷呈之势，夏令营活动的选择令人眼花缭乱，各种当代化的问题也逐步凸显。

[①] 本研究系2017年度全国少先队研究课题重大课题（项目编号：2017ZH07）阶段性成果。
[②] 张志坤（1977— ），男，天津人，首都师范大学初等教育学院副教授，博士，主要研究少先队教育、仪式教育、中小学德育等。
[③] 张晓（1992— ），女，河南郑州人，首都师范大学初等教育学院硕士研究生，主要研究少年儿童组织与思想意识教育。

一、夏令营活动类别多样化

(一)"生存"营

当前,由于经济社会高速发展、社会飞速变化造成人的"异化"等诸多因素影响,少年儿童侵害现象频发,人身安全无法得到保障。有数据显示,我国每年约有1.6万名中小学生非正常死亡,平均每天有40多名学生死于食物中毒、溺水、交通事故等意外事件。社会中的不安定因素引起的猥亵儿童、校园暴力、同辈欺凌等暴力行径严重侵害了儿童基本的生存发展需要。更值得关注的是隐藏在儿童日常生活背后的人生观、价值观的扭曲,一些心理健康问题也逐渐凸显。

当代社会中急速爆发的问题警示我们:加强少年儿童的自护自救教育、培养儿童的生存技能刻不容缓。一些教学夏令营和素质拓展营就能充分关注儿童生存和发展的需要,对该问题的改善具有实效性。例如:天津通识教育中心的全女生冬令营,就在营地活动中关注女生不同于男生的身体符码,给予不同性别角色的儿童差别性的教育内容,帮助儿童树立性别意识,增强其自我保护能力。素质拓展营也能通过挑战自我、熔炼团队、高峰体验等方式,强健儿童体魄,磨砺其心智,使其正确对待生命中的挫折和挑战。例如:凤凰古城·明德·冬令营就旨在提高学生身体综合素质、手脚协调能力,培养学生的运动习惯,加强学生的团队意识。

(二)"励志"营

"励志"营的开展不单是为了对儿童进行革命传统、爱国、爱党、共产主义思想道德教育的启蒙,更是要激活儿童的生命能量,唤醒整个民族的创造热情。"励志"营更多是对人内在潜能的激发,对创造力和内在智慧的尊重和唤醒,为其后续的社会流动和发展奠基。当前"励志"营主要包括学科夏令营、游学夏令营和兴趣夏令营三种。学科夏令营是一种探索多样化人才培养的新模式,作为学校课程的延伸和拓展,给予有学科素养和逻辑思维能力并对学科专业知识有浓厚兴趣和发展潜力的儿童系统学习、深入探究该学科的机会,为其积累文化资本;游学夏令营则为儿童提供了培养全球视野、搭建自我发现平台、做全球公民的机会,如各高校组织的游览北大、清华等高等学府夏令营,激励儿童从小有理想、立志向,跨阶层的社会交往行为可为其后续发展积累社会资本;兴趣夏令营多为文学、艺术、体育类,主题鲜明,目的性强。

(三)"超越"营

"超越"是在儿童全面认识自我的前提下,能够突破自身的局限性及时空的限制,与时俱进地认识发展中的客观规律,掌握规律,并在正确判断事物发展趋势后做出科学有效决策的一种思维方式。夏令营活动中的"超越"营主要针对儿童思维方式的培养及思维内容的丰富和扩充，通识夏令营是"超越"营的主要载体。天津通识社工中心的通识冬令营就以专业化创造力工作坊、思维导图训练、美式营地训练和素质拓展以及历奇训练的主要活动形式，综合提升儿童的想象创造力、动手实操能力以及结构思维能力，促进儿童不断武装头脑，应对挑战。

二、夏令营活动组织多元化

当代社会夏令营活动的设置着实呈现出多元化的态势，单就北京地区而言，社会上商业性质的教育机构（如新东方、学而思、勤思教育、心目小马国际学院等）多组织开展主题鲜明、目标明确的营利性质的夏令营活动；各国际机构也积极与国内机构组织联合，争相从国内引流生源到欧美等地开展游学、研学、访学性质的夏令营活动；各社区组织、公益协会等举办的针对留守儿童、城乡结合部流动儿童的公益性夏令营也在如火如荼地举行着。据不完全统计，2015年暑期全国地市级以上共青团、少先队组织举办夏令营680多个，8.7万多名少年儿童直接参与其中。

（一）国内营利性机构组织的夏令营活动

社会上营利性机构组织的夏令营活动由于拥有相对完备的资金链支持，一般都拥有专业化的研发团队及完整的活动流程、课程体系；另外，活动品牌的知名度和推广度也是其优势所在。其组织的夏令营活动一般具有以下特点和优势：第一，主题类型多样，选择弹性大。如：根据消费者不同消费结构开设国内观光营、国外游学营；根据人类亲近自然的选择倾向性差异设计海洋营、沙漠营、丛林营、山地营等。第二，组织管理体系完备，为营员的安全设置多重保障。营利性机构组织的夏令营活动，从源头上讲是公司系统的商业性行为，其组织管理的背后必定得到整个公司机构运营的支撑，可依据活动不同需求与机构相应管理层级相对接，配备专业性人员，确保营员安全。在对北京市X国际夏令营机构的创始人访谈中，受访者也提到了，"人身的安全几乎是我们所有问题中最重要的问题，必须得保证百分之百的安全。"[1]她提到该机构依据16项安全保护条例来培训员工，制定确保基础设施的安全、儿童组织纪律性的培养、为儿童购买保险、设计应急预案、考察活动地周围医疗环境等五项措施来全方位保障活动的安全性。第三，与国际接轨，不断推陈出新。营利性夏令营活动秉持着学员自愿参与、公司自负盈亏的特点，给予了机构不断引进国外先进理念并进行本土化创新的动因。

（二）国内公益性机构组织的夏令营活动

公益性机构组织的夏令营活动一般以集资、募资为主要资金来源，活动金额有限，

---

[1] X国际学院访谈。

公益性强，其活动规模相对较小，能够有的放矢地针对不同活动群体开展活动。其组织的夏令营活动一般具有以下特点：首先，活动的针对性强。在操作层面主要体现在四方面：其一，在活动开始前精准定位活动对象，确定活动群体。例如，有些公益机构为留守儿童组织夏令营，有些为偏远地区孩子组织走出大山的夏令营活动，还有一些为城乡接合部的流动儿童组织活动等。不同机构根据活动目标和资金走向选择特定群体，使活动付诸实践。其二，活动主题设计具有相对恒定性。据了解，夏令营活动的公益性组织机构都有相异的机构背景和优势领域，所以各机构可能只能在其前期研究积淀的客观限度内进行主题活动设计和课程安排。例如，N社工事务所主要从事医务社工的培训工作，其组织成员都有一定的医疗背景，所以在2017年夏天该机构就组织留守儿童到北京参加了以"健康知识宣教和医护职业认知"为主题内容的夏令营活动，发挥自身医疗领域优势，促进儿童在该领域的发展。公益性夏令营活动主题内容的设计很难跳脱其"舒适区"，这既是活动设计的相对恒定性，在另一层面上也利于活动设计走向精品化。其三，活动操作的精密性。由于该类型机构组织活动的规模较小，根据机构资源配置及管控能力一般控制在10人左右（上限不超过30人），因此在活动中易于了解每个参与者的微化特征，因材施教。其四，活动是一个长线的过程。公益性机构不同于营利机构求短、平、快，重视资金回笼和剩余资本再生产的特点，秉持对每位帮扶对象负责的态度，严格遵照"入户调研—活动—回访"的活动体系，其组织的夏令营活动不局限于活动开展的当下，而是一个持续的过程。在对北京某公益组织管理人员的访谈中，受访者谈道："对于我们社工事务所，对于我们帮助过或者服务过的群体，有一个原则是我们的随访，比如在三年之内是怎样一个频率，五年之内是怎样的频率，我们会对孩子一直跟踪到25岁。所以在夏令营活动的组织中，我们也是这样做。"[①]长期的追踪和回访有利于了解夏令营活动成果在儿童生命不同阶段呈现的影响，提高活动的实效性。

（三）国际机构组织的跨国夏令营活动

国际机构组织的跨国夏令营一般以与国内机构合作的形式，招募有意愿参与的少年儿童到特定国家、地区、城市进行活动体验，丰富其第一经验。该类机构组织的夏令营的活动特点及优势体现在：第一，依托所在地地缘优势，呈现本土特色。例如F机构作为一个新加坡国际夏令营机构，在夏令营的活动设计中就根据新加坡降水量丰沛但水资源严重匮乏的状况创设情境，组织内地儿童到新加坡参与认识水资源的夏令营活动，带领儿童走进新加坡真实的水厂、水坝、蓄水池、水资源净化厂等，层层深入，让儿童逐步明确自身能够为解决水源缺乏问题做出哪些努力，并引导孩子习得蓄水池储水、从外国进口水、使用新生水、淡化海水这四条有效缓解路径，最终在态度和价值观上培育儿童珍爱水资源的全球公民意识。第二，先进理

---

① N社工事务所访谈。

念的渗透，丰富夏令营活动意涵。同样以新加坡为例，新加坡的中小学多重视儿童多元智能中数理智能的培育，所以通常会在学校中专门开设相关课程培养儿童的团体协作意识，而这种协作意识教育正是大陆独生子女儿童成长中所欠缺的。第三，个性化的服务方式。国际机构组织的夏令营活动受各个国家夏令营活动组织准入资质的限制，一般都依据当地标准有一整套组织评价管理体系，致力为儿童打造个性化服务。

三、夏令营组织管理去学校化

学校是社会各夏令营活动最有力的生源提供者，但据前期调查可知，学校或少先队本身极少组织此项活动。为更全面、充分地了解学校及少先队夏令营开展情况，研究者对数位一线少先队辅导员进行了深入访谈，在访谈中，当研究者提出"您认为夏令营活动的开展对少年儿童来讲有必要吗？为什么？"的问题时，辅导员们一致给出了肯定答复，并列举了诸如"夏令营活动是对儿童寒暑假时间留白的补充""是拓宽少先队活动外延——由'校内'走向'校外'的有效方式""是对少先队组织内涵的丰富""是儿童组织教育的有力平台"[①]等夏令营活动对学校教育及少先队工作的促进作用，也谈到了由学校层面组织夏令营活动可能具有"专业化程度高，人员背景可靠""立场及着眼点可以面向儿童的需要"[②]"组织机构正规、公信力强"[③]等诸多优势。但值得关注的是，当研究者进一步询问学校是否开展过夏令营活动时，得到的几乎都是否定的答复。由此可知，当前极少存在由学校、教委组织的夏令营活动，使得本该由少年儿童自身组织开展的活动却主要依托社会上的营利性机构、公益组织及国际组织等外部组织开展，与学校、少先队等真正的儿童内部性机构相脱离。究其原因，除学校组织任何活动都需考虑的第一要务——老生常谈的安全因素及"出了问题谁来担责"的设问外，其他原因也是多方面的。

（一）社会环境不兼容

首先，学校的机构性质较为特殊，它既是一所公共机构，又是一个公益性组织，它存在与公益性机构相似的最根本的需求点，就是资金支持。其次，当代社会娱乐化的趋势、无孔不入的舆论环境也间接成为夏令营活动开展的阻碍。在对辅导员的访谈中，几乎所有辅导员都提到了社会舆论对其工作的负面影响，有辅导员明确表示："社会舆论给我们的压力比较大，我们在学校组织的任何活动，他们都认为老师是不是吃回扣，学校是不是吃回扣。我们也是为了撇清，所以我们干脆就不开展。

---

① T小学辅导员。
② E小学辅导员。
③ H小学辅导员。

通过权衡利弊，那弊大于利，这个事情是不会去做的。"① "学校如果从家长层面去收费，现在这个乱收费的问题又是风口浪尖之上，所以为了规避这个责任，同时也是为了尽可能地在家长层面减少一些负面影响，学校也不会组织太多这样的活动。"② 资金流的延迟性及社会舆论的压力致使社会环境对学校少先队组织夏令营活动开展不兼容，是活动未能开展的直接原因。

（二）儿童家庭的社会阶层参差不齐

当前社会非常现实的状况就是早已出现分层流动的趋势，不同社会阶层的家庭拥有差异性的经济资本、文化资本、社会资本，也相应地会为儿童营造不同的家庭氛围，注重培养其独特的习惯和品位。而学校作为一个公共机构是不同阶层家庭的融合场域，它面对的不是某个特殊阶层的群体，而是阶层的集合。"公益性""普惠性"夏令营活动的开展也面向的是所有儿童，提倡的是全民参与，该理念可能与当前学校教育中因阶层差异较大，家长呼唤的分层分类、个别化甚至精英教育的理念相背离。

比如 H 城区的辅导员谈道："我们的家长群体大多都是硕士、博士，那我们老师的平均文化水平可能只是大学本科，硕士研究生可能只占少数。那么在这样一个比例的情况下，家长是有优势的，至少他认为自己是有优势的，虽然他不是教育专业的硕士研究生或者是博士生，但是他认为我的学历比你高，那么我就可以对你颐指气使，我看不上你们组织的任何夏令营活动。从这个角度来说他是不愿意让孩子去参加的，他还想自己带着孩子去游学、去国外，自己在外边报夏令营，所以针对这两点，学校组织不起来，我们也不想去组织。"③

而城乡接合部的辅导员则有另外的忧虑："我们学校学生的结构，今年 X 市政策改制之后，现在学生的生源状况还好一些，差不多达到 60%~70% 是本地的学生，之前我们差不多 80%~90% 都是外来务工子女。你想他对于这个夏令营活动是没有需求的，所以这就是为什么我们之前也没有开展过这样的活动。"④

城区与城区之间、学校与学校之间、班级与班级，甚至学生个体之间生源的阶层性差异、特殊阶层的独断性，及资本膨胀或不足的差异倾向，也必然会成为夏令营活动组织开展的阻碍。学校层面儿童家庭的社会阶层参差不齐是夏令营未能开展的根本原因。

（三）活动辐射不能触及儿童深层需求

学校因其主要工作还是教育教学、品德培养，所以自古被称为传道授业解惑的

---

① E 小学辅导员。
② T 小学辅导员。
③ E 小学辅导员。
④ H 小学辅导员。

场所,至于丰富多彩活动的组织开展只能作为其达成目标的途径或方式而存在,在学校工作中本来就处于相对弱势的地位。就像H小学辅导员谈的:"孩子们的需求是不尽相同的。有些可能是这样一个夏令营,它的针对性比较强,比如说突出孩子某个方面能力培养,另外一个夏令营是针对其他的,比如说绘画、一种对外的交流交际等。你要是从学校的层面去组织的话,这个面就会比较窄,辐射度有限,丰富性不足。"① 在谈到儿童真正需要的夏令营活动时她还说:"不是说是我想给孩子什么,不是这样的,而是他需要什么,你再给他。不是说你要给他一个真理,而是你要带着他去寻求真理,这样他得到的才是他完完全全需要的东西。"② 在访谈中大部分辅导员都认可在活动开展之前对学生的实际需求做一个调查,才能有针对性地以活动形式解决问题,但现实是,目前学校工作的日常状况导致她们没有足够的时间和空间去开展此项调查。

(四)夏令营活动开展缺乏实效性和时效性

夏令营活动中的实效性和时效性分别体现在活动评价和活动组织批复上。首先,在活动评价层面,由于教育是一个内隐性延续的过程,教育成果具有滞后性,不能产生立竿见影的效果,致使教育活动的评价一直是教育研究中的难题。倾向于内在化、模糊化、潜在性效果呈现方式的活动使得教育者和家长很难把控到底有多少孩子、在哪些方面得到了提升、这个活动是否真正有效,活动的实效性很难得到保证和评估。其次,在活动的组织上,公共机构申报批复的"特殊效率"使得活动的组织常常缺乏时效。比如有辅导员谈道:"从学校这个层面来说,只要你让学生外出,你就得跟相应的教委、各个科室做相应的报备,但凡有一点风吹草动,那就不让你动了呀。有时候你设计了一个非常好的活动预案,结果实施不了,不知道到哪一个环节就出现了问题,大家又费精力,最后不一定可以去实施,所以大家都觉得前期的一些努力成了无用功,那做它还干什么呢,不如把老师有限的精力用在相应的地方,比如说课堂和一些主题活动上,我觉得会更符合学校的实际。"③繁复的文书工作和焦灼的等待流程可能导致活动从设计到执行经历漫长的过程,在此历程中人力资本和时间资本过度损耗却仍可能得不到预期的结果,活动的时效性难以维持。夏令营活动评价中实效性较难评估、活动组织中缺乏时效性的特点是活动无法启动的外部原因。

(五)夏令营专业队伍的缺失

近几年发布的《少先队改革方案》《少先队2017年工作要点》《关于以"红领巾动感假日"为统揽精心开展好夏令营活动的通知》中都提到了"积极争取各类资源,联合当地青少年校外活动场所和社会上优质机构,千方百计、大力组织开展丰富多

---

① H小学辅导员。
② H小学辅导员。
③ H小学辅导员。

彩的公益性、普惠性夏令营活动"。其中，"普惠性"以关键词的形式在活动组织中占有引领性地位，但值得关注的是，夏令营活动的组织不能仅考虑活动对象的公益影响，活动的参与者、辅助者也要纳入惠及范畴，才能真正达到普惠性目的。在研究者与T小学辅导员交流时，她也流露出对夏令营活动中辅导员队伍建设的担忧，"当然让家长在假期里面把孩子交出来到学校去参加活动，其实家长很愿意，尤其是对那些需要工作的家长，但是我觉得对老师也是一个挑战。老师其实现在工作压力也很大，那我们在组织这部分老师带着学生出去的时候，如何对他们工作量进行限定，对他们进行引导，或者对老师利益的保障是不是有足够的考虑，这也是一个很关键的因素。"若所开展的活动仅惠及参与儿童，活动辅导者的既得利益得不到重视，那么整个活动的进程就仅为教师增加额外的工作负担却不能保证所得。

夏令营活动类别多样化、活动设置多元化的特点，为当前少年儿童夏令营活动模式建构提供了有效行动层指引；同时，对夏令营活动去学校化的原因剖析，也为学校组织和管理夏令营活动明确了努力方向。少年儿童夏令营活动的组织开展需在吸收和接纳各夏令营组织机构优势特色的基础上，努力缓解当前活动组织管理中去学校化趋势，推动夏令营活动的专业化、普惠化、大众化。

参考文献：

[1] 每天40名学生非正常死亡 [EB/OL]. http：//www.eol.cn/ruo_shi_qun_ti_2077/20060323/t20060323_91382.shtml，2017-10-11.

[2] 认真贯彻中央精神紧跟时代发展步伐 务实创新推进社区和校外少先队工作 [EB/OL]. http：//cdn.k618img.cn/61gqt/wjk/pdf/201704/P020170425347625951415，2017-07-10.

[3] 关于以"红领巾动感假日"为统揽精心开展好夏令营活动的通知 [EB/OL]. http：//zgsxd.k618.cn/wjk/wjk_80713/zqlf/201701/t20170120_10122007.html，2017-12-10.

浅析北京校外"三个一"视野下的优质项目建设

周立奇[①]

> **摘　要**：项目是校外教育机构育人载体，是连接学生、教师、管理者的纽带。创新项目、特色项目、精品项目三者之间既有区别，又有联系，三者既平行，又递进，相辅相成，有机统一。发挥校外教育活动育人优势，以优质项目的建设促进各校外教育机构特色发展，有利于调动每个校外教育机构各职能部门的积极性，有利于整体提升教育教学质量，有利于优质项目的传承与发展。在各个项目建设过程中，均应结合本专业将核心素养具体化，精心设计课程，坚持以活动育人，坚持兴趣培养，坚持个性化教育，让学生获得显著的学习成果，让学生的专业素养和综合素质有明显提高，让学生有沉甸甸的实际获得感。
>
> **关键词**：校外教育　优质项目　课程化

2016年5月，北京市教委公布《关于在全市校外教育机构开展"三个一"活动的通知》，"培育一批创新项目，建设一批特色项目，发展一批精品项目"（以下简称"三个一"），推动校外教育供给侧改革，充分发挥校外教育机构活动育人的主阵地作用，满足全市中小学生对优质校外教育的迫切需求。

众所周知，随着北京市义务教育阶段中小学生课外活动计划、初中开放性实践课程、中小学生社会大课堂、乡镇校外活动站建设等系列改革政策的组织实施，课外、校外教育的领域在不断扩大，从事校外教育的群体越来越多，除了59家专业校外教

[①] 周立奇，北京学生活动管理中心。

育机构以外，还有168家乡镇校外活动站、千余家校外教育活动基地等。这些变化一方面凸显出校外教育在基础教育中的作用越来越大，专业校外教育机构的作用越来越重要；另一方面也对专业校外教育机构提出了更高的质量要求。

校外教育机构除了开展常规教育教学活动和上级机关安排的青少年活动外，还要担负起指导课外活动计划的组织实施、指导乡镇校外活动站建设、指导中小学生社会大课堂活动等工作任务。校外教育机构如何才能够适应这种形势变化，更好地实现自身独特的育人功能呢？笔者认为，校外教育机构只有不断创新供给形式，不断丰富供给内容，不断优化优质项目供给结构，才能提高优质校外教育的供给能力，提升校外教育质量。

一、校外教育优质项目建设的意义与价值

"十三五"时期是北京市深入贯彻"四个全面"战略布局、落实新时期首都城市战略定位、推进京津冀协同发展、建设国际一流和谐宜居之都的关键时期，到2020年，北京市要形成"公平普惠、优质均衡、特色创新、开放协同"的首都教育体系。"三个一"活动既是市教委推动校外教育供给侧改革、促使全市校外教育机构优质发展的重要行动，也是满足全市中小学生核心素养提升需求、加快实现首都校外教育现代化的有力举措。具体而言，校外教育优质项目建设的意义与价值表现在以下几个方面。

（一）有利于加强"专家型"校外教师队伍建设

百年大计，教育为本；教育大计，教师为本。校外教育的特殊性决定了校外教师队伍建设的复杂性。为了建设一支高质量的校外教师队伍，北京市曾组织过多次校外教师基本功评展、教材评选、论文评选、规划课题评选、专业课培训等活动，在很大程度上提升了广大校外教师的教育教学水平。

据统计，北京市校外教育机构现有在编在岗教师1 700多人，涉及科技、体育、舞蹈、书法、美术、民乐、西乐、声乐、朗诵、群众活动等十多个类别，呈现出教师总量不大、专业类别丰富的显著特点。以优质项目建设为核心的"三个一"活动从新的视角为校外教师队伍建设提供了新的思路，如加强专业教师研究能力的培养，探索同专业、跨专业教师合作教学的模式等。

（二）有利于促进校外教育机构优质发展

项目是校外教育机构的育人载体，是连接学生、教师、管理者的纽带。建设优质校外教育项目的过程，就是提升校外教育教学质量，促进校外教育机构优质发展的过程。各校外教育机构应从职能定位出发，确定机构工作的重点和发展方向，充分发挥校外教育在校内外融合育人中的重要作用。

对于各校外教育机构而言，加强创新项目培育，就是丰富供给内容，就是满足多元需求；加强特色项目建设，就是要继承传统优势项目；加强精品项目建设，就是要塑造北京品牌，形成北京模式。

（三）有利于加强中小学生核心素养培育

教育的宗旨是育人，校外教育作为基础教育的一个重要组成部分也不例外。"三个一"活动的最终目标是满足学生们个性化成长、全面发展的需求，促进学生综合素质的提高，促进学生核心素养的提升。

随着全市校外教育机构一批创新项目、特色项目、精品项目的建设，随着各校外教育机构教育教学活动项目结构的调整与优化，学生们的成长需求将会在很大程度上得到满足。

（四）有利促进首都校外教育现代化

"三个一"活动在改革设计上"有理念、有策略、有行动、有标志、有成果"，以改革促提升，以创新求发展，必将推动首都校外教育现代化的快速实现。

"有理念"是指要以本市校外教育科研的最新成果来引导校外教育优质发展的方向，"有策略"是指"三个一"活动以优质项目建设为主线，按照事物发展的一般规律，划分为立项试点、全面推进、总结提高三个阶段进行，有序推进。"有行动"是指"三个一"活动明确了各级教委、各级校外教育机构的职责与任务。"有标志"是指推出不少于100项的优质的创新项目、特色项目、精品项目，这是北京校外教育现代化实现的重要标志。"有成果"是指要组织系列优质项目展示活动，进一步促进教师经验交流与教学质量提升。

二、校外教育优质项目建设标准方向研究

2017年8月，《北京市校外教育优质项目建设标准》（以下简称《标准》）公布。作为《标准》起草组的主要成员，笔者尝试从创新项目、特色项目、精品项目的概念出发，分析三者之间的辩证关系，揭示《标准》的实质与方向。

（一）三类优质项目的辩证关系

按照北京市校外教育"三个一"领导小组办公室公布的概念，"创新项目"是指校外教育机构设计并组织的突破性特征凸显的校外教育教学活动项目；"特色项目"是指校外教育机构设计并组织的独特性特征凸显的校外教育教学活动项目；"精品项目"是指校外教育机构设计并组织的高品质特征凸显的校外教育教学活动项目。

笔者认为，创新项目、特色项目、精品项目三者之间既有明显区别，又紧密联系。三者既平行，又递进，相辅相成，有机统一。不论是创新项目、特色项目、还是精

品项目，它们都有一个共同的特征，就是都把优质作为它们建设的首要目标。同时我们也应看到，创新项目、特色项目、精品项目是从不同纬度、不同程度、不同深度来说优质项目建设的问题。换言之，创新项目、特色项目、精品项目既有质的区别，又有量的划分。

创新项目是新生事物，在立项与实践的过程中，需要更多的投入、支持与保障。各级教育管理部门、各级教科研部门应给予更多的关注与支持。创新项目的培育不能搞"拿来主义"，不能盲目地模仿、照搬，作为项目的建设者要有先进的教育理念，在活动课程研发过程中要有特色鲜明的创新点，同时还要符合学生综合素养提升的规律，有专业团队力量的支撑。

特色项目的建设是在原有优势项目、品牌项目基础上的重新整合，需要机构管理者充分了解情况，准确定位，加大统筹力度，加强资源整合。特色项目建设课程应有比较成熟的课程体系以及相对稳定的师资队伍，在行业内应有一定的知名度与认可度。

精品项目是在培育创新项目、建设特色项目的过程中重点发展起来的。精品项目的建设不是短时间内可以实现的，既要有高水平的稳定的师资队伍，有比较成熟的课程体系，又要有比较鲜明的育人效果，有较大的知名度和影响力。

（二）优质项目建设标准倡导方向

《标准》的实质是促进本市校外教育发展的规范化、科学化进程，更好地发挥校外教育的独特作用。一直以来，校外教育没有统一的教学大纲，也没有统一的教材，没有统一的评价标准，这种情况一度给予校外教育机构发展很大的自主性、灵活性，但也带来活动课程设置随意、规范化欠缺、评价机制不健全等诸多问题。《标准》的公布与实施，在一定程度上可以解决上述问题。概括起来，有以下几个方面的特点。

1．力推项目责任制，促进项目课程化

"三个一"活动的一个重要理念，是把教育教学活动项目看作实践育人的重要载体，把优质项目建设的成果作为校外教育机构办学水平的重要标志。

以优质项目建设促进各校外教育机构特色发展，有利于调动每个校外教育机构各职能部门的积极性，有利于整体提升教育教学质量，有利于优质项目的传承与发展。

《标准》把校外教育项目的课程化放在了相当重要的位置。课程化的本质要求各项目要按照课程目标、课程结构、课程内容、实施与评价、管理与保障等课程的基本要素和基本要求来建设。

在校外教育机构课程化建设问题上，国内著名学者谢维和教授指出，"少年宫课程建设至少要考虑三个因素。第一，在课程内容选择上，尽可能考虑到两个交集，即与其他课程知识的交集，以及与学生日常生活经验的交集；第二，课程目标的系统性；第三，少年宫或课程的老师在少年宫各种活动的培养目标和价值取向上能够形成基本的共识,进而自觉地相互配合,达成合力。"

2. 激励教材原创化,鼓励教师团队化

在多年的教育教学实践中,各校外教育机构积累了一定的教育教学经验,也沉淀出一些有质量的教材。然而,面对教育综合改革的形势与要求,仅有这些是远远不够的。正是考虑到这个问题,不论是创新项目、特色项目,还是精品项目,《标准》都把教材开发、教材改革放在了突出位置。教材原创化对于培育校外教育新优势、丰富优质项目内容、发挥校外教育不可替代的功能具有非常重要的现实意义。

项目建设团队化体现出"一个单位一盘棋"的思想。在《标准》看来,一个优质项目的产生,仅靠一个老师是难以实现的。优质项目建设是一个校外教育机构的综合性工程,需要专家指导,需要教科研人员的帮助,需要管理者的支持,更需要同专业、跨专业教师的合作。

3. 育人活动趣味化,倡导研教一体化

首都师范大学教授康丽颖认为,"在人的发展语境中讨论问题,强调的是校外教育育人的独特性,即以学习者为中心,尊重人发展的多样性和差异性;摆脱学科知识的束缚,让学生在综合实践活动中学会学习;融多种学习内容于活动之中,让学生完整地了解社会,品味生活,理解人生;集多种学习方式于一体,让学生在参与和体验中成长。"

发挥校外教育活动育人优势,在教育教学活动的形式和内容的趣味性上下功夫,激发学生的参与热情,激发学生的学习主动性、积极性。把坚持活动育人的理念贯穿教育全过程。

以研促教,以教促研,研教一体,共赢共生。《标准》以学生核心素养培育为目标,以教育教学质量提升为核心,一方面引导广大校外教师加强研究能力的培养,另一方面引导全体校外教育教科研工作者聚焦教育教学一线,直接参与优质活动的项目建设。

概言之,可用"12化"来概括《标准》所引导的方向:教学活动项目化、项目建设课程化、课程建设体系化;育人目标素养化、教学过程活动化、教材使用原创化;授课教师团队化、研究教学一体化、教师培养制度化;学生培育实践化、实践活动趣味化,学生获得多样化。

三、校外教育优质项目建设实践路径的思考

"三个一"活动启动以来,全市各校外教育机构已有近500项项目正在建设,其中创新项目约占35%,特色项目约占45%,精品项目约占20%。调研发现,各校外教育机构在优质项目建设上"百花齐放,百舸争流",呈现出欣欣向荣的可喜局面。

做好校外教育优质项目建设,既要科学制订规划计划,明确建设目标与步骤,加强与学校教育的深度融合,又要有效利用现代信息技术手段,有效整合社会资源。

"一是注重广泛整合,利用各种课程资源,通过提供面向真实生活的学习环境,倡导学员们自主学习、合作学习、实践体验式学习;二是注重通过构建社会化多层次展示平台,来强化学习实效,建立激励少年儿童全面而有个性发展的评价体系。"

(一)着力构建项目课程体系,加强教材改革与研发

教育改革的核心在于课程改革,而课程改革的核心在于教材创新与研发。在《标准》中,创新项目明确要求要建构起基本的课程框架;特色项目明确要求课程结构完整,内容体系完善,有比较成熟的教材;精品项目则要求有成熟的课程体系,有较高质量的原创教材,有很强的示范性。虽然三者关于课程化要求的程度不同,但都把课程体系的构建、教材的研发作为评价项目是否优质的一个重要判断因素。

(二)创新队伍建设思路,加强教师"双能力"培养

校外教师是项目建设的策划者,也是项目实施的执行者。在项目建设过程中,校外教育机构在支持教师参加全市基本功评展、教材评选等活动的基础上,要因"项目"制宜,从各项目教师的实际出发,组建项目教研组,常态化开展灵活多样的交流培训,提升项目教师的教育教学能力,提升项目教师的教科研能力,多方位全面地促进教师专业成长。

(三)注重学生核心素养培育,注重学生的实际获得

优质项目建设的最终目标是为了培育学生的核心素养。在各个项目建设的过程中,均应结合本专业将核心素养具体化,精心设计课程,坚持活动育人,坚持兴趣培养,坚持个性化教育,让学生取得显著的学习成果,让学生的专业素养和综合素质有明显提高,让学生有沉甸甸的实际获得感。

参考文献:

[1] 谢维和.论少年宫课程的教育性·少年宫课程化建设[M].上海:华东师范大学出版社,2016.

[2] 康丽颖.中国校外教育发展的困惑与挑战[J].北京师范大学学报,2011(4).

[3] 谢维和.论少年宫课程的教育性·少年宫课程化建设[M].上海:华东师范大学出版社,2016.

少先队培养队员认真做事的研究

崔青慧[①]　刘　辉[②]

一、研究的背景

1957年11月,毛泽东同志在莫斯科会见中国留学生和实习生时,曾有一句名言,即"世界上怕就怕'认真'二字,共产党就最讲认真",这句话充满哲理,被广泛引用。在新的历史条件下,习近平总书记进一步论述了"讲认真"的重大意义以及发挥"认真劲儿"的具体要求。

习近平总书记反复强调"讲认真"的重要性:"讲认真"不仅是我们党的根本工作态度,还是关系党和人民事业的大问题,是关系世界观和方法论的大问题,也是关系党的性质和宗旨的大问题。认真,必须有"敢于担当"的责任意识,这是"讲认真"的前提;认真,必须有"从严精神",这是"讲认真"的根本;认真,必须有"不懈精神",这是"讲认真"的关键;认真,必须有"真实本领",这是"讲认真"的条件;认真,必须有"成效意识",这是"讲认真"的目的。

习近平总书记2014年5月30日在海淀区民族小学主持召开座谈会时讲:"古往今来,大凡很有作为的人,都是在少年时代就能够严格要求自己。要学习英雄人物、先进人物、美好事物,在学习中养成好的思想品德。"

人类社会以及我们党和国家的发展历史一再证明:"认真"是一切成功的基石。成功,永远属于认真的人。差之毫厘,谬以千里。人生与事业得失成败的两极,有时候仅距咫尺之遥。往往,缺少了那么一点认真的态度,出现了那么一点责任意识缺位的现象,本可以避免的悲剧就会悄然来袭。例如大家熟知的美国麦当劳快餐连

---

② 刘辉,海淀区万寿路青少年活动中心。

锁店，对于制作汉堡包的每一个步骤，例如烘烤速度、清洁卫生、质量等都会严格把关，这样才能保障无论顾客身处全球任何一个麦当劳店，吃到的汉堡味道和品质都是一样的。连锁店创始人这样解释自己的成功："我们只不过是做汉堡时比别人认真一些罢了。"

机遇，会给认真对待一切的人。事有大小，但责任恒重。一个人或一个群体，在竞争环境中是否有"居安思危"的责任意识，是否值得信赖，做事的认真程度是一把最易衡量的"尺子"。例如，2008年9月15日，美国第四大投资银行雷曼兄弟公司向法院申请破产保护，这一新闻震惊全球，但10分钟内，德国国家发展银行仍向该公司即将冻结的账户转入3亿欧元，这一重大失误源于"认真"的缺失。对此，德国经济学家哈恩指出，德国国家发展银行上到董事长，下到操作员，没有一个是愚蠢的，可是，几乎在同一时间，每个人都开了点小差，加在一起就创造了"德国最愚蠢的银行"。实际上，只要有一个人认真一点，悲剧就不会发生了。

二、研究的意义

（一）本项研究是党的事业发展和时代发展的客观需要

从小培养认真做事的态度和习惯是培养未来社会主义合格建设者和可靠接班人的根基。习近平总书记一再强调：认真是党和人民事业成功的法宝和胜利的保证，较真、动真地开展好每一环节的活动，细致、精致、极致地做好各项工作，就能保证教育实践活动的质量和成效。只要把认真精神贯彻到中国特色社会主义发展的方方面面，就一定能够不断夺取中国特色社会主义的新胜利。从发展全局来看，这是党的事业发展的客观需要，也是少先队担负的由预备队到生力军的重要任务所要求的。

（二）本项研究是落实社会主义核心价值观教育的重要内容

在从小培育和践行社会主义核心价值观的过程中，认真精神和道德习惯的培养是公民基本道德规范的重要内容。其要求就是爱国、敬业、诚信、友善。在这四个词语中贯串着一条红线，就是要讲"认真"。如果没有认真精神，就不可能做到爱国；敬业，就是要有事业心，做好本职工作，也离不开认真精神；诚信、友善，直接就是讲处理人与人关系的准则，实质就是要讲认真；同志、朋友之间要认真对待，相互尊重。

所以，认真做人、认真做事，实际上是对少先队员开展道德教育的重要方面，也是求真务实教育的基础。

（三）本项研究是少先队员成长成才的迫切需要

从目前的情况来看，小学少先队员认真习惯的培养还很薄弱，学习上粗心马虎、应付了事，劳动上敷衍拖拉不能坚持到底，在小岗位工作上，缺乏责任心不能认真对待每件事情，生活上懒懒散散、自行其是的现象也比较严重。若不对少先队员进行认真负责方面的教育，必然影响他们的健康成长，对于他们成为祖国和社会需要的接班人也极为不利。所以，本研究是针对少先队员的现状，采取一些教育行动措施，探索培养队员认真做事的规律和方法，培育好典型，养成好习惯，这是队员们必须经历的过程，是他们成长成才的必由之路。

因此，本研究在学术上提出一些独立的观点，探索认真做事丰富的内涵和评价标准，在落实社会主义核心价值观方面具有理论创新的意义。在实践研究中，剖析少先队认真做事教育的内容、路径和方法，以及实施的显著效果，对于基层少先队有着普及推广的应用意义。

三、研究的主要内容

（一）深入进行调查研究，准确把握现状

课题组于 2017 年 10—11 月，共在北京海淀区、朝阳区 4 所小学 3~5 年级，发放调查问卷 240 份，回收有效问卷 238 份；同时，召开了 6 个座谈会，对象分别为教师、队员和家长，目的是了解现状，查找原因，提出教育的对策，从而为开展教育行动研究奠定基础。

1. 少先队员待人做事的现状调查

1）队员对认真含义的认知情况

表 1 中的数据显示出：前三道正向选择的认知题，队员普遍认识较好。第 1 题 94% 的队员把认真做事和细心行事联在一起，并赞同认真就是不马虎的表述；第 3 题，作为认真做事的要求，如果工作完不成，中间必须向领导和有关方面汇报，找到解决的办法，不能耽误工作，这种对于认真过程的理解达到正确的占有 94%，其中有 6% 的队员并不知道这一要求；第 2 题是从诚信、对人负责的高度认识认真，56.4% 的队员具有明确的认知，但仍有近四分之一的队员不了解这一行为的重要性。因此需要加强引导。

表1　少先队员对认真含义的认识程度（单选百分比，N=238 人）　　%

调查内容	非常同意	比较同意	不太同意	很不同意
1. 认真就是细心，做事不马虎。	80.2	13.8	3.8	2.2
2. 答应的事要做到，不能说了不算。	32.3	24.1	24.3	10.3
3. 工作完不成，中间必须汇报情况。	45.4	19.3	20.8	14.5
4. 生活上随意一些，不必太较真	29.2	33.8	14.5	22.5
5. 劳动尽量多干，数量多数第一。	29.5	15.6	25.7	33.2

第4、5题是逆向选择题,第4题是从懂规矩、学规则方面来看认真做事的重要性,结果超过60%的队员选择赞成,这与队员对自由与规则、规定的关系搞不清楚有关。第5题就是从劳动的数量同质量的关系上来看,只顾数量争第一,不认真保证质量,生产就会受损失。能认清这一点的队员只有59%。所以,要帮助少先队员认识认真的含义和必要性,需要少先队组织实施正确的教育。

2)少先队员对认真做事情的体验

认真做事是一种艰苦的劳动,它需要付出努力,献出力量,而且在这个过程中,要耐得住性子,要从始到终一直做好,不能嫌烦,不能焦躁,不能只看眼前不看结果,这样才能把事做好。

(1)快乐情感的体验程度。

图1中数据显示,队员们认真负责地完成某项任务后,感到快乐和比较快乐的人数占有74.6%。在座谈会上他们说:"因为看到了自己的工作效果,使环境发生了变化,帮助别人为他自己也带来好处,人很快乐、很开心的。"但我们也发现有20.6%的队员感到不快乐,4.8%的队员从未感到快乐。为什么呢?原因是他们自己还有不满意的地方,或者是不愿意做这些事。

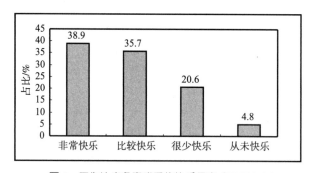

图1 工作认真负责感受的快乐程度（N=238人）

(2)是否有过烦躁情绪的感受。

图2中数据显示,在做好一件事的过程中,队员们时常感到有一些烦躁,甚至有做不好发脾气的现象。非常烦躁和比较烦躁出现的比例达到55.7%,从不烦躁的只有15.1%。这项调查告诉我们,由于队员年龄小,做事有时不够耐心这很正常。但如果焦躁情感出现太多,就需要引导他们对消极情绪进行控制了。

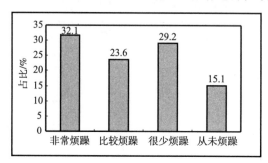

图2 为做好一件事出现的烦躁程度（N=238人）

（3）队员做事遇到困难时产生的灰心丧气的情绪。

图 3 中数据显示，队员们做事遇到困难时会有失去信心的情绪。有过很多和较多的比例占有二分之一，从未有过的只有四分之一。这表明，平时做事队员们对存在的困难准备不足，或是一心想把事做好，存在害怕不顺利的心理。所以，今后在少先队认真做事的教育中应注意帮助队员形成认真对待困难的习惯。

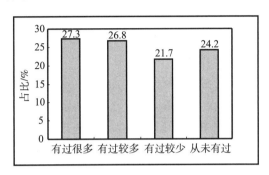

图 3　做事遇上困难灰心丧气情绪的表现程度（N=238 人）

3）少先队员认真做事方面的行为表现

课题组主要从队员们对待学习、对待劳动和对待工作三方面进行了调查，摸清队员在态度和行为上的表现，以便有针对性地进行引导和教育。

（1）认真听事记事情况存在较大差距。

认真地听、认真地记事是认真做事的前提。从调查的情况（表 2）来看，平时能经常或比较经常认真地听别人讲事的少先队员比例达到 52.3%，还有 9.7% 的队员不能坚持认真地听别人讲事，很少这样的已超过 1/3。这是队员精神不集中的表现。对于老师布置的事，队员们比较重视的比例达到 60%。但是，不难发现，有近 40% 的队员总也记不住老师安排的事情。难怪不少老师抱怨说："我讲几遍你们才记得呢！"所以，少先队认真做事的教育必须首先从认真听事、认真记事做起。经常讲的"倾耳注目""一心一意""屏气凝神""全神贯注"说的都是这个意思。

表 2　少先队员认真做事的表现程度（单选百分比，N=238 人）　　　　%

调查内容	经常这样	比较经常	很少这样	从不这样
1. 认真听别人讲事	19.0	33.3	38.0	9.7
2. 认真记住老师布置的事	29.5	31.1	32.5	4.9
3. 认真完成作业	37.8	35.6	19.8	6.8
4. 读书非常专心	29.1	37.2	21.9	11.8
5. 家务活做得细	15.3	22.8	40.1	20.8
6. 认真完成小岗位工作	36.2	47.9	12.4	3.5

（2）学习认真情况较好。

能够认真完成作业的队员占有 73.4%，读书非常专心和比较专心的占有 66.3%，这个调查符合实际。虽然不少学生反映，作业中也常出错，但毕竟我校多数学生是高校教师的子女，家庭的严格要求使队员们对学习的认真度要比其他学校的学生高出许多。

（3）家务劳动细心者较为欠缺。

队员们在家庭中家务劳动做得较细的比例低于40%，而且很少做，也谈不到细心去做的比例已达60%。这是令人关注的大问题。因为未来社会我们培养的是劳动者，无论是脑力劳动还是体力劳动，都要求踏踏实实出细活，才能不出任何差错。

（4）少先队小岗位工作认真者居多。

由于在小岗位担任工作的多为队干部和志愿者，所以一般责任心较强，在一定的时间完成某些任务，促使他们能够认真地工作，认真地服务，使他们受到了不少好评。当然，也有不够认真负责的干部和队员，其比例达到15.9%。

2．少先队员不认真的主要表现及对不认真危害的认识

目前，队员们做事马虎、不认真的问题比较普遍。问卷调查与个案调查中，发现的问题较多。图4列举了具体表现数据，以及老师和家长们反映的问题。

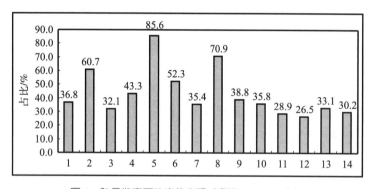

图4 队员做事不认真的表现（多选，N=238人）

注：1. 上课不注意听讲　　　　　　　8. 做题马虎，常出错
　　2. 作业不细心，写错丢题　　　　9. 读书不求甚解，囫囵吞枣
　　3. 懒得思考，没想那么多　　　 10. 做事不专心、不够专注
　　4. 值日不认真，干活粗糙　　　 11. 做事毛躁，敷衍了事
　　5. 生活马虎，经常丢东西　　　 12. 工作虎头蛇尾，不能坚持到底
　　6 游戏没细看规则，出笑话　　　13. 做事前考虑不周到
　　7. 答应的事不认真做到　　　　 14. 做事缺少耐心

从图4显示的数据可以看出，队员们平时做事不够认真的较多。比例较高的前四位分别是：生活马虎，经常丢东西，占85.6%；做题马虎，常出错，占70.9%；作业不细心，写错丢题，占60.7%；游戏没细看规则，出笑话的比例高达52.3%，需要引起重视。比例较低的四位是：懒得思考，没想那么多，占32.1%；做事缺少耐心，占30.2%；做事毛躁，敷衍了事，占28.9%；工作虎头蛇尾，不能坚持到底，占26.5%。可见，少先队要帮助队员克服这些缺点，任务还很艰巨。

调查中发现，队员们对不认真的危害认识得很清楚，但又觉得做起来很难。他们认识的程度有很大不同。具体详见表3和表4。

表3　你对自己的马虎行为感到难过吗？（N=238人）　　　%

调查内容	单选百分比
1.不难过，因为谁都马虎过	15.1
2.有时难过，因为马虎会带来麻烦	39.8
3.比较难过，对个人有危害	14.3
4.很难过，常常后悔不该做这件事	30.8

由表3可以看出：队员们感到很难过、比较难过和有时难过的认识和态度占主要地位，三项相加有接近85%的比例，这表明其对马虎问题的危害有正确的认识。其中，有30.8%的队员心有后悔、对不该出现马虎行为认为自己应该负责任。但有近40%比例的队员因为觉得马虎会带来许多麻烦，所以感到难过。

表4　你做值日不够负责，别人说你，你能接受吗？（N=238人）　%

调查内容	单选百分比
1.不能接受，我毕竟尽力了	17.5
2.基本接受，我做得不够好	25.5
3.愿意接受，以后要注意	23.8
4.欢迎批评，希望今后多监督	33.2

由表4可以看出：能够承认错误接受批评的超过4/5，而且33.2%的队员表示愿意接受大家的监督。不能接受者会摆出各种理由，这也是在日常劳动中常见的。

3.少先队员不认真态度和行为存在的原因分析

队员存在马虎、不负责、没常性、不细心等不认真做事的问题是长期形成的，和多方面因素有关。通过对老师和队员的调查，我们了解到了原因所在。

1）从队员方面分析

从表5中可以看出，被调查的队员认为，不认真的毛病存在与老师的教育没有关系，但是1/5的队员认为与家长没有严格要求有关。更多的队员是从自己身上找原因，考虑不细、总结不够、不吸取教训都成为主要原因。

表5　队员中存在一些不认真行为的原因是什么？（N=238人）　%

调查内容	单选百分比
1.老师教育得不够	0
2.家长对我缺乏严格要求	20.0
3.自己对事情考虑不细心	34.4
4.我不善于吸取教训	45.6

从表6中可以看出，队员从自身寻找的原因是和思想的不重视、心里不在意有关的；同时，还与觉得认真太费劲、马虎最省力的懒惰心理有关。要解决这一问题，要从思想上入手，才能有效果。

表6　你认为平时马虎犯错的原因是什么？（N=238人）　　　%

调查内容	单选百分比
1. 不重视它，所以不能认真对待	27.3
2. 不在意、不专心，所以出现马虎	32.8
3. 大家都有马虎问题，我有不算什么	20.3
4. 马虎比认真省力，出不了大问题	19.6

2）从老师们方面分析

在座谈中提出队员们存在不认真思想和行为的原因主要表现在以下4个方面：

（1）学校抓学习和智力发展，对儿童做人、做事的教育重视不够，缺乏总体的目标和安排。

（2）少先队组织和德育活动认真做事的教育抓得不够，做得不细。

（3）在学校和中队的认真做事的实践活动开展得太少，没有引起队员的注意，感受也不深。

（4）学校、家庭、社会对儿童认真习惯的培养配合不够，没有形成合力。

4．少先队员认真做人、做事的主要对策

通过调查研究，课题组初步找到以下几条对策。

（1）需要提出认真做事的明确目标和分层培养计划，重点在于设置一定的标准，要求在各中队落实。

（2）从大、中队干部入手，注重责任岗位培养，组织队长参加学校培训，层层带动，把认真做人、做事贯穿到日常的生活、学习、劳动和工作当中。

（3）积极开展各项认真做事的体验活动，引导队员学认真、讲认真、行认真，树立良好的认真负责的好风气。

（4）注重评价，树立队员学习的好榜样。从家庭到学校，从学习到少先队小岗位工作，注重建立配套的监督评价机制。

（5）因势利导，细心引导队员解决一些现实问题。

（二）重点开展行动研究，寻觅得力措施

少先队员的认真做事不是与生俱来的，会受到心理成熟和发展的限制，广大队员的认真性还不稳定，需要在学习生活中，注重培养精细化意识、忠诚品质、责任品德、守时品德、自律品质、创新意识。少先队组织要注重日常积累，帮助队员形成良好习惯，并且进行不断的练习和强化；还要注意结合家庭教育，家庭成员中的

父母与其他长辈要与学校少先队组织保持一致行动。

在认真学习的行动研究中，我们积极探求少先队员认真读书、认真思考、认真听讲、认真写作业、认真进行学习创造几方面的行动措施。可以清楚地看到，关键是要引导队员做到专心致志地去预习、去听课，细心完成每份作业，努力克服粗心大意的毛病，帮助他们树立勤奋学习不偷懒的好学风。

在认真劳动的行动研究中，我们积极放手让队员在校内外劳动中进行锻炼。在校内值日扫除要细心，校园劳动不敷衍，校外劳动要主动，公益服务有始有终，细致地完成任务。这些要求需要坚决施行、制定评价标准，开展自评和互评。其间，少先队中队、小队组织帮助队员克服怕苦、怕难的思想，树立榜样激励队员认真做好各项劳动事宜。

在认真生活的行动研究中，我们鼓励队员读一读认真做事的名言，精确地算一算零花钱的使用，看一看生活马虎带来的损害，学一学穿针引线细心专注的本事，验一验对待别人的事情能不能按时完成。少先队活动是在家庭和学校共同进行的，依靠家长的帮助和队员间的互相监督，逐步培养在生活中认真对待一切的好习惯。

在认真工作的行动研究中，我们充分利用少先队小岗位的任职与服务过程，明确岗位职责，分配个人任务，要求队员精益求精不懈怠，主动认真去完成任务。特别强调每项工作要认真听、认真记、认真做，加强工作的认真汇报，发现不足并积极解决，不能报喜不报忧，逐步增强少先队员的责任心。

经过行动的检验，队员们有了许多提高。有位三年级队员在制作一个新年历的过程中遇到了困难，她没有放弃，迎难而上，不知道的日期查手机，不知道纸张的大小可以量。在日历中专门留心标注家人的生日或中国传统节日，做成了一个独一无二的台历。六年级有个卫生委员工作十分负责，每天放学后都要跟值日生一起做值日，然后逐项检查，地面墙角的纸屑有没有扫干净、窗台有没有灰尘、绿植有没有浇水、前后门有没有水印……态度极为认真，每一个细节都不放过，成为队员学习的榜样。不少家长反映，队员在家写作业不贪玩了，家务劳动也能细心干了；不少老师反映，队员们在学习上克服了一些不专心、不细心的毛病，工作的责任心也大大增强了，小岗位服务也尽心尽力了。

（三）积极探索培养规律，提出理论观点

认真是一种精神。认真是一种执着无悔、坚定不移的精神，具有强大的正能量和内在驱动力。在我们的社会生活中，精神的力量是难以估量的，它是攻坚克难的利器，是成就事业的法宝。有了认真精神，才能"逢山开路、遇水搭桥"，再难的问题也能找到解决的办法。认真是一种境界。如果想做到习近平总书记要求的"严以修身、严以用权、严以律己、又谋事要实、创业要实、做人要实"，就要有一份"功成不必在我"的思想准备。干好工作靠认真，干成事业靠认真，实现中国梦，必须靠亿万中国人民的共同认真。

认真做人包含律己和待人两个方面。在律己上，认真意味着要遵守认真的规矩，从点滴小事做起，一丝不苟，精细专心地严格要求自己、约束自己的思想和行为，不能随意行事，不能越雷池一步。在待人上，说话要算数，遵时守约，认真对待别人吩咐的事情，认真完成组织交给的工作。古人言："只要功夫深，铁杵磨成针。"认真做事就是用坚持始终的认真行事，努力去实现通往成功的一个个目标。

这种认真精神和态度的培养是一个循序渐进的过程。它应达到的标准和要求有以下机构几个方面：

（1）要专心做事。少先队培养队员专注的态度，用心做好每件事情。不言弃、不放弃，始终如一，坚持到底，以坚韧不拔的精神鞭策自己、要求自己。

（2）要细心做事。队员做每件事都需要精细化操作，具有细节意识，认真细致地对待事情，解决问题。追求学习、生活和工作的质量。

（3）要负责做事。简单的事情要认真做，复杂的事情要重复做。勇于承担对他人、对集体、对社会的责任。言而有信，以责为约。要有责任观念和社会责任感。

（4）要务实做事。能够求真务实，不务虚名。认认真真做事，踏踏实实做人。一切从实际出发，脚踏实地去做，于实处用力，自觉地做好每件事情。

为达成以上要求，少先队教育必然要遵循知、情、意、行的规律，遵循教育长期性、反复性规律，遵循家庭、学校、社会教育相结合的规律和知行合一道德养成的规律。只有这样，才能使认真做事的教育产生真正的实效。

参考文献：

[1] 张先翱.少先队工作方法论[M].北京：中国少儿出版社，2005.

[2] 张先翱.张先翱少先队教育文集[M].北京：中国少年儿童出版社，2005.

[3] 吴云清.少先队组织教育概论[M].北京：中国少年儿童出版社，2006.

[4] 陆士帧.少先队基础知识讲座[M].北京：中国少年儿童出版社，2002.

[5] 吴凯.学校与少先队教育科研操作方法[M].北京：中央广播电视大学出版社，2009.

[6] 全国少工委.中国少年先锋队大全[M].北京：中国少年儿童出版社，2005.

[7] 张先翱，吴凯.少先队活动科研之花[M].北京：中国少年儿童出版社，2011.

[8] 辅导员杂志社.少先队辅导员工作必读[M].呼和浩特：远方出版社，2004.

[9] 杨振闻.习近平"讲认真"思想探析[J].思想政治教育研究，2015（4）.

[10] 白玉."认真"的分量[N].唐山劳动日报，2015-09-01.

中国特色社会主义少年先锋队组织发展研究

——以"集体主义教育"为中心

崔露涵[①] 夏鹏翔[②]

> **摘 要**：中华人民共和国成立以来有关少先队组织建设的政策文献指出，中国少年先锋队组织建设的指导思想和理论依据是"共产主义教育"和"集体主义教育"，其中，苏联教育家所提倡的"集体主义教育"所具有的"政治性""集体性"特点与我国少先队组织建设的指导思想具有很高的一致性与契合度，其最具代表性的"劳动教育"和"纪律教育"方法，对我国少先队组织建设与发展也有很大的指导意义与启示，为集体主义教育实践提供了有力抓手。
>
> **关键词**：中国特色社会主义 集体主义教育 中国少年先锋队 组织发展

习近平总书记在中国共产党第十九次全国代表大会上指出："经过长期努力，中国特色社会主义进入了新时代，这是我国发展新的历史方位。为了让中国特色社会主义展现出更加强大的生命力，我们有必要对作为建设社会主义和共产主义预备队的中国少年先锋队（以下简称少先队）组织建设过程中的指导思想进行回顾，并明确'集体主义教育'思想对中国特色社会主义少先队组织建设的重要意义。"

[①] 崔露涵（1993—），女，河北保定人，首都师范大学初等教育学院硕士研究生，主要研究少年儿童组织与思想意识教育。

[②] 夏鹏翔（1961—），女，天津人，首都师范大学初等教育学院副教授，博士，主要研究初等教育、少年儿童组织与思想意识教育、中日比较教育。

一、中国少年先锋队组织发展的指导思想

中华人民共和国成立以来,少先队的组织建设始终以苏联教育家提倡的"共产主义教育""集体主义教育"为指导思想与理论依据,在有关少先队组织建设的政策文献中,"社会主义事业的建设者和接班人""共产主义方向"等用语成为关键词。

(一) 20 世纪五六十年代

中华人民共和国成立后,我国采取"一边倒政策",在政治思想、学校教育等领域广泛汲取苏联的经验,这在少先队组织建设方面尤为突出。

"1949 年 1 月,党中央在建立青年团的决议中,决定成立少年儿童组织,并指示'青年团应选派最好的干部领导这一工作'。10 月 13 日,团中央决定建立全中国统一的中国少年儿童队……少先队以'五爱'精神教育队员。"1949 年中国人民政治协商会议第一届全体会议通过的《中国人民政治协商会议共同纲领》(以下简称《共同纲领》)规定:"提倡爱祖国、爱人民、爱劳动、爱科学、爱护公共财物为中华人民共和国全体国民的公德。"作为共产主义萌芽教育,"五爱"是共产主义品质的凝练,充满着社会主义和集体主义的意味,它为少先队工作的开展明确了方向,奠定了良好的政治基础。

共青团中央不断总结对少年儿童进行共产主义教育的经验,1960 年,团中央召开了第四次全国少先队工作会议,团中央书记处书记王伟做了题为"高举毛泽东思想的红旗,坚持少年儿童运动的共产主义方向"的报告。1962 年,团中央召开了第五次全国少先队工作会议,团中央书记处书记李琦涛做了题为"为更好地培养共产主义新一代而奋斗"的报告。"共产主义"屡次出现,反映出这个时期整个共产主义阵营政治理想的突出性质。我国作为社会主义国家,以"共产主义"作为指导思想,培养具备共产主义理想和道德的接班人,这也是我国少先队指导思想的突出体现。

(二) 20 世纪七八十年代

改革开放以后,我国进入社会主义现代化建设的关键时期,少先队在思想道德教育的基础上,肩负起经济建设的新使命,要为新时期的社会发展发挥作用。

1982 年,中华人民共和国第五届全国人民代表大会第五次会议通过《中华人民共和国宪法》(以下简称《宪法》)。《宪法》规定:"国家提倡爱祖国、爱人民、爱劳动、爱科学、爱社会主义的公德,在人民中进行爱国主义、集体主义和国际主义、共产主义的教育,进行辩证唯物主义和历史唯物主义的教育,反对资本主义的、封建主义的和其他的腐朽思想。""五爱"的内容发生了变化,由《共同纲领》中规定的"爱护公共财物"改为"爱社会主义",体现出"五爱"立足于共产主义的思想基础,"五爱"教育具有鲜明的政治方向与教育目的。

随着改革开放的不断深入,我国少先队进入了全面发展的新时期。1984 年 7 月

25日召开的"中国少年先锋队队员和辅导员代表会议"上,"最重要的文件是邓颖超代表党中央所做的讲话和胡锦涛代表团中央所做的工作报告。这两个文件体现了'少代会'的主要精神,即面向未来,培养21世纪需要的合格建设者和创造者"。其中,邓颖超明确指出"面向未来"中"未来"的含义是"共产主义"。1986年4月,全国少工委发出《关于在全国少先队员中进一步加强共产主义教育的意见》;同年11月,全国少工委第三次全体会议明确指出,"集体主义的品德教育"是对少年儿童进行基础的共产主义教育的重要内容;1988年,全国少工委明确指出,"以集体主义为核心的道德品质教育"是少先队思想品德教育的主要内容之一。可见,面对新时期的挑战,少先队的首要任务是牢记历史使命,坚定共产主义信念,明确集体主义对于共产主义教育的价值。

为了顺应时代发展,少先队自身的建设与改革不断焕发着少先队组织内在的活力。1987年11月16日,全国少工委副主任陈海燕在《有步骤地把少先队工作引向深入——在全国少工委第四次全委扩大会议上的报告》(以下简称《报告》)中指出:"党的十三大确定了我国社会主义初级阶段的基本路线,提出了我国从现在到下个世纪的经济发展的宏大战略规划,社会主义现代化建设在坚实的基础上进入了新的发展阶段,这就是少先队工作所处的时代大背景。少先队担负着为社会主义现代化事业的新发展培养具有新型素质的建设者的战略任务,少先队的一切教育最终都服务于这一任务,并且体现在丰富多彩的各项活动之中。"在分析时代背景,明确工作要求,坚持社会主义初级阶段基本路线的基础上,《报告》阐明了少先队改革所强调的创造性、民主性和丰富性。

改革开放是发展中国特色社会主义、实现中华民族伟大复兴的必经之路。改革开放的主要任务是解放和发展生产力,提高人民生活水平以及思想道德水平。这个时期,作为对时代要求的回应,少先队的指导思想在坚持以往核心精神的基础上,表现方法虽更加多样化,但仍然不离"社会主义""共产主义""集体主义""合格建设者和接班人""社会主义初级阶段"等用语,其核心思想并未改变。

(三)20世纪末至今

20世纪末21世纪初,我国社会发生了巨大的变化,经济飞速发展,价值观呈现出多样化特点。政府进一步明确了少先队教育的目的、性质和任务,"既然党的执政地位不是从来就有的,也不是一劳永逸的,那么,党的延续和后备力量的培养也就必然是党的建设中最重要的命题之一"。

1988年3月14日,全国少工委发布关于试行《中国少年先锋队教育纲要》(以下简称《纲要》)的通知。其中,少先队教育目的的阐述包括:"通过特有的组织教育、丰富多彩的活动和队员当家做主的民主的集体生活,让少年儿童从小接受基础的共产主义教育,为培养他们成为有理想、有道德、有知识、有体力、立志为人民、为祖国、为人类做贡献的一代新人打下良好基础。"2005年6月1—3日,中国少年先锋队第五次全国代表大会审议通过了《中国少年先锋队章程修正案》(以下简称《队章》),指出"根据共青团第十五次全国代表大会通过的《中国共产主义青年团章程》第九章第三十八条'团同少年先锋队的关系'中对队的性质的规定,将'我们队的性质'修改为'是少年儿童学习中国特色社会主义和共产主义的学校'"。《纲要》和《队章》作为少先队组织的指导性文件与工作指南,始终将"共产主义""社会主义""党的各项方针政策"作为指导思想,以"集体"作为少先队组织、开展活动的主要形式与途径。

2017年10月18日,在中国共产党第十九次全国代表大会上,习近平总书记代表第十八届中央委员会向大会做报告,在"坚定文化自信,推动社会主义文化繁荣兴盛"部分,明确指出,"广泛开展理想信念教育,深化中国特色社会主义和中国梦宣传教育,弘扬民族精神和时代精神,加强爱国主义、集体主义、社会主义教育,引导人们树立正确的历史观、民族观、国家观、文化观"。坚持文化自信,即坚定理想信念,继承并发扬中国特色社会主义文化。习近平总书记将"集体主义教育""社会主义教育"提高到文化自信的高度,为新时代少先队组织的发展指明了方向。

这一时期的用语,如"民主的集体生活""共产主义教育""学习中国特色社会主义和共产主义的学校""加强爱国主义、集体主义、社会主义教育"等,更加旗帜鲜明地强调了"共产主义",同时,突出了其实现的方式——"集体主义",更加凸显了社会主义国家少先队组织的特色。

我国少先队以"共产主义""集体主义"作为指导思想,这是由我国社会主义性质决定的,无论从思想与价值观的引导,还是人才培养的规定性与目标来看,都不会偏离这一方向。随着时代的发展和社会的进步,少先队员在自主性、创新性等方面有了新的发展,展示出新的能力与精神面貌,这使得"集体主义""共产主义"思想更加充实,也使得少先队组织更加立体与饱满。

二、集体主义教育思想与我国少先队组织建设指导思想的契合

社会主义和共产主义具有内在的一致性,是同一社会形态的不同发展阶段,二者与"集体主义教育"有着内在的联系。集体主义教育思想主要表现出以下三个方面的特性。

(一)政治性

我国少先队组织作为少年儿童学习共产主义的学校,具有鲜明的政治性。"少先队虽不是政治组织,但具有与生俱来的政治属性。共产党的儿童组织的身份与出身表明,在一定意义上,少先队的存在就是保证共产党自身延续与发展的制度性安排。""少先队教育是党的少年儿童事业的重要组成部分,是中国特色社会主义教育事业的重要组成部分,在团结、教育、引导少先队员成长为中国特色社会主义事业

可靠接班人和合格建设者的过程中，始终发挥着不可替代的独特作用。"

少先队必须坚持党的领导，这是原则性问题，前述《纲要》和2005年审议通过的《队章》中都有强调。以少先队为代表的少年儿童组织必须以国家的发展方向、战略目标作为自身设立目标与人才培养标准的依据，这是其固有要求与必然体现，也是中国共产党创立少先队的初衷所在。

苏联杰出的教育家、集体主义教育思想的创建者和倡导者马卡连柯，主张"通过集体，在集体中，为了集体"进行教育。他深信，"无论是个人还是社会问题都只有在没有剥削、没有压迫的社会主义制度下才能得到比较圆满的解决"。"'人之所以不好，只是因为他曾生活在不好的社会制度里，生活在不好的环境里'，只有在社会主义社会中，教育影响的力量才是无穷的"。"他认为共产主义教育的目的与任务是由社会主义革命和建设的总任务提出来的，教育者不应侈谈那种超越时间和空间的'和谐的个性'，而应悉心研究革命与建设需要怎样的新人，要努力培养无愧于自己所处时代的'真正的公民'"。马卡连柯的集体主义教育思想是在"社会主义制度"的基础上提出来的，是在"社会主义社会"中展开的，为"社会主义革命和建设"服务的，因此，集体主义教育思想具有鲜明的政治倾向性。

由此可见，我国少先队教育事业发展与马卡连柯提倡的集体教育思想是根植于相同的土壤——社会主义社会。有相同的社会形态与社会性质才有契合的可能与讨论的必要。而且，二者最终都指向共产主义的教育目的，指向社会主义接班人与建设者的人才培养目标。

共产主义包含着集体主义，集体是共产的基础前提与形式，共产是集体的理想追求与目标。少先队组织承担着促进少年儿童政治社会化的功能，马卡连柯的集体教育思想也是在达到与完成共产主义教育的目的与任务的基础上提出的，这无疑为少先队组织、开展教育活动提供了有效的途径。

（二）集体性

集体主义是少先队活动的重要依托，它包含了实践性、活动性与自我教育，是共产主义教育的固有特性。集体主义既是教育的形式，也是教育的目标。

集体是少先队教育活动顺利开展的基本保证，集体大于个体相加之和的独特魅力使得少先队教育的育人功能得以实现。如前述《纲要》中提倡的"民主的集体生活"、全国少工委第三次全体会议明确指出的"集体主义的品德教育"和1988年明确指出的"以集体主义为核心的道德品质教育"，以及习近平总书记在中国共产党第十九次全国代表大会上提出的"加强爱国主义、集体主义、社会主义教育"，不但延续了以往所提倡的集体主义原则，也赋予了集体主义更加鲜活的生命力。

"马卡连柯指出，他提倡集体教育，这是以马克思主义关于个人和集体关系的原理为依据的，也是从社会主义和共产主义教育的总目的出发的。还在科学社会主义的萌芽时期，马克思就曾指出，只有在集体中，个人才可获得全面发展自己禀赋的可能性，只有在集体中，个人的自由才是可能的。社会主义社会是建立在生产资料公有制的基础上、按集体原则组织起来的新型社会，在这种社会中生活的人都不是彼此孤立和游离于集体之外的人。"马卡连柯的集体主义教育思想建立在教育的社会价值基础上，他指出教育的目的是培养集体主义者。其中，集体作为社会有机体，既是教育的对象，也是教育的手段，具有社会主义社会的本质属性，可以进行正确的舆论导向和精神引领。教育是同时对集体与集体中的个人进行的，在此过程中，通过集体与个人的相互作用实现集体的凝聚力与个人的全面发展。

另一位倡导集体主义教育并进行实践的是苏联教育家苏霍姆林斯基，他强调"集体是教育的工具"，"要想使教育家们经过深思熟虑的教学、教育过程在学校里得以有效地实施，每个教师、教育者、校长、课外和校外活动的组织者就应当非常了解培养学校集体的基本原则，即在实际工作中必须遵循的那些科学原理"。苏霍姆林斯基认为，集体是一个"精神共同体"，具备共同的价值观。支撑集体的"四大基石"分别是：共同的思想、共同的智力、共同的情感、共同的组织，四者相辅相成，缺一不可。他指出，集体主义教育是对少年儿童进行社会主义教育与共产主义教育、培养全面和谐发展的人的必经之路。

集体教育并非简单地将冰冷的信条强加于队员，将生硬的教育模式和死板的教育要求强加于队员，而是在激发队员的学习兴趣、对队员进行思想启蒙的基础上，引导队员形成自己的生活目标、人生理想与道德标准。因为集体的精神本就属于每一个队员，本就是为了每一个队员。集体能够帮助每一位队员意识到自己在集体中的不可替代的位置与作用，激励每位队员积极地思考与参与实践，在此过程中参透集体的奥秘。教育对于集体和个体来说是不偏不倚的，是同时性的。在一个集体中，教育影响通过集体的形式辐射到每一个人，但是，集体教育影响不等于个人教育影响之和，因为在这其中，由个体组成的集体具有强大的生命力。换言之，集体中的个体拥有更强大的吸收力，集体教育的影响通过个体才能显现出来。

（三）儿童性

少先队员为六周岁至十四周岁的少年儿童，他们在身体、心理等方面具有鲜明的发展特点。因此，少先队组织活动要给予少年儿童的成长以足够的空间，以实现其群众性自我教育组织的功能。

儿童有着自己的憧憬，他们对认识社会、世界有着独特的视角和方法。因此，若想将共产主义道德转化为儿童内在的要求与品质，促使其向"合格建设者和接班人"的方向靠近，就必须遵循儿童身心的发展规律与特点，按照儿童的思维方式进行引导与教育。改革开放以来，我国少先队组织的政策文献中也强调了这个特性，如前所述，全国少工委副主任陈海燕在《报告》中指出："少先队担负着为社会主义现代化事业的新发展培养具有新型素质的建设者的战略任务，少先队的一切教育最终都服务于这一任务，并且体现在丰富多彩的各项活动之中。"前述的《纲要》中指出：

"通过特有的组织教育、丰富多彩的活动和队员当家做主的民主的集体生活,让少年儿童从小接受基础的共产主义教育。"也就是说,儿童的政治教育不等于成人的政治灌输,不等于形式大于内容的丰富多彩的活动,也不等于学校的课堂教学。

马卡连柯指出:"虽然'个人的一般品质和个别品质,在我们的设计中能够形成很错综复杂的形态',但不应'畏惧这种复杂性和多样性'。""只有创造一种方法,它既是总的和统一的方法,又是使每一个单独的个人能发挥自己特点并保持自己个性的方法,这样的组织任务才无愧于我们的时代,无愧于我们的革命。"马卡连柯从社会性质、国家发展的角度出发,强调人才培养的目标,不支持从心理学的角度探讨培养人的问题,他认为集体是感化儿童、培养共产主义者的优质环境,同时指出个性教育的重要性。

苏霍姆林斯基指出:"怀着欢乐愉快的情感认识世界——这是儿童个人精神生活最突出的特征。周围事物和现象(颜色、声音、气味、状态、运动等)的协调一致也是一种美,这种美就是欢乐和丰富的精神生活取之不尽的源泉。如果儿童领会不到这一点,那么,儿童世界就会黯淡无光、令人生厌。"他所提出的"培养个性全面和谐发展的人"能够帮助我们更加立体地剖析"集体",更加清晰地看到儿童在"集体"中的角色。"集体"不是与儿童个体相矛盾的集体,而是可以充分展现儿童个体的集体,是为了更好地展示儿童个体的集体。集体的发展与儿童个体的成长都是教育要达到的目标。集体与儿童个体是和谐的、包含的、互相支撑和互相依赖的。没有儿童个体的集体缺失了生命力,没有集体的儿童个体缺失了凝聚力。同时,苏霍姆林斯基指出,在帕夫雷什中学有专门的伦理文选。"故事和童话的内容考虑到了孩子们的年龄、他们的观念和兴趣范围。"这充分体现出少先队在教育内容方面强调的儿童性,即要遵循儿童身心发展的特点与规律组织教育内容,尊重儿童的主体地位。

集体活动对将外界社会对队员的要求与期待巧妙地转化为儿童内在的追求与目标十分重视,鼓励在满足儿童需要与兴趣的同时完成社会化。由此可见,集体教育不是为了培养"小马列主义者",而是培养真正的具有共产主义精神的儿童,他们拥有最宝贵的好奇心、活力与梦想,不失童真、童趣,满怀希望地拼搏与奉献。

上述集体主义教育思想的三个特性是相互联系、相辅相成的。政治性是对少先队组织在方向上的规定性,对集体性与儿童性发挥指导作用,集体是"社会主义性质的集体",儿童是"坚定共产主义理想信念"的儿童;集体性是对少先队组织形式的规定性,政治目标必须依托集体的形式得以实现,儿童只有在集体中才能深谙集体主义精神、共产主义精神的真谛;儿童性是对少先队组织成员特点的规定性,阐明了对少先队教育实现方式与手段的要求,集体是儿童的集体,政治教育的具体内容与方法只有满足儿童的发展特点与需要,才具有操作性价值。

三、集体主义教育方法对我国少先队组织建设的启示

集体主义教育有着独特的方法，苏联教育经验中的劳动教育、纪律教育最具有代表性，对我国的少先队组织建设有着很大的启发意义。

（一）劳动教育的启示

"多年的实践经验使我确信，儿童和青少年的共产主义组织——少先队和共青团的思想基础就是他们的劳动生活。""劳动的灵感、劳动的欢乐和劳动创造带来的振奋精神，这些都是强大的精神力量，它使人相互接近，使儿童产生原始感情，并在此基础上逐渐形成公民品格和同别人接近、把自己的精神力量献给别人以及对别人负责的需要感。这种对别人的需要感产生于集体劳动之中，也是集体整个劳动生活中最重要的东西。"

集体与劳动有一种天然的默契，队员劳动集体更是有着无限的创造力、生命力与张力。苏霍姆林斯基强调劳动作为集体教育重要途径的意义，在劳动中，队员集体感受到自己的力量与集体的力量，体验到自己对于集体的意义以及集体对于自己的价值，享受需要感与被需要感。在劳动的互动、交往过程中，从协力解决到默契配合，从共同任务的完成到共同精神的分享。劳动本身就因其身体与心智共参与的特点而具有凝聚人心的作用，加之队员的身心发展特点使得队员乐意参与手脑并用的活动，擅长在行动中思考。因此，队员劳动集体对于队员、队员集体的良性发展有着极大的促进作用。

马克思主义认为，教育与生产劳动相结合，是人实现全面发展的唯一途径。改革开放之前，劳动是少先队组织活动的主要形式，少先队员们在劳动中获得光荣感，并将劳动意识与能力转化为自身的优良品质。反观现在的少先队活动，真正能够让儿童体验"劳动"快乐的活动是很少的。劳动需要营造开放的自然环境，需要给儿童真正的"任务"与"问题"，需要儿童全身心地投入、创造性地思考，需要参与团队行动，而不是完成一个个"志愿任务"与"形式化的过场"。

（二）纪律教育的启示

马卡连柯把集体的纪律形象地比喻为"集体的面貌、集体的声音、集体的美妙、集体的活动、集体的姿态和集体的信念"。马卡连柯强调纪律的政治性、道德性与自觉性。集体需要纪律，有纪律才有保障，有纪律才有自由，自由一定是建立在纪律基础上的，没有边界的自由等于最大限度的束缚与迷茫。

少先队作为严密的少年儿童组织，应该具有非常明确的纪律要求，既要有利于少先队组织本身的发展，也要有利于队员从小形成良好的道德品质。少先队组织帮助队员明确规则、纪律的内涵与价值，对其今后的社会性与道德品质的发展具有指导意义。但是，在过度强调队员主体性的今天，突出纪律教育似乎显得格格不入。

纪律教育只能作为对少先队员的束缚而被摒弃吗？实则不然，纪律能够帮助每个少年儿童明确自己使命与担当的"精神内核"，从而更加自由地成长。纪律不是集体强加给儿童的枷锁，而是让儿童获得自由、明确人生方向的必经之路。纪律制定与实行的程度与效果反映了一个组织的质量与水平，决定着这个组织能从多大程度上指导与促进成员的发展。

集体与个体并不是对立的，而是统一的整体。但是，在今天少先队集体实践、政治灌输、全员入队等活动中依然存在"忽视因材施教、忽视儿童主体性"的问题。这是因为我们没有搞清集体与个体的关系，集体教育既是教育的形式，也是教育的目标与归宿；个体既是教育的目的，也是教育的手段。有生命力的集体是具有多样性的集体、能动的集体、以个体为其展现方式的集体。在组织少先队活动时，应注意让少年儿童在集体中感受集体的力量，运用集体的智慧，体验为了集体奉献与收获的快乐。在此基础上，伴随着少年儿童的倾情投入，少先队活动的教育内化程度将大大提升。

在倡导"自由、个性"的今天，"集体主义教育"逐渐被边缘化，似乎"集体"就意味着"个性的泯灭"和"个人利益的牺牲"，意味着没有遵循"因材施教"的原则。这就更加需要我们对集体主义教育的内涵、意义与价值加以澄清。集体是符合队员身心发展规律的，集体非但不等于个人相加之和，而且是超越个人相加之和。尤其是对于以少先队为代表的少年儿童组织来说，集体主义具有极大的教育价值与实践意义。

中国特色社会主义的少先队，是以共产主义思想为引领的少年儿童组织，是集体主义教育指导下的少年儿童组织，明确这一点，对于少年儿童组织与思想意识教育工作者的理论研究与实践探索有着奠基性的价值与意义。

参考文献：

[1] 张先翱.少先队的光荣道路[J].江苏教育，1984（20）.

[2] 段镇.少先队学[M].上海：上海人民出版社，2015：79.

[3] 郑洸，吴芸红.中国少年儿童运动史[M].天津：天津人民出版社，1992：407.

[4] 少先队全国工作委员会文件（中少字〔1988〕01号）：http：//61.gqt.org.cn/wjk/1988/zsf/200905/t20090509_237493.htm.

[5][9] 陆士桢.论中国少年先锋队的属性与根本任务[J].青年探索，2013（3）.

[6] 全国少工委关于试行《中国少年先锋队教育纲要》的通知：http：//61.gqt.org.cn/wjk/1988/zqf/200905/t20090509_237498.htm.

[7] 第五次全国少代会审议通过《中国少年先锋队章程修正案》：http：//politics.people.com.cn/GB/8198/48360/48562/3440996.html.

[8] 习近平.决胜全面建成小康社会　夺取新时代中国特色社会主义伟大胜利——在中国共产党第十九次全国代表大会上的报告[M].北京：人民出版社，2017：42-43.

[10] 赵国强.论新时期少先队组织的独特作用[J].中国德育，2012（4）.

[11][12][13][15][16][21] 吴式颖.马卡连柯教育文集（上卷）[M].北京：人民教育出版社，2004：12，16，19，17，80-81、142.

[14][17][19][20][苏] 瓦·阿·苏霍姆林斯基.培养集体的方法[M].安徽大学苏联问题研究所，译.合肥：安徽教育出版社，1979：4，128-129，102，100.

[18] 冯克诚，等.瓦·阿·苏霍姆林斯基智育思想与《论智育》选读[M].北京师联教育科学研究所，译.北京：中国环境科学出版社，2005：87.

核心价值观培育的若干策略

韩 硕[①]

> **摘 要**："国无德不兴,人无德不立",社会主义核心价值观是中国社会之大德,少先队员从小要能够做到习总书记所倡导的"记住要求,心有榜样,从小做起,接受帮助"这十六字箴言,真正做到将其入脑入心。当然,培育和践行社会主义核心价值观不仅仅是少先队的工作,更是学校的整体工作。对于学校少先队而言,既要按照学校的整体要求,积极配合学校价值观教育工作,又要充分发挥少先队自身的独特功能。
>
> **关键词**:核心价值观 少先队 活动

一、将核心价值观融入学校办学理念之中

办学理念是学校的指导思想,我校的办学理念集中体现为"生活精神·艺术气质"。该理念将立德树人作为根本任务,目的在于培养每一个孩子成为合格的小公民。该思想与社会主义核心价值观的要求是一致的,最终是希望将价值观教育与学生的行为习惯培养相结合,努力实现学校的育人目标,即坚实基础、社会责任、生活精神、创造能力、自由情怀、自主精神。

我校以培育"生活精神·艺术气质"为主旨,开展了"我为社会主义核心价值观代言""我有一棵诚信树""争做美德好少年"等活动,将爱国、诚信、友善的价值观要求融入队员的日常学习和生活中,将社会主义核心价值观内化于心、外化于行,让学生在潜移默化中理解社会主义核心价值观的要求和内涵,并付诸行动。

[①] 韩硕,北京市大兴区第七小学。

二、将核心价值观融入环境文化建设之中

人创造环境，同样地，环境也塑造人，环境对人的影响是潜移默化的。我们积极配合学校文化建设，将自然景观、人文景观错落有致地安排，使其使用功能、审美功能和教育功能达到和谐统一。发挥文化熏陶和感染作用，让每一面墙壁都会说话，营造出社会主义核心价值观的浓厚氛围，使核心价值观像空气一样无所不在、无时不有。

我校是书法特色学校，打造和谐宁静、书香墨韵的学校文化是学校追求的目标。我们通过师生的书法作品让学生记住核心价值观24字要求，同时也发挥了文化熏陶的作用。校园的每个角落都有社会主义核心价值观的书法作品展示，既帮助学生记住了要求，也形象地传播了真善美。

学校三个楼层和各班教室，也是以核心价值观为主题进行环境布置的，体现了楼道文化、班级文化。每间教室都开辟核心价值观作品展的宣传园地，根据队员的年龄特点，凸显趣味性与自主性。低年级班级以绘画为主，中年级班级以手抄报制作为主，高年级班级以文学创作为主。

根据节日和重大的纪念日，学校设计不同主题的展示内容。比如，2015年9月3日，正值中国人民纪念抗日战争暨世界人民反法西斯战争胜利70周年，学校和各中队便围绕爱国设计了"不能忘却的纪念、历史追踪、红色之旅"等墙报和橱窗园地。在文化熏陶中，队员用不同的形式来表达自己对核心价值观的初步理解和认识。

三、不断创新核心价值观的育人载体

2014年建队日期间，时任国家副主席李源潮发表了《让社会主义核心价值观成为少年儿童成长的星星火炬》讲话，他指出，社会主义核心价值观的教育要突出形象化、情感化、榜样化、行动化。

在这一思想指导下，我们从贴近孩子生活的"诚信"入手，指导学生开展了"我有一棵诚信树"的系列活动。学校向各班同学发出倡议，号召大家都积极地寻找身边的诚信榜样，诚信榜样可以是同学、家长、老师，也可以是自己。班会上，同学们纷纷向大家介绍寻找到的诚信榜样，分享他们的诚信故事，进行了充分的交流。同时，他们还将诚信榜样的事迹上传到班级博客，全校的同学都可以在网络上学习、交流和分享。

为了使活动开展得更加生动、形象，我和同学们还一起设计了一棵漂亮的诚信树，树根是24字核心价值观，树冠上是学生找到的诚信榜样。他们将寻找到的诚信榜样用不同颜色、不同图案的诚信果实呈现出来。果实上贴有榜样的照片，写着他们的诚信事迹。学生们都特别喜欢这棵漂亮的诚信树，利用课间休息时间来读诚信榜样的事迹。通过这种形象化的展示，潜移默化地将诚信要求深入学生的内心，成为自

己的行为习惯。我们还将学生的诚信故事汇编成册——《争做诚信小达人》，并发放到各班，让学生互相传阅、学习。

好的开始，是成功的一半。在"我有一棵诚信树"活动的基础上，为了给更多学生搭建展示的平台，我们又相继开展了"友善行为大搜查""我的红色之旅""文明花语我来写"的活动。这些活动是学生们所真正喜欢的，可以让学生在初识社会主义核心价值观的阶段，就能够在主观意愿上去接受、参与活动。

四、大力开展核心价值观专题活动

首先，我们推出了以深化核心价值观的教育为主题的多节课例，比如一年级的《巧理物品快乐多》、二年级的《我向民主问声好》、三年级的《56个小朋友手拉手》、四年级的《诚信是金》、五年级的《送人玫瑰手留余香》、六年级的《舌尖上的中国》，等等，最终形成了一批优秀课例。

其次，创新升旗仪式。我们将升旗仪式的舞台交给各中队，发挥中队辅导员和队员的自主性，这也是核心价值观的内在要求。学校每周的升旗仪式都是由各班轮流主持，每位同学都有上台展示的机会。围绕核心价值观的内容，学校对每学期的升旗仪式进行整体要求，每学期的升旗仪式都是一次系列活动。

每周的升旗仪式上，不仅有学生的展示，班主任老师也会和大家分享班级为了落实社会主义核心价值观开展的相关活动，这个环节也很好地促进了班主任老师的学习与思考。

五、注重榜样引领

核心价值观教育要做到活起来、动起来，我们注重引导学生从课上走到课下，从校内走向校外，从思想认知到亲身体验，从实践体验逐步内化为终身受益的行为习惯和道德自觉。因此，在培育和践行"社会主义核心价值观"的教育活动中，除了在校内开展实践活动，我们学校还创建了以志愿辅导员、全国劳动模范宋薛轩命名的英雄中队——"宋薛轩中队"。"宋薛轩中队"的队员们走出校门，走进社区积极开展志愿服务活动，走进社区慰问空巢老人，在端午节参加社区"端午粽飘香"活动，把自己亲手包好的粽子送到老人家中，重阳节走进社区孤寡老人赵奶奶家，为老人做一些力所能及的事情，给老人送去快乐。

学生在向榜样学习的行动中，也从情感上真正体会到了什么叫作帮助别人、快乐自己，对核心价值观中友善的意义有了更深入的理解。

六、在志愿服务中心践行核心价值观

学校的"爱心公益社"在社会主义核心价值观的系列教育活动中，围绕"和谐社会我奉献"这一理念，同学们积极组织策划了多次公益服务活动。

队员们走进社区、地铁、路边为社会主义核心价值观代言。走进公园，向游客发放文明卡，和游客一同承诺做文明的游客。

队员们走进特殊教育中心，和那里的孩子一起做游戏，送去爱心礼物，共度快乐时光。为山区的孩子捐献冬季衣物，奉献自己的爱心，让那里的孩子感受到友善和温暖。

队员们走进大兴区街道的劳动模范潘月兰奶奶家，向奶奶送去春节的问候。走进怡乐养老院，为爷爷奶奶们表演节目，让他们感受和谐社会的美好。

……

队员们通过公益活动向社会传播爱国、敬业、诚信、友善，用他们的小举动推动社会的大和谐，用他们的小公益牵手复兴中华的大梦想。

七、注重家校合作，共育核心价值

践行社会主义核心价值观不能仅仅依靠学校的行动，还应该将其融入学生的学习生活中，社会、学校、家庭联手营造一个和谐的教育环境是非常重要的。父母是孩子的第一任老师，学校在积极进行社会主义核心价值观教育的过程中应该努力赢得家庭的支持与配合，采取有效措施凝聚力量。要利用社会资源，与家长一起携手，对学生进行社会主义核心价值观的培养。比如，倡议家长和学生一起编写核心价值观的新童谣；在家长与学生共同参与的"红色之旅"活动中，家长们纷纷带着孩子去参观抗日战争纪念馆、卢沟桥、新文化运动纪念馆等，与孩子重温红色历史，接受爱国主义教育。这项活动得到了家长们的大力配合，在调查反馈中，完成率近100%。

培育和践行社会主义核心价值观对学生的成长有着重要意义，在这项工作中，学校少先队要提高社会主义核心价值观教育的吸引力和感染力，帮助学生树立正确的人生目标，培养好思想、好品行、好习惯，教育引导学生树立远大志向、培育美好心灵、健康成长成才。

发挥少先队育人功能，让星星火炬永放光芒

宗 蕊[①]

> **摘 要**：本文结合实际工作经验阐述了基层大队完成少先队育人任务的三大途径：一是发挥组织育人功能，增强仪式作用，让少先队员找到归属感；二是发挥活动育人功能，设计符合少年儿童身心特点的活动，组织少先队员喜欢的活动，实施队员乐于参与的活动；三是发挥宣传育人功能，以红领巾通讯社校园记者站的建设为重点，在宣传中增强思想教育。本文以我校少先队开展的一系列活动为基础论述了这三大途径的实施效果。
>
> **主题词**：少先队 组织育人 活动育人 宣传育人

随着新时期少先队组织的不断壮大发展，如何发挥好少先队育人功能，组织好少先队的各项活动，从而激发少先队员们爱党爱国爱人民的朴素感情，促进队员们健康成长，成了基层大队的首要任务。笔者认为完成的途径主要有三点：一是发挥组织育人功能，增强仪式作用，让少先队员找到归属感；二是发挥活动育人功能，设计符合少年儿童身心特点的活动，组织少先队员喜欢的活动，实施队员乐于参与的活动；三是发挥宣传育人功能，以红领巾广播站、校园电视台、校报校刊的建设与发展为依托，通过这些校园媒体平台宣传加强少先队员对社会主义核心价值观的理解与学习。

[①] 宗蕊，北京第二实验小学广外分校。

一、组织育人：规范少先队组织建设，重在坚持，落在细节

（一）重视起始，紧抓过程

一年级新队员入队，是少先队组织建设的基础，是每一个少年儿童政治生涯的第一步。我校大队组织高年级队干部给一年级预备队员上队前教育课，手把手教一年级小同学戴红领巾，学唱队歌，学会敬礼，牢记队前教育十知道的内容。为了凸显少先队组织的神圣与严肃，建党节前夕，我校将入队仪式的地点选在具有教育意义的宋庆龄故居。在这个绿草如茵、环境优美的地方一年级新队员接受了家长亲手佩戴的红领巾，在大队辅导员的带领下宣誓加入少先队，随后开展了以"探索名人故居，学习宋奶奶事迹"为主题的第一次中小队活动。隆重且庄严的入队仪式将给一年级新队员留下难忘的回忆，他们在与家长共同完成入队纪念册的同时，其组织观念也得到了无形的加强。

有了良好的开端，还要重视过程中的坚持。对少先队员来说一年一度的少先队代表大会是一个非常重要的节日，对学校少先队来说，少代会则是加强少先队组织规范化建设的最好契机。上学期，我校少先队大队召开了以"读书立志，越己自强"为主题的第二十五届少先队代表大会。在大队的动员下，优秀少先队员积极参加大队竞选，各中队在自荐推荐、中队内民主投票的基础上推选出两名大队候选人。大队委员会精心组织候选人竞选演讲、全校投票，最终产生了21名大队委员，为少先队员树立榜样。少先队员代表认真征求队员意见，为营造书香校园、创造良好的读书环境献言献策，大队委员会共收到代表提案20份，建议56条，学校党政领导出席小主人提案发布会，现场回复要为队员们养成良好的阅读习惯提供场地、图书等硬件资源支持。代表们还面向全校进行了好书推荐，将本中队少先队员最喜爱的书进行了介绍，与大家一起分享读好书的快乐。少代会的召开让我校少先队员充分行使了民主权利，队员们学习民主、发扬民主，提升了自己的主人翁意识。

（二）以少先队活动课研究为抓手，促年轻辅导员成长

为贯彻落实团市委、少工委关于开展少先队活动课的号召，依据《北京市少年队活动可实施细则（试行）》的要求，组织中队辅导员学习了《各年级实施建议》并进行研讨，组织中队辅导员撰写课例。通过队课的学习和研讨，中队辅导员对队课的性质与内容有了更深的认识。队课的研究对年轻辅导员的成长也起到了不小的推动作用。第一次参加西城区队课评优获得优秀奖的肖老师在本学期继续上队课时产生了很大的感想。她说自己这次组织队课感到很轻松，不用事必躬亲，都是队员们自主完成任务，然而最后展示汇报的效果超出了她的预期，给了她一个大大的惊喜。追根究底，她觉得是因为上个学期队课参赛，我们赛前的研磨、准备过程中对队员的指导，使队员们得到了锻炼，这学期的队课活动就变成了队员们自主实践、创造

发挥的一个舞台。肖老师从中收获到了队员的成长，也领悟到了作为辅导员的进退之道。

（三）以常规工作为平台，抓小干部队伍建设

少先队的日常工作很多，包括广播，日常升降旗，文明岗值周，广播室、乐器室的打扫维护，等等，这些工作每日都要做，这其实也是锻炼队干部、凝聚队干部集体的最佳时机。前期培训加过程中指导成为小干部培养的模式，每两周一次的大队例会是对小干部工作的集中培训，明确大队干部分工职责及要求，在宣传、组织等各部分干部工作时我更会坚持从旁关注与及时指导补台。现在我校大队干部有了一定的自主工作能力。无论是例会之前的通知、签到，还是国旗队训练，甚至是升旗仪式的准备，都由大队干部自主筹备。队干部还会经常自主开展活动，例如科技月活动时组织科学知识竞赛，队干部能够自主制定比赛方案，串词、现场主持、记分员、PPT播放等任务纷纷被小干部们认领，圆满完成了一场激烈、有趣的少先队活动。

（四）号声嘹亮，推进鼓乐队转型建设

我校鼓乐队曾代表学校参加全国、北京市和西城区的鼓乐队展演活动，分获全国最佳演奏奖、北京市二等奖和西城区一等奖的好成绩。荣誉的取得是对鼓乐队全体队员与辅导员的肯定，也是对我们不断发展鼓乐队的激励。在全国大赛的赛场上，我们也感受到了时代的冲击，决心改革，向行进管乐学习，取长补短。转型的过程是艰难的，乐器配置不协调，人员缺乏，雾霾和雨雪也是阻止我们户外行进训练的障碍，但是我们坚持下来了。先后参加了西城区鼓乐队大赛和艺术节管乐展演，均取得了优异成绩。

二、活动育人：搭建锻炼与展示的平台，组织队员喜欢的活动

丰富多彩的活动是少先队的生命力，发挥少先队育人功能必须组织富有实际意义的活动。

（一）竞赛激趣掀热潮，科技知识大比拼

为了掀起学校学科学的热潮，在各年级各中队自主开展科技活动的基础上，大队举办科学知识竞赛活动。

来自六个年级的12名小选手是通过初赛复赛的层层选拔才来到决赛现场的。比赛分为高、低年级两组，每组比赛又分为必答题和抢答题两个环节，选手们精彩的回答博得了在场领导和队员们的热烈掌声。最终，二（1）中队和四（3）中队的选手获得了比赛的一等奖，校领导为参赛的选手颁发了奖状和奖品。科技节知识竞赛

使少先队员们在活动中收获了知识，提升了信心，让队员们在不同的舞台上绽放自己的光彩，丰富了少先队员的学习生活，提高了少先队员学科学、爱科学的热情。

（二）学习雷锋贵坚持，全校活动有层次

学雷锋活动是少先队节日宣传教育活动中的重要一项。每逢三月，学校大队都会分三个层面制定本次学雷锋月活动的计划。队员层面，每人读一本有关于雷锋的书籍，制作一份手抄报将自己的心得体会展示出来，与大家一起分享。中队层面，上一节有教育意义的少先队活动课，以小队为单位组织学雷锋实践活动。大队层面，要发挥少先队宣传主阵地的作用，开展校级演讲比赛，以"学雷锋 爱的行动""我身边的小雷锋"等为主题，各中队推荐一名演讲选手将队员们是如何传扬雷锋精神做了哪些实事用演讲的方式进行展示。

（三）艺术之花朵朵开，全面发展促成长

为了丰富队员的课余生活，庆祝国际儿童节，为队员搭建展示的舞台，促进少年儿童全面发展。我校每年都会举办学生艺术节活动，以管乐、民乐联奏、独唱、合唱、课本剧、演讲、舞蹈、武术等多种形式展示我校学生在艺术学习方面的成果，队员们精彩纷呈的表演也博得了在场观众的阵阵掌声。

（四）走进非遗学技艺，弘扬文化知传统

我校大队曾组织少先队员走进北京珐琅厂景泰蓝制作中心，探寻掐丝珐琅制作工艺。队员们欣赏了精美的景泰蓝工艺制品，参观了制作车间，跟技师们学习了如何掐丝、粘丝和点蓝，深入地了解了这一传统工艺的制作过程，体会到了中华文化的伟大。在大队的引领下，青年中队辅导员以"了解景泰蓝 学习传统文化"为主题开展少先队活动课，取得西城区少先队活动课评优展示一等奖的好成绩。

三、宣传育人：建设与完善校园媒体，重宣传，落实效

要做好面向少先队员的宣传教育工作，我校少先队大队着力培养一群有采访写作兴趣的队员，借助《北京少年报》的平台与资源，组织小记者培训学习、实践锻炼，在活动中促进小记者的成长，达到让队员自己观察队活动，队员自己宣传少先队精神，带动更多队员进步的目的。

少先队是党领导下的少年儿童组织，随着社会的不断发展，新时期少先队工作也面临着更大的挑战，社会大环境的改变使我们更加深刻地认识到少先队思想育人的重要性，面对新老交替，少先队的工作也要与时俱进，要坚持思想育人的核心不动摇，不断地创新形式与内容，让少先队的组织更加繁荣，让我们的少先队儿童们健康成长。

利用校外资源
开展少先队活动课的实践研究
——以"陈列馆寻'宝'"少先队活动课为例

王海燕[1]

> **摘　要**：利用校外资源开展少先队活动课，是少先队活动课实施的重要形式和有益探索。在选择与利用校外资源之时，学校少先队要进行资源精选、项目设计、严密组织、延伸拓展等，从而发挥校外资源的最大作用，为少先队活动课服务，推动学校少先队工作的进一步发展。"陈列馆寻'宝'"少先队活动课充分利用中国民兵武器装备陈列馆的场地和人力资源，将历史知识与实践体验相结合，充分发挥小队作用，组织开展了一次生动的革命历史主题教育活动，取得了突出的效果。
>
> **关键词**：校外资源　少先队活动课　实践体验　组织作用

少先队活动课是新时期学校开展少先队教育的重要形式，是少先队组织培育和践行社会主义核心价值观、系统性地开展意识形态教育的最重要的阵地[2]。利用校外资源开展少先队活动课，是少先队活动课实施的重要形式和有益探索。

---

[1] 王海燕，北京市通州区永顺镇中心小学德育主任兼少先队总辅导员职务，一级教师职称。
[2] 北京市少工委.北京市少先队活动课实施细则（试行）[C].2014（7）。

一、利用校外资源开展少先队活动的重要性

（一）少先队教育的要求

"参与实践"是少先队教育的重要特征和基本途径。以课堂教学为基本形式的学校教育，必须与课外、校内实践活动相配合。利用校外资源组织少先队实践活动，可以充分发挥少先队教育的实践性特征，同时对学校教育进行有益补充。

《教育部关于加强中小学少先队活动的通知》（教基二〔2012〕3号）中指出，少先队活动要作为国家规定的必修的活动课……加强少先队活动基地建设。充分调动社会各方面的积极性，挖掘各种社会资源，有效整合、利用各级各类校外教育机构，包括校外活动场所、社会实践基地等教育资源，为少先队活动的开展提供必要的条件保障。

北京市《关于进一步加强少先队工作的意见》中指出，加强少先队活动课程建设。将少先队活动课作为社会主义核心价值观和意识形态教育的重要阵地……用少年儿童喜闻乐见的方式提高少先队育人成效。依托社会大课堂、青少年户外营地等资源建立一批红领巾教育基地，拓展少先队教育阵地。

北京市《2015年关于开展少先队活动公开课展示活动和优秀课例评选工作的通知》中要求，少先队活动课可以有效整合利用校内校外资源来开展。

以上文件的精神和工作要求表明，少先队活动课要落实好，开展好，形式应多样，不拘泥于校内，可拓宽校外实践渠道，体现协同教育原则。

（二）学校教育活动的要求

少先队活动是教育活动的一种类型，教育活动都要以一定的方式进行，都要表现为一定的教育活动方式。教育活动方式的设计、选择与活动状况，在很大程度上决定着学生对所学知识的理解深度，决定着学生智力与能力的发展状况，并深刻影响着学生的思想品德发展水平。所以，教育活动的方式对受教育者的发展具有不可忽视的重要意义。

外在的教育内容的教育价值要通过合理的教育活动方式才能转化为受教育者内在的精神财富，教育活动方式本身也会经过长时间的无数次的反复而逐渐概括化、定型化并积淀为受教育者的个性素质。①选择一种教育活动方式就意味着为受教育者选择一种发展方式和结果。

社会实践作为我们常见的学校教育活动方式之一，有利于学生将知识真正运用到生活中去，对受教育者综合素质、创造意识、实践能力、社会意识、人际交往能力以及随机应变能力的发展，都起着不可或缺的作用。因而，积极利用校外资源，

---

① 王道俊，郭文安. 教育学[M]. 北京：人民教育出版社，2009：30.

以社会实践的方式探索少先队活动课的开展工作，是基层少先队活动课实践创新的有效形式，为今后深入推进少先队活动课的全面开展提供实践参考。

二、利用校外资源组织少先队活动课的实践举措

随着教育的发展，各类场馆、基地等青少年校外教育资源的不断丰富，在完善学校教育的同时，也为少先队活动课的开展拓宽了校外实践渠道。在选择与利用校外资源之时，学校少先队要进行资源精选、项目设计、严密组织、延伸拓展等，从而发挥校外资源的最大作用，为少先队活动课服务，推动学校少先队工作的进一步发展。

（一）校外资源精选

1. 校外资源的选择要有利于高度突出活动课的主题

对于有利于进行少先队教育的校外资源，基层少先队都可以将其纳入进来，在选择利用时，要做到资源精选，即场地资源的特色、可提供的教育内容与形式等需与学校活动课开展的主题相一致，而且要有利于升华少先队活动的实践意义与教育意义。

"陈列馆寻'宝'"[①]少先队活动课的设计初衷是强化队员们对社会主义核心价值观"爱国"的认识，同时在全国开展纪念抗日战争胜利70周年之际，进行革命历史教育，让队员们铭记历史，珍爱和平，懂得践行"爱国"的实际意义。因而，学校少先队活动课在选择校外活动场所时，格外重视纪念抗战之类的场馆资源。对比中国人民抗日战争纪念馆、古北口长城抗战纪念馆等资源的坐落位置后，最终确定了离学校最近的中国民兵武器装备陈列馆。

该馆于1998年10月建成，被北京市人民政府命名为"北京市国防教育基地"。馆内共收集了自中国革命战争年代以来，历经抗日战争、解放战争、朝鲜战争，乃至现代中国军队所有的地面装备，还有世界其他23个国家的武器约1万余件。馆内同时陈列有民兵英雄的事迹介绍、民兵队伍发展的历程及抗战的阶段介绍等，丰富的展品和教育内容使其成为进行全民国防教育的理想场所，更是对青少年进行爱国主义教育的重要基地。在纪念抗日战争胜利70周年之际，陈列馆的资源无疑高度突出此次少先队活动课的主题，而且在培养少先队员对党和国家的朴素感情方面有着很好的促进作用。

2. 校外场馆资源的环境条件需满足活动课的开展要求

依靠学校已有资源与场地开展的少先队活动课已经无法满足队员的需要，过分

[①] "陈列馆寻'宝'"为北京市通州区永顺镇中心小学的少先队活动课，曾获得2015年北京市少先队活动公开课一等奖，及全国少工委办公室颁发的"星星火炬杯"全国少先队活动课展示活动优秀奖。

单一化的校内活动课降低了队员的自主参与性，活动范围狭窄，这就需要不断拓展校外实践空间。然而，并不是所有的校外场馆、场地资源都可以为少先队活动课所利用。少先队活动不同于一般意义上的社会实践活动，它的特殊性就决定了其在选择利用校外资源时的局限性。

因此，从少先队活动课的基本组织要求来看，需从以下几方面来考察资源的有效性问题：第一，少先队活动课一般组织队仪式，对于场地的空间需求大一些，同时要考虑场地的周围是否有容易被队旗、队员碰到的展品，以保证展品的安全及队员活动的安全。第二，场馆内的活动课一般会以队员自主或中队、小队活动的形式来组织，要考虑活动区域是否开阔，场地光线是否充足，活动空间是否拥挤等。活动空间过于狭窄，则不利于队员们的实践体验和自主活动。第三，少先队活动课形式多样，才能更好地吸引队员积极参与其中。除了参观学习馆内展品，活动课一般要借助电脑屏幕、投影仪之类的多媒体设备，要考虑馆内是否有条件外接这些设备，以丰富活动课的载体。第四，利用校外资源开展少先队活动课，其资源的教育性是活动课首先考虑的因素，因而在实践活动时能否保证教育活动的连贯性、流畅性，不受其他外力因素的干扰，就需考虑到场馆对社会的开放程度。开放程度很高，社会人员的参观会分散队员们的注意力，影响到活动课的组织效果，还会为队员活动带来安全隐患。第五，馆内资源较为丰富，但活动课的时间是有限的，队员学习的内容也是有限的，因而辅导员要对本节课所需的馆内资源的情况进行把控、甄选、确定资源板块、利用形式，及资源的分布区域等，从而进行针对性的指导，提高少先队员在有限时间和空间的活动实效。第六，受场馆、基地等校外资源的空间所限，一般来说，组织中队活动较为合适，因而作为中队活动课，选择距离学校较近的资源单位比较方便组织实施。所以，在选择校外资源时，学校要进行精选，辅导员老师要提前进行实地考察，以确保资源的有效性。

"陈列馆寻'宝'"少先队活动课在中国民兵武器装备陈列馆进行，其与学校比邻而居，仅隔一条马路，便于学校开展活动课；经实地勘察，馆内活动空间较大，可以满足一个中队集中及分散活动的要求；安全程度高，适合队员在此活动；陈列馆虽面向社会开放，通常需提前预约才能进入，因而在开展活动课期间，可以灵活控制社会人员进入情况，保证了活动课的组织效果；此外，馆内教育资源既有抗战武器的实体，也有英雄人物的雕塑模型，还有各类教育内容的墙体展板、展柜等，展品形式丰富多样，同时馆内光线合适，可以外接电脑和投影仪等设备，适合少先队员开展革命历史教育实践活动，可以满足活动课开展的要求。

（二）项目设计精心

少先队活动课要体现快乐体验原则，用知识性、活动性、群体性、竞赛性、游戏性等具有激励性的教学方法，采用体验、互动、参与的活动形式，在"玩"的过程中加强少先队教育。校外场馆有着丰富的内部资源，根据活动课设计的需要对其进行有效利用，在强化知识的同时，体现儿童实践体验的趣味性，将校内活动与校外资源进行有效整合。

"陈列馆寻'宝'"少先队活动课充分利用中国民兵武器装备陈列馆二楼的民兵发展史厅资源，精心设计了活动课各环节及体验实践项目，既有趣味，还有意义。具体表现在以下几个方面：第一，体现知识性。活动课利用厅内墙面展示内容，如北伐战争时期的农民自卫军板块、抗日战争时期的民兵介绍、中华人民共和国成立后的民兵建设等内容，设计了队员自主学习的任务单，去了解一些问题，如中国民兵的前身是什么，土地革命战争中哪两支队伍在粉碎敌人围剿、配合红军作战、保卫和扩大根据地方面做出了巨大贡献，从而引领队员根据任务要求获得知识。第二，体现趣味性。第一环节：寻"宝"探险，知英雄事迹中，以"寻宝"的游戏形式展开，小干部自主设计宝盒，辅导员将不同的任务单放在不同的宝盒里，活动开始前将宝盒放在场馆的不同区域，活动时中队长宣布游戏规则，用时最短完成任务的小队将获取一枚红星奖章贴。由小队长组织队员开展场馆的寻宝盒游戏，并完成任务。队员们在游戏中获取知识，游戏增加了活动的趣味性。第三，体现新媒体性。为了帮助队员高效完成任务，中队准备了3个iPad，各小队根据任务单找到问题答案所在的展板时，及时拍照。当所有任务都完成后，队员们根据iPad拍摄的照片资料进行集中记录，以汇报单的形式呈现出来。这样不仅节省了队员找答案、写答案的时间，还将队员们感兴趣的新媒体设备引入活动中。第四，体现了体验性。在第三环节，为了引导少先队员重温战争时期的残酷和艰辛，感受革命战士的伟大，辅导员和中队干部一起设计了穿越雷区、荆棘丛林区、火力区的"红领巾穿越火线"模拟战场情景。用气球模拟地雷区，用趾压板模拟荆棘丛林区，用警戒线模拟火力区，各小队以两两接力的形式体验气球的突然炸裂、光脚踩趾压板的疼痛、匍匐前进的困难，仿佛置身于炮火纷飞的战争场面，从而体验、感受革命战士不怕牺牲的大无畏精神。第五，体现了思想教育性。如在第二环节：宣讲故事，学英雄精神，中队干部组织队员集中观看纪录片《民兵赞》，并邀请陈列馆的馆长为队员们讲述了抗日战争时期通州区的民兵英雄王继才和妻子王士花守岛的故事。当队员们听到他们在荒无人烟、台风肆虐、没有淡水、没有电，连船舶都很难停靠的小岛上，像"野人"一样，靠着一盏煤油灯、一个煤炭炉、一台收音机、几只家禽，一待就是29年。队员们个个都露出了不可思议和惊讶的神情。当中队长问大家有什么感想时，有队员说："王继才真是太了不起了，我要向他学习。"有队员说："王继才坚守在条件艰苦的小岛上29年不离岛，是因为他热爱自己的祖国，他是我们学习的榜样！"队员们表达自己真切感受之时，就是他们受到思想教育之时。

（三）组织过程精密

开展校外实践活动，学校需要对整体的组织过程进行精密的筹划，一方面要保证活动目的的达成，另一方面要保证师生外出的安全。组织中队开展少先队活动课，不同于全校级别的大活动，也不同于少先大队开展的集中活动，从交通出行、人员安排、组织实施等方面压力要小一些。但是，作为一次校外实践，仍然对组织者提出了很高的组织要求，毕竟其不同于校内活动。具体涉及以下几个方面：第一，提前对接校外资源的负责人，商讨活动课的整体安排，确定场地和活动时间，如有需要，校外资源还需对内部工作进行协调，以确保协同保障活动课的顺利组织。第二，为了有针对性地设计活动项目，中队辅导员及中队干部需提前了解校外资源的内容，并对其进行甄选。第三，中队活动往往需要学校少先大队及校级领导的支持，车辆出行安排、随行看护老师的配备、活动道具的购置等，都需要协力做好活动课的准备工作。第四，学校少先大队要对中队活动课的设计及组织进行指导，不断优化少先队活动课的设计，规范少先队活动课的仪式等。第五，中队辅导员要对本中队的队员进行充分了解，让家长知情并获得支持，确保他们能按时参加校外少先队活动课。总之，利用校外资源开展少先队活动课要比校内活动课的组织更加精密。

"陈列馆寻'宝'"少先队活动课在组织实施过程中，多方协调人力，增加物力，保证了活动课的顺利开展。具体体现在：第一，前期准备充分。为了组织开展好本次活动课，学校主要领导直接联系中国民兵武器装备陈列馆相关负责人，说明学校的意向，获得他们的支持，并协调馆内管理人员，辅助学校辅导员实地带领队员走访、考察，确定好可利用的知识资源、场地及适合的活动形式，并在活动课正式组织前，完成场地及道具的布置工作。第二，人员分工明确。学校主要领导负责队员出行安排及随行看护老师的协调，并联系陈列馆负责人作为特邀嘉宾参加学校的中队活动课，为少先队员讲一讲民兵故事。学校总辅导员负责指导中队辅导员的活动方案设计修改，以及联系摄像公司进行现场录制，以便日后学校其他中队通过观摩录像进行学习交流。学校大队辅导员协助中队强化活动课上的仪式训练，确保仪式规范，同时协助中队准备相关活动道具。学校后勤老师负责活动课所需道具、活动材料的购置采买。中队辅导员和小干部要多次实地考察校外资源，商议活动课的流程及各项目的组织实施。中队辅导员要指导中队干部的活动课组织工作，还要亲自参加中队活动，并根据现场情况进行活动指导。中队干部在活动课中具体负责活动课全程的组织开展。部分少先队员共同参与活动课所需的宝盒、红星奖章贴、心愿卡、气球地雷等的制作准备。从大队到中队，从辅导员到少先队员，人人都参与到活动课的实施准备工作中，保证了活动课的高效组织。第三，组织作用发挥。在活动课的实施过程中，体现了少先队员的自主管理、自主教育、自主实践，所有队员在小干部的带领下，充分展示了少先队的组织作用。两名中队干部全程主持活动，并组织各环节的实践，整体调控活动时间。中队其他干部自主认领岗位，有负责播放纪录片的，有比赛计分的，有承担中队旗手的，等等。小队长管理小队成员，大家团结成一股力量积极活动，在小队长的带领下，有负责用iPad拍照片资料的，有负责寻找宝盒和答案的，还有经过民主推荐代表小队参与游戏比赛的，有自觉为本小队比赛助威的啦啦队员，有填写任务单的，有承担汇报工作的，等等。中队辅导员及时指导队员的各个实践项目，总结活动课的效果，并对队员今后的行动进行教育引导。

在中队干部的组织下，队员们畅所欲言，积极参与积极活动，积极发表自己的感想，在队旗前许下自己庄严的承诺，在心愿树上贴上自己的小小心愿卡，等等，充分彰显少先队教育的特色。

三、开发校外资源提升少先队教育品质

在利用校外资源开展少先队活动课的基础上，学校能否将校外资源进行深度挖掘与梳理，创编出少先队系列的主题教育课程？能否将其拓展为学校少先队的校外教育基地？能否与其建立长期的合作关系？这些问题都是值得思考的，学校不仅可以利用场馆的物质资源，利用场馆的人力资源，还可以将校外资源引入学校，为少先队工作建设提供支持，从而将校外资源的作用发挥得更为充分。利用资源只开展一次实践活动，与多次广泛利用相比，效果是不同的，教育作用更是不同的。因而，我们在资源的开发上，学校少先队不仅要考虑利用校外资源的辐射广度，还要考虑校外资源的利用深度。

少先队教育与校外教育基地的整合，不仅丰富了活动形式，让队员获得实践体验，升华思想内涵，还进一步推动了学校少先队工作的开展，促进了学校少先队工作品牌的形成。

"陈列馆寻'宝'"少先队活动课组织实施后，学校与陈列馆加强了联系，后续还协同开展了丰富的少先队活动。如在陈列馆举行新队员入队仪式，邀请馆长在开学第一课做爱国教育讲座等。学校在陈列馆长期的大力支持下，建设少年军校，开展内务整理、军体拳、长棍术、旗语操、行进等训练，逐步形成了"国防教育"这一特色项目。学校每年举办国防教育节，每个中队自主设计展示内容，学校邀请陈列馆官兵参与学校活动，进行国防知识讲座、部队训练展演等，开阔了队员们的眼界，强化了队员们的爱国意识与行为。每年的"八一"建军节和春节期间，学校少先队组织队员们到陈列馆慰问部队官兵，为他们送上悠扬的歌声和优美的舞蹈，并献上自己精心准备的"爱心卡""拥军卡"，组织队员们与战士们一起包饺子、话家常，使远离家乡的战士们感受到家的温暖，也让队员们学会关爱他人。资源基地的建立与学校少先队工作的结合取得了良好的教育效果，学校也因此获得了北京市优秀少年军校称号。

校外资源作为少先队活动课的重要实践渠道，应该被重视并广泛应用于少先队工作建设中，不仅可以为少先队活动课提供社会实践的场所，为队员提供思想教育的阵地，还能提供丰富的教育内容，甚至丰富学校的少先队教育课程。这样的整合无论对少先队活动课的建设，还是对队员与辅导员的自身发展，以及对学校少先队教育的发展，都具有积极作用。

参考文献：

[1] 唐立新.构建校外少先队活动阵地，促进少先队员全面发展[J].吉林教育，2010（1）.

[2] 张敏.少先队活动课程与校外教育基地整合的研究[J].亚太教育，2015（22）.

[3] 黄蓓莉.少先队活动课实践初探[J].少先队研究，2014（5）.

[4] 王道俊，郭文安.教育学[M].北京：人民教育出版社，2009.

[5] 张先翱.张先翱少先队教育文集[M].北京：中国少年儿童新闻出版总社，中国少年儿童出版社，2014.

[6] 共青团北京市委员会，少先队北京市工作委员会.凝聚在星星火炬下——2016年北京市少先队工作的理论与实践[C].北京：中国传媒大学出版社，2016.

[7] 徐鸿雁.小学综合实践活动校外资源初探[J].中国校外教育，2016（17.）

[8] 倪彦鹏.充分挖掘资源，让学生在实践中成长[J].北京教育（普教），2013（3）.

[9] 全国少工委.少先队活动课程指导纲要（试行）[R].全国少工委2015.

"童心奥斯卡,舞台话美育"
——浅谈少先队戏剧的创编技巧与实践

胡春凝[①]

> **摘　要**：少先队根本任务的具体内容是培养学生的审美意识，我校一直在积极探寻"立美教育"的教育理念，学校的办学理念为"以学创美，以美立学"，我们的少先队员应该是立美教育的参与者，更应是立美教育的受益者、实践者，乃至传承者、创造者。为了使队员们感受到少先队组织和少先队活动的美，从而自发地参与少先队活动，并在活动中有所得，同时也能使少先队工作者在工作中有抓手，使少先队活动得以顺利开展，我校将学校少先队品牌活动以"童心奥斯卡"校园戏剧节为载体，凸显少先队特色的同时，能使学生热爱并积极参与其中，并给学生提供一个展示的舞台。
>
> 戏剧是一项融文学、表演、音乐、舞台美术、舞蹈等多门艺术于一体的综合艺术。它所独具的知识性、趣味性、审美性、思想性以及教育性打破了以往艺术教育只限于音乐、美术的陈规。在校园中开展戏剧创编，不仅可以培养队员和辅导员的创新精神及艺术欣赏水平，有助于强化他们的语言表述能力和组织能力，还可以提高他们的综合素质，给予他们快乐，点燃他们的想象力。
>
> **关键字**：戏剧　美育　想象力　自我教育

[①] 胡春凝，北京舞蹈学院附中丰台实验小学。

随着社会发展和教育观念的不断更新，怎样抓住新时期学生的特点，如何让传统的、优秀的少先队理念被当今的少先队员所接受和传承，究竟要把学生培养成为一个什么样的人，这些都是我们所有少先队工作者面临的重要问题。少先队根本任务的具体内容是培养学生的审美意识，我校一直在积极探寻"立美教育"的教育理念，学校的办学理念为"以学创美，以美立学"，我们的少先队员应该是立美教育的参与者，更应是立美教育的受益者、实践者，乃至传承者、创造者。为了使队员们感受到少先队组织和少先队活动的美，从而自发地热爱并参与少先队活动，并在活动中有所得，同时也能使少先队工作者在工作中有抓手，使少先队活动得以顺利开展，我校将学校少先队品牌活动以"童心奥斯卡"校园戏剧节为载体，至今已经连续8年，每一年戏剧节的主题都不相同，如以演绎经典为主题的"童心奥斯卡，舞台话经典"，以赞美家乡为主题的"童心奥斯卡，舞台赞家乡"，以体悟汉字为主题的"童心奥斯卡，舞台话汉字"，以校园生活为主题的"童心奥斯卡，舞台话校园"，等等，每一届戏剧节队员们都会全身心投入。此项活动在凸显少先队特色的同时，还能使学生热爱并积极参与其中，它为队员提供了一个展示的舞台。

戏剧是一项融文学、表演、音乐、舞台美术、舞蹈等多门艺术于一体的综合艺术。它所独具的知识性、趣味性、审美性、思想性以及教育性打破了以往艺术教育只限于音乐、美术的陈规。在校园中开展戏剧创编，不仅可以培养队员和辅导员的创新精神及艺术欣赏水平，有助于强化他们的语言表述能力和组织能力，还可以提高他们的综合素质，给予他们快乐，点燃他们的想象力。戏剧创编是学校美育工作的助推力。

一、为美育提供载体，用戏剧点燃队员的想象力

美育是抽象的，如何实施美育，如何让中国乃至世界几千年的美学文化被当今的学生所理解、所接受、所喜爱，从而达到传承的目的，使美育在新时期的教育过程中焕发出新的生命力，并通过校园戏剧活泼有趣、融知识性与趣味性于一体的表现形式促进学生多方面发展。我以为这便是我们编排校园戏剧活动的第一层意义所在。如在这个过程中，学生们在编写《送孟浩然之广陵》时，能将一首诗用戏剧的方式展现，这必然需要学生们首先理解这首诗美好的含义，然后再用他们理解的方式展现出来，在这个过程中体验中国的古典诗词之美。

校园戏剧的编排，不仅陶冶了学生们的情操，使之感受到舞台艺术的魅力，并使其参与其中，提高他们的表演才能。如学生们在编排校园戏剧《天心取米》时，编排的剧本不仅情节紧凑，而且十分具有观赏性。校园戏剧的编排，不仅为学生提供了想象的空间，还培养了学生们的创新能力。通过有趣的表演，使学生对课本有了更深的理解，既培养了学生的创新能力，也最大限度地激发了学生的阅读兴趣。

二、关注学生生活，让戏剧活动成为学生自我教育的重要方式

在戏剧内容的选取上，我们鼓励队员选取身边真实发生的题材进行创编，队员的戏剧编排过程是完成自我思考、自我创造、自我成长的过程，不仅可以培养队员的创造性思维、沟通能力、肢体表达能力，也激发了队员的同理心、责任心和团队意识。在"童心奥斯卡，舞台话校园"的戏剧节比赛中，队员们根据中队中同学之间发生的小矛盾，与家长的小误会，与生活老师、辅导员老师发生的小摩擦等编排了很多精彩的故事，他们通过多种舞台表演方式表现出内心的想法，让观众真切感受到队员内心的矛盾。有一位四年级的家长曾感慨道，队员们不只是将台词背得滚瓜烂熟，更是深入理解、体验了人物的思想感情，通过戏剧表演，队员的收获特别大。

三、关注师生能力发展，通过剧本编排提升辅导员及队员的综合素养

校园戏剧最重要的是能够在舞台上演出。校园戏剧的剧本创作完成不能算是真正的完成，只能说完成了一半，只有在舞台演出之后，才能说是最终艺术的呈现。戏剧属于综合艺术的一种，它综合了文学、绘画、雕塑、音乐、舞蹈等艺术的元素，其美育的功用是全方位、深层次、综合性的。因此，通过校园戏剧剧本的编排，辅导员教师与队员可以全面地提高其艺术修养和审美素质。

在剧本编排中，辅导员应当首先注意剧本的组成，剧本的前身是一个故事，将一个故事编排成为一幕剧，就需要首先将故事变为剧本，剧本主要由剧中人物的台词（对话、独白、旁白）和舞台说明组成。

剧本中的语言，有着不同于其他文学作品语言的地方。剧本的语言要表现人物性格，在设计剧本的时候，应当精心地设计人物语言，力求语言精练，富于感染力。剧本的语言包括台词和舞台说明两个方面。剧本的语言主要是台词，台词就是剧中人物所说的话，包括对话、独白、旁白。独白是剧中人物独自抒发个人情感和愿望时说的话；旁白是剧中某个角色背对台上其他剧中人从旁侧对观众说的话。剧本主要是通过台词推动情节发展，表现人物性格。因此，台词语言要能充分地表现人物的性格、身份和思想感情，要通俗自然、简练明确，要口语化，要适合舞台表演。

在小小的舞台上，几个人的表演就可以代表千军万马；走几圈，就可以表现跨过万水千山；变换一个场景和人物，就可以说明到了一个全新的地方或到了多少年之后……相隔千万里，跨越若干年，都可以集中在舞台上展现。在剧本中体现这种变化，就需要舞台说明，舞台说明又叫舞台提示，是剧本语言不可缺少的一部分，是剧本里的一些说明性文字。舞台说明又包括剧中人物表，剧情发生的时间、地点、服装、道具、布景以及人物的表情、动作、上下场等。这些说明对刻画人物性格，推动、展开戏剧情节发展有一定的作用。这部分语言要简练、扼要、明确。这部分

内容一般出现在每一幕（场）的开端、结尾和对话中间，一般用括号（方括号或圆括号）括起来。在校园戏剧的创作中，辅导员老师和队员应该在剧本的创作中处理好剧本的文学性和舞台性，因为戏剧演出才是最终目的，没有演出和观众的戏剧谈不上是戏剧。

四、关注所有学生，鼓励全体学生参与校园戏剧演出

（一）通过参与校园戏剧的演出，树立学生的自信心

把剧本搬上舞台进行表演，需要辅导员老师与队员的精心策划，对剧本进行二度创作。在创作过程中，我们鼓励全体学生参加演出，还会邀请家长、科任教师参加演出。戏剧本身作为一门表演艺术，有着当众展示的特质，能给予队员特殊的展示环境，还可以使其操练克服紧张、集中注意力、坚定信念。

在戏剧活动中，倡导辅导员教师给每一个队员展示自己的机会，根据队员特点，为队员安排相应角色。有的学生口齿清晰，但没有表演力，就让他朗读解说部分，即独白。有的学生动作舒展，但不太会说，就给她安排台词少一点的角色。有的同学舞蹈动作很棒，面部表情也能达到要求，可就是记忆力不好，总是忘词，就让她进行反复排练。一位二年级的辅导员老师曾在活动反思中写道："在参加表演的孩子中，有一个学生比较胆小，说话声音比较小，经过一次次排练，一次次鼓励，她的胆量大了许多，说话时不再脸红了。有一次排练完，她对我说：'李老师，您知道我现在为什么不害怕了吗？'我摇头示意，她又继续说：'妈妈告诉我上台的时候，眼睛不要看着观众，要向前看，盯着前方的一个东西，这样就不害怕了。'这样简单的方法让她在舞台上克服了害怕、紧张，但她的收获不仅仅是在舞台上，我想，通过这次锻炼，在今后的学习生活中，她也会变得自信起来。"

在掌声中，学生感受到自己被接纳、被鼓励、被认可，从而加强了自信心。总之，在戏剧活动中，根据学生的个性特点安排学生的角色，哪怕是表演一棵树、一座山、一群禾苗，他们都会兴奋无比，通过舞台努力展示出自己最好的一面，在观众的掌声中，找到自己的自信。

（二）通过音乐、舞蹈等其他艺术形式丰富戏剧内涵

队员们还会在校园戏剧的表演中融入音乐、舞蹈、武术等艺术形式，音乐是课本剧表演必不可少的，音乐可以起到烘托气氛的作用。有的时候表现一种气氛，可能不需要语言，一段音乐就可以完成，甚至是语言无法表达的情绪和气氛。舞蹈表现能够渲染校园剧的气氛，动作舒展优美，可以说舞蹈为校园戏剧增色不少，如在校园戏剧《木兰辞》的编排过程中，运用了舞蹈动作来表现木兰的情感，更具有艺术美。

（三）在团队合作中体悟"排练是走向表演完美的基石"

校园戏剧活动不仅能使队员加深对经典的理解，还能使队员学习与人合作，增进队员对他人的关注，学会尊重他人。校园戏剧活动在培养队员的团队精神方面有着得天独厚的优势。随着独生子女家庭成为中国社会主要的家庭结构，队员们缺少在团队中与同龄人共处并快乐合作的经历，许多队员的自我意识过于强烈。在团队中开展戏剧活动，队员们通过协作完成戏剧作品，可以充分关注到除自己以外的其他人的需求与感受，接受其他人对同一事物的不同观点，逐渐学会包容与尊重。戏剧活动不仅可以给队员们提供真正接触戏剧的机会，也给队员提供了以不同的形式，流畅、生动、欢乐地表达自己想法与感受的机会，从而使其心灵得到成长。在排练时，让队员熟悉剧情，在排练时，让学生看故事、说故事、表演故事。表演故事难免少不了角色的分配，要根据队员的特点分配角色，在分配角色和表演的过程中，队员们便会学会分工合作，教师再给予必要的指导，使学生在教师创设的情景中排练，并在每一次排练中为自己设定目标，如前几次排练就要求记清楚台词；中间几次排练目标就是动作、神情到位；后几次排练的目标就是角色与音乐、道具、台词融为一体，并找准舞台的方位，力求使自己的表演自然而又给人以真实感，表现出角色的内在精神。

戏剧表演的过程是一个体验的过程，即使对同一个剧目，队员们的思考和理解也都各不相同。在戏剧活动中充分尊重和理解每一个队员，让队员们在戏剧体验中完成自我思考、自我创造、自我成长，培养队员的创造性思维、沟通能力、肢体表达能力，培养孩子的同理心、责任心和团队意识。

（四）及时反馈，肯定队员在戏剧中的表现

演出结束后，作为辅导员教师应该带领队员欣赏班级剧照，并进行反馈工作。反馈工作可以增进对艺术的热爱与成就感，增加集体的凝聚力。评选最佳男主角、女主角、最佳道具、最佳编剧等。学校少先大队经过8年多的实践，在反馈阶段的活动做得越发完善，既然叫"童心奥斯卡"，学校少先队便为每一个剧目、每一名优秀的男女主角设计了专属的"奥斯卡"金像奖。

队员们认真创编戏剧后，学校及时为他们提供上台表演的机会，为他们树立自信心，激发他们对校园戏剧的热爱。学校少先队每年六月都会开展一年一度的戏剧节活动，目的是激发校园戏剧创编的动力。多年来，北舞附小很多小导演、小男主角、小女主角、小道具师都出自这个舞台。

五、关注学生成长，戏剧让每个孩子光荣绽放

戏剧艺术对队员自身素质的益处有很多，对于学习参与戏剧活动的队员来说，

他们可以从戏剧活动中收获以下几个特有的成长要素。

（一）校园戏剧活动可以发展队员的想象力及创造力

童年是孩子想象力与创造力发展的黄金时期，戏剧活动能最大限度地开发队员们宝贵的想象力与创造力。未来的祖国不缺乏按部就班的执行者，缺乏的是富有创意的创新者及眼光独到的开拓者。或许国家的创新能力最初就起源于某个孩子单纯而美好的想象世界。

（二）校园戏剧活动可以帮助队员锻炼独立思考能力及自我表达能力

校园戏剧是体验式的，在戏剧编排过程中，可以锻炼队员的团队合作能力。校园戏剧这种开放式的学习方式使每个队员都有机会参与讨论，队员在活动中被鼓励提出问题、自由表达自己的观点，可以让队员通过体验式及探索式的教育独立思考、探寻真理。

（三）校园戏剧活动可以帮助队员开发肢体语言

由于戏剧艺术要求学习者在"声、台、形、表"四个方面有全面均衡的发展，因此相对于传统课堂的安静，戏剧教育活动更偏向在"动"中学。在戏剧编排中，队员们可以得到专业的舞蹈训练及肢体语言开发。这样不仅能提升队员肢体的协调性，还能培养队员对于自己身体的认知和对形体美的体验。

（四）校园戏剧活动可以帮助队员健全情感发展

戏剧活动是通过虚拟的情景与人物帮助队员进行直接的情感体验，在这些虚拟环境中，队员能安全地抒发与释放生活中的压力与困惑，并得到辅导员教师的正面引导，对队员情绪控制、情感认知与表达有着重要的意义。在戏剧节中，我们倡导队员们以发生在学生身边的故事为素材编排剧本，使学生通过舞台演绎发生在他们身边的故事，可以追忆过去，可以畅想未来，也可以表现身边的喜怒哀乐。

（五）校园戏剧可以帮助队员建立正确的审美观

戏剧表演艺术，以队员生活为主要素材，从现实生活中提炼艺术形式，帮助队员建立正确的价值观、人生观，并借助艺术形式培养孩子的审美意识，使孩子能对"真、善、美"有更敏锐的感知度。少先队根本任务中提出，要增强队员的国家意识。因此我校结合中国梦主题，开展主题为"童心奥斯卡，舞台赞家乡"的戏剧节活动，辅导教师、队员与家长共同编排，通过戏剧展现改革开放以来家乡的巨大变化，在戏剧中不仅展现了中国各地的风土人情、自然景色，更让队员们无须走出校门，就可以了解到祖国的名山大川，感受到祖国的富强，加深了学生对于祖国和家乡的热爱。

六、整合多元渠道，通过戏剧为队员打开一扇了解社会的窗

（一）通过校园戏剧活动让孩子了解社会，增强社会责任感

在校园戏剧活动中，辅导员和队员首先通过"故事分享"的方式与队员交流，队员们可以在课堂上听到许多经过筛选的触及心灵的经典故事并参与扮演故事中的人物，以获得丰富的社会体验。与此同时，校园戏剧活动也鼓励队员们分享自己生命中真实的经历，并通过他人与自己的这些经历获得对于生活的正面态度和价值观，从而培养队员对于社会的爱心和责任感。

组织学生走进国家大剧院、北京儿童艺术剧院、北京人民艺术剧院、蜂巢剧场等戏剧社会大课堂，观看《卡门》《天鹅湖》《白雪公主》《大头儿子小头爸爸》《小红帽》《小井胡同》《小卡车变变变》等优秀剧目，使学生不仅了解舞台表演艺术，还可以感受时代变迁中社会的发展。

（二）在编排的过程中，争取家长的支持

家长队伍中有很多有才能的家长，在戏剧活动中，我们经常号召家长参与校园戏剧创编活动，从剧本的撰写到道具的制作，再到戏剧编排，激发家长的参与积极性。在我校家长队伍中，有中国戏曲学院和中央戏剧学院的教师，还有精通道具制作的专家，这些家长让我校的戏剧节更加专业而精彩。

七、结束语

"童心奥斯卡"校园戏剧活动不仅开拓了队员的艺术视野，而且提升了队员的艺术审美能力。因为戏剧属综合艺术的一种，它综合了文学、绘画、雕塑、音乐、舞蹈等艺术的元素，其美育的功用是全方位、深层次、综合性的，因而能全面地提高辅导员教师与队员的艺术修养和审美素质。

社会大舞台，戏剧小社会。著名戏剧家夏衍指出："戏剧是人生的缩影，在舞台上表现出来的正应该是压缩了的精炼的人生。"从广义上说，我们每个人都在社会的大舞台上担任某个角色，应当具有角色意识。校园戏剧，让美育真正在潜移默化中产生作用。每一个队员都能在戏剧活动中有所收获、快乐成长。孩子们在戏剧表演中传达着积极、进取、团结、友善的品质和精神；戏剧在润物无声地教育着孩子，将社会主义核心价值观深深埋在他们的心田，孩子在感动之余把智慧、勇气和爱融入心灵，并在其中获得成长。戏剧活动提高了队员们的综合修养和实践能力，让他们在戏剧体验中学会做事做人，不断成长。校园戏剧活动，让每一个队员都绽放光彩！

附录1：
中国青少年研究会青年学研究专业委员会工作规则

中国青少年研究会青年学研究专业委员会工作规则

第一章 总 则

第一条 中国青少年研究会青年学研究专业委员会（以下简称"青年学研究专委会"）是按专业设置的分支机构，接受中国青少年研究会的领导，遵守《中国青少年研究会章程》。

第二条 青年学研究专委会致力于打造开放性的工作平台，加强青年学研究，推动青年学科建设，促进学术交流，服务青年发展。

第二章 工作职责

第三条 联系、团结、凝聚青年学研究领域的专家学者和工作者，搭建青年学研究交流平台。

第四条 围绕青年学学科建设、人才培养、科学研究、课程设置、教材编写、学术评价开展研究，为构建中国特色青年学提供理论支持。

第五条 组织青年学和青年工作调查研究，制定研究规划，为党和政府制定青年政策及青年工作决策提供信息和咨询服务，促进研究成果的应用。

第六条 围绕青年问题、青年现象、青年热点开展研究，举办各种形式的学术活动、业务培训活动和科研成果的评估活动。

第三章 组织机构

第七条 青年学研究专委会设顾问若干名，主任委员1名，副主任委员2~3名，委员若干名。

第八条 青年学研究专委会实行主任委员负责制。主任委员领导青年学研究专委会全面工作，定期向中国青少年研究会汇报工作。副主任委员协助主任委员开展工作。

第九条 青年学研究专委会实行聘任制。主任委员由中国青少年研究会直接聘任。顾问、副主任委员、委员由主任委员提名，报请中国青少年研究会审定，由中国青少年研究会聘任。青年学研究专委会顾问、副主任委员、委员如不能履行职责，可由主任委员提名，经中国青少年研究会审批，予以解聘。

第四章　工作制度

第十条 青年学研究专委会每年至少应举行一次全体会议，就工作进展、工作计划和重要工作任务进行讨论。

第十一条 对专委会组织开展青年学研究、承接有关课题项目、举办相关学术会议和活动情况及时通报。

第十二条 每年出版相关学术著作。依托《中国青年研究》《北京青年研究》等，刊登研究成果，促进学术交流。

第五章　附则

第十三条 本规则由青年学研究专委会负责解释。
第十四条 本规则自公布之日起施行。

附录2：
中国青少年研究会青年学研究专委会人员名单

中国青少年研究会青年学研究专委会人员名单

一、顾问

黄志坚　中国青少年研究中心教授

谢维和　清华大学教育研究院院长，教授

二、主任

乔东亮　北京青年政治学院院长、党委副书记，教授

三、副主任

李春玲　中国社会科学院青年研究室主任，研究员、博导

沈　杰　中国社会科学院大学教授

四、委员（排名）

张雨青　中国科学院教授、博导

周明洁　中国科学院教授、博导

金惠敏　中国社会科学院文学研究所理论室主任，教授、博导

鄢一龙　清华大学公共管理学院副研究员

程　猛　清华大学助理研究员

马凤芝　北京大学社会学系教授

李育辉　中国人民大学劳动人事学院教授、博导

刘建军　中国人民大学马克思主义学院教授、博导、"长江学者"特聘教授

周华珍　中国社会科学院大学副教授

孟登迎　中国社会科学院大学副教授

潘建红　北京科技大学教授、博导

王顺安　中国政法大学教授、博导

廉　思　对外经济贸易大学教授、博导

张志坤　首都师范大学初等教育学院副教授

张　琳　西南大学文化与社会学院副教授

李　伟　中国青年工作院校协会常务副秘书长
刘宏森　上海青年管理干部学院教授、《青年学报》主编
张雪黎　江西青年职业学院党委书记、院长，教授
涂敏霞　广州市团校副校长，教授
申晓萍　深圳市团校校长，教授
阚丽君　中国少年儿童文化艺术基金会会长、国家一级主持人
易帅东　北京青年政治学院纪委书记
周永源　北京青年政治学院副院长，教授
叶向红　北京青年政治学院副院长，一级教师
高　诚　北京青年政治学院教授
曾宇宏　北京团校培训处处长
袁光亮　北京青年政治学院教授
刘金霞　北京青年政治学院教授
生　蕾　北京青年政治学院教授
田宏杰　北京青年政治学院副教授
杨　晶　北京青年政治学院副教授
张子荣　北京青年政治学院副教授
景晓娟　北京青年政治学院副教授

附录3：
媒体广泛报道2018青年学研讨会和青年工作学院成立

2018年6月8日，2018青年学与青年工作研讨会暨中国青少年研究会青年学研究专委会第一次会议在北京青年政治学院成功召开。连日来，各媒体对青年学与青年工作研讨情况和青年工作学院成立进行了广泛宣传报道，引起了社会高度关注。

《北京青年报》（半版）、《北京晚报》、《法制晚报》（半版）、《现代教育报》、《北京考试报》等传统主流媒体纷纷予以宣传报道。

新华网、千龙网、中国网、中国青年网、中青在线、搜狐、凤凰网资讯、网易、首都

新华网、千龙网、中国网、中国青年网、中青在线、搜狐、凤凰资讯、网易、首都文明网等主流网络媒体纷纷发布或转发此次研讨会会议情况。

链接：http://www.bj.xinhuanet.com/bjyw/2018-06/08/c_1122958736.htm

专家学者在京研讨青年学与青年工作

2018-06-09 15:10 千龙网

来源标题：专家学者研讨青年学与青年工作

千龙-法晚联合报道 6月8日，由中国青少年研究会青年学研究专委会、北京青年政治学院、共青团中央中国特色社会主义理论体系研究中心研究基地、北京青少年教育与发展研究基地、北青教育传媒集团等单位联合举办的"2018青年学与青年工作研讨会"在北京青年政治学院召开。

来自全国30多所高校、科研院所、共青团组织、青年院校、中小学、青年组织、青年机构的120余名专家学者研讨新时代青年学与青年工作。

链接：http://beijing.qianlong.com/2018/0609/2626653.shtml

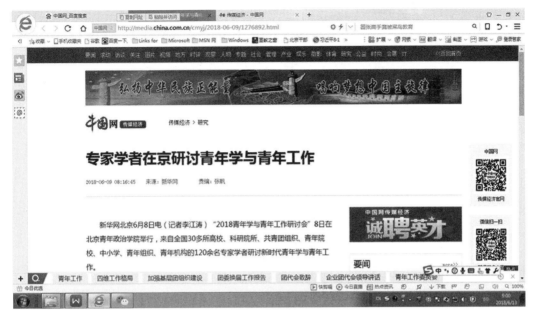

链接：http://media.china.com.cn/cmyj/2018-06-09/1276892.html

青年学与青年工作研讨会在京举行 专家学者为青年事业发展献策

发稿时间：2018-06-09 20:53:00 作者：王晓芸 来源：中国青年网

中国青年网北京6月9日电（见习记者王晓芸）为深入学习贯彻习近平新时代中国特色社会主义思想和党的十九大精神，推进新时代青年学与青年工作研究，助力首都青年工作人才培养，6月8日，由中国青少年研究会青年学研究专委会、北京青年政治学院、共青团中央中国特色社会主义理论体系研究中心等单位联合举办的"2018青年学与青年工作研讨会暨中国青少年研究会青年学研究专委会第一次会议"在北京青年政治学院举行。

研讨会上，来自中国科学院、中国社会科学院、清华大学、北京大学、中国人民大学、上海青年干部管理学院、江西青年干部管理学院等全国30多所高校、科研院所、共青团组织、青年组织、青年机构等的120余名专家学者、青少年工作者共同交流研讨新时代青年学与青年工作，为深化青年学研究、加强青年工作人才培养、促进青年事业发展献计献策。

链接：http://news.youth.cn/gn/201806/t20180609_11640465.htm

2018青年学与青年工作研讨会在京召开

发布时间：2018-06-09 16:49 来源：中青在线 作者：叶雨婷

中青在线讯（实习生 张修权）6月8日，"2018青年学与青年工作研讨会暨中国青少年研究会青年学研究专委会第一次会议"在北京青年政治学院召开。研讨会主要讨论了青年学的学科建设和青年工作的人才培养。

据悉，来自中国科学院、中国社会科学院、清华大学、北京大学、中国人民大学、北京青年报社等全国30多所高校、科研院所、共青团组织、青年院校（团校）、中小学、青年组织、青年机构的120余名专家学者、青少年工作者参加研讨会，交流研讨新时代青年学与青年工作，为深化青年学研究、加强青年工作人才培养、促进青年事业发展献计献策。

链接：http://news.cyol.com/yuanchuang/2018-06/09/content_17276390.htm

中国青少年研究中心主任、中国青少年研究会常务副会长王义军，团市委副书记袁慧等领导出席开幕式并讲话。来自中国科学院、中国社会科学院、清华大学、北京大学、中国人民大学、北京青年报社、上海青年干部管理学院、江西青年干部管理学院、广州市团校、深圳市团校、乐高中等全国30多所高校、科研院所、共青团组织、青年院校（团校）、中小学、青年组织、青年机构的120余名专家学者、青少年工作者参加研讨、交流研讨新时代

链接：http://www.sohu.com/a/234711743_650231

专家学者研讨青年学与青年工作

2018年06月09日 18:16:50
来源：法晚网 大风号

原标题：专家学者研讨青年学与青年工作

法制晚报讯 昨天，由中国青少年研究会青年学研究专委会、北京青年政治学院、共青团中央中国特色社会主义理论体系研究中心研究基地、北京青少年教育与发展研究基地、北青教育传媒集团等单位联合举办的"2018青年学与青年工作研讨会"在北京青年政治学院召开。

来自全国30多所高校、科研院所、共青团组织、青年院校、中小学、青年组织、青年机构的120余名专家学者研讨新时代青年学与青年工作。

导向

让理论与实际相结合

与会专家学者在研讨中强调研究应坚持问题导向和目标导向，让理论与实际相结合，为推进青年工

链接：http://news.ifeng.com/a/20180609/58645206_0.shtml

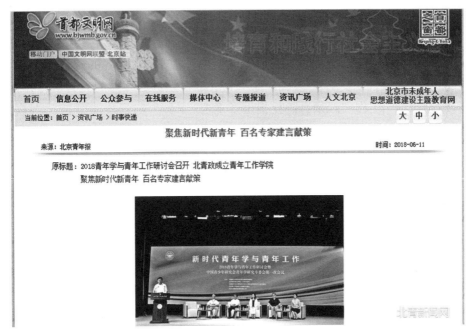

链接：http://www.bjwmb.gov.cn/zxgc/sskd/t20180611_869223.htm

据统计，截至2018年6月12日，已有近60家媒体发布或转载2018年青年学与青年工作研讨会相关报道。据悉，中国教育电视台、北京人民广播电台也将于近期播出有关新闻。

后 记

"新时代青年学——2018青年学与青年工作论坛暨中国青少年研究会青年学研究专委会第一次会议",经中国青少年研究会批准和指导,由中国青少年研究中心支持,是第一个贯彻落实《中长期青年发展规划(2016—2025年)》的全国性学术会议。这本书忠实记录了与会的青年研究专家、学者及业界同人们关于青年学与青年工作的探索和创新。

感谢中国青少年研究会、中国青少年研究中心,特别是王义军研究员和刘俊彦研究员的大力支持。研究会首次外设青年学研究专委会,以兼容并包的方式凝聚了青年学研究的力量,拓展了青年学研究的生态,促进了学科融合交叉下的研究创新与理论体系建设,架起了青年学研究与青年工作人才规模化培养的桥梁。

感谢北京市教育委员会领导和共青团北京市委委员会领导的大力支持,为青年学学科建设和青年工作实践融合孵化提供了平台。

感谢黄志坚研究员、谢维和教授,感谢与会的专家学者。他们以极大的热情投身于青年学研究,为青年鼓与呼;他们是青年学科学发展的引领者、推动者、参与者和见证者。

感谢承办单位北京青年政治学院党委书记程晓君的指导,感谢北京青年政治学院各位领导的大力支持,感谢北京青年政治学院广大师生的不懈努力。

感谢北京理工大学出版社,特别是梁铜华编辑的支持和帮助。在此一并致谢!

该书是对新时代青年学探索成果的积累,也为进一步学术交流提供一个窗口;编写过程中或有遗漏、错误之处,敬请同行和广大读者批评指正。

最后,编委会诚挚期望与青年学研究者、青年工作者携手努力培育青年学,至其根深叶茂、硕果累累。

乔东亮